옛 책의 한글판본

옛 책의 한글판본

윤형두 저

범우사

머리글

헌 책방을 다니면서 옛책을 사 모으기 시작한지도 40여 년이 되어간다. 책을 모으면서 그 엄청난 옛책을 그저 탐욕스럽게 허겁지겁 쓸어모을 것이 아니라 조금은 체계를 세워야 되겠다는 생각이 들었다.

근대 이후의 책은 출판 서지학에 관계되는 책을 중심으로 수집하고, 활판인쇄본 이전의 한적본韓籍本은 한글본을 중심으로 수집해야겠다는 생각이 들었다.

한자만으로 인쇄된 옛 전적은 종이와 인쇄 제책방식 등이 모두 우리의 것인데도 어딘지 중국책같다는 생각이 들었다. 10여 년 전 독일의 구텐베르크 인쇄박물관에 들렀을때, 특히 외국인들은 한문으로 된 우리나라에서 발간된 한문본 옛 책을 중국책으로 인식들을 하고 있었다.

그래서 누가 보든 우리의 책으로 볼 수 있는 한글본을 수집하기 시작하였다.

하지만 그것은 그렇게 용이한 일은 아니었다. 한자본에 비해 한글이 들어있는 언해본이 무척 숫적으로 적다는 것과 또 값이 비싸다는 것이다. 같은 시대에 같은 내용인 책도 언해본은 한자본에 비해 몇배의 비싼값으로 거래가 되었다. 나는 책을 모으면서 왜 우리 글로 찍은 책이 이렇게 귀한가 하는 것을 알게 되었다.

서기 1443년(세종 25)에 한글이 반포되었다. 그후 560년이란 긴 세월 동안 한글이 쓰여왔고 또 한글본이 발간되어왔다.

세종대왕은 훈민정음을 창제할 때 우리나라 말이 중국과 달라 중국글자인 한자로는 말과 글이 잘 통할 수가 없고 백성들이 말하고자 하는바 있어도 제 뜻을 잘 펴지 못함으로 이것을 가엾게 여겨 모든 사람들로 하여금 쉽게 익혀서 날마다 쓰는데 편하게 하기 위해서 스물여덟 글자의 훈민정음을 만들었다는 취지를 밝혔다.

그럼에도 한글은 모든 백성에게 쉽게 익히거나 날마다 쓰는데 편함을 주는 계기가 되지 못했다.

훈민정음이 반포되자 마자 집현전 부제학인 최만리 등은 우리 조정에서 건국 이래 지성으로 중국을 섬기어 한결같이 중화의 제도를 따라 동문동궤에 접어들었는데, 왜 오랑캐로 변하려 하는냐, 만약 언문(한글)을 행하게 되면 관리가 오로지 언문만 익히고 학문은 돌아보지 않을 것이다. 언문으로서 영달하게 될 것 같으면 후진들도 스물여덟 자의 언문만으로 족히 출세하는데 하필 노심초사하여 성리학을 배울 필요가 있느냐고 상소를 올리는 등 극구 반대를 하였다.

이러한 중국을 숭상하는 모화사상慕華思想은 조선조 500년을 그대로 이어왔다. 그래서 훈민정음이 반포된 후에도 중국글자인 한자만을 사용하고 한글을 언문 또는 반절反切이라고 천시했다.

국가 행정기관에서 뿐만이 아니라 서당이나 서원, 성균관 등의 교육기관에서도 한글은 일체 가르치지 않았다.

훈민정음이 반포된 조선 초기에는 『용비어천가』, 『월인석보』 등을 한글로 간행하였으며, 세조 때에는 간경도감에서 능엄경, 원각경, 화엄경 등 불서를 언해하는데 한글을 써왔다. 그러나 그후는 거의 왕실에서나 관官에서 한글을 사용하지 않았다. 가끔 『사서삼경四書三經』이나 『병학지남兵學指南』 등 병서兵書의 언해본을 보급한적은 있으나 그 종수는 손으로 헤아릴 정도이다.

그러나 다행히 언해본의 명맥을 이어온 것은 포교용으로 사원寺院에서 간행한 불교서적 등에서 한글본을 찾아볼 수 있다.

우리나라의 문자인 한글은 다른 나라 문자를 본뜨거나 고치거나 가미해서 만들어진 것이 아니라 세계 어느 나라 문자와도 닮지않은 전혀 새로운 독창성을 가지고 있는 글자이다.

정인지는 훈민정음의 발문에서 스물여덟 글자로 굴러 바뀜이 무궁하고 간단하고도 요령이 있으며 정밀하고도 잘 통한다. 그러므로 슬기로운 이는 하루 아침을 마치기도 전에 깨칠 것이요 어리석은 이라도 열흘이면 배울 수 있다.

글자의 소리로는 청탁을 잘 가릴 수 있고 풍악의 노래로는 곡조가락이 잘 고루어져서 쓰기에 갖추이지 아니함이 없으며, 어떤 경우에도 통하지 않는 것이 없어 비록 바람소리와 학의 울음소리와 닭의 울음소리와 개짖는 소리라도 모두 적을 수 있다고 하였다.

이렇게 한글 창제는 세계 문자역사에 전혀 예기치 못한 혁명적 사건이라 볼 수 있다.

그러나 간경도감 폐쇄 이후 잠깐 동안 인수대비의 한글본 불서 간행이 잇따랐으나 그후 1490년대의 연산군 때에 와서는 한글박해가 극심하였으며, 1590년대의 임진왜란 등 국난에 처하여 한글보급의 기회를 갖지 못하다가 1900년대 말인 정조 때에 이르러 한글보급이 일기 시작하여 아름답게 균형잡힌 한글모양을 갖춘 용주사판 『부모은중경』 언해본(1796년)과 『오륜행실도』 언해본(1797년) 등이 간행되었다.

19세기 말까지 훈민정음은 그 명칭마저도 백성을 가르치는 올바른 소리라는 본래의 뜻을 갖지 못하고 언해, 반절, 언문 등으로 불리워왔다. 그러다 주시경 선생께서 한글이라 이름을 붙이셨다. 한韓나라의 글, 한개, 즉 유일한 글이라는 뜻과 또 한없이 크다는 뜻을 가졌다 하여 한글이라 명명하였다.

그후 한글은 갑오경장을 통한 근대화를 이룩한 주춧돌이 되었으나 일제 강점기에는 혹독한 시련을 겪었다. 창씨개명과 더불어 한글말

살정책은 우리의 역사와 전통과 문화와 글과 말을 빼앗아갔다. 그럼에도 그 고초 속에서 한글이 보급되고 한글정신이 흘렀다. 그 한글정신이 독립운동으로 이어갔다.

한글은 해방을 맞은 후에도 독재정권에 항거하는 무기가 되었으며 민주화운동에도 여론을 형성하고 지식을 보급하는 1등공신이 되었다. 문화 · 경제 · 사회 어느 곳하나 한글이 없었다면 이룰 수 없는 선진화의 원동력이 된 것이다.

한글은 우리민족의 가장 소중한 문화유산이다. 이제 우리는 더욱 한글을 아끼고 갈고 닦지 않으면 녹슬고 곰피어 우리의 혼이 빼앗기고 말 것이다. 한글사랑은 곧 나라사랑이다. 이런 생각으로 옛 책의 한글본을 엮어 보았다.

이 책은 그동안 필자가 직접 모아 놓은 책을 정리한다는 뜻에서 월간 『책과 인생』에 연재하였던 것을 발간 연대순으로 엮어 놓은 것이다. 내 독창적인 주관이나 연구의 결과라기보다 선험자들의 지혜와 지식을 빌려 옮겨놓았음을 밝혀 둔다. 끝으로 여기에 소개하는 책은 2~3종을 제외하고는 범우사 자료실에 있는 책을 직접 참고하였음을 밝혀두는 바이다,

2003년 7월 17일 제헌절에

윤 형 두

차 례

옛 책의 한글판본

1. 훈민정음訓民正音
- 쓰고 읽지 못하는 백성들을 위해

『훈민정음訓民正音』은 세종대왕이 집현전 학사들의 도움으로 만든 우리나라 글자이며 또한 한글의 기본이며 원전原典이다.

세종 25년(1443) 12월에 훈민정음이 만들어져 예의例義가 발표되고 이 예의의 해설서인 해례解例가 집현전 학사인 정인지, 최항, 박팽년, 신숙주, 성삼문, 강희안, 이개, 이선로 등에 의하여 찬술되어 세종 28년(1446) 9월에 반포되었다.

이 훈민정음본은 ① 세종실록에 실려 있는 순한문체의 훈민정음인 실록본實錄本이 있고, ② 『월인석보』 제1권 책머리에 실려있는 「세종어제 훈민정음」의 언해본중 세조 5년(1459)본이 서강대학교 도서관에 소장되어 있고, 선조 1년(1568)의 희방사본喜方寺本이 또한 있다. ③ 간송미술관澗松美術館 소장본인 국보 제70호로써, 1997년에 세계기록유산으로 등록된 해례본解例本인 훈민정음이 있다. 이 책은 1940년 경북 안동군 와룡면 주하리 이한걸李漢杰씨의 소유였던 책으로 책장을 뒤집어서 거기에다 글을 써서 훈민정음 본문은 뒷면에 가리워져 영원히 빛을 못보고 휴지가 될 뻔한 것을 고 전형필씨가 사들여 간송미술관에 보존하고 있다.(一名 全氏本) ④ 박승빈朴勝彬 소장의 단행판각본單行板刻本인 훈민정음은 박씨본朴氏本이라 일컬으며 지금은 고대 도서관에 소장되어 있다. ⑤ 기록에 의하면 일본 궁내성宮內省 도서요圖書寮에 필사본 훈민정음訓民正音과 가나자와(金澤庄三郎) 박사의 소장본인 훈민정음 필사본(金澤本)이 있다고 전한다. ⑥ 그리고 갑인자甲寅字 금속활자본인 배자예부운약排字禮部韻略 권 4~5의 끝에 훈민정음이 실려있다.

이중에서도 가장 중요한 것이 훈민정음의 진수라 할 수 있는 간송미술관에 소장중인 해례본解例本이다. 이 해례본은 전권이 33장으로 된 목판본인데 아직까지 국내 유일본이다.

이 책도 발견 당시 처음 2장이 떨어져 있어 후에 붓글씨로 적어 넣었던 것인데 세종어제 서문에 오자가 생겨 끝자가 이耳인데 의矣자로 적혀 있다.

광곽匡郭은 가로 16.8㎝, 세로 23.3㎝이다. 내용은 세종어제世宗御製 서문과 훈민정음의 음가音價와 운용법運用法을 밝힌 예의편例義篇이 본문처럼 되어 있고 뒤이어 이를 해석한 해례편이 제자해制字解, 초성해初聲解, 중성해中聲解, 종성해終聲解, 합자해合字解, 용자해用字解 순으로 기술되었으며 책 끝에 정통正統 11년(1446) 9월에 집현전 대제학 정인지가 쓴 발문이 있다.

세종어제 서문에서는 글(漢文을 뜻함)을 쓰고 읽지 못하는 백성들을 위해 쉽게 쓰고 읽히게끔 하기 위하여 훈민정음을 창제하였다는 창제목적을 밝히고 있다. 또한 해례편은 새로 만든 훈민정음의 제자制字 원리를 주로 밝히고 그 음가, 운용법 등 이 문자가 표시하는 음운체계 등을 자세히 설명하였다. 정인지의 발문에서는 훈민정음은 간단하여 깨치기 쉬운 글자이며 응용이 간단하며 모든 음音을 표기할 수 있고 한문을 해석하기도 쉽고 의사소통도 가능해졌다고 기술하고 있다.

『훈민정음』은 한글을 창제한 목적과 과정, 근원과 역사를 기술하고 있어 세계 어느 나라에서도 어느 문자의 형성과정에서도 볼 수 없는 책이다. 그러므로 이 책은 문화사적으로나 문자사文字史나 음운학音韻學적 측면에서도 독보적인 책이다.

간송미술관에 보존된 국보 70호의 훈민정음인 전씨본全氏本은 한글의 자형이 똑바른 둥근점으로 되어 있고 ㅣ·, ㅣ:, ·ㅣ, :ㅣ 처럼 좌우의 점도 똑바른 둥근점이다. 그후 세조 5년(1459)에 발간한 월인석보 때에 와서는 ㅏ, ㅑ, ㅓ, ㅕ의 길이가 짧은 획으로 변하였다. 또한 창제 초기의 글줄기의 성격은 네모자 끝이 직선 사선 등 정원의 기하학적인 성격의 줄기로서 가로 세로 줄기는 굵고 그 굵기가 시각적으로 동일하여 그 방향은 수평과 수직만이 있는 고딕체이다.

범우사 자료실에는 ① 1946년 10월 9일 조선어학회에서 영인한 해례본 훈민정음(全氏本)과 ② 1459년(세조 5년~天順 3년)에 간행된『세종어제 훈민정음』③ 1568년(선조1)에 경상도 풍기 소백산 희방사喜方寺에서 개판한『세종어제 훈민정음』과 ④ 갑인자본『배자예부운약排字禮部韻略』5권 2책의 권말에 있는『훈민정음』⑤ 1932년 8월 20일 조선어학연구회가 발행한 양장 옵셉인쇄본인 훈민정음(朴氏本)이 있다.

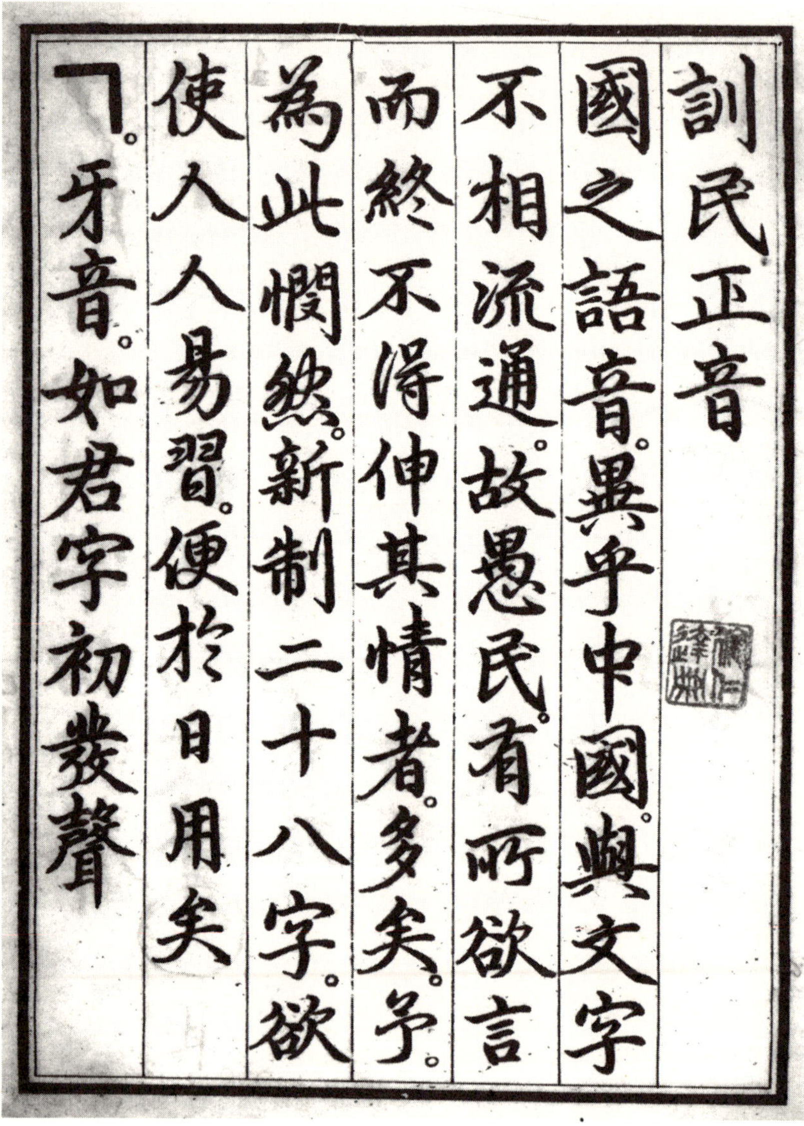

訓民正音

國之語音。異乎中國。與文字

不相流通。故愚民有所欲言

而終不得伸其情者。多矣。予。

爲此憫然。新制二十八字。欲

使人人易習。便於日用矣

ㄱ。牙音。如君字初發聲

간송미술관에 소장되어 있는 『해례본』 첫 장

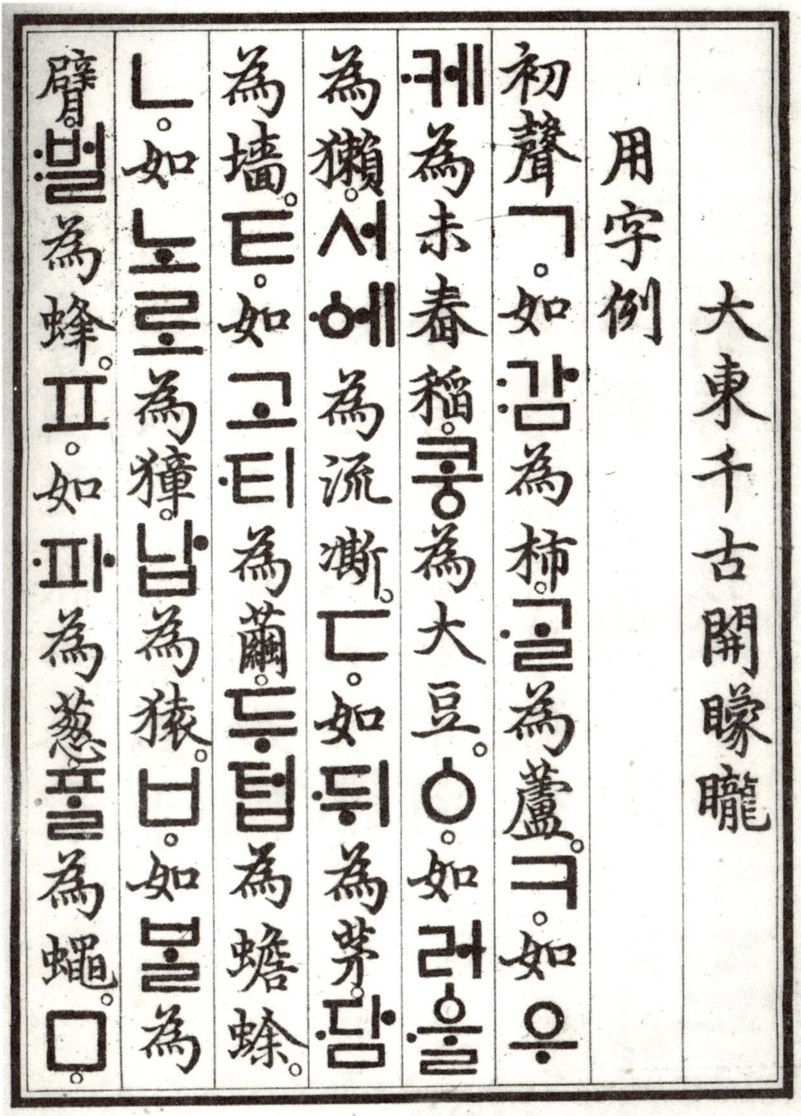

大東千古開曚矓

用字例

初聲ㄱ。如감爲柿。ᄀᆞᆯ爲蘆。ㅋ。如우케爲未舂稻。콩爲大豆。ㆁ。如러ᅌᅮᆯ爲獺。서ᅌᅦ爲流凘。ㄷ。如뒤爲茅。ᄃᆞᆷ爲墻。ㅌ。如고티爲繭。두텁爲蟾蜍。ㄴ。如노로爲獐。납爲猿。ㅂ。如ᄇᆞᆯ爲臂。벌爲蜂。ㅍ。如파爲葱。ᄑᆞᆯ爲蠅。ㅁ。

간송미술관이 소장하고 있는 『해례본』의 용자예

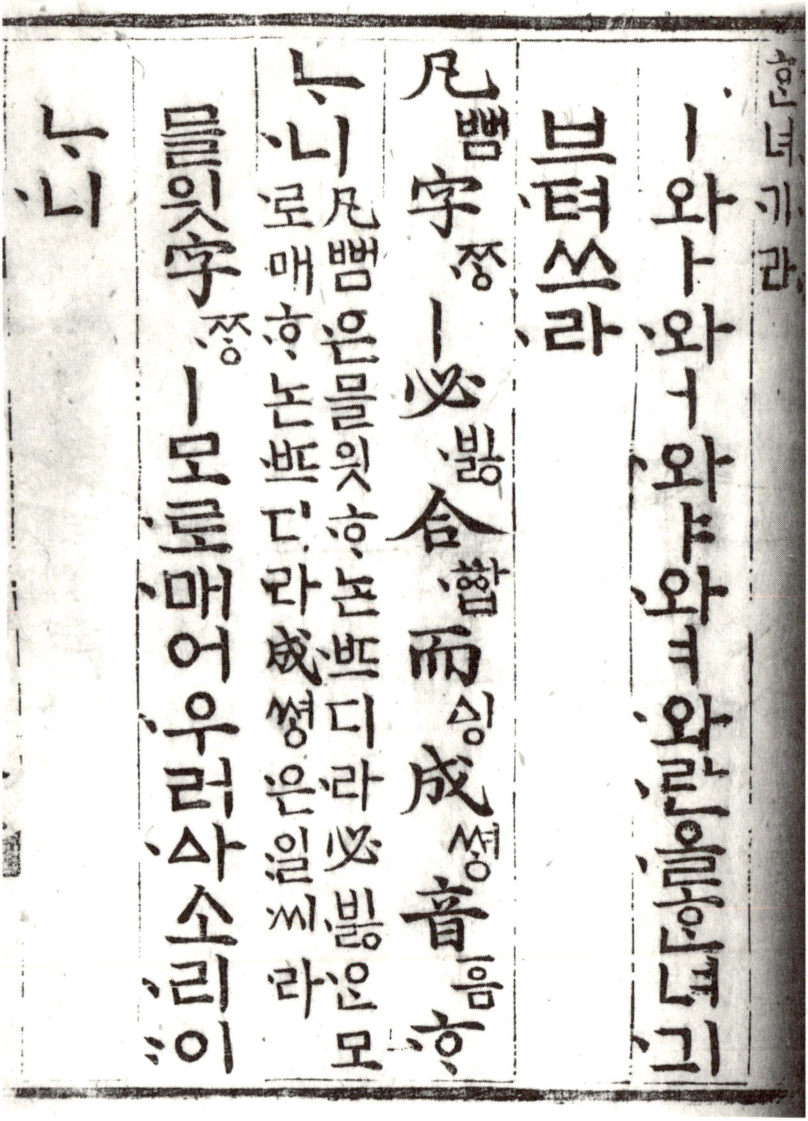

ㅣ와ㅏ와ㅓ와ㅑ와ㅕ와란 올ᄒᆞᆫ녀긔
브텨쓰라
凡뻠字ᄍᆞᆼㅣ必빓合ᅘᅡᆸ而ᅀᅵᆼ成쎵音ᅙᅳᆷᄒᆞ
ᄂᆞ니 凡뻠은 믈읫ᄒᆞ논ᄠᅳ디라 必빓은 모로매ᄒᆞ논ᄠᅳ디라 成쎵은 일씨라
믈읫字ᄍᆞᆼㅣ모로매어우러ᅀᅡ소리이
ᄂᆞ니

서강대학교 도서관이 소장하고 있는 세조5년(1459)본의 한글체

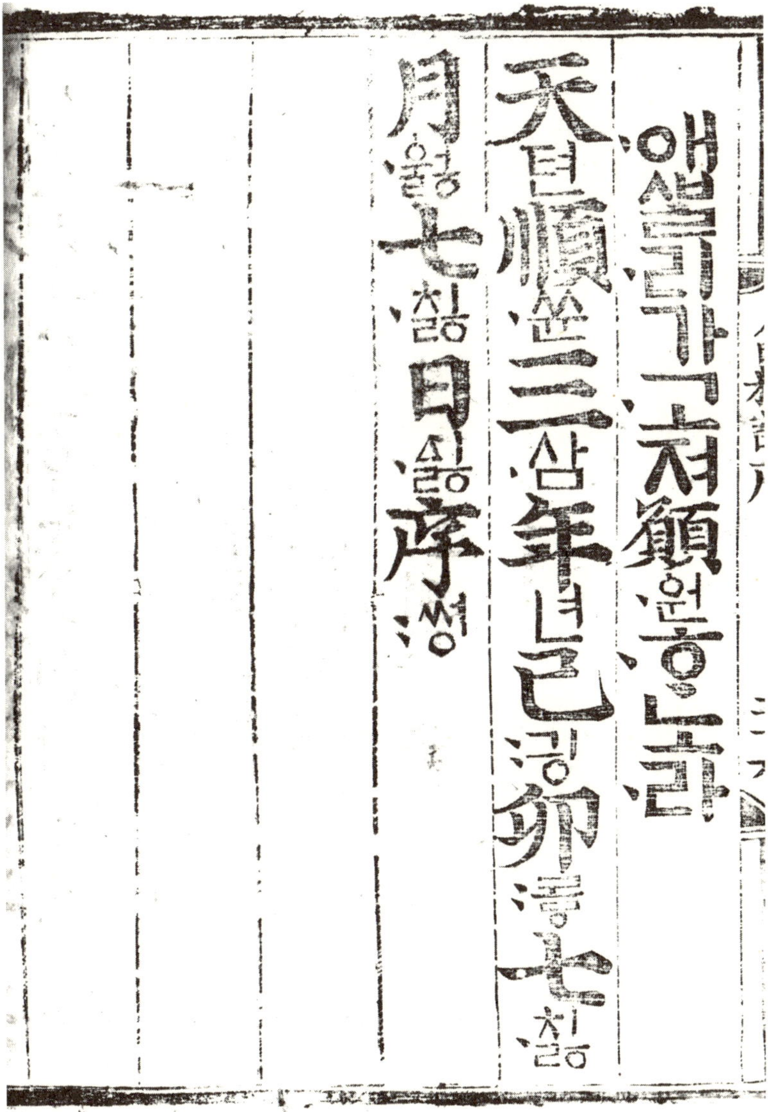

서강대학교 도서관이 소장하고 있는 세조5년본의 간기

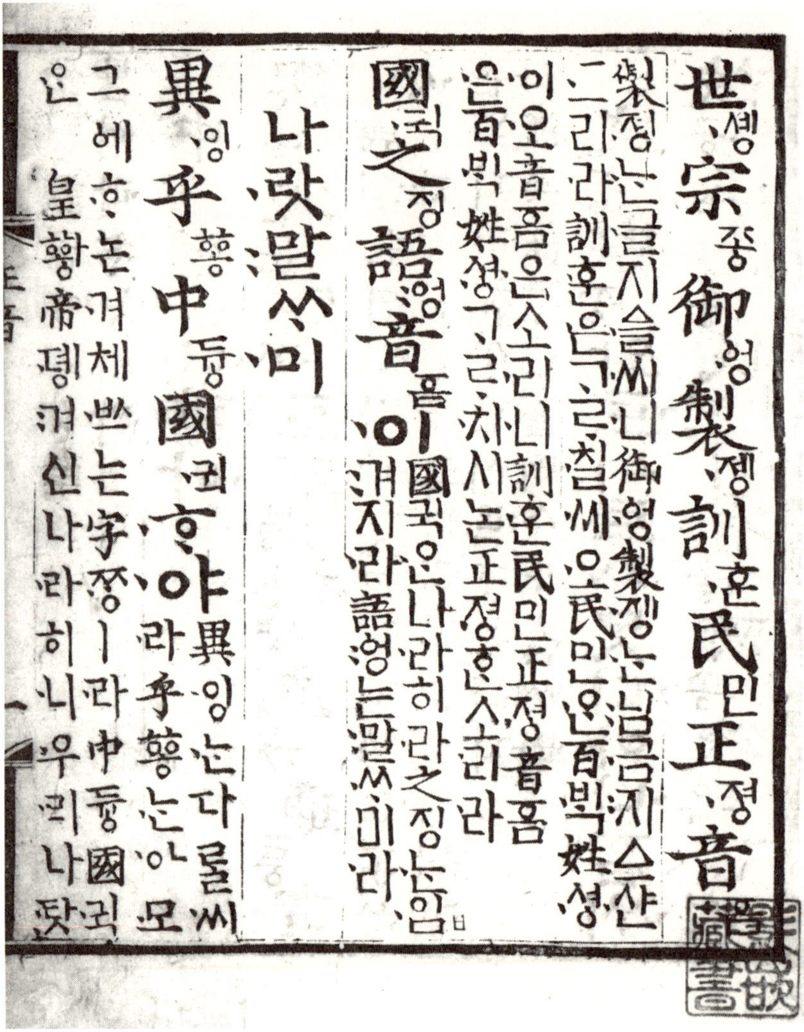

世솅宗종御엉製졩訓훈民민正졍音음

製졩는 글지ᅀᅳᆯ씨니 御엉製졩는 님금 지ᅀᅳ샨 그리라 訓훈은 ᄀᆞᄅᆞ칠 씨오 民민ᄋᆞᆫ 百ᄇᆡᆨ姓셩이오 音음은 소리니 訓훈民민正졍音음은 百ᄇᆡᆨ姓셩 ᄀᆞᄅᆞ치시논 正졍ᄒᆞᆫ 소리라

國귁之징語ᅌᅥᆼ音음이

國귁ᄋᆞᆫ 나라히라 之징ᄂᆞᆫ 입겨지라 語ᅌᅥᆼᄂᆞᆫ 말ᄊᆞ미라

나랏 말ᄊᆞ미

異ᅌᅵᆼ乎ᅘᅩᆼ中듕國귁ᄒᆞ야

異ᅌᅵᆼ는 다ᄅᆞᆯ씨라 乎ᅘᅩᆼ는 아모 그에 ᄒᆞ논 겨체 쓰는 字ᄍᆞᆼㅣ라 中듕國귁ᄋᆞᆫ 皇ᅘᅪᇰ帝뎽 겨신 나라히니 우리 나랏

범우사 자료실에 있는 희방사판본 첫머리

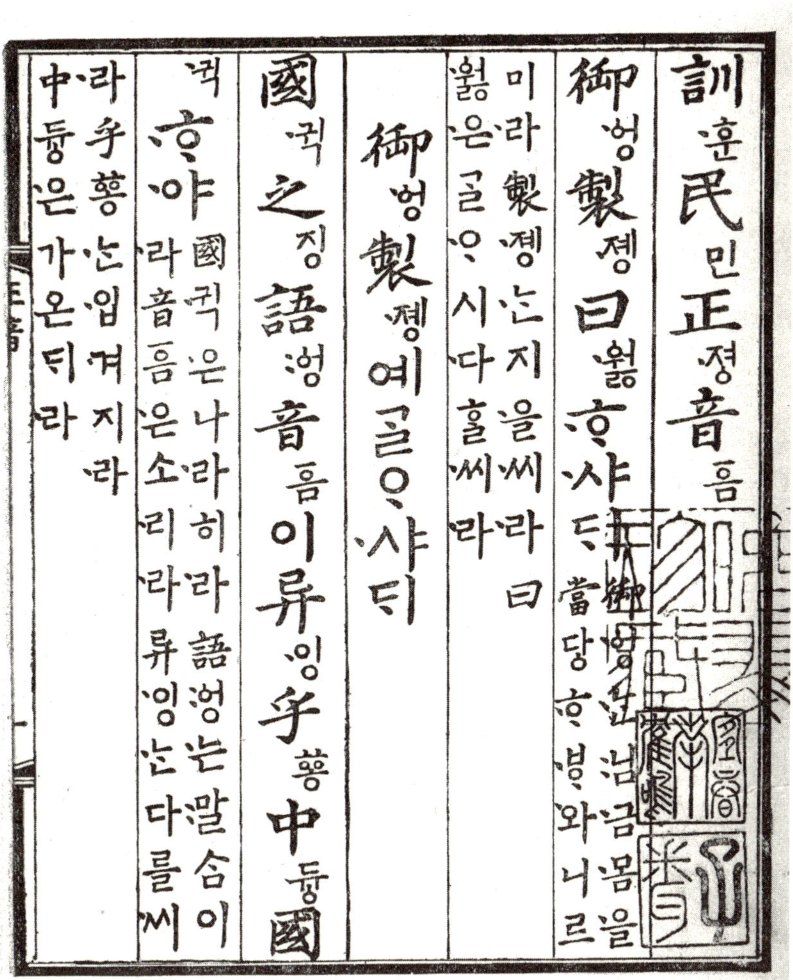

박승빈 소장본인 『박씨본』의 첫머리

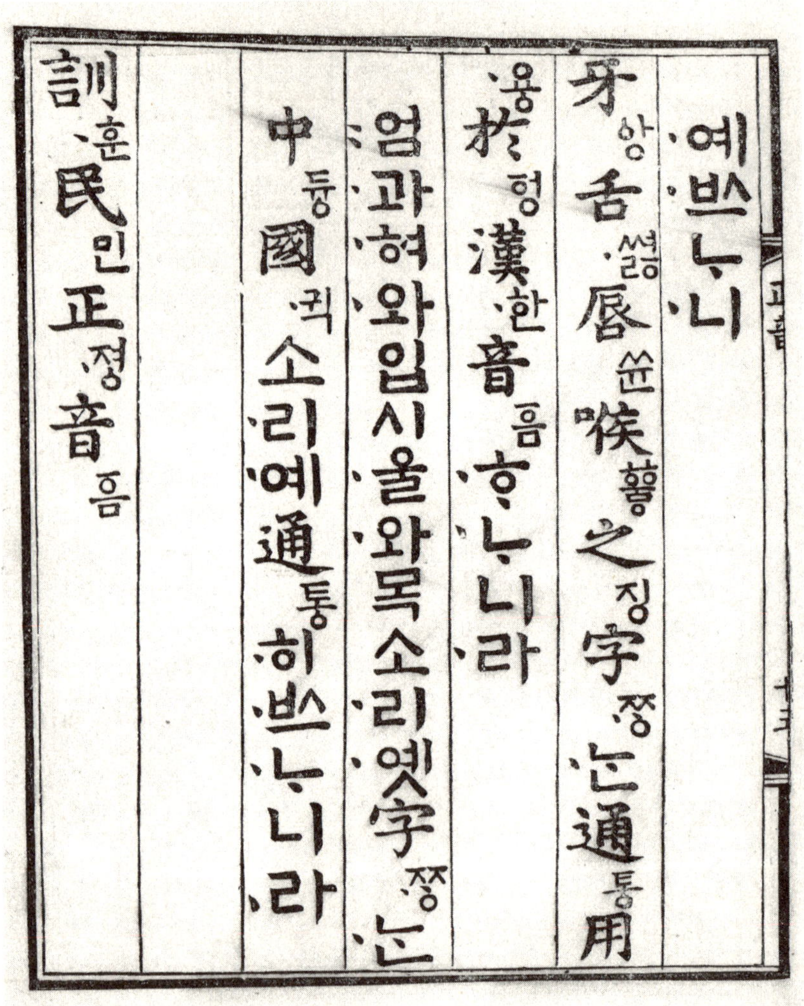

박승빈 소장본인 『박씨본』의 한글체

2. 용비어천가龍飛御天歌
- 왕의 덕목을 담은 서사시

이 책은 1445년(세종27) 4월에 정인지, 권제, 안지 등이 세종대왕의 명에 의하여 조선조 왕실의 선조인 목조, 익조, 탁조, 환조 및 태조, 태종 등 6대에 걸친 선대先代의 사적을 훈민정음으로 찬양한 한글본이다.

이 책의 첫머리에 실린 진용비어천가전進龍飛御天歌箋에 따르면 정인지, 권제, 안지 등이 6대에 걸친 선조들의 행적을 125장의 가사로 노래하였는데 이 때에 지은 가사는 우리말로 되어 있고 거기에 한문의 시를 달아 그 뜻을 풀이하였다.

그러나 끝에 있는 최항崔恒의 용비어천가 발문跋文은 그보다 두 해 뒤인 1447년 2월에 지은 것인데 이 글에 따르면 1445년에 정인지 등이 125장의 가사를 지어 올렸더니 세종대왕은 기뻐하여 이름을 『용비어천가』라 지었다 한다.

전 125장으로 된 『용비어천가』는 첫 장과 끝 장을 제외한 각 장마다 전후절前後節로 대對를 이루어 2장에서부터 109장까지는 전절前節로 역대 중국의 성왕聖王의 업적을 나열하고 후절後節에는 목조를 비롯한 조선 6대 조종祖宗의 업적을 열거하고 찬양하였다.

110장부터는 전절에 6조의 업적과 조선조 건국에 따르는 어렵고 험난하였던 사실을 기술하고 후절에는 뒷임금들에게 경계하는 내용을 실었다.

『용비어천가』의 본문과 그것을 풀이한 한시는 훈민정음이 반포되기 1년전인 1445년에 만들어졌으므로 이 가사는 훈민정음(한글)으로 적힌 글로서는 가장 먼저 된 것이다. 그럼에도 처음으로 글자를 만들어 쓴 글이라고는 보기 어려울 정도로 그 문체가 유창하고 정교하다. 아마도 이 가사는 그 이전부터 구전으로 전해져 내려오다가 문자화된 것이 아닌가 보여진다.

제2장을 보면 한자말이라고는 하나도 없는 전래되어온 순수한 우리말로 지어져 있다.

불휘 기픈 남ᄀᆞᆫ ᄇᆞᄅᆞ매 아니 뮐ᄊᆡ
곶 됴코 여름 하ᄂᆞ니
ᄉᆡ미 기픈 므른 ᄀᆞᄆᆞ래 아니 그츨ᄊᆡ
내히 이러 바ᄅᆞ래 가ᄂᆞ니

이 2장의 가사를 보면 그동안 몇백년을 한문에 젖은 선비들이 이렇게 유창한 우리말로 가사를 쓸 수 있을까 감복되는 바이다.

『용비어천가』에서는 순수한 우리말을 문체화하기 위한 노력이 엿보이나 옛부터 내려오던 이두식 표현도 좀 섞여 있음을 볼 수 있다. 또 맞춤법과 한자음 표기를 살펴보면 15세기 문헌의 표기법은 대체로 표음적 표기로 원형은 전혀 밝혀지지 않고 소리나는 대로 적고 있다.

또 맞춤법에 있어서도 『용비어천가』는 『월인천강지곡』, 『석보상절』가 각각 다른 특색을 가지고 있다. 『석보상절』에서는 한자밑에 『동국정운』의 한자음을 정음으로 달았고, 『월인천강지곡』에서는 한자말마저 정음을 앞에 두고 그 밑에 한자를 달았는데 『용비어천가』에서는 한자말에 음을 달지 않았다.

『용비어천가』는 문헌적으로 볼 때 시적 형식으로 4언 4구의 한시체를 우리말로 언해한 것이라는 견해와 종래의 민요체 가운데서 4구

2절형을 취하였다는 견해 또한 고려가요와 조선가사의 중간 형식을 취했다는 의견도 있다.

『용비어천가』는 조선조시대에 궁중의 정악正樂으로 삼아 향연의식 등에서 연주케 하였으며 세종실록 권14의 악보에는 국문가사 전문이 실려 있다.

또한 『용비어천가』는 한글로 씌어진 우리 나라 최초의 가사문헌으로서 당시의 가사문학을 연구하는데 중요한 자료가 되며 풍부한 어휘 등은 중세 국어연구에 빠뜨릴 수 없는 책으로 평가받고 있다.

그리고 주해에 나타나는 여진, 왜倭 등에 관한 역사적 기록 등은 역사연구에도 많은 도움을 주는 귀중한 문헌적 가치가 있다.

이 책의 초간본은 금속활자본이었을 것이나 현재 전하지 않고 중간본으로 1612년(광해군4)에 간행된 목판본인 만력본과 1659년(효종10)에 간행된 순치본, 1765년(영조41)에 간행된 건륭본 등의 목판본이 전해져 내려오고 있다.

이렇게 남아 있는 기록으로도 네차례 간행을 하였으나 10권 5책의 『용비어천가』는 귀한 편이다. 기록상 규장각에 10권 10책본과 10권 5책본 등 완질본이 보이고 그 외는 낙질이 몇곳 흩어져 있는 것같다.

범우사 자료실에도 앞뒷장이 떨어져나간 권7 한책이 있다.

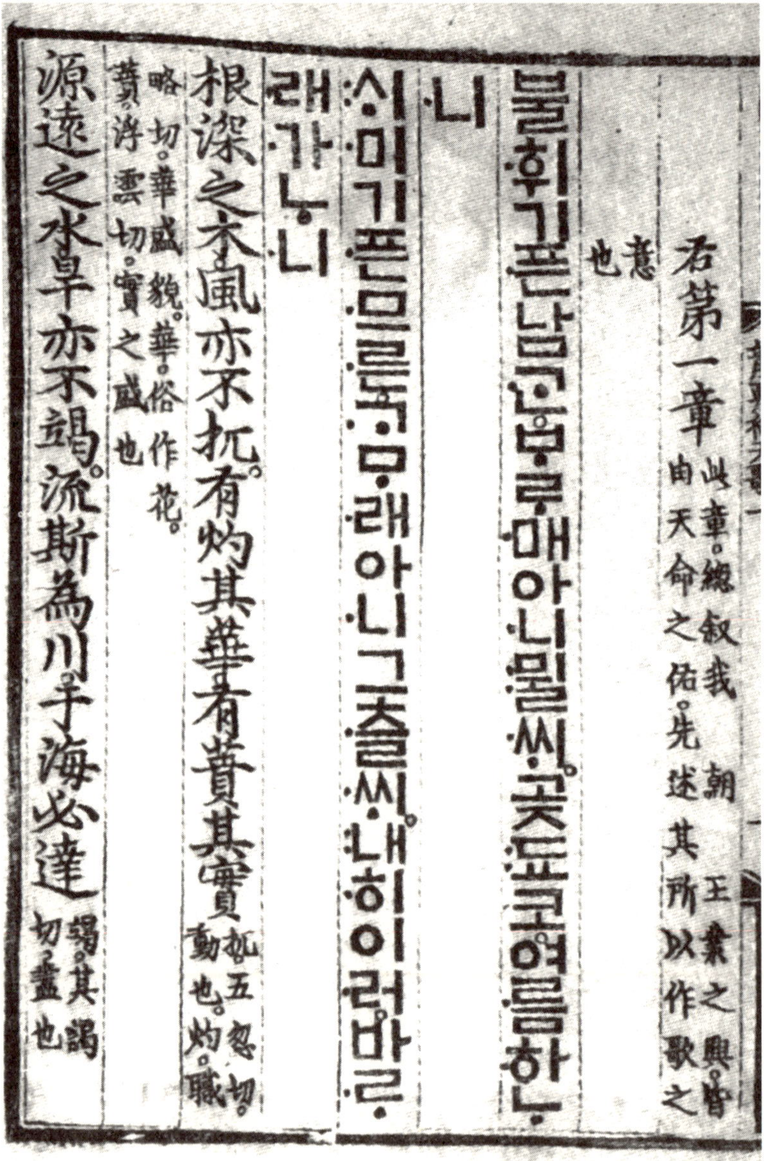

규장각에 소장되어 있는 만력본인 용비어천가 제2장 본문

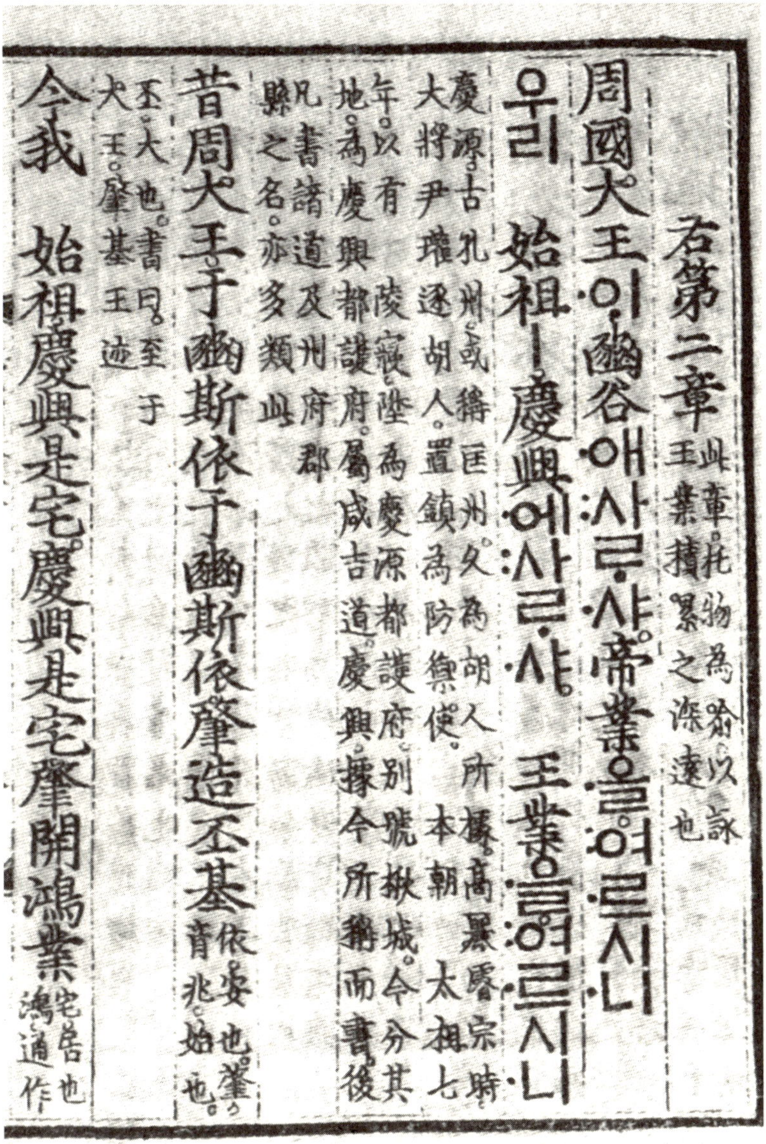

右第二章 此章托物爲喩以詠王業積累之深遠也

周國大王이豳谷애사ᄅᆞ샤帝業을여ᄅᆞ시니

우리始祖ㅣ慶興에사ᄅᆞ샤王業을여ᄅᆞ시니

慶源古孔州或稱匡州久爲胡人所據高麗睿宗時大將尹瓘逐胡人置鎭爲防禦使本朝太祖七年以有陵寢陞爲慶源都護府別號秋城今分其地爲慶興都護府屬咸吉道慶興據今所稱而書後凡書諸道及州府郡縣之名亦多類此

昔周大王于豳斯依于豳斯依肇造丕基 依安也肇音兆始也丕大也書曰至于大王肇基王迹

今我始祖慶興是宅慶興是宅肇開鴻業 宅居也鴻通作

규장각 소장본의 용비어천가 본문 중 제3장 본문

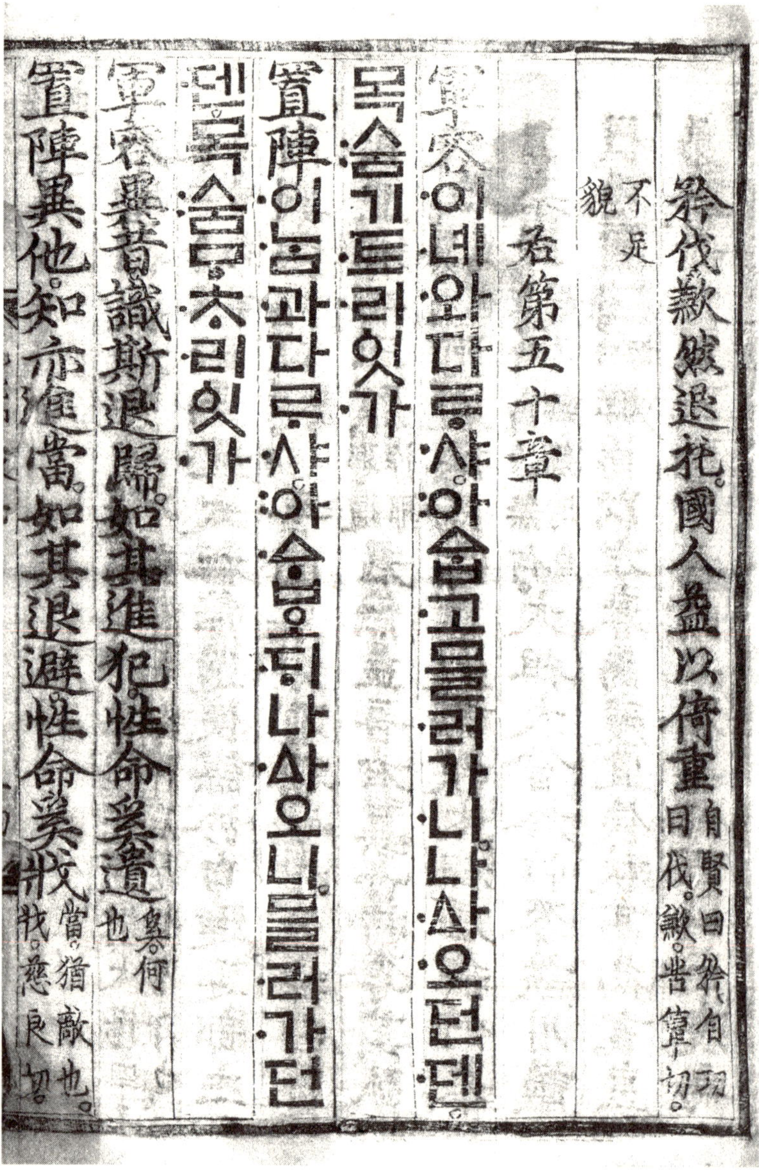

범우사 소장본의 용비어천가 본문중 제51장 본문

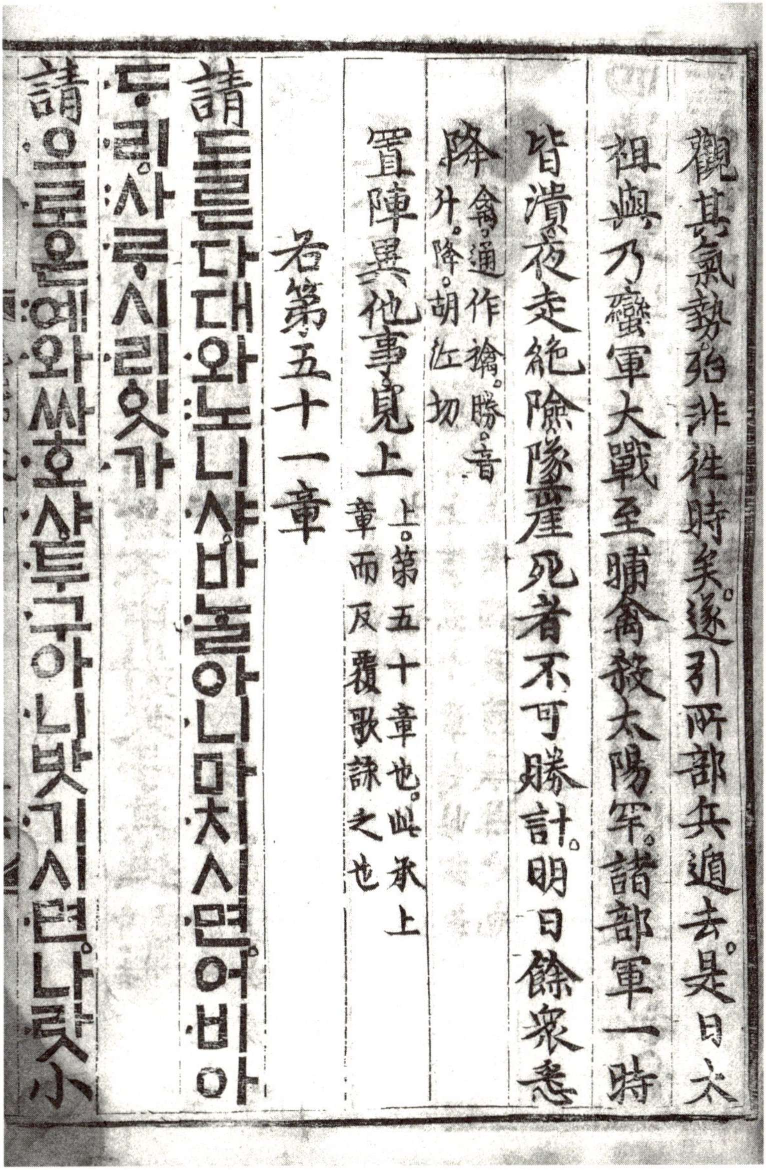

觀其氣勢殆非徃時矣遂引所部兵遁去是日太
祖與乃蠻軍大戰至晡禽殺太陽罕諸部軍一時
皆潰夜走絶險墜崖死者不可勝計明日餘衆悉
降 禽通作擒 勝音升 降胡江切
置陣異他事見上 上第五十章也此承上章而反覆歌詠之也
右第五十一章
請드른다대와노니샤바ᄂᆞᆯ아니마치시면어비아
ᄃᆞ리사ᄅᆞ시리잇가
請으로온예와싸호샤투구아니밧기시면나랏小

범우사 소장본의 용비어천가 본문중 제51장과 52장 한글

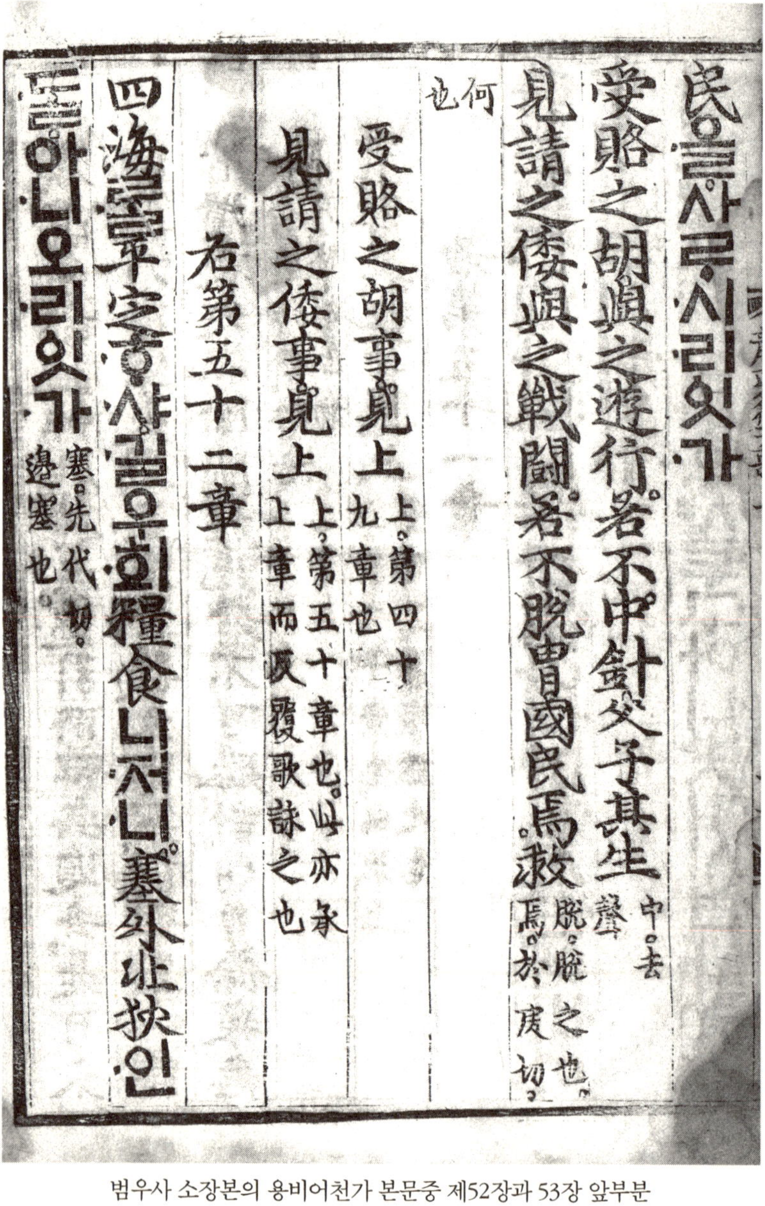

범우사 소장본의 용비어천가 본문중 第52장과 53장 앞부분

3. 동국정운東國正韻
- 훈민정음과 함께 성운학의 쌍벽

조선 세종때 왕명에 의하여 편찬한 우리나라 최초의 운서韻書로서 6권 6책의 활자본이다.

이 책은 신숙주, 최항, 박팽년, 성삼문, 이개, 강희안, 이현로, 조변안, 김증등이 편찬하여 세종29년(1447) 9월에 완성하여 다음해인 1448년에 간행 반포되었다.

간행목적은 세종의 언어정책의 일환으로 당시 혼란상태에 있었던 우리나라의 한자음을 바로잡아 통일된 표준음을 정하려는 목적으로 편찬 간행되었다.

1443년 훈민정음을 완성한 후 우리나라에서 쓰고 있는 한자음을 바로잡기 위하여 중국 명나라의 운서韻書인 『광운廣韻』 『집운集韻』 『홍무정운洪武正韻』등을 참고삼아 편찬하였다. 내용은 모두 91운韻 23자모字母로 되어 있으며 글자마다 국어음을 먼저 표기한 다음 그 밑에 한자를 달았는데 엄선한 이 23자모는 그대로 훈민정음의 초성체계와 일치한다.

특히 중국의 운서인 홍무정운은 동국정운 편찬에 많은 영향을 준 것으로 보인다. 그것은 동국정운의 신숙주 서문과 홍무정운의 송염宋濂의 서문에 같은 점이 많을 뿐만 아니라 동국정운을 편찬한 집현전 학사들이 대부분 홍무정운을 역훈譯訓한 사실과 동국정운의 서문을 쓴 신숙주가 홍무정운 역훈 서문을 썼다는 사실로도 그 관계를 알 수 있다.

동국정운은 최초로 한자음을 우리의 소리로 표기하였다는데 큰 뜻이 있다. 그리고 동국정운은 훈민정음과 밀접한 관계가 있다. 훈민정음의 원리를 파악하는데 있어서나 훈민정음 제자制字의 배경을 연구하고 훈민정음의 음운체계와 각 자모의 음가音價를 고찰하는데도 중요한 위치에 있다. 또한 한자음의 음운체계를 살피는데도 반드시 동국정운을 연구하지 않으면 정확히 해결할 수 없다. 그 까닭은 훈민정음 이전의 어음語音 고찰은 한자 음운연구에서 그 계기를 얻었고 훈민정음의 체계구성이 한자음체계를 모태로 한 것이니 음운연구가 먼저 따라야 할 것이다. 그러므로 동국정운은 우리글 연구에 있어서 훈민정음과 함께 성운학聲韻學의 쌍벽이라 할 수 있을 것이다.

동국정운의 신숙주 서문에 의하면 세종의 4대 기본방침이 서술되어 있다. ① 속간俗間에 쓰이는 관습을 널리 채택할 것 ② 옛날부터 전해오는 전적傳籍을 널리 상고할 것 ③ 한 글자가 여러 개의 음으로 쓰일 때는 가장 널리 쓰이는 것을 기준으로 할 것 ④ 옛날부터 전해오는 협운叶韻에서 벗어나지 않도록 할 것 등이다. 이에 따라 91운 23자모의 체계를 세우고 반절反切 대신에 훈민정음으로 표음表音하고 ㄷ입성은 속간의 발음에 따라 ㄹ로 바꾸고 입성의 자질을 살리기 위하여 ㅭ음과 같이 표기하였다.

이 동국정운은 신숙주가 쓴 서문만이 전해져 내려오다가 1940년 경상북도 안동에서 권1과 권6, 2책이 발견되었다.

이 두 책은 국보 제71호로 지정되어 간송문고에 소장되어있다. 이 책의 책머리에는 선사지기宣賜之記 라는 왕이 책을 하사할 때 찍은 어인御印이 있고 책표지에 제첨題簽도 그대로 있어 원형을 잘 유지하고 있다.

본문의 큰자는 목활자이며 작은 글자는 갑인자체 금속활자이다. 또한 한글활자의 글자체는 국보 제70호의 훈민정음자체와 같아 한글

제정 당시의 글자모양을 볼 수 있다.

그 뒤 1972년에 중종때 문신인 심언광沈彦光의 수택본手澤本으로 심씨 문중에 전해져 내려오던 6권 6책 전질이 강릉 심교만沈教萬의 집에서 발견되어 현재 건국대학교 도서관에 소장되어 있다.

이 건국대학교 도서관 소장본은 국보142호로 지정되었으며 간송문고본과 같은 활자본인데 선장본線裝本을 포배장包背裝으로 고치면서 책의 위 아래는 약간 절단되었고 제전題箋 아래에 각권의 순서를 나타내는 예禮, 악樂, 사射, 어御, 서書, 수數를 표시하였다.

동국정운의 한자음은 그 후 주로 불경언해佛經諺解에서만 주음注音으로 사용되어 오다가 16세기 초 무렵부터 그 사용이 사라졌다.

그러나 동국정운은 우리나라의 한자음을 바로잡기 위해 편찬한 것이며 훈민정음 제정원리와 배경연구에 중요한 자리를 차지하고 있다.

또한 그 인출에 사용한 큰 나무 활자인 동국정운자나 한글 큰 활자인 동국정운 한글자 그리고 초주 갑인자 등 활자 연구에도 귀중한 자료이지만 훈민정음의 창제원리와 배경의 연구 및 동국정운식 한자음을 적용시킨 국역서에서 제기되는 문제점을 해결하는데 더욱 중요한 기초자료가 되고 있다.

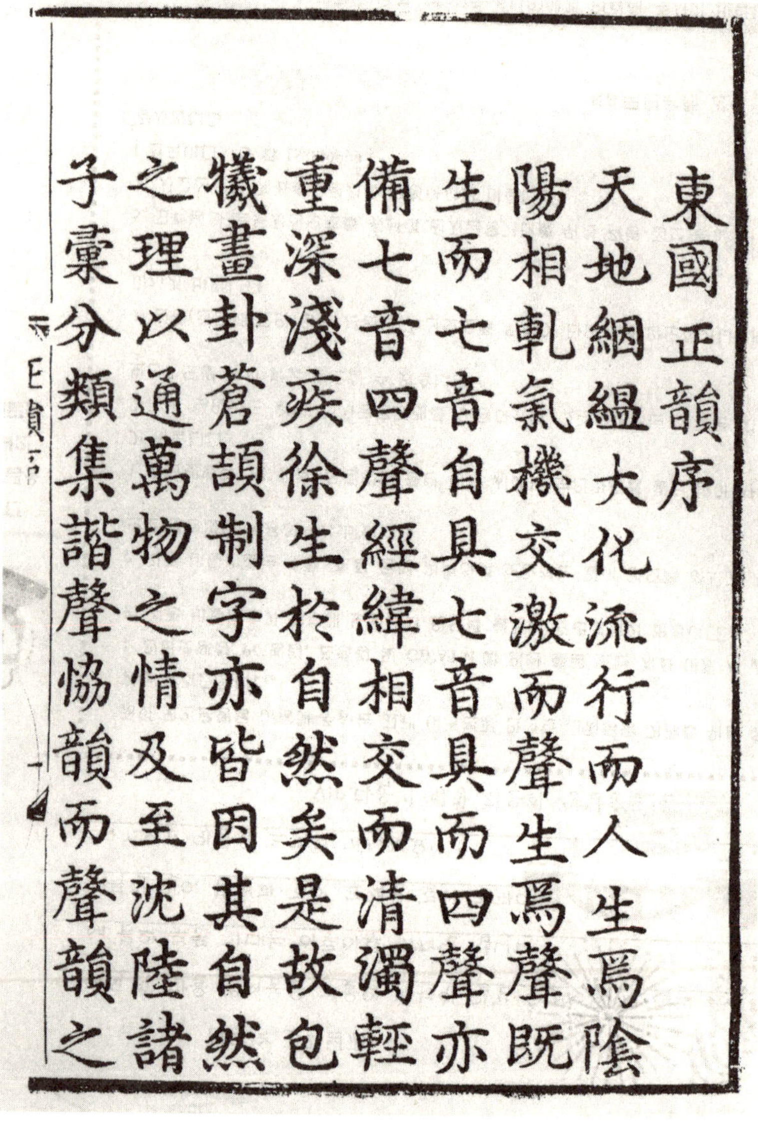

東國正韻序

天地絪縕大化流行而人生焉陰陽相軋氣機交激而聲生焉聲既生而七音自具七音具而四聲亦備七音四聲經緯相交而淸濁輕重深淺疾徐生於自然矣是故包犧畫卦蒼頡制字亦皆因其自然之理以通萬物之情及至沈陸諸子彙分類集諧聲協韻而聲韻之

동국정운의 한자 서문

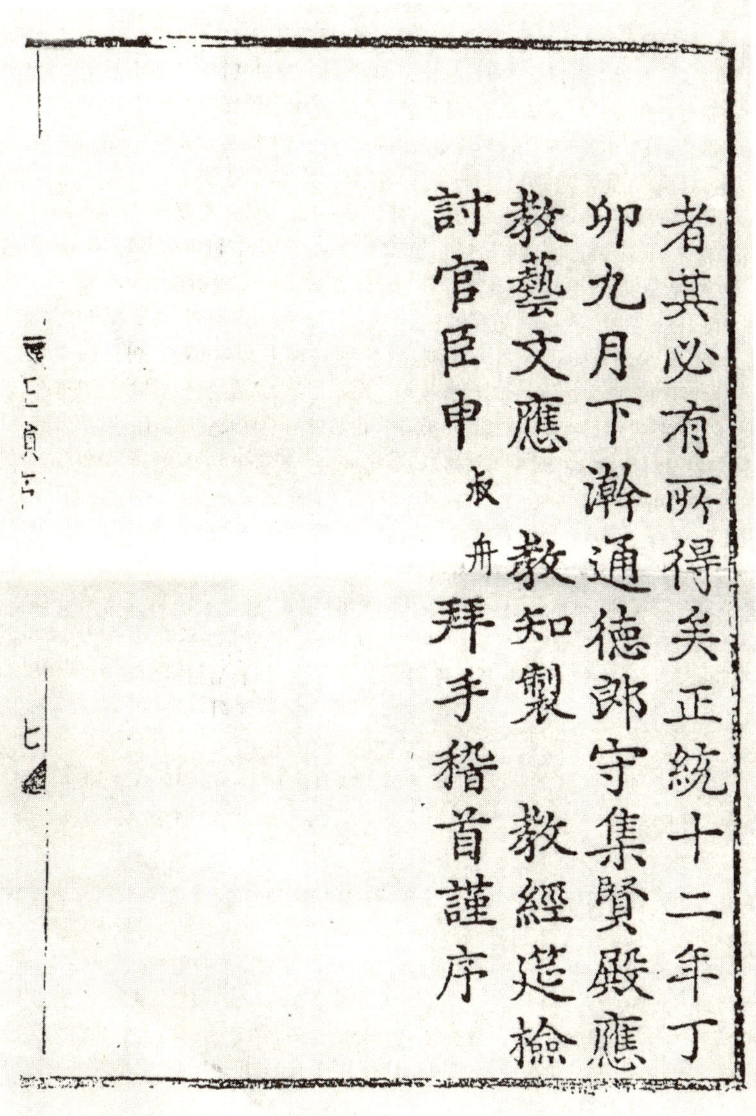
者其必有所得矣正統十二年丁
卯九月下澣通德郎守集賢殿應
教藝文應教知製教經筵檢
討官臣申叔舟拜手稽首謹序
東國正韻 七

정통12년(1447) 9월에 쓴 신숙주의 서문

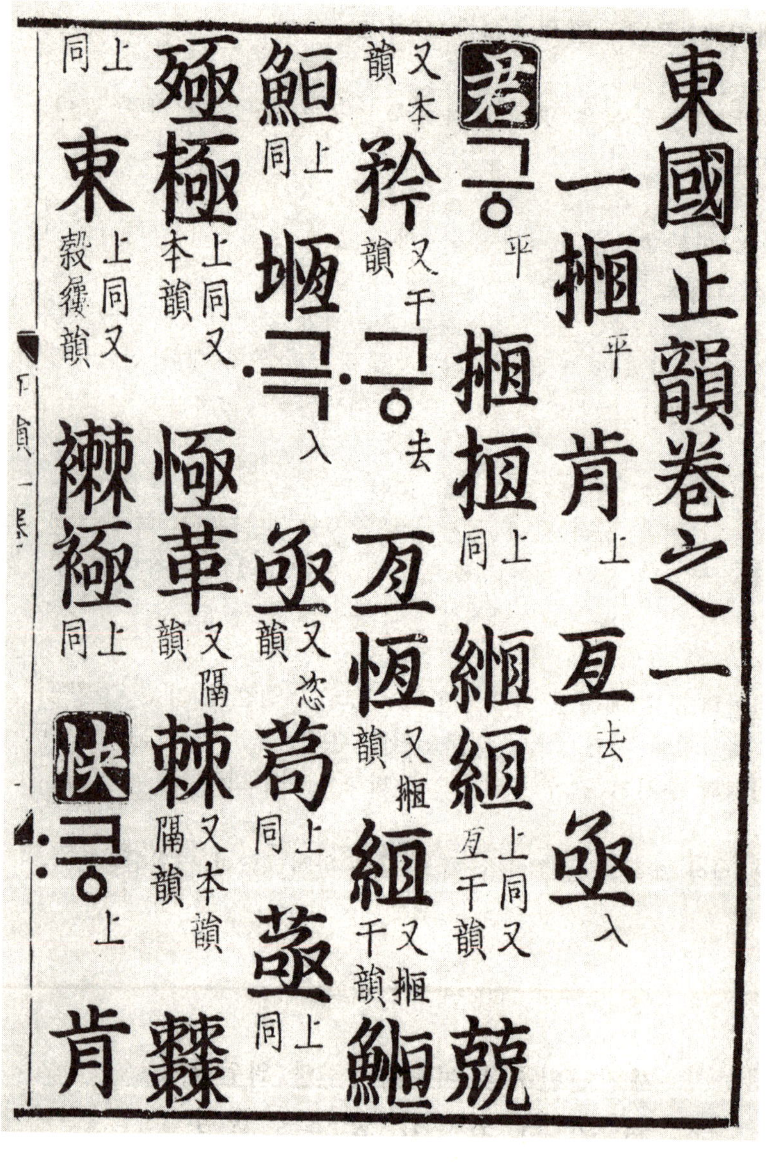

東國正韻卷之一

一 揯平 肯上 亙去 亟入

君 긍平 搄 揯同上 緪 縆上同又亙干韻 兢

又本韻 矜又干韻 긍去 亙 恆又揯韻 縆又揯干韻 緪

鮔同上 堩 극入 亟又恣韻 蒚同上 蕜同上

殛 極上同又本韻 㥛 革韻又隔 棘又本韻隔韻 蕀

上同 束上同又轂韻 襋 極同上 快 킁上 肯

건국대학교 도서관에 소장되어 있는 동국정운 권1

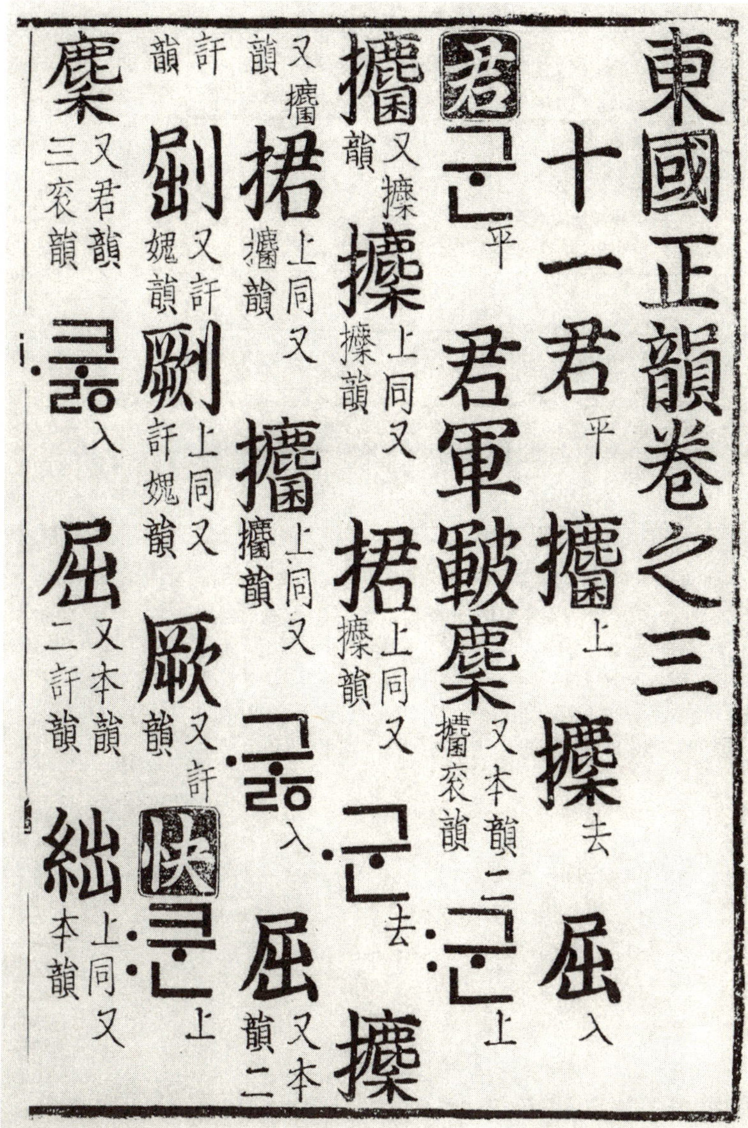
東國正韻卷之三

十一 君平 𢹇上 攈去 屈入

君 ·군 平 君軍皸麇 又本韻二 𢹇裒韻 ·군 上 攟

又攈韻 攈 上同又攈韻 捃 上同又攈韻 ·군 去 攈

又𢹇韻 捃 上同又𢹇韻 𢹇 上同又𢹇韻 ·구ᇙ 入 屈 又本韻二

許韻 劻 又許媿韻 𠟱 上同又許媿韻 𡲈 韻 又許 快 ·쿤 上

麇 又君韻三裒韻 ·구ᇙ 入 屈 又本韻二許韻 絀 上同又本韻

건국대학교 도서관에 소장되어 있는 권3

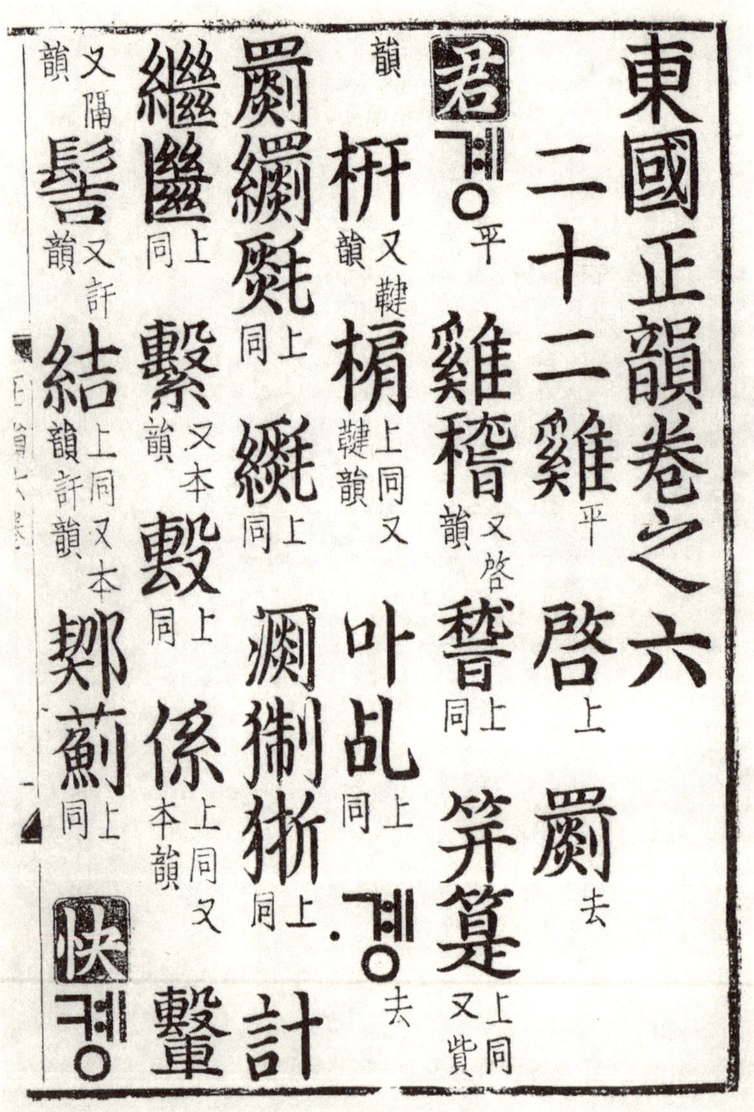
東國正韻卷之六
二十二雞平 啓上 罽去
君 ᄀᆌᇰ平 雞 稽又啓韻 稽同上 笄 篦上同又貲韻
枅又韓韻 椾上同又韓韻 卟 乩同上 •ᄀᆌᇰ去
罽 綱 髡同上 纈同上 瀱 猘 㺀同上 計
繼 𢇍同上 繫又本韻 𣪠同上 係上同又本韻 𩨡
韻 又隔韻 髻又許韻 結上同又本韻許韻 㓗 薊同上 快 ᄏᆌᇰ

건국대학교 도서관에 소장되어 있는 권6

4. 월인석보月印釋譜
-조선초 불교문화의 정수

수양대군이 김수온金守溫 등의 도움을 받아 아버지인 세종대왕의 명에 의하여 석가여래의 일생을 한글로 옮긴 석보상절을 1447년(세종 29)에 완성을 하여 부왕父王에게 바쳤다. 그것을 읽고 세종이 월인천강지곡月印千江之曲이라는 찬불讚佛 장편 서사시를 지었다. 그후 수양대군이 왕이 된 다음 유신儒臣들의 반대를 무릅쓰고 숭불崇佛 정책에 의해 세종이 지은 월인천강지곡을 본문으로 하고 그에 맞는 내용의 석보상절을 주석으로 붙이고 거기에다 대폭적으로 증편을 하여 1459년(세조 5)에 『월인석보月印釋譜』를 간행하였다.

월인석보의 책명 뿐만 아니라 편찬동기와 간행시기 그리고 편자에 대해서도 월인석보 서문과 '어제월인석보서'에 상세히 기록되어 있다.

편찬동기는 세조가 왕세자였던 도원군桃源君(德宗으로 추존)이 죽자 그 애통함을 금치 못하여 어머니인 소헌왕후 심씨와 아들의 명복을 빌고 대중을 불교에 귀의하기 위하여 신미信眉 · 수미守眉 · 설준雪峻 · 학열學悅 · 학조學組 등의 고승과 김수온의 도움을 받아 근 2년간의 수정 보완을 거쳐 간행하였다.

세조는 "잘 때 자지 아니하고 끼니를 잊고 날 가는 줄 모르고 해를 보낼 정도"로 이 책의 발간에 전력 투구를 하였다.

이 책의 권수는 석보상절로 미루어 보아 모두 24권으로 완결되었을 것으로 추정된다. 이 책은 임진왜란, 정유왜란, 병자호란 등의 외세에 의한 병란으로 모두가 전해지지 않고 초간본과 중간본을 합해서 권1, 2, 7, 8, 9, 10, 11, 12, 13, 14, 17, 18, 21, 22 그리고 근간에 한 두권이 발견되었다고 한다.

권1, 2는 초간본이 서강대학교 도서관에 소장되어 있으며 중간본인 희방사喜方寺판(1568년 선조)은 책판이 6.25 동란 이전까지 보존되어 있어서 잔존본이 좀더 있으리라 본다. 권1에는 어제훈민정음 언해본이 있어 중요한 자료이기도 하다.

"이 월인석보는 한글창제 직후에 간행된 자료로서 국어국문학 연구에 귀중한 자료가 된다. 또한 이 책은 세종과 세조의 2대에 걸쳐 임금이 짓고 편찬한 것으로 현존본에 나타난 판각기법이나 인출 솜씨 등을 보면 조선초기 불교문화의 정수라 할 수 있다. 또한 초기의 한글 변천을 살피는데 중요한 가치를 지닌다. 또 조선초기에 유통된 중요경전이 취합된 것이므로 당시 불교경전의 수용태도를 살필 수 있는 자료다.

글자체에 있어서도 동국정운체와 용비어천가체는 한글과 한자체가 거의 대등하다. 그러나 석보상절체는 한글이 한자보다 선명하고 크고 굵어서 한글이 압도하고 있는 특징이 있다.

범우사 자료실에는 ① 1459년(세조 5년)에 간행한 '세종어제 훈민정음' 서문본인 권1과 ② 초쇄본인 권17과 ③ 1568년(선조 1년)에 경상도 풍기 소백산 희방사에서 중간한 권1본이 있다.

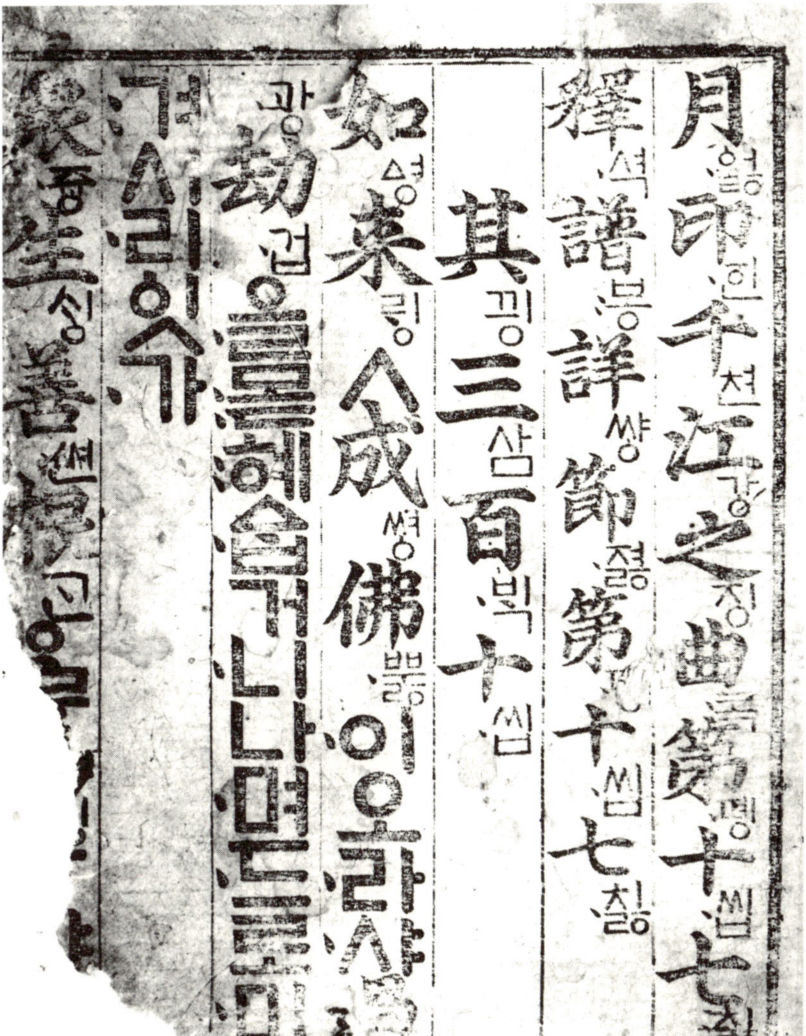
月印千江之曲第十七
釋譜詳節第十七
其三百十
如來成佛이라

월인천강지곡과 석보상절을 합한 월인석보 제17권의 초간본

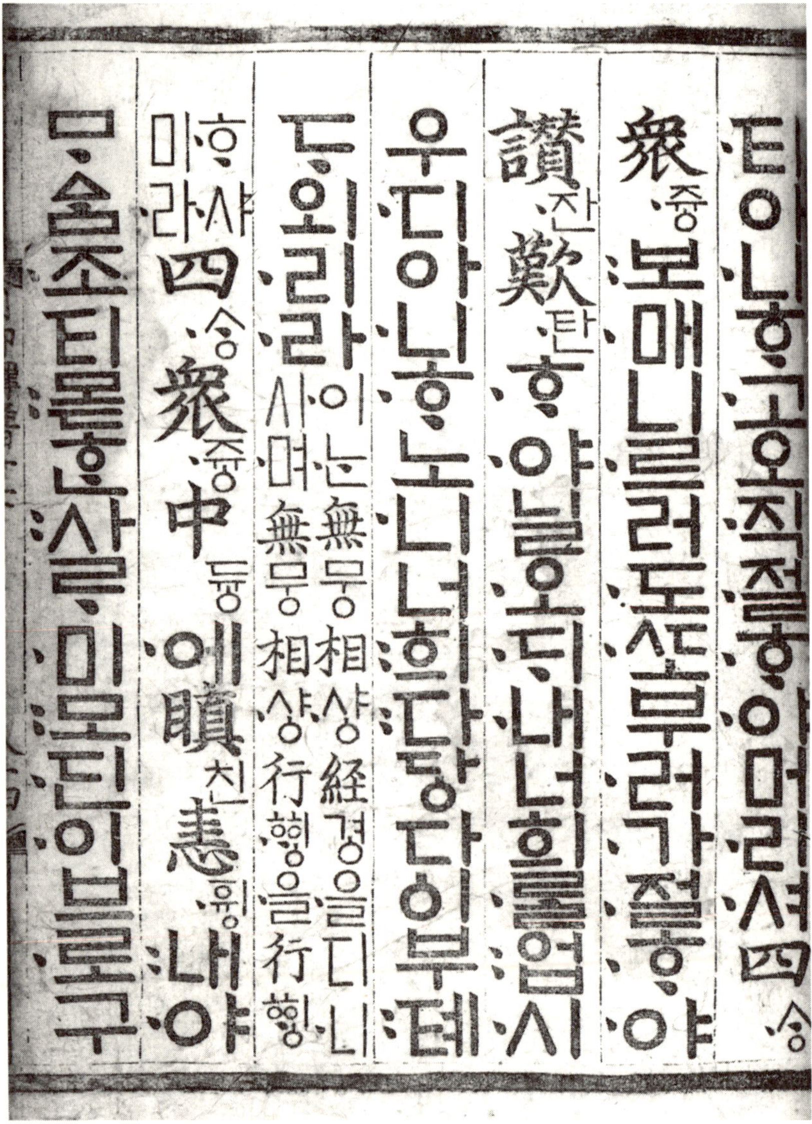

볏집 종이에 인쇄된 제17권의 초간본 본문

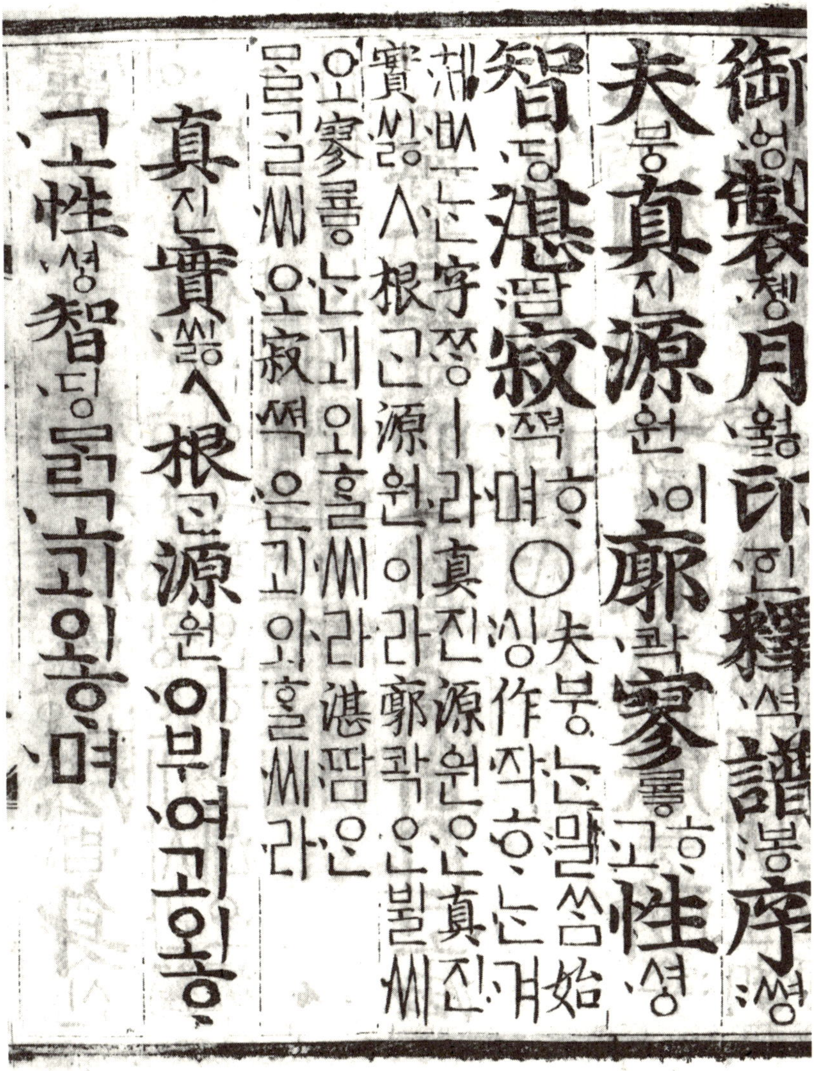
御製月印釋譜序
夫真源이 廓寥ᄒᆞ고 性智 湛寂ᄒᆞ며
夫ᄂᆞᆫ 말씀 始作ᄒᆞᄂᆞᆫ 겨체 ᄡᅳᄂᆞᆫ 字ㅣ라 真源은 真實ㅅ 根源이라 廓은 빌씨오 寥ᄂᆞᆫ 괴외ᄒᆞᆯ씨라 湛ᄋᆞᆫ ᄆᆞᆯᄀᆞᆯ씨오 寂은 괴외ᄒᆞᆯ씨라
真實ㅅ 根源이 뷔여 괴외ᄒᆞ고 性智 ᄆᆞᆰ고 괴외ᄒᆞ며

세조5년(1459)에 간행한 어제월인석보 서문

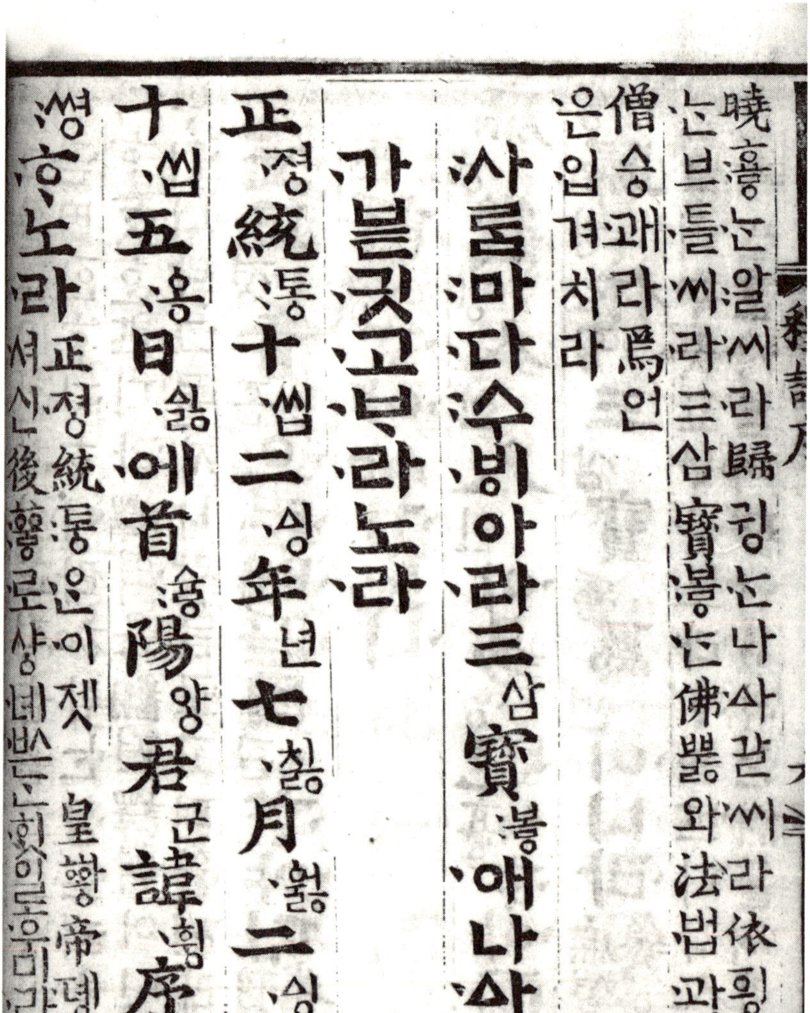

정통 12년(1447) 7월 25일에 수양대군이 쓴 서문이 있는 희방사판본

5. 능엄경언해楞嚴經諺解
- 우리나라 최초의 번역본

이 책은 중국 송나라의 온릉계환溫陵戒環이 요해要解한 불경으로서 『대불정여래밀인수증료의제보살만행수능엄경大佛頂如來密因修證了義諸菩薩萬行首楞嚴經이란 긴 이름을 가지고 있다. 그러나 보통 줄여서 '대불정수능엄경' 또는 '능엄경'이라 부르고 있다.

조선조 초기인 세조 7년(1461) 10월에 교서관校書館에서 을해자乙亥字 금속활자본으로 먼저 10권 10책을 400부 간행하였다. 그런데 이 활자본은 서둘러 간행하였기 때문에 오식 등 잘못된 부분이 많아 이듬해인 세조 8년(1462)에 다시 간경도감刊經都監에서 목판본으로 간행하였다. 이 언해 목판본은 그 후에도 성종 3년(1472)과 연산군 1년(1495)에 다시 간행되었다.

발문跋文에 의하면 세종 31년(1449), 세종대왕의 명에 의하여 수양대군(후의 세조)이 번역에 착수하였으나 끝을 맺지 못하고 있다가 세조 7년(1461)에 불심이 지극한 효령대군孝寧大君이 『능엄경』의 번역을 세조에게 청하자 신미信眉, 김수온金守溫, 한계희韓繼禧, 윤사로尹師路 등이 번역에 참여하고 세조가 구결句結을 다는 일과 교료校了를 보았다고 하여 발문에 어역御譯이라 명기하고 있다.

이 목판본 『능엄경언해』를 만든 『간경도감刊經都監』은 세조世祖 7년(1461)에 설치하여 성종成宗 2년(1471) 12월까지 불서를 간행 한 곳이다. 그 중 주로 불서 중에서도 널리 대중에게 알리기 위하여 언해본 즉 한글본을 많이 간행하였다.

세조는 수양대군으로 있을 때도 부왕인 세종대왕을 도와 간인사업刊印事業을 도왔고 왕위에 오른 후에도 단종端宗의 왕위를 찬탈함에 대한 속죄의 뜻으로 불교에 심취하였는데 특히 세조 3년(1457)에 왕자가 뜻밖에 죽자 더욱 불경간행에 힘을 쏟게 되었다. 마침내 세조 7년(1461)에 『간경도감』을 설치하여 국가사업으로 간경사업을 본격화 시켰다. 중앙에 간경도감 본사本司를 두고 개성, 안동, 상주, 진주, 전주, 남원 등 각 지방에 분사分司를 두었다.

당대의 명필가인 강희안姜希顔, 성난종鄭蘭宗, 성임成任, 안혜安惠 등이 동원되어 송설체松雪體로 늠름하고 육중한 글을 써서 새기고 한글은 강직하게 그은 직선으로 결구結構한 인서체印書體로 글자본을 떠서 만들었다.

인쇄된 지면을 보면 굵고 가는 원필圓筆의 한자와 가는 인서체의 한글이 잘 조화되어 편집상 돋보인다. 또한 글자의 새김이 정교하고 먹색이 선명하며 종이는 주로 상품인 볏짚종이〔藁精紙〕를 사용하였다.

『간경도감』에서는 『능엄경언해』를 비롯하여 『아미타경언해』 『선종영가집언해』 『법화경언해』 『금강경언해』 『원각경언해』 등 많은 한글본을 간행하였다.

그런데 이 『능엄경언해』는 간경도감에서 간행된 최초의 언해본이며, 우리나라 도서 중에서 최초의 번역본이 되는 셈이다.

그리고 책의 형태, 번역의 양식과 정서법 등이 간행물의 규범이 되고 있어, 매우 중요한 자료로 평가받고 있다. 그리고 번역문에서는 한자 한자마다 『동국정운東國正韻』에 따른 독음이 달려 있다. 이 독음은 전문가인 조변안曺變安, 조지趙祉 등이 달았으며 이 『능엄경언해』는 다른 언해본에 미친 영향이 크며 풍부한 어휘와 문법자료로도 돋보이고 있어 중세 국어 연구에 기본이 되는 문헌의 하나로 손꼽히고 있다.

이 책에서는 훈민정음의 용법이 그대로 적용되어 있어서 순경음脣輕音 ㅂ을 비롯하여 ㅿ · ㆆ · ㆁ, 병서竝書 ㅇ · ㅿ · ㆅ 등이 사용되고 있으므로 국어의 음운변천사를 연구하는데도 귀중한 문헌이다.

현재 1461년에 간행된 활자본 중 3, 4권이 없고 목판언해본 초간본은 동국대학교에 완질完帙이 있어 국보로 지정되었다. 범우사 자료실에는 1462년에 간행한 초간목판본 권2 완전본과 일부 낙장본 2책이 있다.

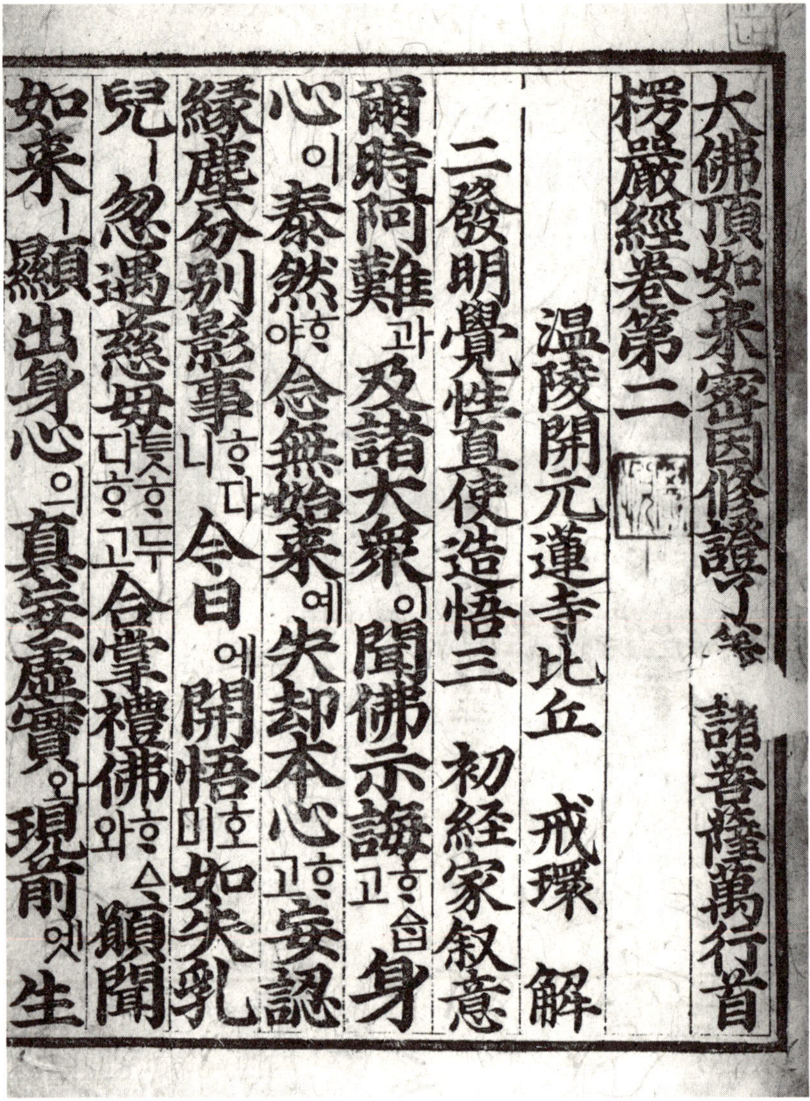

大佛頂如來密因修證了義諸菩薩萬行首
楞嚴經卷第二
溫陵開元蓮寺比丘 戒環 解
二發明覺性直使造悟三 初經家叙意
爾時阿難과及諸大衆이聞佛示誨ᄒᆞᅀᆞᆸ고身
心이泰然ᄒᆞ야念無始來예失却本心ᄒᆞ고妄認
緣塵分別影事ᄒᆞ다니今日에開悟호미如失乳
兒ㅣ忽遇慈母ᄃᆞᆺᄒᆞ다ᄒᆞ고合掌禮佛ᄒᆞᅀᆞᆸ와願聞
如來ㅣ顯出身心의眞妄虛實와現前엣生

1462년에 간행된 초간본 능엄경언해의 권2 머리

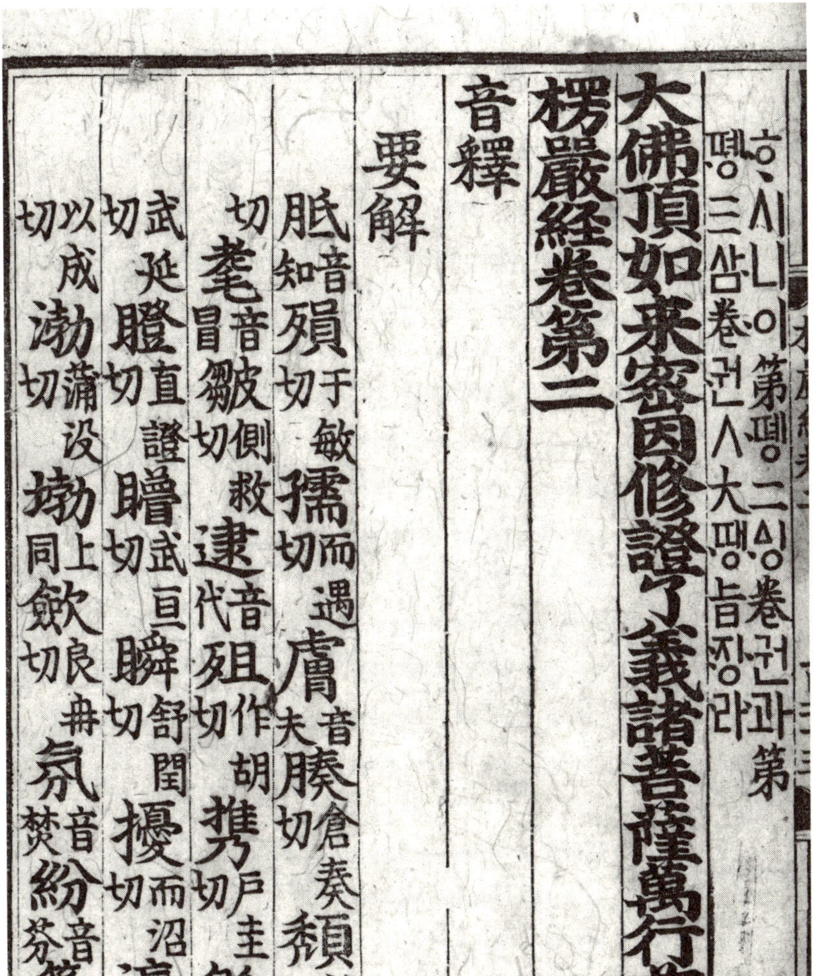
ᄒᆞ시니이 第뎽二ᅀᅵᆼ卷권과 第뎽三삼卷권ㅅ大땡旨징라

大佛頂如來密因修證了義諸菩薩萬行首

楞嚴經卷第二

音釋

要解

胝音知 殞于敏切 孺而遇切 膚音夫 腠倉奏切 頹杜回切

耄音冒 皺側救切 逮音代 殂作胡切 携戶圭切 縣

武延切 瞪直證切 矒武亘切 瞬舒閏切 擾而沼切 瀛

以成切 渤蒲没切 㴞上同 歛良冉切 氛音焚 紛音芬 簷

1462년에 간행된 권2의 요해부분

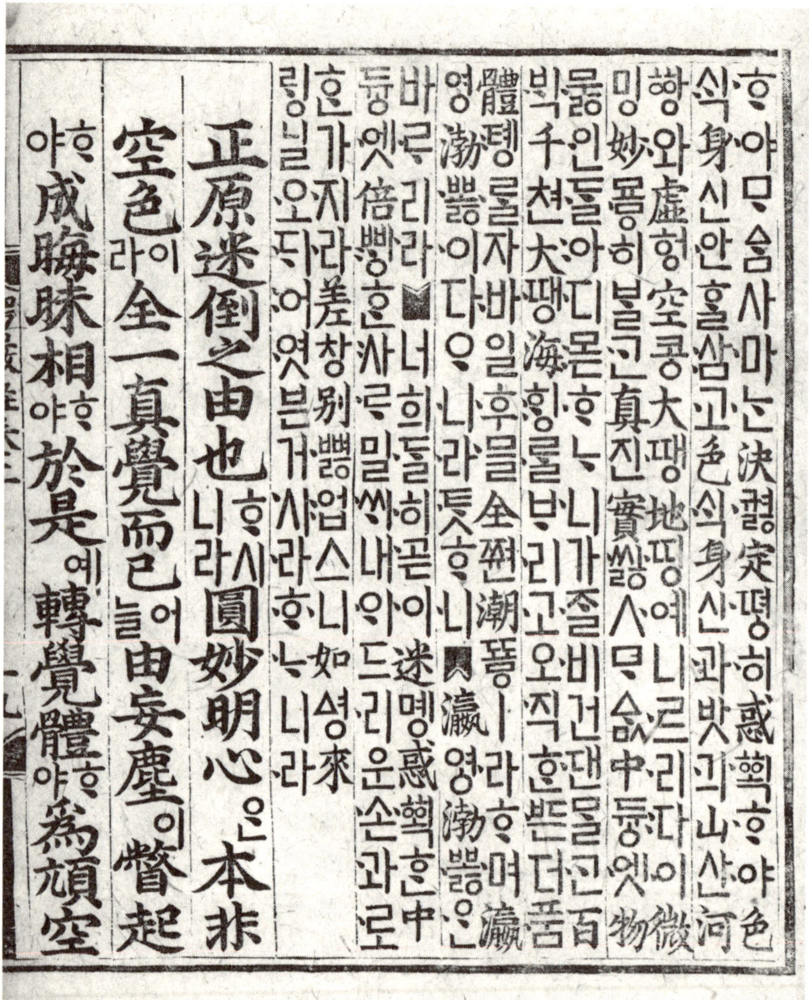

1462년에 간행된 초간본 권2의 본문부분

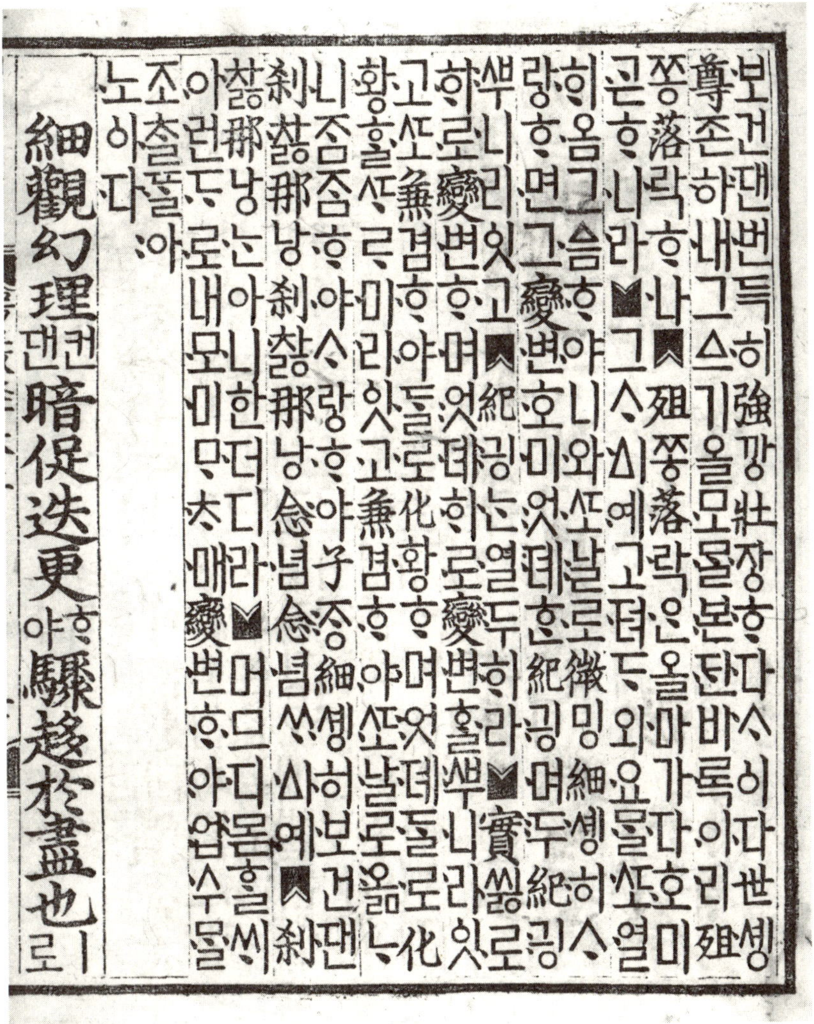

능엄경언해 초간본의 본문

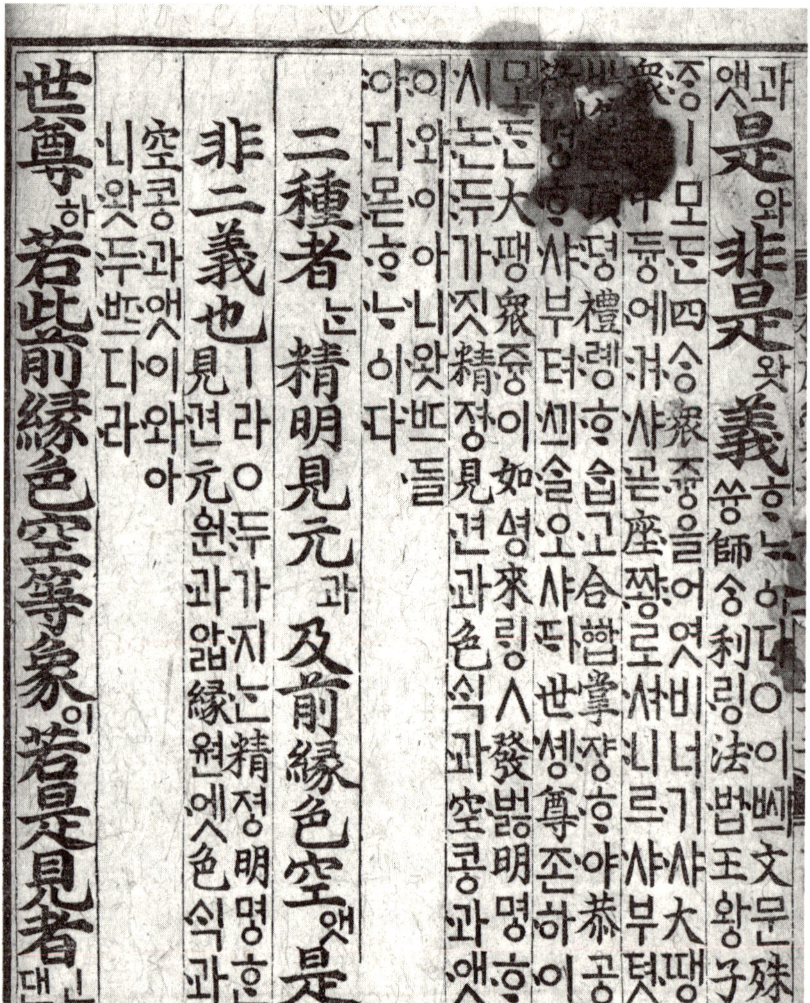

능엄경언해본 초간본의 본문

6. 묘법연화경언해妙法蓮華經
- 우리 나라 법화신앙의 근본

이 책은 1463년(세조 9) 세조가 구결을 달고 간경도감刊經都監에서 번역하여 출간한 것이다. 책머리에 1463년 9월 2일 간경도감 도제조都提調인 윤사로尹師路의 전箋이 있으며 목판본 7권 7책으로 되어 있다.

책의 체재와 번역의 양식 등은 간경도감에서 최초로 번역 간행한 『능엄경언해』와 같고 이 『묘법연화경 언해』는 간경도감에서 간행한 두 번째 언해본이다.

이 초간본은 공공도서관 등 여러 곳에 전해져 있으나 대부분 7권 전질이 아니라 낙질이며 전질인 경우에도 완전하지 못하다. 그후 복각본이 있는데 1547년(명종 13)의 나주 쌍계사본, 1764년(영조 40)의 충청도 가야사본 등 몇 종이 전해져 오고 있다. 이들은 초간본처럼 판각은 정밀하지 못하나 번역은 초간본과 일치함으로 자료로서는 손색이 없다.

조선 초기의 불경언해 사업의 중심이 되었던 곳은 간경도감이다. 세조의 명에 의하여 1461년(세조 7) 6월에 설치하여 1471년(성종 2)까지 11년 동안에 여러 가지 사업을 하였으나 그 중에서도 특히 괄목할 만한 사업은 신미, 수미, 홍준 등의 명승과 윤사로, 황수신, 김수온, 한계희 등의 학자들을 초빙하여 불경을 한글로 번역하여 간행한 사업이다. 지금까지 알려진 것 만으로도 『능엄경 언해』를 비롯하여

『묘법연화경 언해』, 『선종영가집 언해』, 『원각경 언해』, 『법어 언해』 등 10여 종에 달하고 있다.

오늘날에도 이때의 이 언해사업은 훈민정음 창제 직후 숱한 한문 숭상학자들에 의해 한글의 존속이 위태로울 때 한글을 계승시키는데 큰 기여를 하였으며, 국어학 자료로도 학계의 연구에 귀중한 위치를 차지하고 있다.

또한 어려운 한문 불경을 한글로 번역하여 불교를 대중종교로 끌어올리고 불교의 근본이념과 교리를 쉽게 접할 수 있게 하여 불교 포교에도 지대한 공헌을 하였다.

이 『묘법연화경』은 우리 나라 불교의 중추적 역할을 하고 있는 천태종天台宗의 중심 경전이며 화엄경과 함께 한국불교 사상의 확립에 가장 큰 영향을 미쳤다.

우리 나라에서는 여러 한역본 중 구마라습鳩摩羅什이 번역한 7권 28품본이 가장 많이 보급되었다. 본문 중 제25품인 『관세음보살보문품』이 관음신앙의 근거가 되었으며 우리 나라에서 관세음보살이 가장 존숭을 받아 심지어 따로 『관음경』을 편찬하여 가장 많이 독송하고 있다. 또한 11품인 『견보탑품』은 보살 신앙의 중심이 되었던 불탑 숭배의 사상을 낳았고, 그로 인해 다보탑과 석가탑 등을 조성하는 동기가 되었다. 이 『묘법연화경』 속에는 "부처는 언제나 이 사바세계에 머물면서 중생을 교화할 뿐만 아니라 그들을 성불成佛하게 한다"는 현실적인 이상이 담겨져 있고, 이것이 우리 나라 법화신앙의 바탕으로 크게 자리하고 있다.

그리고 이 『묘법연화경』은 우리 나라에서 가장 많이 간행된 불교 경전이다.

그러므로 고려 때인 1399년 간행된 남재南在 발문본부터 조선조말인 1876년 천마산 보정사본까지 500여 년 동안에 120여 종이 간행되었다.

범우사 자료실에는 간경도감판본인 언해본 초간본 권1 · 권6 완본과 권2 · 권6 낙질본이 있으며, 중간본 권1 완본과 또 1799년 전라도 옥과 관음사에서 개판한『대승묘법연화경』한 책과 1799년 전라도 송광사에서 제운. 벽담대선사의 발원과 용화서홍의 발문이 있는 국한문 5책 7권본이 있다.

그리고 한문본으로는 1399년 간행된 남재 발문본 2질과 1405년의 양촌 권근 발문본, 1422년의 변계량 발문본, 1443년의 성달생 발문본등 70여 종이 있다.

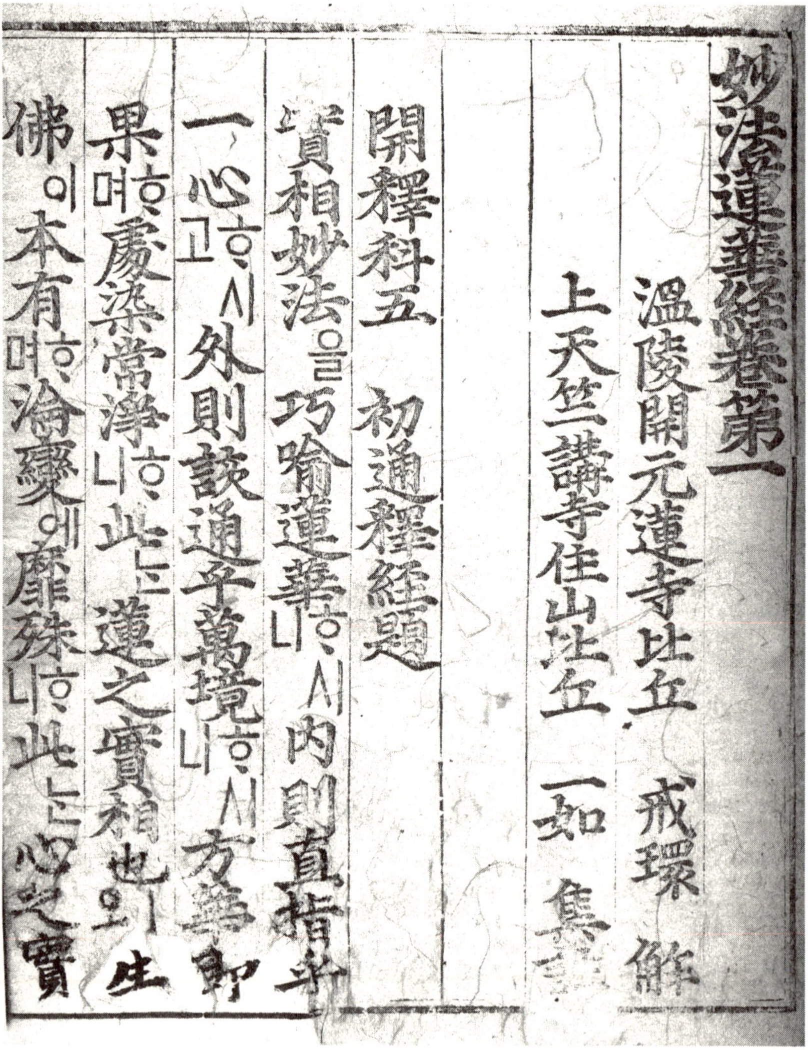

1463년에 간행한 간경도감 초간본. 『묘법연화경』 권1 첫머리

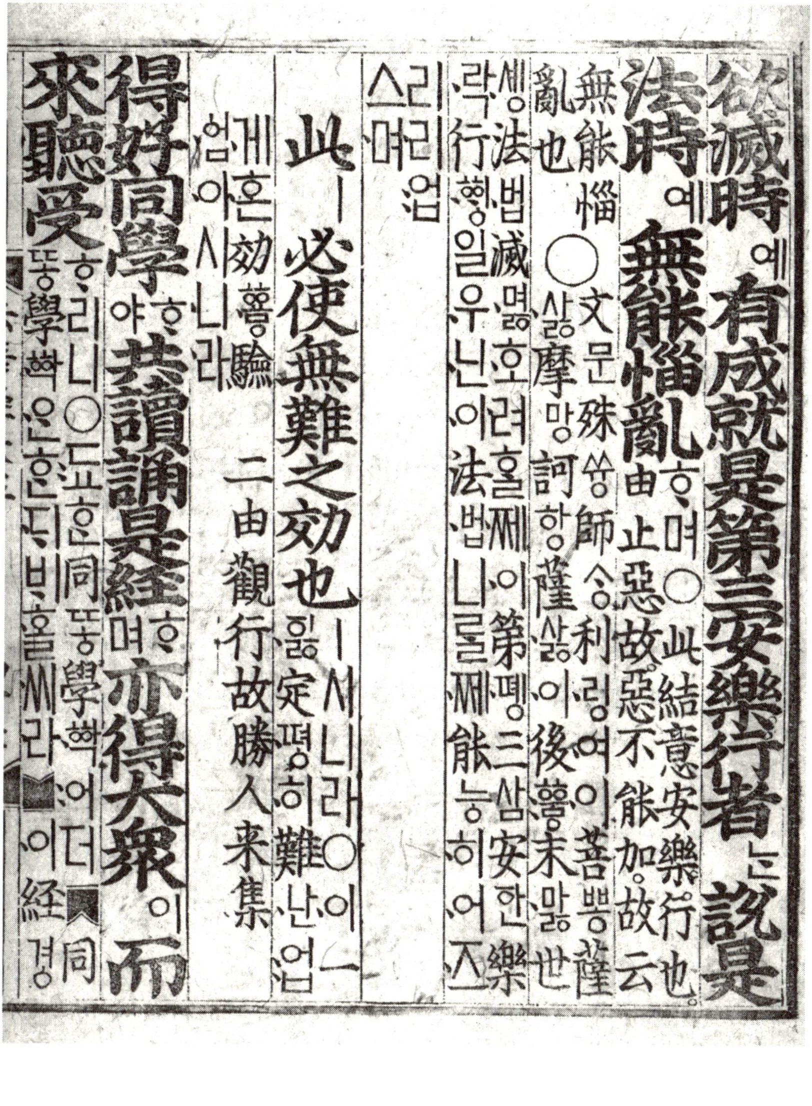

간경도감에서 간행한 초간본의 권5 본문

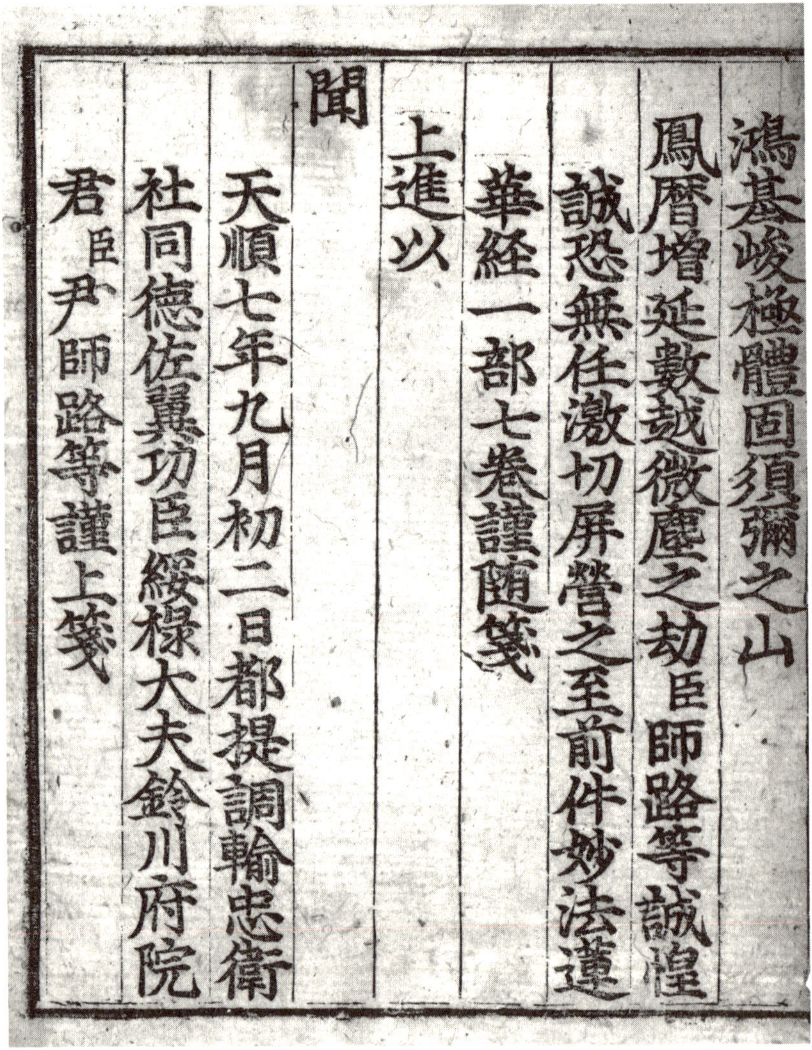

鴻基峻極體固須彌之山
鳳曆增延數越微塵之劫臣師路等誠惶
誠恐無任激切屏營之至前件妙法蓮
華經一部七卷謹隨箋
上進以
聞
天順七年九月初二日都提調輸忠衛
社同德佐翼功臣綏祿大夫鈴川府院
君臣尹師路等謹上箋

1463년 간경도감에서 간행한 초간본 간기난

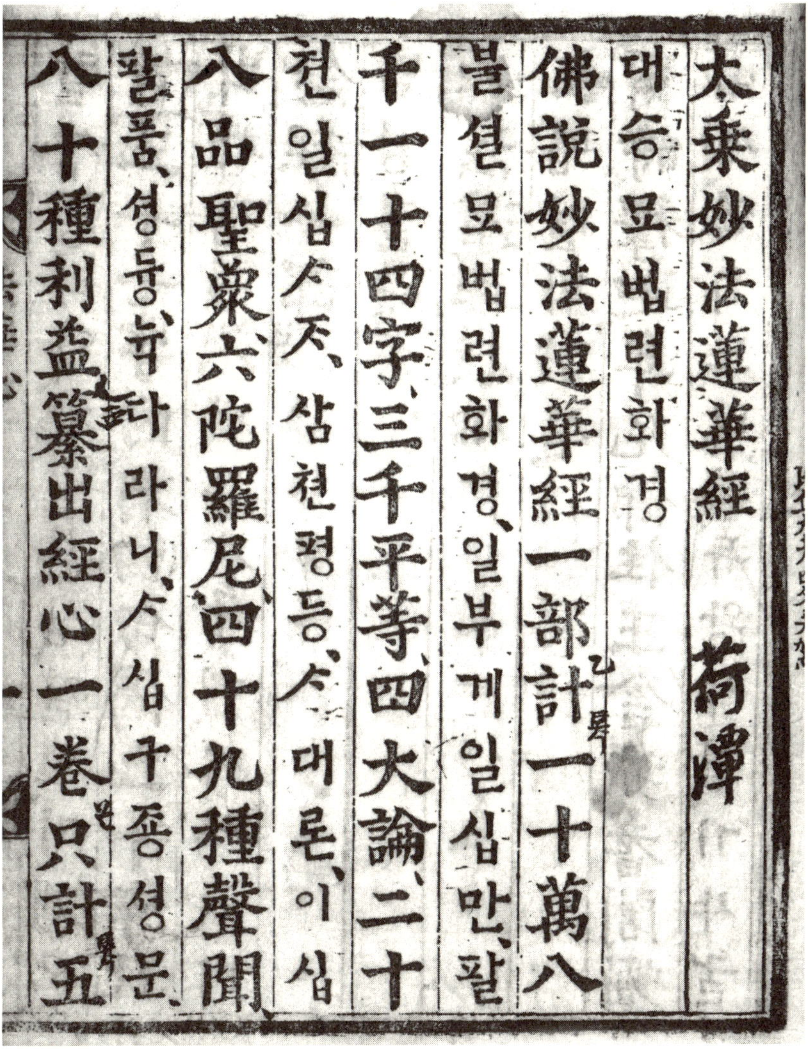
大乘妙法蓮華經 荷潭
대승묘법련화경
佛說妙法蓮華經一部計一十萬八
불셜묘법련화경、일부게일십만、팔
千一十四字、三千平等、四大論、二十
쳔일십ᄉᆞᄌᆞ、삼쳔평등、ᄉᆞ대론、이십
八品聖衆、六陀羅尼、四十九種聲聞
팔품、셩듕、뉵다라니、ᄉᆞ십구죵셩문、
八十種利益纂出經心一卷只計五

1799년 관음사 간본인 대승묘법연화경

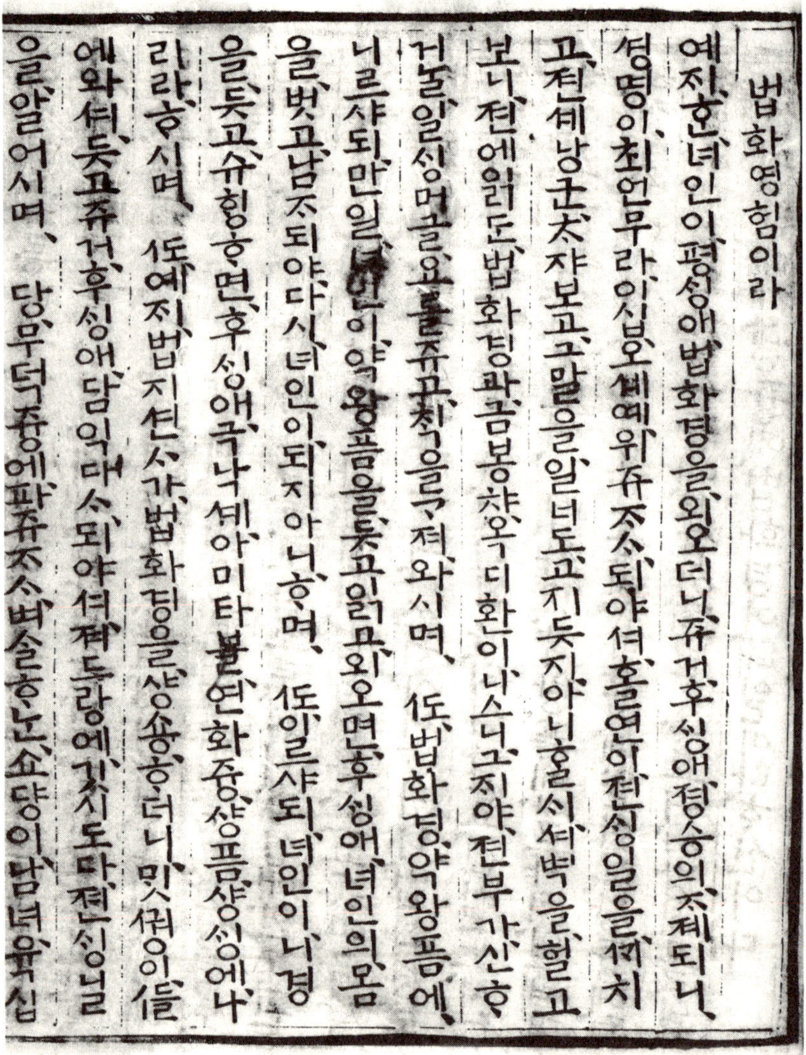

1799년 전라도 송광사에서 간행한 『묘법연화경』 머리글

7. 불설아미타경언해佛說阿彌陀經
- 정토신앙의 근본경전

이 책의 초간본은 세조世祖가 1464년〔세조 10년=천순天順 8년〕에 정토삼부경淨土三部經의 하나인 『불설아미타경佛說阿彌陀經』에 구결을 달고 언해하여 간경도감에서 간행한 책이다.

이 한글본은 1권 1책의 목판본으로 글씨는 당시의 명필인 안혜安惠가 썼다.

이 『아미타경』은 정토신앙淨土信仰의 근본경전으로 『무량수경』 『관부량수경』과 함께 정토삼부경이라 불리우며 불자들에게 가장 많이 유포되고 독송되었던 경전 가운데 하나이다. 이 경은 극락정토極樂淨土의 장엄함을 설명하고 정토에 가는 길은 아미타불을 부르며 염불하는데 있다고 하였다. 이 경의 한역본漢譯本은 몇 종 있으나 우리나라에서는 구마라습仇摩羅什의 간결하고 유려한 번역본을 많이 독송하고 있다.

구마라습은 인도의 고승으로 부견符堅이 품광品光을 보내어 구자국龜磁國을 정복하였을 때 중국 장안長安으로 모시고 와서 국사國師로 예우를 하면서 여러 중국 고승과 같이 경론經論 300여 권을 번역하게 하였다. 그는 진나라에서 9년을 살다 죽었는데 삼론종三論宗의 개조開祖가 되었다. 우리나라의 한역본漢譯本 불경 중에도 『묘법연화경』을 비롯한 구마라습의 역본이 상당수 있다.

이 『아미타경』은 1일 내지 7일 동안만 정성껏 염불을 하면 임종할 때 아미타불의 영접을 받아 극락 환생한다는 기복종교적인 색채를 많이 띤 경전이다. 그래서 경을 연구하기보다는 경 자체를 독송하고 실천하는 쪽으로 기울어 많은 염불회念佛會가 열리고 거기에 따른 판본 간행도 다양한 편이다.

언해본만 해도 1464년에 간경도감에서 간행한 세조의 어제역해御製譯解본을 복각한 1558년(명종 13)의 나주 쌍계사본, 1702년(숙종 28)의 경상도 고성의 운흥사본, 1753년(영조 29)의 대구 동화사본을 비롯하여 조선조 말기의 여러 형태의 한글본이 간행되었다.

범우사 자료실에는 천순天順 8년(1464=세조 10년)에 조선국 간경도감刊經都監에서 간행한『불설아미타경』언해본이 있는데 이 판본에는 매장마다 수명의 시주施主자와 판각을 한 각수刻手들의 성명이 새겨져 있어 많은 사람의 시주와 여러 사람의 각수에 의해 판각 간행되었다는 것을 볼 수 있다.

다음에는 1633년(인조 11년, 숭정 6년) 전라 장성 불대산 청연사淸淵寺에서 간행한 판본은 다른 고서목록에서는 보이지 않는 판본이다.

1898년(광무 2년) 5월에 경상도 밀양 표충사表忠寺에서 개간開刊한 판본에는 뒷부분에 불설고왕관세음경과 언해본, 또 불설광명왕여래다라니경 등이 있다. 그리고 조선조 말의 1905년(광무 9년) 3월에 일련사日蓮寺에서 간행한 판본과 1907년(광무 11년) 2월 삼각산 안양암安養庵에서 화주化主 이성월李性月과 이선행李善行이 발간한 책과 1914년(대정大正 3년) 일제하에 삼각산 진관사津寬寺에서 주지 홍철우洪鐵牛 스님과 화주 손송암孫松庵이 석판으로 발간한 불설아미타경 한글본이 있다. 또한 간기刊記는 없으나 한문과 언해가 있는 발간 연도가 200년을 넘은 듯한 한글본 2책이 있다.

그리고 한문본漢文本으로는 1631년(숭정 4년 신미) 여름에 개간開刊한 인섬스님이 글씨를 쓰고 보정스님이 목판을 새기고 을민乙敏이 경비를 되어 발간한 판본과 간기는 없으나 책 끝에 나주羅州의 임방林

倣이 새겼다는 기록이 있는 간본이 있다. 또 원효대사의 저술인 아미타경소阿彌陀經疏 1책과 1753년에 오상현吳尙顯이 서문을 쓴 불설아미타경요해佛說阿彌陀經要解는 끝부분에 무량수불설왕생정토주無量壽佛說往生淨土呪 등의 한글과 범어梵語가 붙은 책 한 권도 있다.

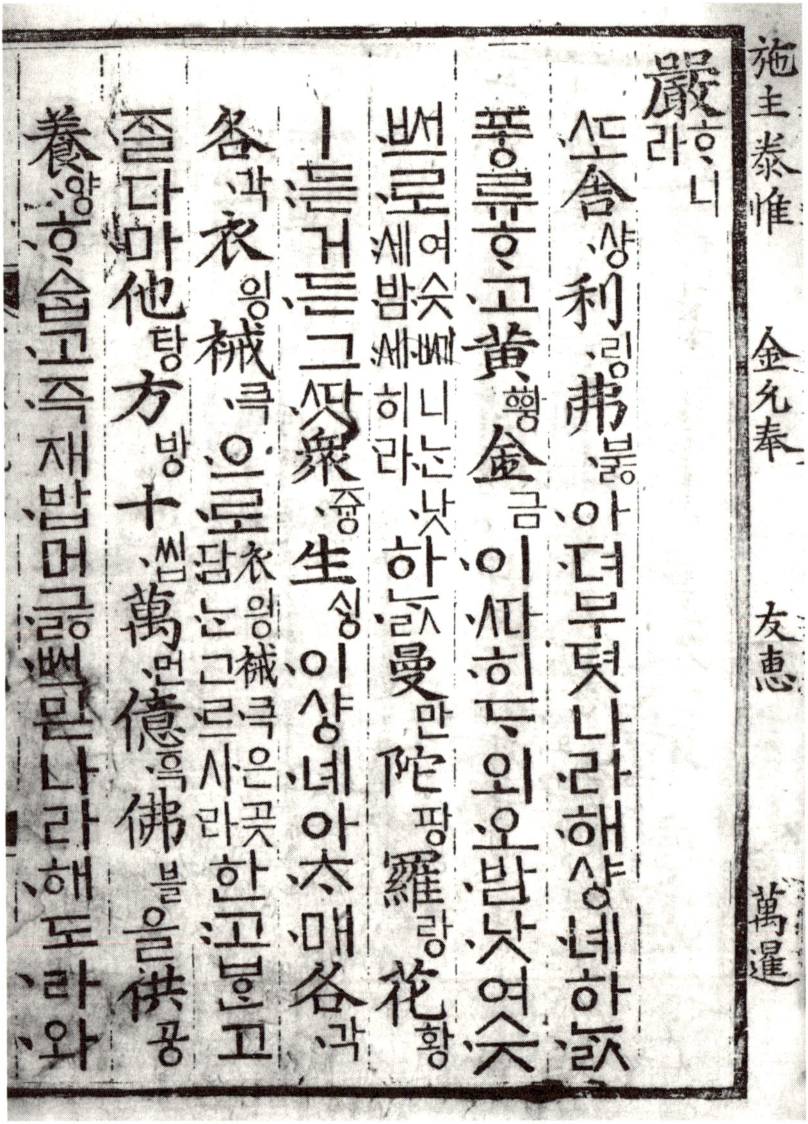

장마다 시주자와 각수의 이름이 새겨져 있는 간경도감 판본

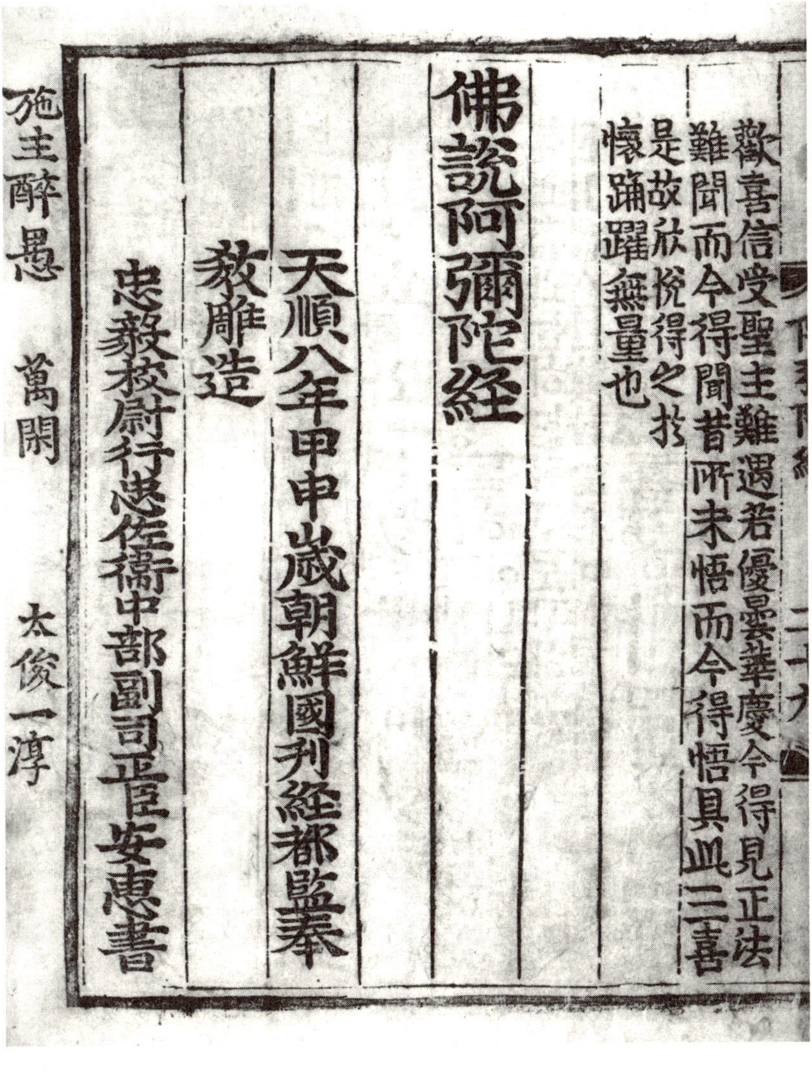
歡喜信受聖主難遇若優曇華慶今得見正法
難聞而今得聞昔所未悟而今得悟具此三喜
是故欣悅得之於
懷踴躍無量也

佛說阿彌陀經

天順八年甲申歲朝鮮國刊經都監奉
教雕造

忠毅校尉行忠佐衛中部副司正臣安惠書

施主醉愚 萬閑 太俊 一淳

1464년(세조10)에 간행된 불설아미타경의 간기

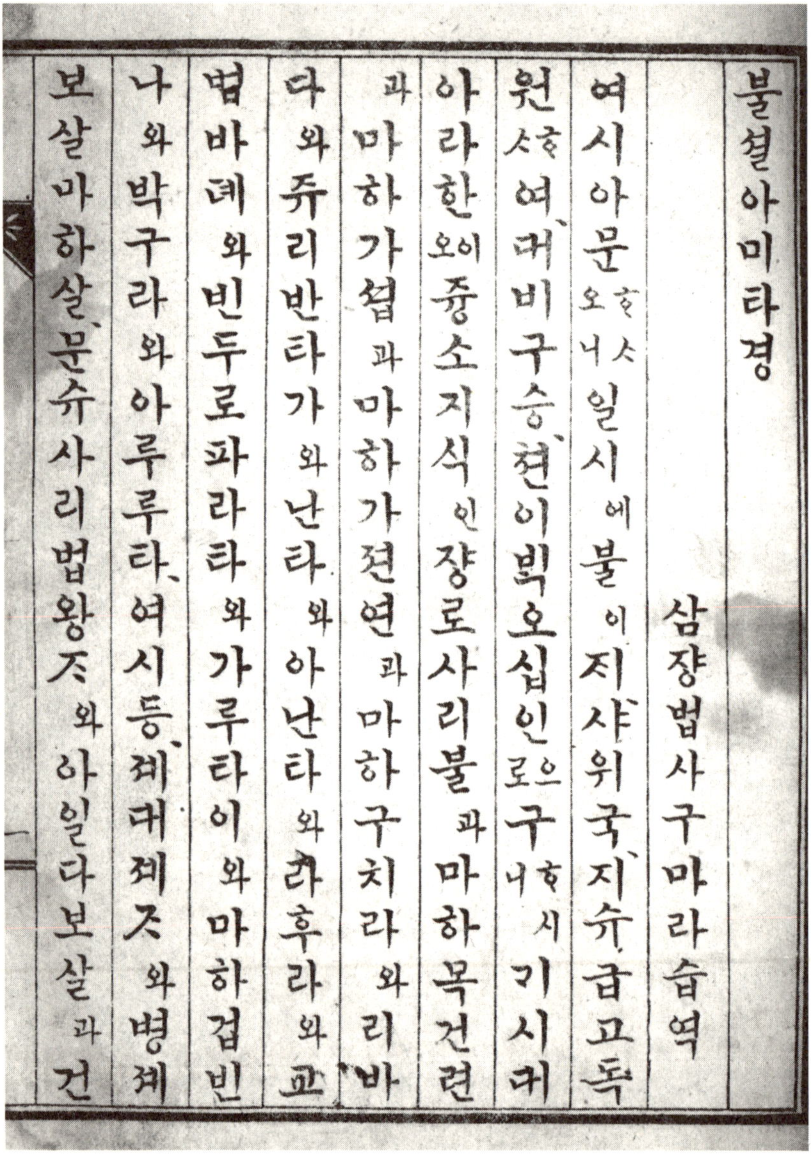
불셜아미타경

삼장법사구마라습역

여시아문ᄒᆞᄉᆞ오나 일시에 불이 지샤위국지슈급고독
원ᄒᆞᄉᆞ여 대비구승 천이빅오십인으로 구ᄒᆞ시니 기시대
아라한이오 중소지식인 쟝로사리불과 마하목건련
과 마하가섭과 마하가젼연과 마하구치라와 리바
다와 쥬리반타가와 난타와 아난타와 라후라와 교
범바뎨와 빈두로파라타와 가루타이와 마하겁빈
나와 박구라와 아루루타 여시등 제대졔ᄌᆞ와 병졔
보살마하살 문슈사리법왕ᄌᆞ와 아일다보살과 건

1914년에 발간된 삼각산 진관사 판본

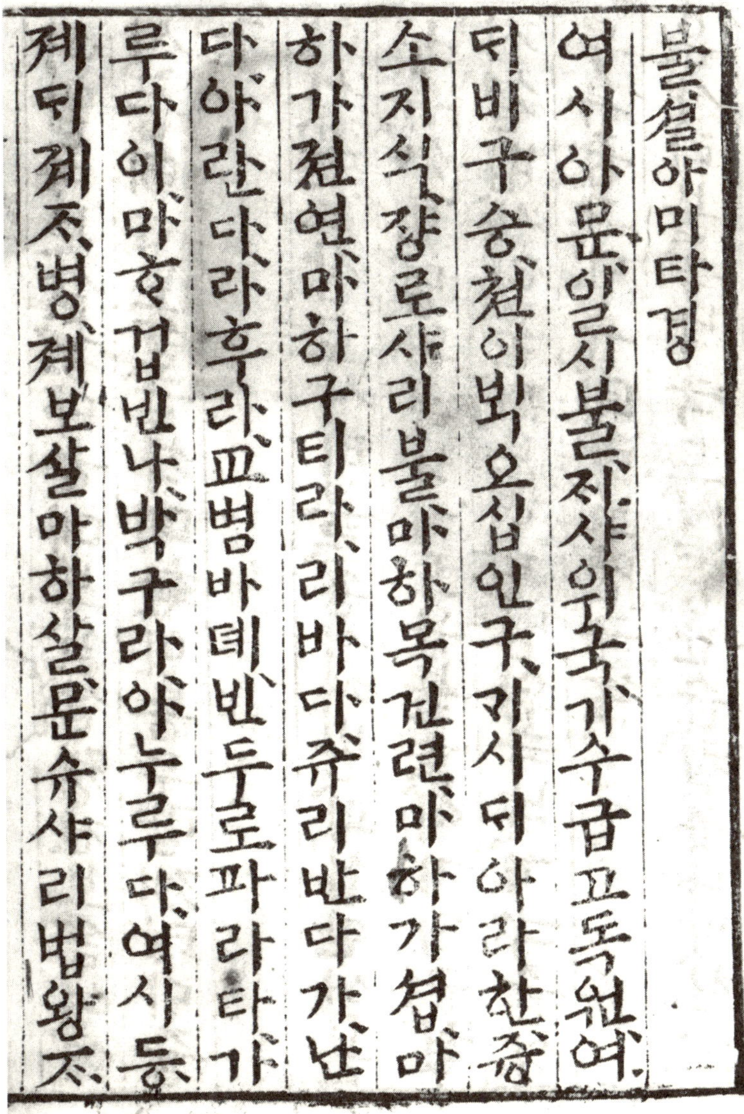

불셜아미타경

여시아문일시불ᄌᆡ샤위국기수급고독원여

대비구승쳔이백오십인구미시대아라한중

소지식장로샤리불마하목건련마하가셥마

하가젼연마하구티라리바다쥬리반다가난

다아란다라후라교범바뎨빈두로파라타가

루다이마ᄒᆞ겁빈나박구라아누루다여시등

졔대졔ᄌᆞ병졔보살마하살문슈샤리법왕ᄌᆞ

1904년 밀양표충사에서 간행한 한글판본

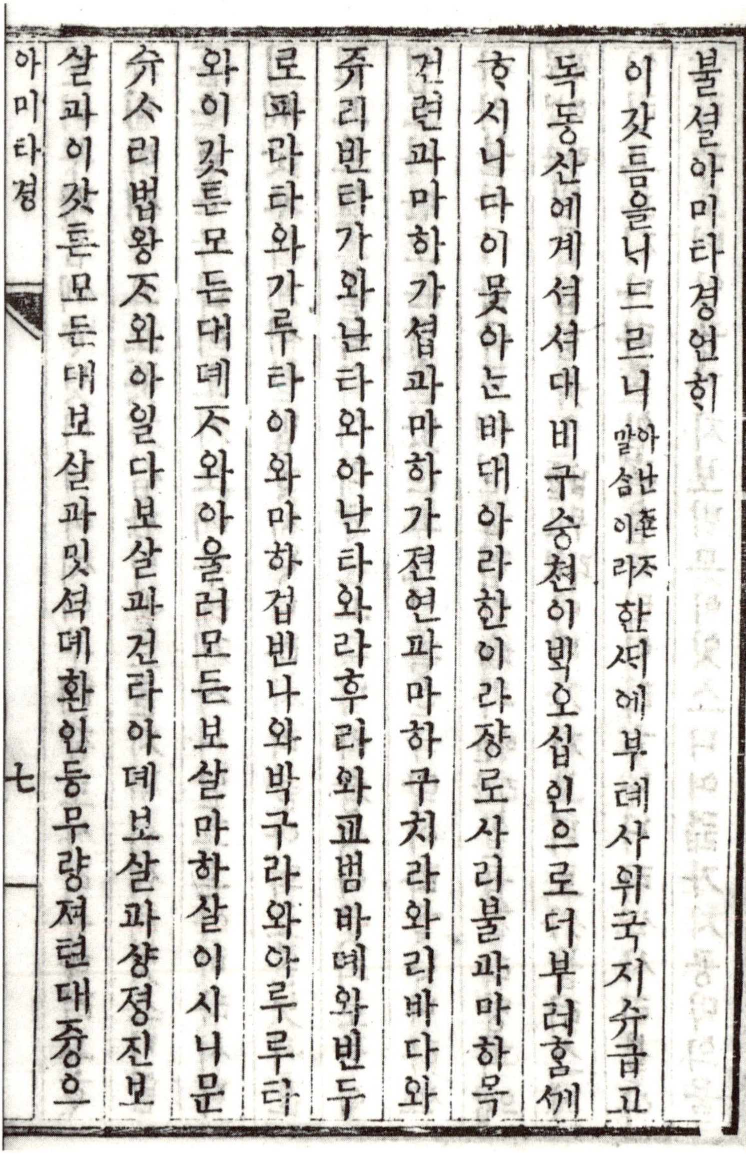
불셜아미타경언히

이갓틈을너드르니 아난존ᄌᆞ말숨이라 한ᄯᅢ에부톄사위국지슈급고

독동산에계셔셔대비구승쳔이뵉오십인으로더부러홈쎄

ᄒᆞ시니다이뭇아는바대아라한이라쟝로사리불과마하목

건련과마하가섭과마하가젼연파마하구치라와리바다와

쥬리반타가와난타와아난타와라후라와교범바뎨와빈두

로파라타와가루타이와마하겁빈나와박구라와아루루타

와이갓튼모든대뎨ᄌᆞ와아울러모든보살마하살이시니문

슈ᄉᆞ리법왕ᄌᆞ와아일다보살과건타아뎨보살과샹졍진보

살과이갓튼모든대보살과밋셕뎨환인등무량져텬대즁으

아미타경 七

1905년 일련사에서 간행한 아미타경 언해본

8. 원각경언해圓覺經諺解
- 선종의 교리에 가장 부합되는 경문

원각경圓覺經이란 이름은 『대방광원각수다라요의경大方廣圓覺修多羅了義經』의 약칭이다. 이 책은 북인도의 승려 불타다라佛陀多羅의 한역본을 바탕으로 한 당나라 종밀宗密의 원각경대소초圓覺經大疏鈔를 고려의 지눌知訥이 깊이 신봉하여 요의경了義經이라 한 뒤 조선초기 함허화상涵虛和尙이 원각경소圓覺經疏 3권을 짓고 유일有一과 의첨義瞻이 각각 사기私記를 짓는 등 추가로 손질한 후 우리 나라 승려의 교과과목으로 널리 쓰였다.

『원각경』의 한글본은 세조世祖가 토를 달고 신미信眉, 효령대군, 한계희, 성임, 강희맹, 윤찬 등이 번역과 저술에 참여하여 강경도감에서 1465년(세조11) 3월에 10책으로 간행하였다.

이 간경도감본은 책머리에 간경도감도제조의 황수신黃守身의 전箋과 간행에 관여한 박원형朴元亨, 김수온金守溫 등의 이름이 기재되어 있다.

이 『원각경』의 원각圓覺이란 원만한 영각靈覺을 말하며 수다라修多羅란 경전이란 뜻이며 요의了義란 명료하게 설명한다는 의미를 갖고 있다.

이 경전의 총체적인 뜻은 원돈圓頓의 교리를 말하는 것인데 원돈이란 진지眞智에 통달하여 망령을 없이 하는 것이다. 그러므로 이 『원각경』은 선종禪宗의 교리에 가장 부합되는 것으로 선종의 일파인 천태종天台宗의 중요한 경문經文이 되어 왔다.

또한 이 경은 그동안 널리 독송되고 연구되어 많은 주석서가 만들어졌으며 불교전문강원 사교과四教科 과정의 필수과목일 정도로 문체가 유려하고 사상이 심원하며 철학적으로나 문학적으로 뛰어난 작품성을 가지고 있다.

이 『원각경』은 본문이 12장으로 되어 있는데 제1, 문수보살장은 여래인행如來因行의 근본을 설한 것으로 현실이 몽환인 줄을 알면 곧 생사윤회가 없어질 뿐만 아니라 생사가 곧 열반이 되고 윤회가 곧 해탈이 된다는 것이다.

제2, 보현보살장에서는 원각圓覺을 닦고 증독하는데 필요한 관행을 설명하고 있으며, 제3, 보안보살장에서는 중생이 어떻게 사유하고 주지住持하여야 하는가에 대하여, 제4, 금강장보살장은 중생의 성불, 인연, 번뇌 등에 관한 문답을, 제5, 미륵보살장에서는 윤회를 끊는 방법에 대해, 제6, 청정혜보살장은 오성五性의 소증차별所證差別에 대해, 제7, 위덕자재보살장은 중생의 세가지 근성에 따른 수행방법, 제8, 변음보살장은 원각문圓覺門에 의하여 수습하는 길에 대해, 제9, 정제업장보살장에서는 말세중생末世衆生을 위한 장래안將來眼에 관해, 제10, 보각보살장에서는 수행할 자가 지켜야 할 법과 행, 제11, 원각보살장에서는 원각경계圓覺境界를 담기 위해 안거安居하는 방법, 제12, 현선수보살장에서는 신수봉행信受奉行하는 방법과 『원각경』을 배우고 읽힘으로써 얻는 공덕과 얻음에 대하여 설하고 있다.

『원각경언해』본은 전술한 간경도감판본 이외에 1465년(세조11)에 정난종鄭蘭宗의 글씨를 글자본으로 하여 큰자, 중간자, 작은 글자로 주조한 동활자로 찍은 책이 있다.

이 동활자를 정란종자라 부르기도 하고 1465년의 간지를 따라서 을유자라고도 한다. 그래서 이 판본을 정란종자본, 또는 을유자본이라 하는데 귀중한 활자본이다. 특히 한글활자본은 서지학상 희귀본에 속한다.

이 활자는 세조가 원각사圓覺寺를 준공하고 이 『원각경』을 찍기 위하여 주조한 것이며 아울러 구결口訣을 달기 위해 한글활자도 같이 만든 것이다.

이 을유자로 『원각경』을 찍은 다음 20여 년 동안에 불서 7종과 일반도서 3종 등 10여 종의 책을 찍고 갑진자를 주조할 때 모두 녹여 써버렸다. 이 활자로 불경 등을 많이 찍는 것을 못마땅하게 여긴 유생들의 반발에도 영향이 있었을 법하다.

이 정난종자는 우리 나라 사람이 쓴 글씨체를 바탕으로 만든 독자적인 금속활자란 점에서 한국인쇄사상 그 의의가 크다고 본다.

범우사 자료실에는 한글 을유자본 상권 2지 1 · 2 · 3, 하권 1지 1 · 2, 2지 1 · 2 등 두 책이 있다.

한문본으로는 보물 893호와 같은 고려판본 상권 한 책과 세조년간에 간행한 큰자는 세조자, 중소자는 강희안자(을해자)로 찍은 권1, 권2, 권6 등 을해금속활자본 3책이 있다. 또한 1464년(천순8) 간경도감에서 간행한 상중하 합본으로 가선대부 인수부윤 강희안 글씨의 판본도 한 책이 있다. 1545년(가정24) 평안도 연변지 묘향산 보현사 개간본 권1~2, 권6, 2책, 1588년(만력16) 경상도 청도 지운사 개간본 상하 완질, 1602년(만력30) 지리산 능인암에서 간행한 권6, 1책, 1655년(순치12) 조계산 선암사 간판본인 권6, 1책, 1883년(광서 계미년)에 경기도 양주 천마산 봉인사 개간본인 상중하 합본 1책, 또 간기가 없는 3책 완질본과 약간의 낙질본이 있다.

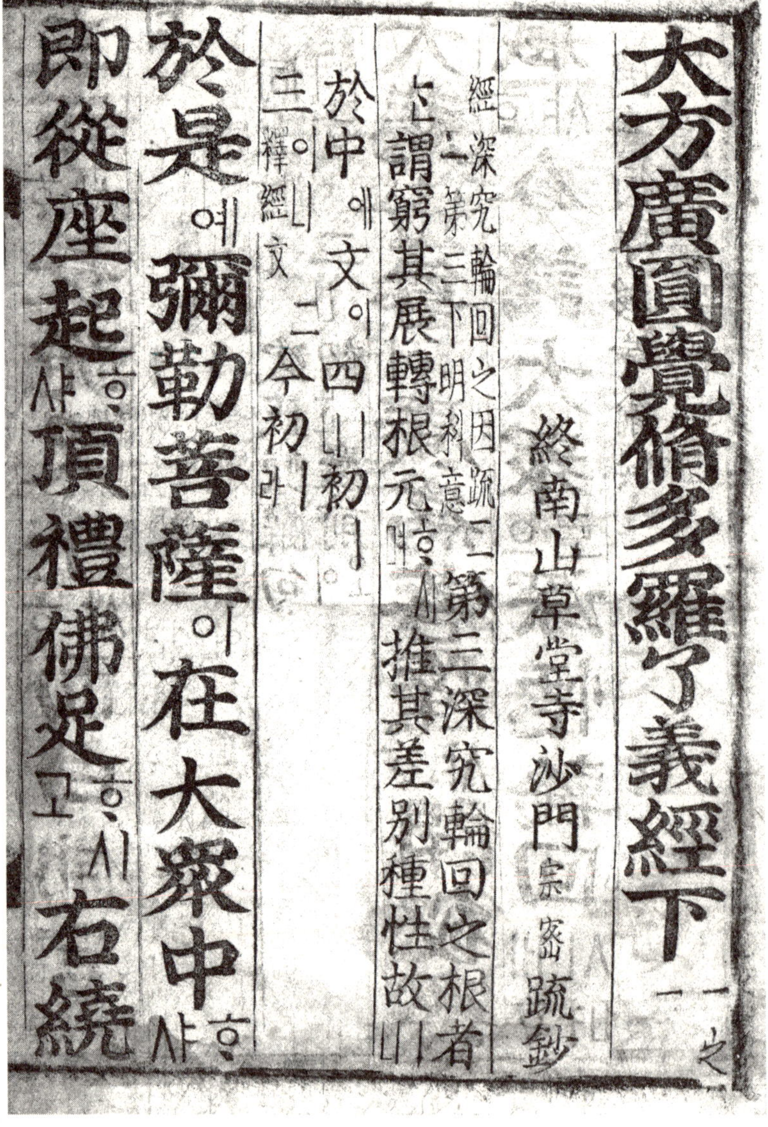

大方廣圓覺脩多羅了義經下 一之一
終南山草堂寺沙門 宗密 疏鈔
經 深究輪回之因跡 二 第三深究輪回之根者
一第三下明科意
논 謂窮其展轉根元ᄒᆞ샤 推其差別種性故ㅣ니
於中에 文이 四ㅣ니 初ㅣ
二이니 二 今初라
三 釋經文
於是예 彌勒菩薩이 在大衆中ᄒᆞ샤
即從座起ᄒᆞ샤 頂禮佛足ᄒᆞ시고 右繞

을유자(정난종자)본 원각경 하권 첫머리

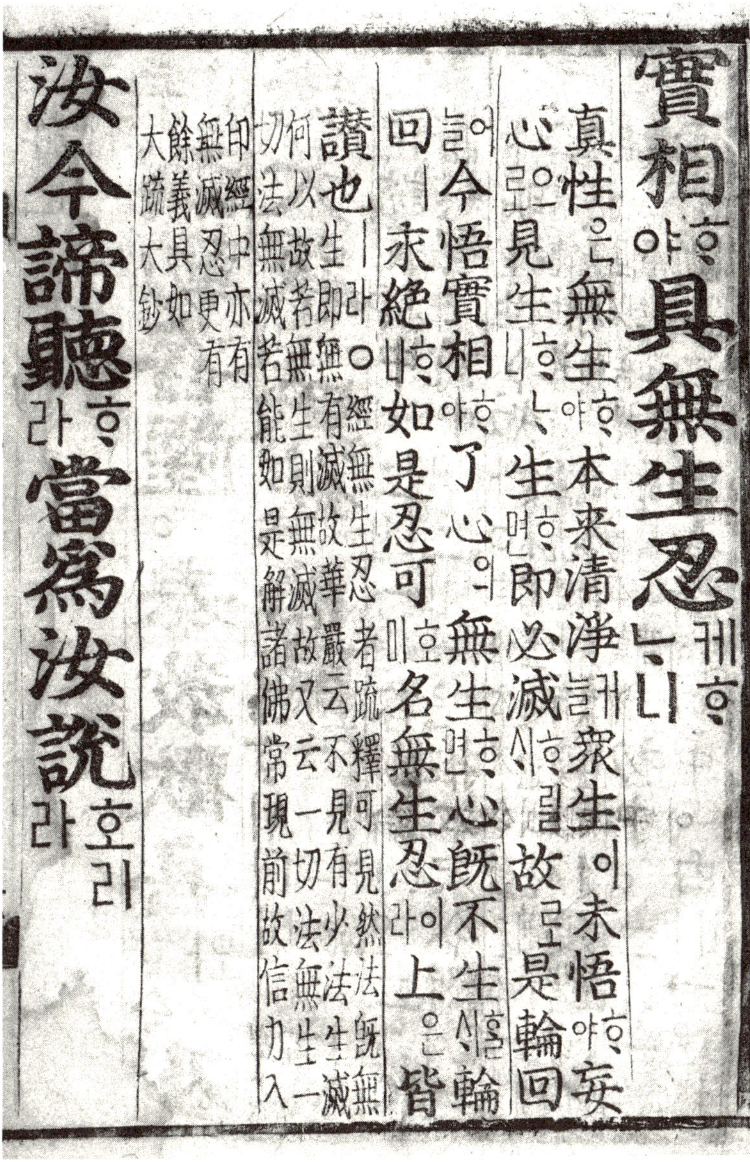

實相ᄒᆞ야 具無生忍케ᄒᆞᄂᆞ니

眞性은 無生ᄒᆞ야 本來淸淨거늘 衆生이 未悟ᄒᆞ야 妄心ᄋᆞ로 見生ᄒᆞᄂᆞ니 生ᄒᆞ면 即必滅ᄒᆞ실ᄊᆡ 故로 是輪回어늘 今悟實相ᄒᆞ야 了心의 無生ᄒᆞ면 心旣不生ᄒᆞ실 輪回ㅣ 永絶ᄒᆞ니 如是忍可ᄒᆞ미 名無生忍이라 上은 皆讚也ㅣ라 ○經無生忍者疏釋可見然法旣無生即無有滅故華嚴云不見有少法生滅何以故若無生則無滅故又云一切法無生一切法無滅若能如是解諸佛常現前故信力入印經中亦有無滅忍更有餘義具如大疏大鈔

汝今諦聽ᄒᆞ라 當爲汝說호리라

을유자 한글본의 대 · 중 · 소자가 있는 본문

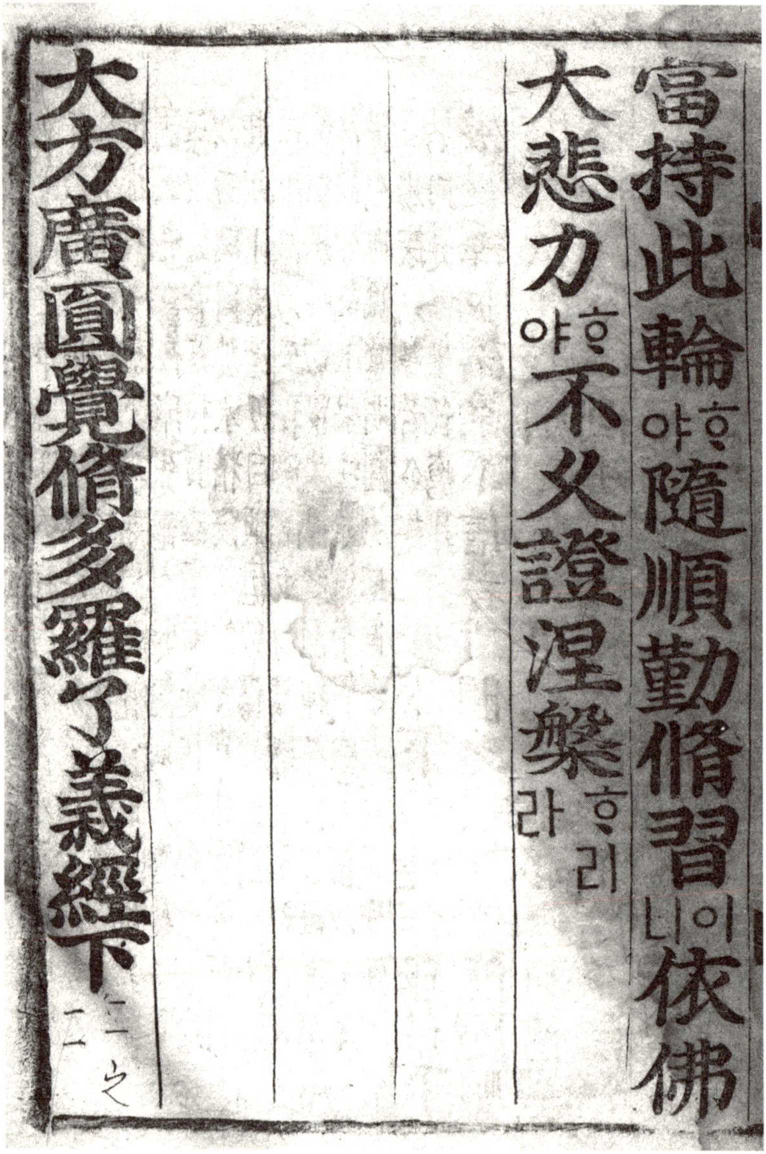

當持此輪ᄒᆞ야隨順勤脩習이니依佛
大悲力ᄒᆞ야不久證涅槃ᄒᆞ리라

大方廣圓覺脩多羅了義經下 二之二

을유자본 뒷부분

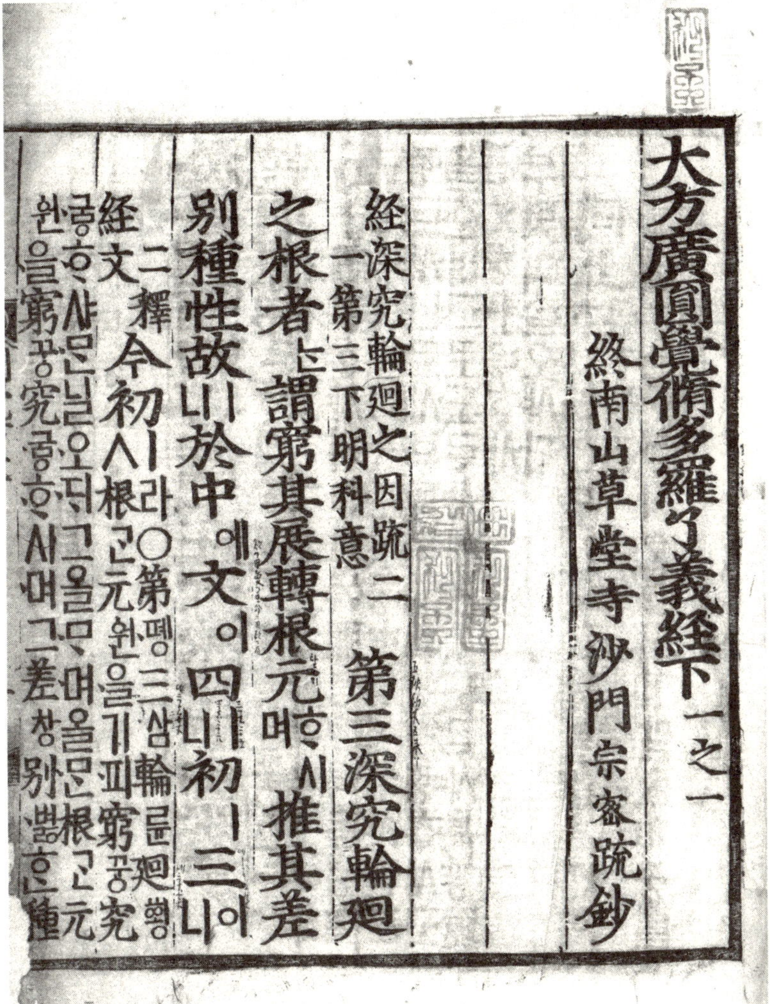

大方廣圓覺脩多羅了義經下 一之一
終南山草堂寺沙門宗密疏鈔
經深究輪廻之因䟽二 一第三下明科意 第三深究輪廻
之根者ᄂᆞᆫ 謂窮其展轉根元ᄒᆞ며 推其差
別種性故ㅣ니 於中에 文이 四ㅣ니 初ㅣ 三이니
二釋令初ㅣ라 ○ 第뗑三삼輪륜廻횅 經文ㅅ 根곤元원을 기피 窮궁究
궁ᄒᆞ샤 믄 닐오ᄃᆡ 그 올ᄆᆞ며 올ᄆᆞᆫ 根곤元
원을 窮궁究궁ᄒᆞ시며 그 差창別볋ᄒᆞᆫ 種

간기가 없는 원각경 언해본 하권 첫머리

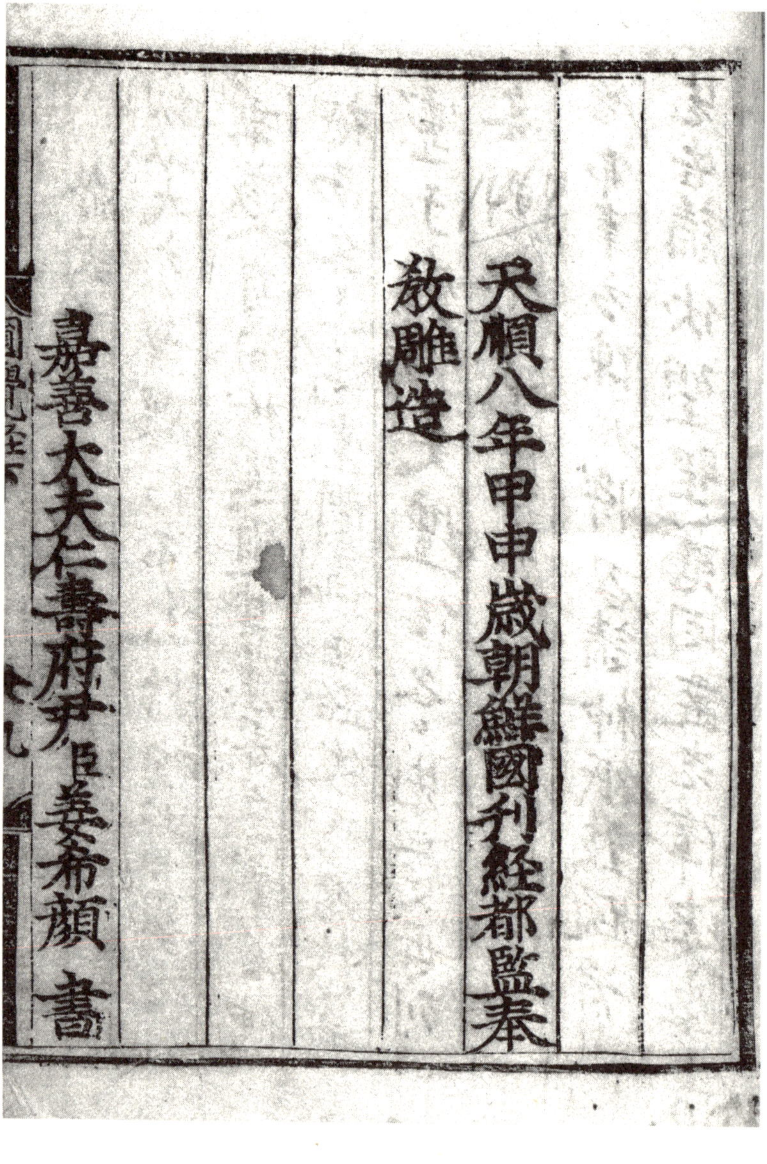

天順八年甲申歲朝鮮國刊經都監奉
敎雕造
嘉善大夫仁壽府尹臣姜希顔書

1464년(천순8)에 간경도감에서 간행한 원각경 간기난

9. 몽산화상법어약록蒙山和尙法語略錄
- 조선시대 선 수행의 기본 법어집

중국 평강부平江府 휴휴암休休庵에 있던 원나라 말엽의 고승인 몽산화상蒙山和尙의 법어중에서 ① 시고원상인示古原上人 ② 시각원상인示覺圓上人 ③ 시유정상인示惟正上人 ④ 시총상인示聰上人 ⑤ 무자십절목無字十節目 ⑥ 휴휴암좌선문休休庵坐禪文의 여섯 편을 뽑고 여기에다 고려국의 보제존자 나옹혜근懶翁惠勤(1320~1376)의 시각오선인법어示覺悟禪人法語를 보태어 세조때 혜각존자慧覺尊者 신미信眉가 왕명을 받들어 한글로 구결口訣을 달고 번역을 하여 간경도감에서 최초로 간행한 책이다. 이 책은 많이 읽힌 책으로 그후 6~7종의 판본이 나왔다.

보제존자 나옹懶翁은 고려말의 고승으로서 1347년 원나라로 건너가서 연경燕京 법원사法源寺에 머물면서 인도승 지공指空의 지도를 4년 동안 받기도 하였으며 1350년에는 몽산화상이 거처하던 휴휴암休休庵을 찾기도 하였다.

원나라 순제는 나옹을 연경의 광제선사廣濟禪寺의 주지로 임명하기도 하였다. 나옹은 "염불은 곧 참선"이라고 주장하였으며 그 정신이 우리 나라 선종에서 계속 전승되었다. 또한 스님은 적극적인 사회참여와 하화중생下化衆生의 보살도를 강조하기 위하여 육대서원六大誓願을 세우기도 하였다.

그는 고려말 보우普愚와 함께 조선시대 불교의 초석을 세운 위대한 고승으로 평가받고 있다.

이 『몽산화상법어약록』은 임진왜란 이전본이 많은데 보물 767호로 지정된 동국대학교 소장본을 비롯하여 보물 768호의 이겸로 소장본 보물 769호의 세종대왕기념사업회본 등 보물지정본만도 세 종이나 된다.

이 책은 선禪 수행의 기본이 되는 도서로서 조선조에 널리 유통된 범어집이다.

보물 768호와 769호는 동일한 판본으로 1472년 인수대비의 발원에 의하여 간경도감에서 인출한 것이다. 권말에 금속활자인 갑인자 적은 글자로 찍은 김수온金守溫의 인경발문印經跋文이 붙어 있다.

이들 판본과 보물 767호와 다른 점은 첫장에 혜각존자 신미信眉 역해라는 표시가 삭제되어 있는 것이 다르고 본문은 같다.

그후 1521년 금강산 유점사본과 1523년 경상도 풍기의 석윤암石輪庵본 1525년의 황해도 심원사深源寺본 1534년의 전라도 진안 중대사中臺寺 본은 모두 보물로 지정된 원간본原刊本을 복각한 책들이다.

그러나 1517년 충청도 고운사孤雲寺 판본과 영변 빙발암氷鉢庵 판본은 큰 글자의 분단分段과 행간 자수와 판형이 다르다. 그리하여 크게 분류하면 두 종류로 분류할 수 있다.

이 몽산화상법어약록은 훈민정음 창제 이후부터 거의 임진왜란 이전까지 간행된 책으로 간행연대가 오랜 것들이어서 불교사 연구에도 중요한 부분을 차지하고 있을 뿐만 아니라 『동국정운』식 한자음 표기나 'ㅸ' 표기 또는 구개음화현상 등 국문학 연구에도 중요한 자료이다. 또한 한글서체변천사에도 좋은 교본적 가치가 있다.

범우사 자료실에는 간기가 없는 간경도감에서 간행된 판본 한권과 1517년 충청도 고운사에서 간행한 판본 2책이 있다.

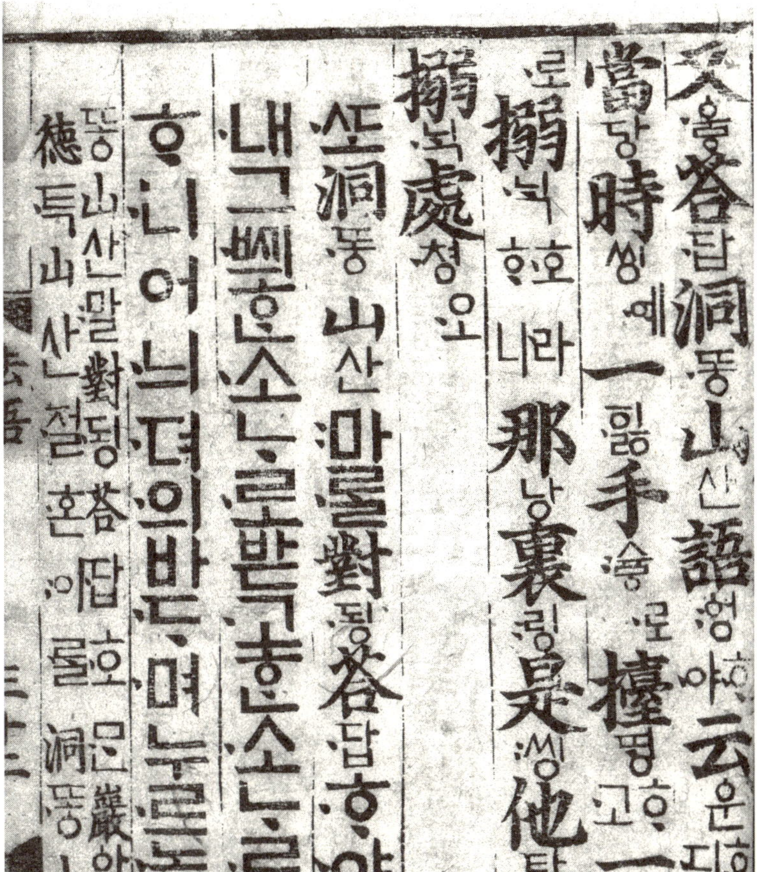

1472년 간경도감에서 간행한 판본의 본문

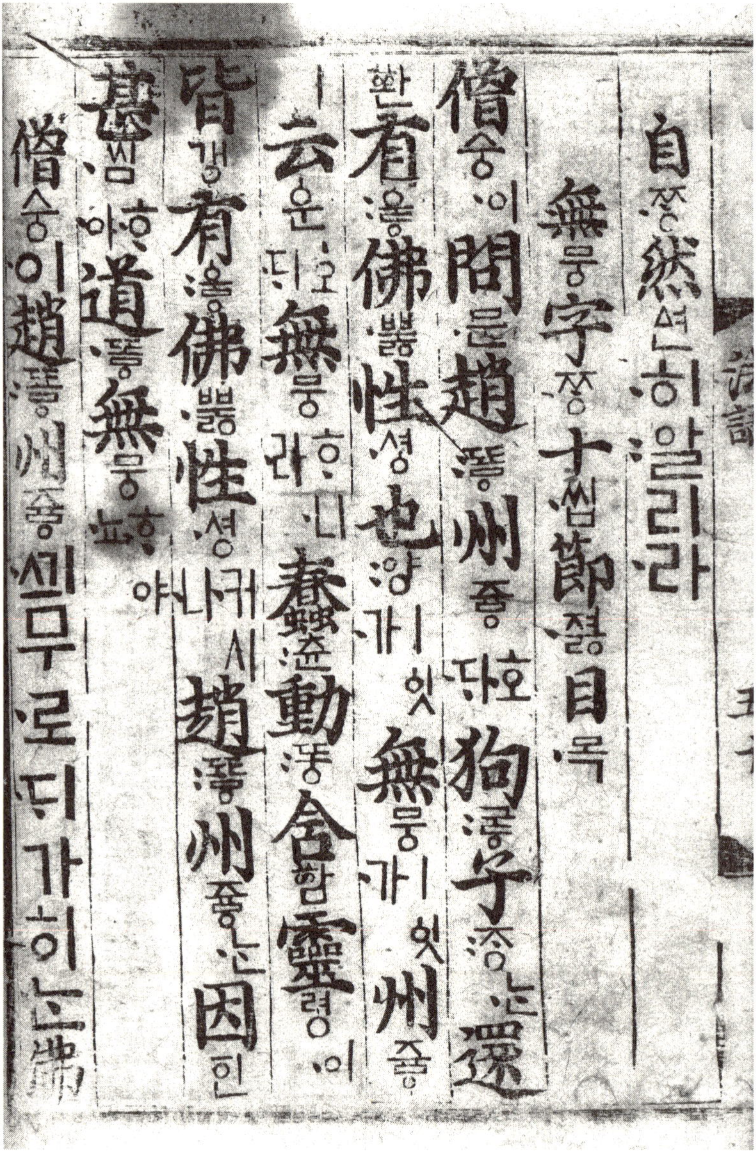

간경도감 판본의 무자십절목부분

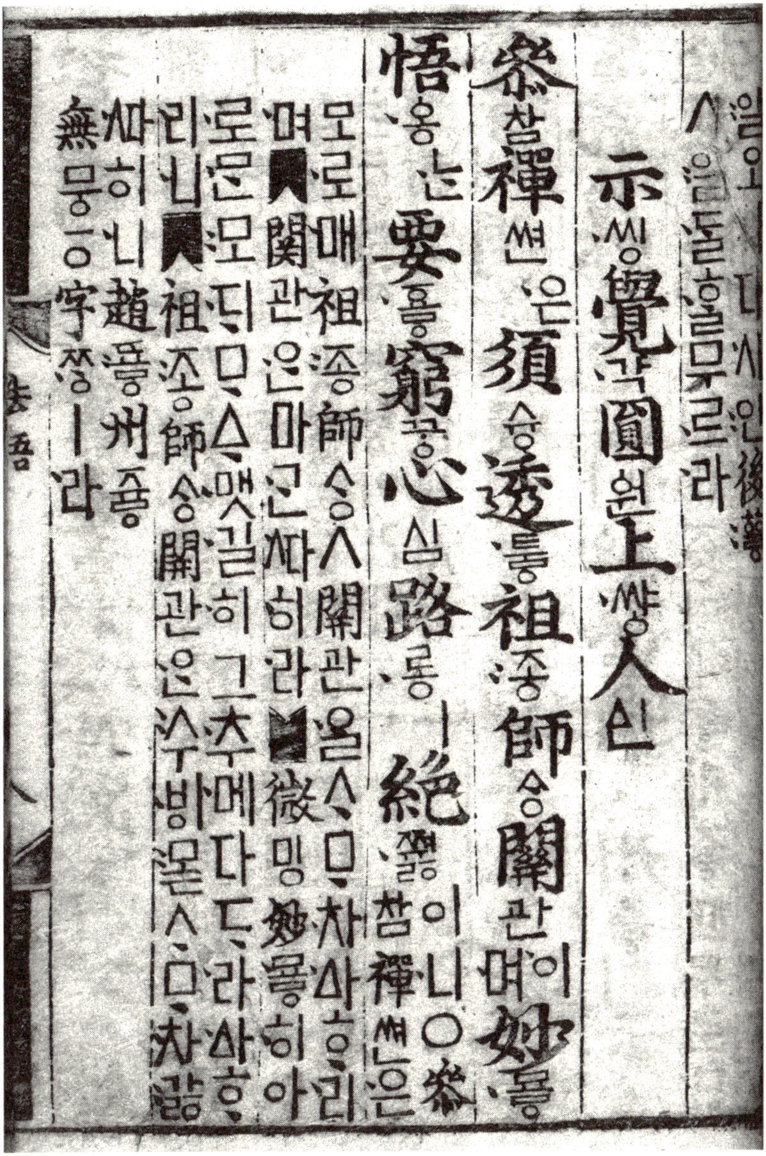

示覺圓上人

叅禪은 須透祖師關이며 妙悟는 要窮心路ㅣ絕이니

1517년(정덕12) 고운사 판본의 본문

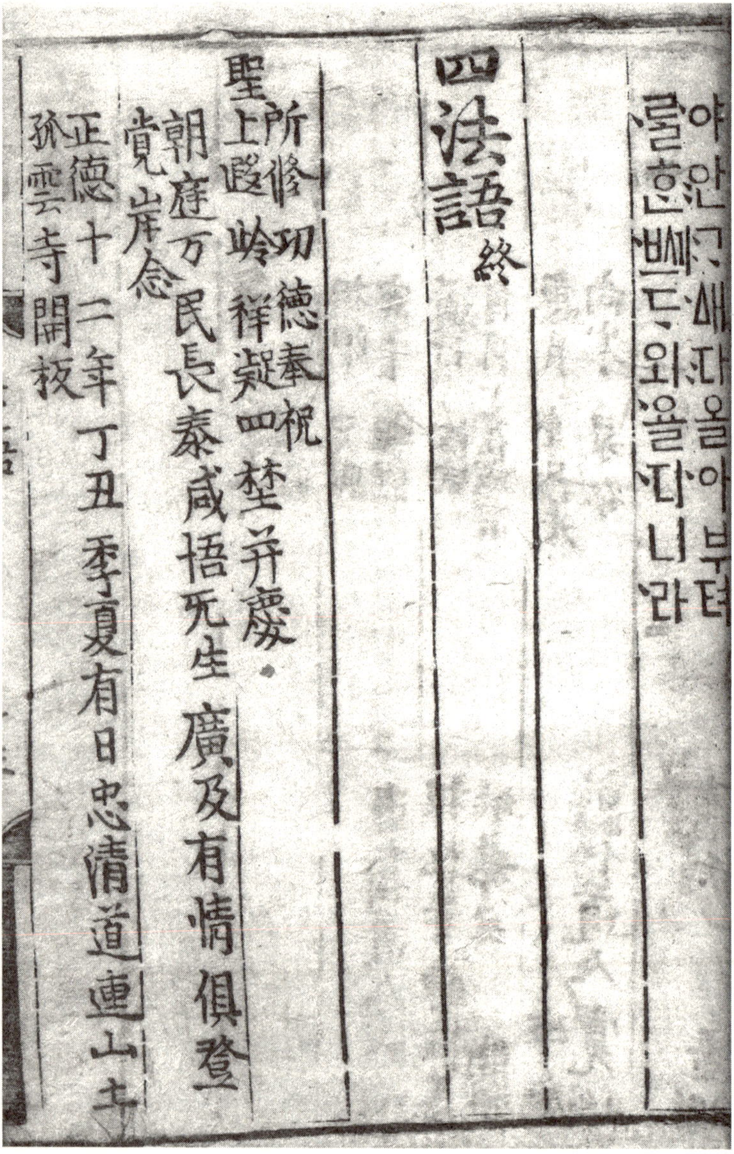

1517(정덕12) 충청도 고운사 판본의 간기난

10. 두시언해杜詩諺解
- 국어국문학의 귀중한 문헌

중국 당唐나라의 시인 두보(杜甫, 712~770)의 시를 주제에 따라 분류하여 언해한 책이다. 원제목은 '분류두공부시언해分類杜工部詩諺解'라 하며 25권 17책으로 엮어져 간행되었다.

초간본은 1481년(성종 12)에 금속활자인 을해자로 찍어서 발행하였는데 지금 전질이 전하지 않고 있다. 이 초간본은 세종~성종대에 걸쳐 왕명에 의하여 유윤겸柳允謙, 조위曺偉 등의 문신과 승려 의침義砧이 우리말로 번역하여 간행을 하였다.

이 초간본은 25권중 권1, 권2, 권12본이 아직 발견되지 않고 그 나머지는 이겸로, 이병주, 이희승, 김형규씨 등 개인과 서울대, 연세대, 동국대 도서관 등에 흩어져서 소장되어 있으며 현존본을 바탕으로 통문관, 세종대왕기념사업회, 홍문각 등에서 영인본을 발간하기도 하였다.

중간본重刊本은 목판본으로서 초간본이 발간된 지 무려 150년 뒤인 1632년(인조 10)에 간행되었다. 장유張維가 쓴 중간본의 서문에 의하면 초간본이 거의 유실되어 구하기 어려웠던 차에 경상감사 오숙(吳䎘, 1592~1634)이 한 질을 구하여 글씨를 쓰고 교정을 하여 영남의 여러 곳에서 판각을 하여 중간본을 간행하였다고 쓰여있다.

이 중간본은 다른 간본들과 같이 초간본판을 그대로 엎어서 찍어새긴 복각본覆刻本이 아니라 1630년대의 글말로 교정을 하여 간행한 것이므로 초간본인 15세기 국어와 몹시 다른 것이 많다.

이 두시杜詩를 우리말로 풀이하여 간행한 목적이 조위曺偉의 서문에 의하면 세교풍화世敎風化라는 그 당시의 위정자들이 도덕적 교화에 의한 통치적 의도가 다분히 있었으나 지금에 와서는 국어국문학적 문헌으로서 가장 중요한 자리를 차지하고 있다.

본문의 체재는 주제에 따라 시제詩題를 쓰고 필요한 경우에는 그 시를 짓게 된 환경 · 동기 등에 대한 설명이 있다. 언해는 한시 각행에 대한 주석과 뜻이 국한문 혼용으로 번역되어 있다.

두보杜甫의 시 1,647편과 타인의 시 16편을 기행紀行, 술회述懷, 강하江河, 경하慶賀 등 52부로 분류하였다.

두보杜甫는 자를 자미子美라 하고 호는 소능少陵, 능노陵老라 하였다. 그 많은 당나라 시인 중 이백李白과 더불어 중국의 대표적인 시인으로 손꼽히는 시성詩聖이다. 이러한 시인의 다정다감한 시를 거의 전부 번역하였다는 점과 본격적인 문학작품을 최초로 언해하였다는 점이 돋보인다.

또한 한문학의 연구와 번역문학의 비교연구에도 귀중한 자료적 가치가 있다고 본다. 특히 초간본과 중간본의 발간연대가 거의 150년이라는 간격이 나기 때문에 언어변천사적 의의가 높을 뿐만 아니라 중간본은 경상도 지방의 여러 곳에서 간행되었기 때문에 경상도 각 지방 방언연구에도 귀중한 자료가 된다.

아울러 언어변천사적으로 중세 국어에서 근대 국어로의 언어변화를 이해하는데도 큰 보탬이 될 수 있다. 초간본에는 방점傍點 및 반치음 ㅿ, ㆁ등이 사용되었으며 중간본에는 ㅿ과 ㆁ이 모두 ㅇ으로 나타난다. 그리고 초간본에는 성점聲點이 쓰이고 있으나 중간본에는 없으며 중간본에는 구개음화현상이 간혹 나타나기도 한다.

이러한 초 · 중간본의 언어변천에 의한 국어사적 가치도 크지만 지금은 사라져버린 순수 고유어를 풍부하게 구사하고 있는 점과 문체에 있어 운문의 성격을 최대한 살리고 있다는 점 등 국어국문학 연구에 중요한 문헌적 가치를 가지고 있다.

이 두시언해연구에 한평생을 바친 학자들도 있다. 동국대학교의 이병주 교수의 두시언해비주杜詩諺解批注(通文館刊)와 경북대학교 전재호 교수의 두시언해논석杜詩諺解論釋(宣明文化史刊)은 괄목할 만한 연구서이다.

범우사 자료실에는 초간본은 없고 중간본은 2권 1책이 빠진 한 질과, 권1, 2, 19, 21이 빠진 한 질, 그리고 20여 책의 낱권과 필사본 등이 있다.

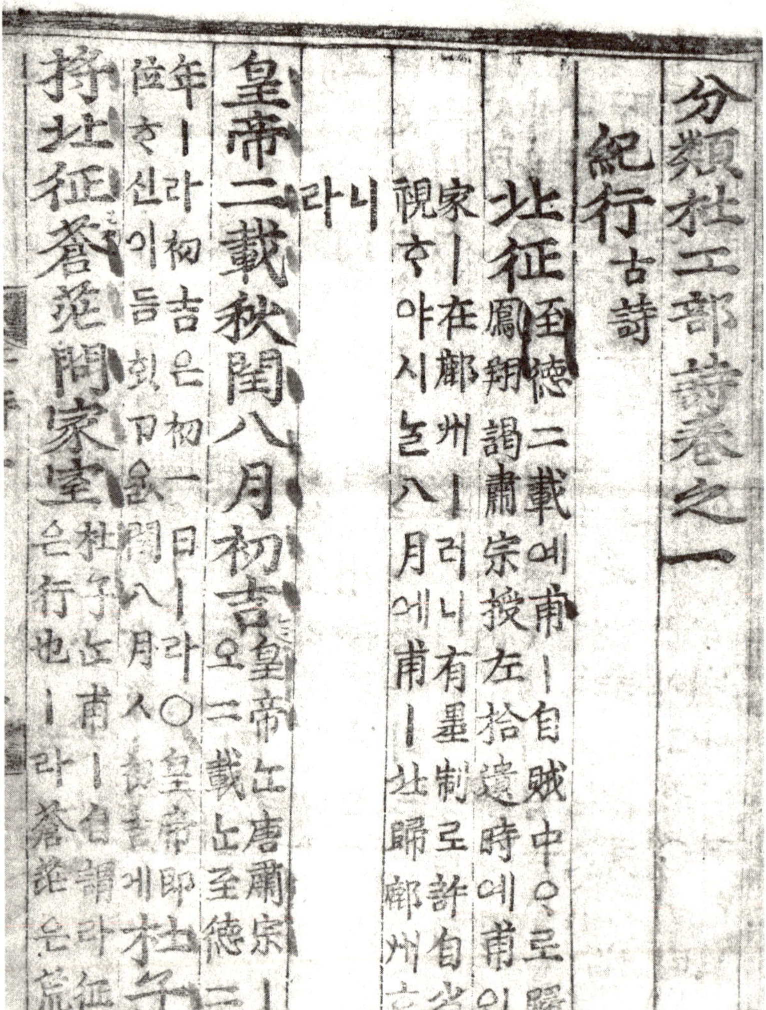

1632년에 간행된 두시언해 권1

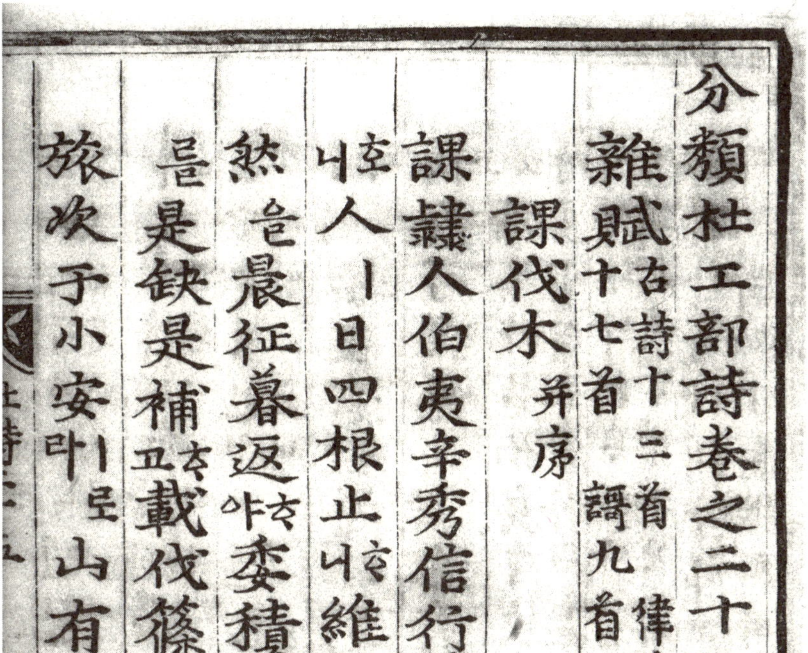
分類杜工部詩卷之二十五
雜賦古詩十三首 律詩六首 絶句二十七首 謌九首 行十七首
課伐木 幷序
課隷人伯夷辛秀信行等호야 入谷斬陰木
호니 人ㅣ日四根止호니 維條伊枚ㅣ 正直侹
然을 晨征暮返호야 委積庭內어늘 我有藩籬
를 是缺是補호고 載伐篠簜호야 伊仗支持則
旅次于小安ㅣ라 ㅣ로 山有虎ㅣ라 知禁ㅣ니 若恃

두시언해의 마지막 권수인 권25의 첫머리

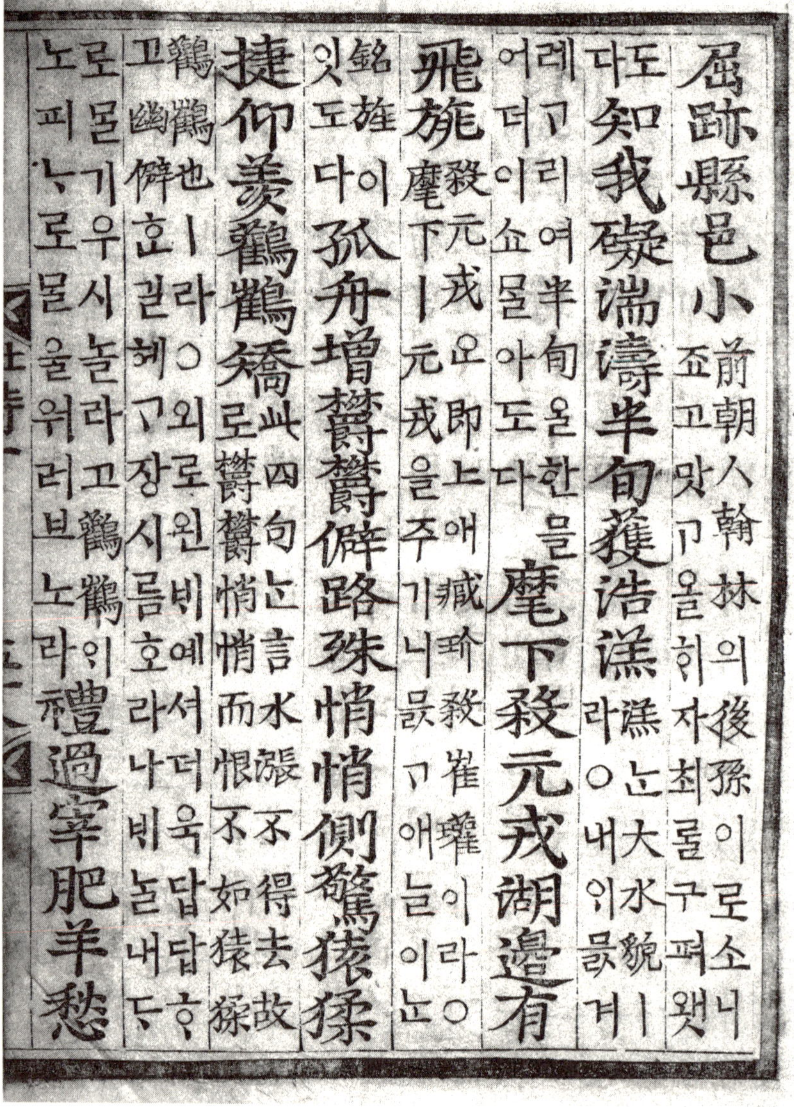

1632년 간본인 『두시언해』 본문

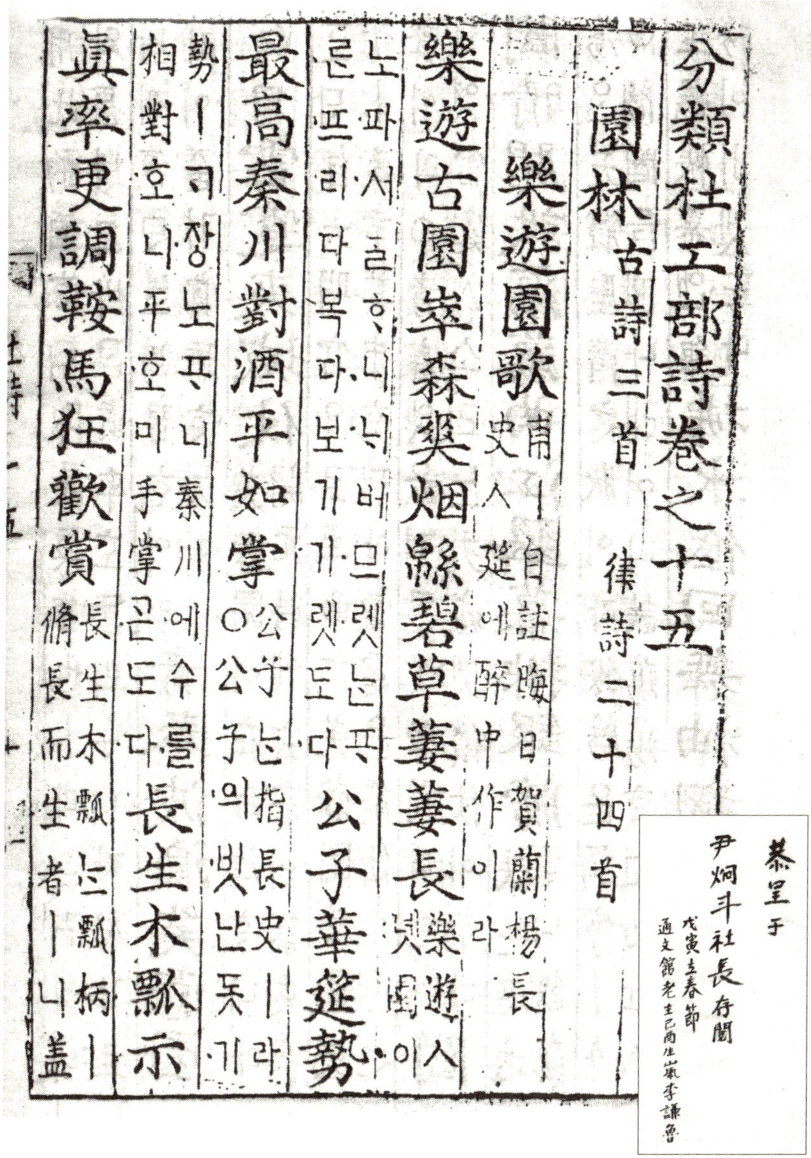
分類杜工部詩卷之十五

園林 古詩三首 律詩二十四首

樂遊園歌 甫ㅣ自註晦日賀蘭楊長史ㅅ筵에醉中作이라

樂遊古園崒森爽烟緜碧草萋萋長 樂遊ㅅ녯園이노파셔ᄂᆞᆯ호니ᄂᆡ비므렛ᄂᆞᆫ프른ᄠᅳ리다복다보기가렛도다

公子華筵勢最高秦川對酒平如掌 ○公子ᄂᆞᆫ指長史ㅣ라 公子의빗난돗기勢ㅣ ᄀᆞ장노프니秦川에수를相對호니平호미手掌ᄀᆞᆮ도다

長生木瓢示眞率更調鞍馬狂歡賞 長生木瓢ᄂᆞᆫ瓢柄ㅣ脩長而生者ㅣ니盖

통문관 이겸로 선생이 을해자 복각본 한권을 필자에게 서명하여 준 책

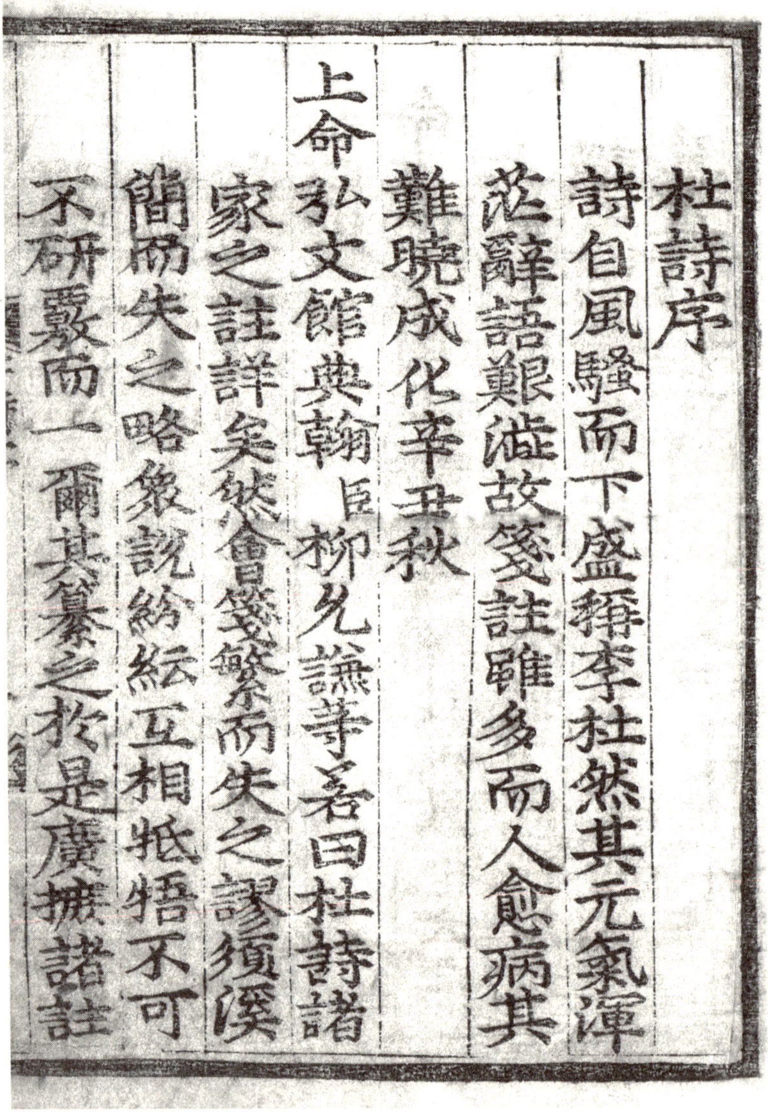

杜詩序
詩自風騷而下盛稱李杜然其元氣渾
茫辭語艱澁故箋註雖多而人愈病其
難曉成化辛丑秋
上命弘文館典翰臣柳允謙等若曰杜詩諸
家之註詳矣然會箋繁而失之謬須溪
簡而失之略衆說紛紜互相牴牾不可
不硏覈而一爾其纂之於是廣摭諸註

1632년본인 두시언해에 있는 유윤겸의 서문

11. 육조대사 법보단경六祖大師法寶壇經
- 선불교 수행의 요체 밝힌 조사어록

최현배崔鉉培님께서 1941년에 저술하신 한글(正音學)에는 이 책을 "역자 연대 미상 중종조(?). 당唐의 육조대사六祖大師(惠能)의 설법을 기록한 것이니 퍽 드문 책이다. 그 상권은 송석하님의 간수, 그 하권은 최남선님의 간수 또 방종현님의 간수가 있다. 역자 연대들이 불명하나, 그 한글의 자체字體, 철자, 사성점四聲點으로 보아 중종조 혹은 연산조의 간행인가 한다."고 적혀 있다.

그러나 1974년 탐구당에서 발행한 김두종金斗鐘박사의 『한국고인쇄기술사』에서는 인수대왕대비仁粹大王大妃가 연산군 2년(1496)에 성종의 계비繼妃인 정현대비와 함께 내탕금內帑金을 가지고 목활자를 만들어 한자의 불전佛典을 그대로 인출하거나 한글로 국역하여 인출한 활자를 인경목활자印經木活字라고 한다고 기술하고 있다.

이 인경목활자로 찍은 『진언권공眞言勸供』의 발문에 의하면 인수대비가 스님에게 명하여『육조대사법보단경』 300건과 『진언권공』 400건을 인출하여 중외에 반시頒施하였다고 기록되어 있다.

이렇게 인경목활자를 만들어 불경을 인출한 인수대비(1437~1504)는 조선 세조의 장남인 덕종德宗의 비로 세조 1년(1455)에 세자빈에 간택되어 수빈粹嬪에 책봉되었으나 세자가 횡사하였다. 그 후 1470년 아들 혈娎이 성종에 즉위하여 죽은 아버지를 덕종으로 추존하자 왕후(昭惠王后)에 책봉되고 이어서 인수대비가 되었다.

소생으로는 월산대군과 성종이 있으며 불경에 조예가 깊어 불경언해작업과 부녀자의 도리를 밝힌 『여훈女訓』 등을 간행하는 등 책의 간행에 기여한바 크다.

이 인경목활자로 찍은 책은 3종이 전해져 내려오고 있는데 『천지명양수륙잡문天地冥陽水陸雜文』은 한문본이라 인경자본印經字本이라 하고 『육조대사법보단경』과 『진언권공眞言勸供』은 한글 나무활자로 찍었기 때문에 인경한글자본이라고 한다.

이 책을 찍은 목활자체는 깔끔한 필서체이고 금속활자본으로 보기 쉬울 정도로 새김이 정교하고 단정하다. 그리고 인쇄도 깨끗하고 또렷하며 매우 정교하고 우아하며 판면의 조화도 잘 이룩되어 가장 아름다운 인쇄본이라 할 수 있다.

이 책의 내용은 불교 선종禪宗의 제6대조인 중국의 혜능慧能 대사의 자서전적 일대기인데 일명 『법보단경法寶壇經』이라고도 한다.

그러나 엄밀한 의미로 말하면 경經이라기보다 조사어록祖師語錄이라 할 내용이다. 그럼에도 그 해박한 사상성과 간결한 문체 때문에 한국과 중국 그리고 일본 등에서 경과 같은 존중을 받고 있다. 그 이유는 첫째, 혜능은 부처님 이래 전수되어온 심인心印의 계승자라는 점과 둘째, 견성見性이 수도修道의 목적이며, 자성自性을 떠난 부처는 없다는 주장과 셋째, 돈오頓悟의 수행이다. 이 돈오의 수행방법은 선종의 요체이며 그 근원은 바로 이 책에서 비롯되었다는 점이다.

우리나라에서 이 책을 종지宗旨로 삼은 고승으로는 고려때 지눌知訥을 들 수 있다. 그는 혜능이 머물던 조계산의 이름을 따서 자신이 있었던 순천 송광사가 있는 산이름까지 조계산으로 붙였다. 또 그곳에서 정혜定慧를 이상으로 하는 정혜결사定慧結社를 시도하였는데 그 때 후학들을 지도한 내용이 『육조단경』에 담겨 있다.

이 책은 사상성 뿐만 아니라 실천면에서도 우리나라 불교에 지대한 영향을 주었다.

또한 글자꼴에 대해서 서울여자 대학교의 김진평 교수는 인경목활자체의 줄기는 굵기가 고르지 않으나 대체로 가로세로의 굵기가 시각적으로 동일하며 경사진 첫돌기와 맺음이 뾰족하고 둥근 성격이 현저하나 직선, 사선, 정원의 기하학적 성격의 특성과 공간조정에 따른 정원의 타원화도 시도되어 있다고 하였다.

이 한글본 『육조대사법보단경』은 한글의 표기가 당시 한자음의 실제음으로 되어 있어 국어학 연구에 매우 귀중한 자료가 된다. 이 책은 상 · 중 · 하 3권으로 되어 있는데 상 · 중 권만이 발굴되었고 아직 하권은 나타나지 않고 있다. 범우사 자료실에 『육조대사법보단경』 한글본 상권과 한문본인 『천지명양수륙잡문』이 소장되어 있다.

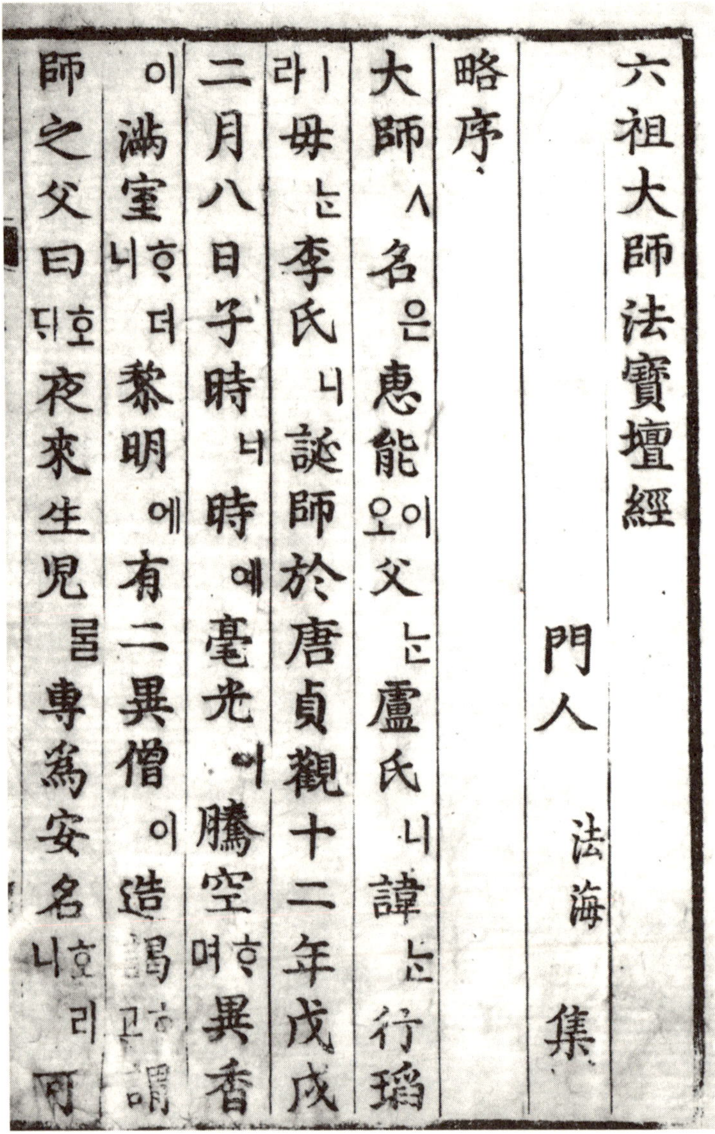

六祖大師法寶壇經

門人 法海 集

略序

大師ㅅ名은惠能이오父눈盧氏니諱눈行瑫
ㅣ라母눈李氏니誕師於唐貞觀十二年戊戌
二月八日子時니時예毫光이騰空ᄒᆞ며異香
이滿室ᄒᆞ더니黎明에有二異僧이造謁ᄒᆞ고謂
師之父曰호ᄃᆡ夜來生兒ᄅᆞᆯ專爲安名ᄒᆞ오리니可

인경한글자본인 육조대사법보단경 상권의 책머리

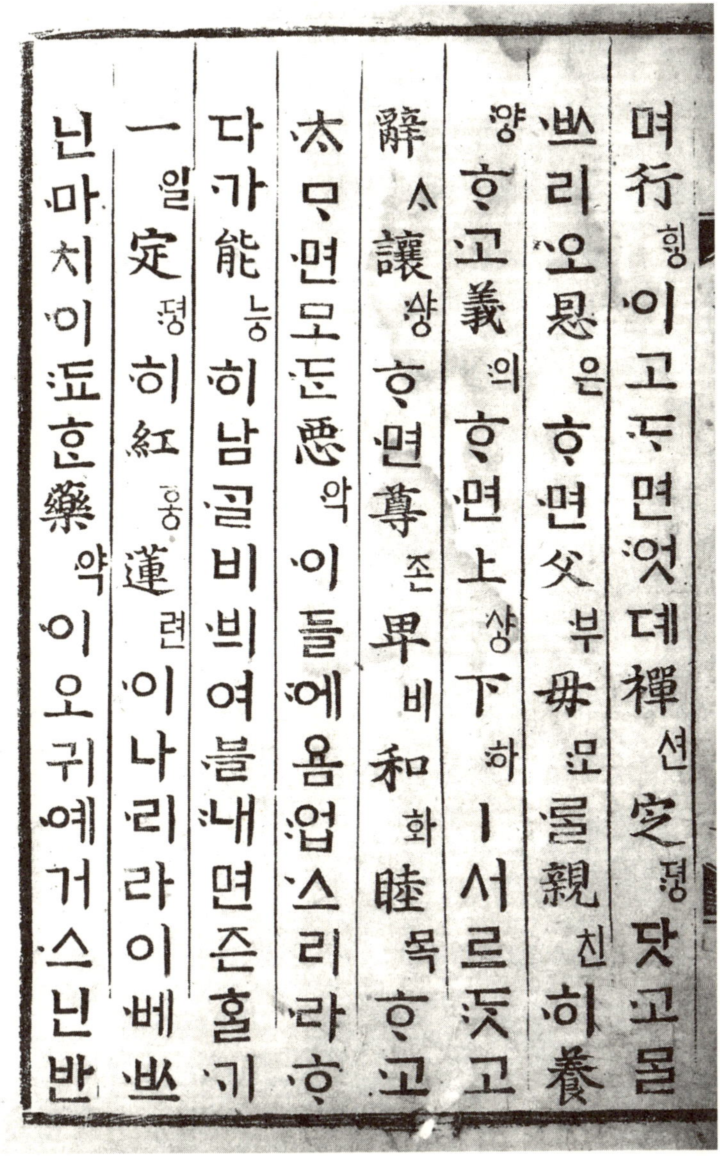
며行힝이고ᄃᆞ면엇뎨禪션定뎡닷고몰
ᄡᅳ리오恩은ᄒᆞ면父부母모ᄅᆞᆯ親친히養
양ᄒᆞ고義의ᄒᆞ면上샹下하ㅣ서르ᄃᆞᆺ고
辭ᄉᆞ讓샹ᄒᆞ면尊존卑비和화睦목ᄒᆞ고
ᄎᆞᄆᆞ면모ᄃᆞᆫ惡악이ᄃᆞᆯ에욤업스리라ᄒᆞ
다가能능히남ᄀᆞᆯ비븨여블내면즌ᄒᆞᆯᄀᆡ
一일定뎡히紅홍蓮련이나리라이베ᄡᅳ
닌마치이ᄡᅳᆫᄒᆞᆫ藥약이오귀예거스닌반

육조대사법보단경의 본문

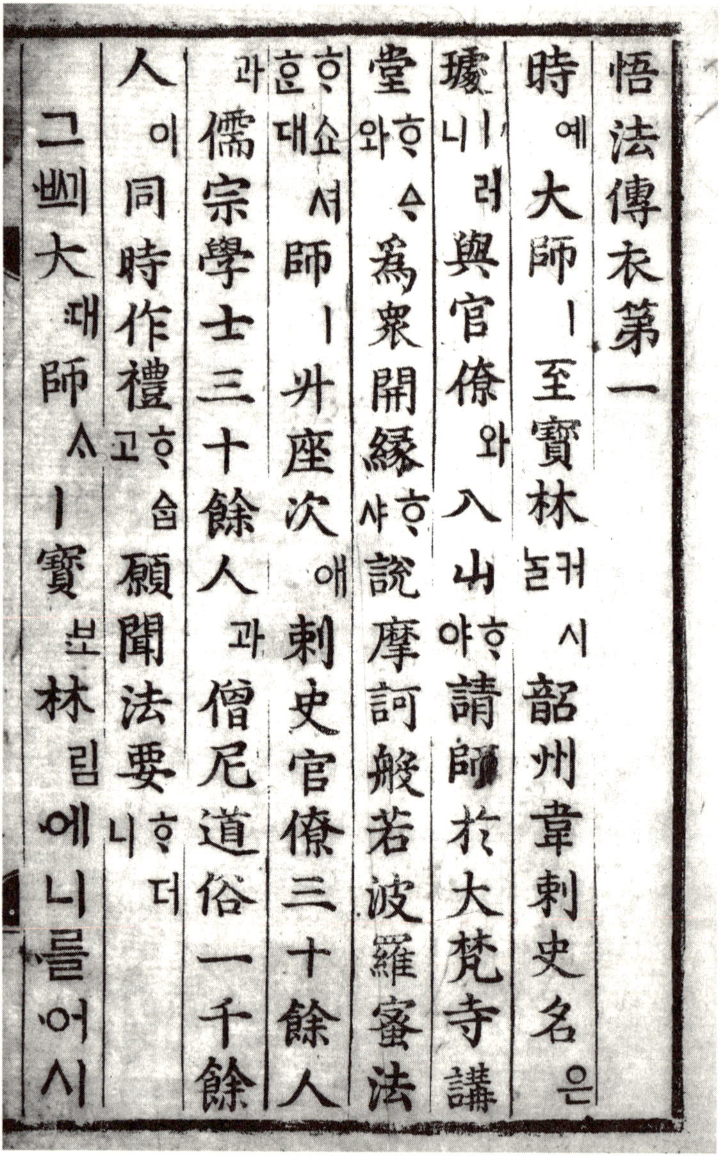

悟法傳衣第一

時예 大師ㅣ 至寶林커시ᄂᆞᆯ 韶州韋刺史名은 璩ㅣ러니 與官僚와 入山ᄒᆞ야 請師於大梵寺講堂ᄒᆞᅀᆞ와 爲衆開緣ᄒᆞ샤 說摩訶般若波羅蜜法ᄒᆞ쇼셔 ᄒᆞᆫ대 師ㅣ 升座次애 刺史官僚三十餘人과 儒宗學士三十餘人과 僧尼道俗一千餘人이 同時作禮ᄒᆞᅀᆞᆸ고 願聞法要ᄒᆞ더니

그ᄢᅴ 大대師ᄉᆞㅣ 寶보林림에 니를어시

인수대비가 만든 인경목활자로 찍은 육조대사법보단경의 상권

12. 도산십이곡陶山十二曲
- 질박하고 단아한 글씨체

이 책은 500년전인 1501년(연산군 7)에 태어난 조선조 최고의 도학자이며 시인으로 꼽히는 퇴계 이황(1501~1570)이 한글로 쓴 가사를 목판본으로 인출한 것이다.

이 『도산십이곡陶山十二曲』은 퇴계가 1565년(명종 20) 그의 나이 65세에 지은 글을 도산서원에서 엮어 내었다. 전육곡前六曲 · 후육곡後六曲으로 나누어져 있고 전육곡을 언지言志, 후육곡을 언학言學이라 붙였다. '언지'는 때를 만나 사물을 느끼는 감흥을 읊었고 '언학'은 학문과 수양을 통한 성정性情의 순정醇正을 읊은 것이다.

저자는 이 작품을 짓게 된 동기를 『도산십이곡』의 발문에서 "노인이 음률은 잘 알지 못하나 세속적 노래가 듣기 싫어서 도산십이곡을 지었으니 첫째는 뜻하는 것을 말하였고 둘째는 학문을 말한 것이니 이로서 인색함을 멀리하고 마음을 다스리게 함으로 유익한 것이 많다"고 하였다.

퇴계는 『한림별곡』, 『관동별곡』, 『죽계별곡』과 같은 한림별곡류는 고려 사대부의 풍류를 읊은 것으로 그것들을 관능적이고 향락적인 것으로 보았다. 퇴계는 이것을 못마땅하게 여겨 한림별곡류를 배척하고 그 대신 새로운 풍류로서 산수유상山水遊賞을 통하여 올바른 성정으로 수양해 가야 한다고 주장하였다. 저자는 그래서 조선 사대부에 맞는 은隱을 제시하였다.

"연하煙霞로 지블삼고 풍월風月로 버들사마 / 태평성대에 병으로 늘거가뇌 / 이 듕에 ᄇᆞ라ᄂᆞᆫ 이른 허므리나 업고자" 등 때에 따라 사물을 느끼는 감흥을 읊었다.

또한 퇴계는 한시漢詩와 시조의 차이를 영詠과 가歌로서 구별하고 가창이 낳는 흥에다가 시조의 존재 이유를 설정하였다. 한시에서는 충족할 수 없는 흥을 시조에서 찾고 그 흥을 매개로 하여 자기를 창조하는 그런 자각이다. 이것은 문학관으로서의 하나의 자각이며 그 자각이 이 도산십이곡을 낳게 한 것이다.

이 도산십이곡은 영남을 중심으로 유학자들 사이에 널리 불려지다가 후세에 사림파 시가의 중심적 지표가 되었다.

이 도산십이곡의 글씨체는 질박하고 단아한 글씨체다. 퇴계는 평생을 생각과 행동이 예법에 어긋남이 없도록 매사에 정성을 다했으며 하늘이 인간에게 부여한 이치를 깨닫고 보존하는데 삶의 궁극적인 목적으로 삼았다. 그의 글씨는 바로 이 도학을 이루어 가는 실천의 연장이자 도구였다.

퇴계는 후학들을 위해 지은 습서시習書詩에서 "자법字法은 심법心法의 끝에서 나오는 것이다. 글씨를 익히는 것은 명서名書를 요구하는 것이 아니다. (중략) 다만 점치고 획 긋는 일을 모두 하나에 머물게 하여 사람들 사이에 헛되이 헐뜯고 기리는데 매이지 말아야 한다"고 하여 심법心法에서 나오는 한 점 한 획 존일存一을 강조한 것으로 보아 퇴계의 글씨에 대한 심오한 철학을 엿볼 수 있다.

이 『도산십이곡』의 서체는 훈민정음체로부터 지금까지 내려온 다양한 한글 서체 중에서 가장 으뜸이라 볼 수 있다.

멋에 겨워 휘두르는 과장된 기교가 억제되어 있고 글씨체에 자기를 나타내려는 욕심이 나타나 있지 않으며 깔끔하고 단아한 글씨체가 아주 자연스럽게 정돈되어 기울거나 넘침이 없다.

이 『도산십이곡』의 목판본의 책판冊板이 현재까지 완전하게 도산서원에 소장되어 있는지는 모르지만 귀한 편에 속한다. 국회도서관에서 발행한 한국고서종합목록에는 소장처가 도산서원과 성암박물관에 있는 것으로 기재되어 있고, 규장각 도서목록에도 올라 있지 않다.

범우사 자료실에는 이퇴계 글씨의 대보잠大寶箴과 매화시梅花詩, 도산십이곡陶山十二曲과 발문이 합철合綴되어 있는 1책과 도산십이곡과 이농암李聾岩의 전9장 후5장의 어부가漁夫歌 14장과 발문 등이 합철되어 있는 1책 등 두 책이 있다.

陶山六曲之一
其一
이런들엇다ᄒᆞ여뎌런들엇다ᄒᆞ료草
野愚生이러타엇다ᄒᆞ료ᄒᆞ믈며泉石
膏肓을고텨므슴ᄒᆞ료
其二
煙霞로지블삼고風月로버들사마太
平聖代예病오로늘거가뇌이듕에
ᄇᆞ라ᄂᆞᆫ이른허므리나업고자

어부가가 합철되어 있는 도산십이곡의 도산 6곡 중 첫장

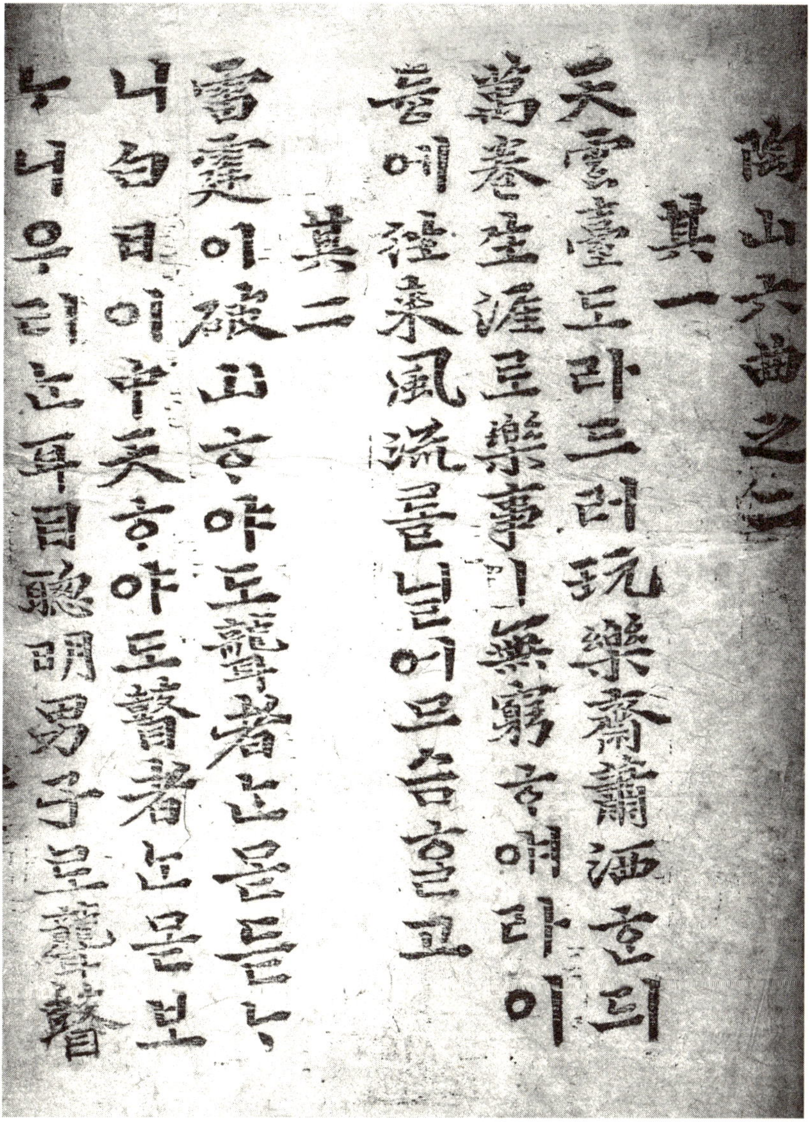

陶山六曲之二

其一

天雲臺도라드러玩樂齋蕭灑ᄒᆞᆫᄃᆡ
萬卷生涯로樂事ㅣ無窮ᄒᆞ애라이
듕에往來風流를닐어므슴ᄒᆞᆯ고

其二

雷霆이破山ᄒᆞ야도聾者ᄂᆞᆫ몯듣ᄂᆞ
니白日이中天ᄒᆞ야도瞽者ᄂᆞᆫ몯보
ᄂᆞ니우리ᄂᆞᆫ耳目聰明男子로聾瞽

어부가가 합철되어 있는 도산십이곡 본문 중 두번째

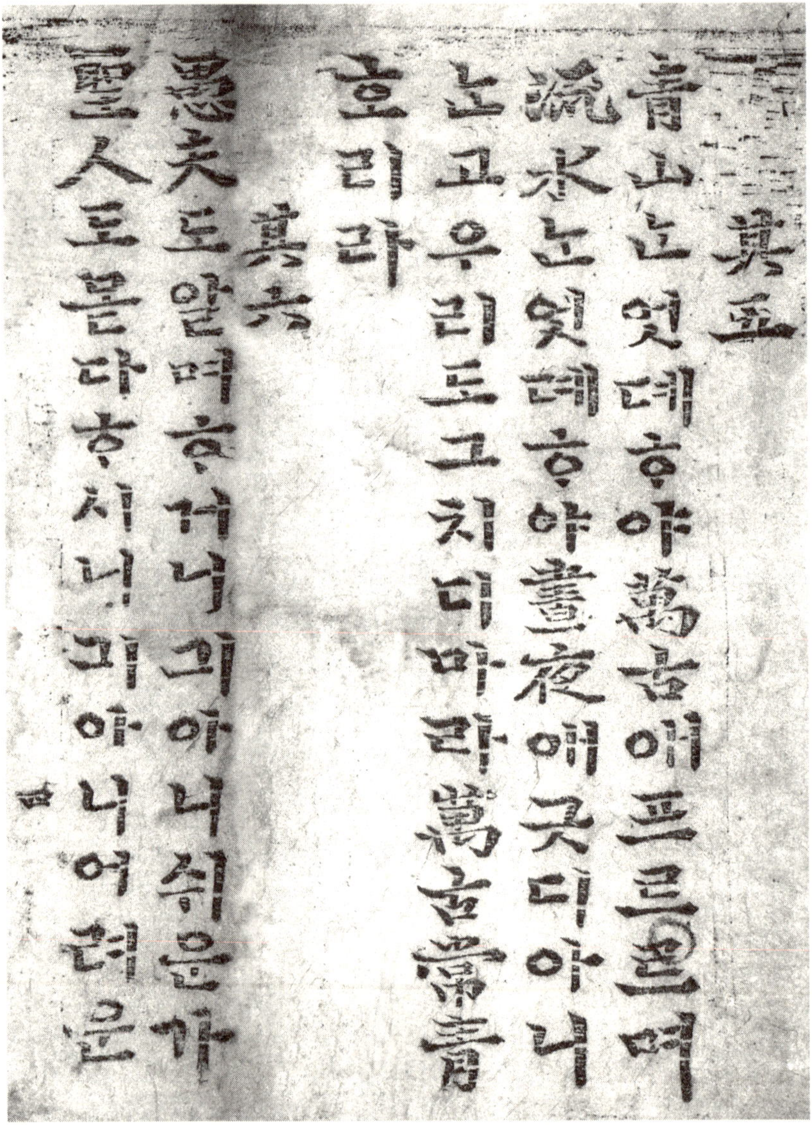
其五
靑山는엇뎨ᄒᆞ야萬古애프르르며
流水는엇뎨ᄒᆞ야晝夜애긋디아니
ᄂᆞᆫ고우리도그치디마라萬古常靑
ᄒᆞ리라
其六
愚夫도알며ᄒᆞ거니긔아니쉬운가
聖人도몯다ᄒᆞ시니긔아니어려운

도산십이곡 후육곡 중 기5와 기6 일부

13. 주자증손여씨향약언해
朱子增損呂氏鄕約諺解
- 백성들 교화 위한 향약 보급

중국 송나라때 여씨呂氏 4형제가 만든 여씨향약을 주자(朱熹)가 다시 보충하고 주석한 것을 우리나라의 김안국金安國이 언해하여 1518년(중종 13)에 간행한 한글본 책이다.

여씨향약은 여대충呂大忠의 저작이라고도 하고 여대충의 막내 동생인 여대림呂大臨의 저작이라고도 한다. 이들은 대방大防과 대균大鈞 등 4형제였는데 모두 당대의 대학자인 장재張載와 정이程頤에게 수학하여 도학으로 그 명성이 높았다.

그래서 여씨향약은 4형제가 모두 저작에 참여하였다는 것이 타당할 것 같다. 이 책의 저작연대는 잘 알 수 없으나 저작자들은 11세기 후반기에 생존했으므로 그때 이루어진 것으로 볼 수 있겠다. 그후 이 향약이 1200년대부터 널리 시행되었는데 이는 주자朱子가 여씨향약을 현실에 맞게 손질하고 주석을 붙여 『주자증손여씨향약』을 만들어 냄으로써 그 영향을 많이 받은 것 같다.

주자(1130~1200)는 남송때 사람으로 『사서집주四書集註』, 『근사록近思錄』, 『주자문집朱子文集』 등 많은 저서를 통하여 중국 철학을 집대성한 철학자이다. 호는 회암晦庵 · 중회仲晦 · 자양紫陽이라 했으며 우주에는 이理와 기氣의 이원이 있다고 주장하였으며 그의 학문을 주자학朱子學이라 일컬었다.

이 주자학은 선학禪學의 영향에 대항하면서 유교경전에 형이상학적 신해석을 가하여 이기설理氣說에 의한 우주론, 존재론, 격물치지格物致知를 기초로한 실천론을 주장하였다.

우리나라에는 고려 말기에 이 학문이 들어와 서화담徐花潭 등이 크게 영향을 받고 조선시대의 전반에 걸쳐 학문과 사상의 기간基幹이 되었다.

이 『주자증손여씨향약』이 전래된 시기도 고려말 조선초에 주자대전朱子大全이 들어와 주자대전이 조선에서 간행되면서 알려지기 시작하였다. 그후 중종때 조광조趙光祖를 비롯한 신진 사류들이 전국적으로 향약鄕約을 철저히 시행시키고 더욱 그것을 보급하기 위해 언해본을 간행하게 된 것 같다.

이때 경상도 관찰사로 있던 김안국金安國이 도민의 교화에 관한 책 11종을 경주 안동 등지에서 간행하면서 향속鄕俗을 바르게 하기 위해 『정속언해正俗諺解』와 더불어 『향약언해鄕約諺解』를 간행하였다.

이 언해본은 원전의 한문에 차자借字로 구결口訣을 달고 한글로 언해하여 그후 중앙에서 1519년에 중간본을 간행하였다.

이보다 좀 늦게 금속활자인 을해자乙亥字로 간행한 을해자본과 그 복각본이 전해지고 있다.

이 을해자본은 세조 원년(1455)에 강희안姜希顔의 글씨를 자본字本으로 만든 동활자로 찍은 책이다. 이 글자는 큰자, 중간자, 작은자 3종이 있다. 글자체가 편평하고 폭이 넓은 원필圓筆 계통이며 중간자에 강희안 글씨의 특징이 잘 나타나 있다. 작은자는 주로 중간자 아래서 두 줄의 주註를 달때 사용할 목적으로 만들었기 때문에 폭이 좁고 강희안의 서체 특징도 잘 나타나 있지 않다.

이 을해자로 찍은 책은 주로 『묘법연화경』, 『선종영가집』, 『천태사교의』, 『수능엄경』 등 불서가 많은데 언해본도 『수능엄경』, 『선종영가집』 등은 효령대군이 회암사의 불사를 계기로 언해를 하였고 그후 『능엄경언해』, 『아미타경언해』등도 대 · 중 · 소자를 섞어 간행되었다.

1574년(선조7) 2월에 부호군副護軍 배삼익裵三益에게 내사內賜한 언해본인 『주자증손여씨향약』이 전해져 내려오고 있어 이 『향약언해』 책은 이때 간행된 것으로 보고 있다. 이 책을 언해한 김안국(1478~1543)은 문신文臣, 학자로서 자는 국경國卿 호는 모재慕齋, 본관은 의성이다. 그는 생원, 진사에 합격하고 별시문과에도 급제하고 대사간 공조판서 등을 지내고 경상도 관찰사로 있으면서 농서農書, 잠서蠶書 등을 언해하고 『벽온방』, 『창진방』 등의 의서醫書도 간행 보급하였다. 특히 병조판서에 있으면서 천문, 역법曆法, 병법에 관한 서적을 구입하자고 상소를 올려 뜻을 관철하였으며 물이끼(水苔)와 닥나무 껍질을 화합하여 태지苔紙를 만들어서 왕에게 바쳐 제지를 권장하는 등 한글본 발간을 비롯한 출판, 제지의 선구자였다.

범우사 자료실에는 발간연대를 알 수 없는 목판본 언해본 한권과 귀중본인 을해자본 한책이 있다.

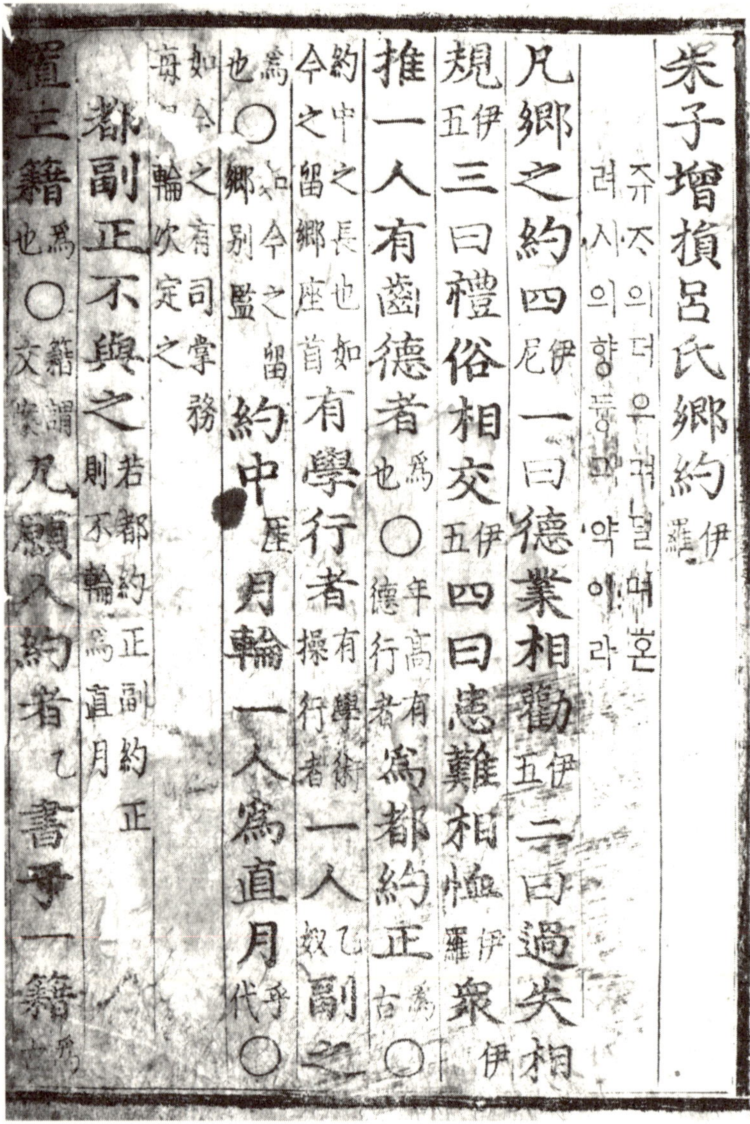

朱子增損呂氏鄕約伊羅

쥬ᄌᆞ의 더으며 덜며 혼 려시의 향약이라

凡鄕之約四伊尼 一曰德業相勸伊五 二曰過失相規伊五 三曰禮俗相交伊五 四曰患難相恤伊羅 衆伊推一人有齒德者爲也 ○ 年高有德行者 爲都約正爲古 ○ 約中之長也 如今之鄕座首 有學行者 有學術操行者 一人乙爲副之 爲 如今之留鄕別監也 ○ 約中月輪一人爲直月 爲代 ○ 如今之有司掌務 每一輪之次定之 都副正不與之 若都約正副約正 則不輪爲直月 置三籍爲也 ○ 籍謂文案 凡願入約者乙 書于一籍爲

을해자인 금속활자로 찍은 여씨향약언해

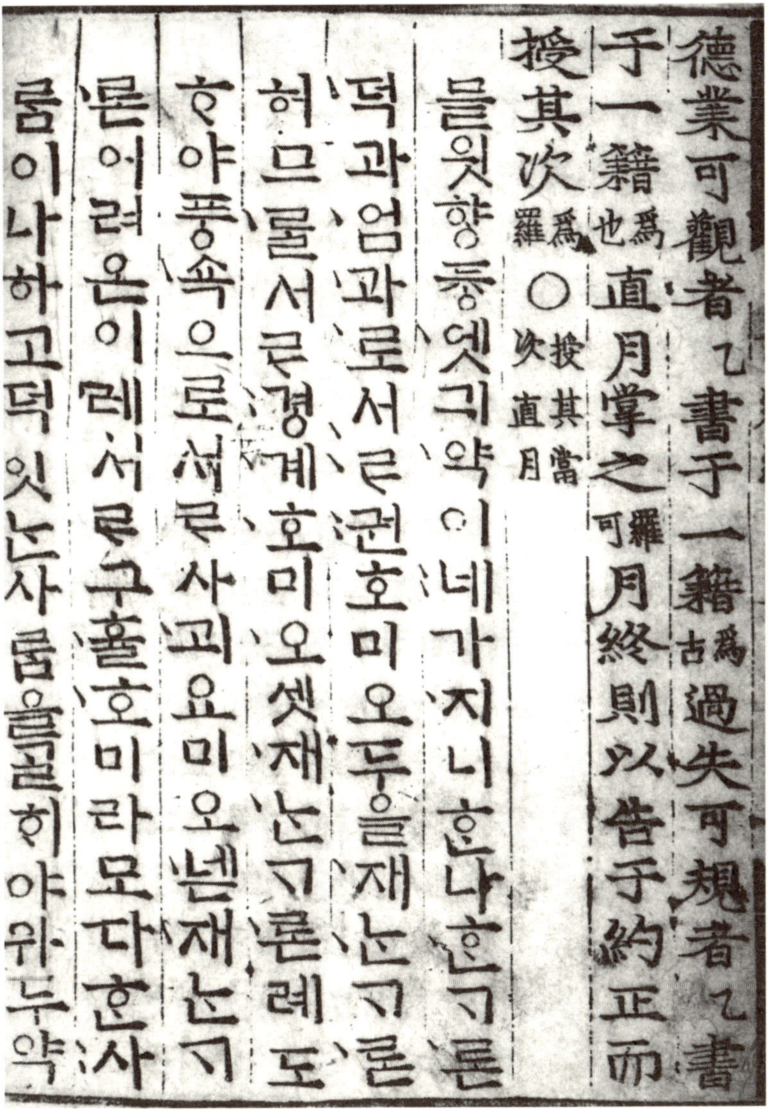

목판본으로 찍은 『주자증손여씨향약언해』본

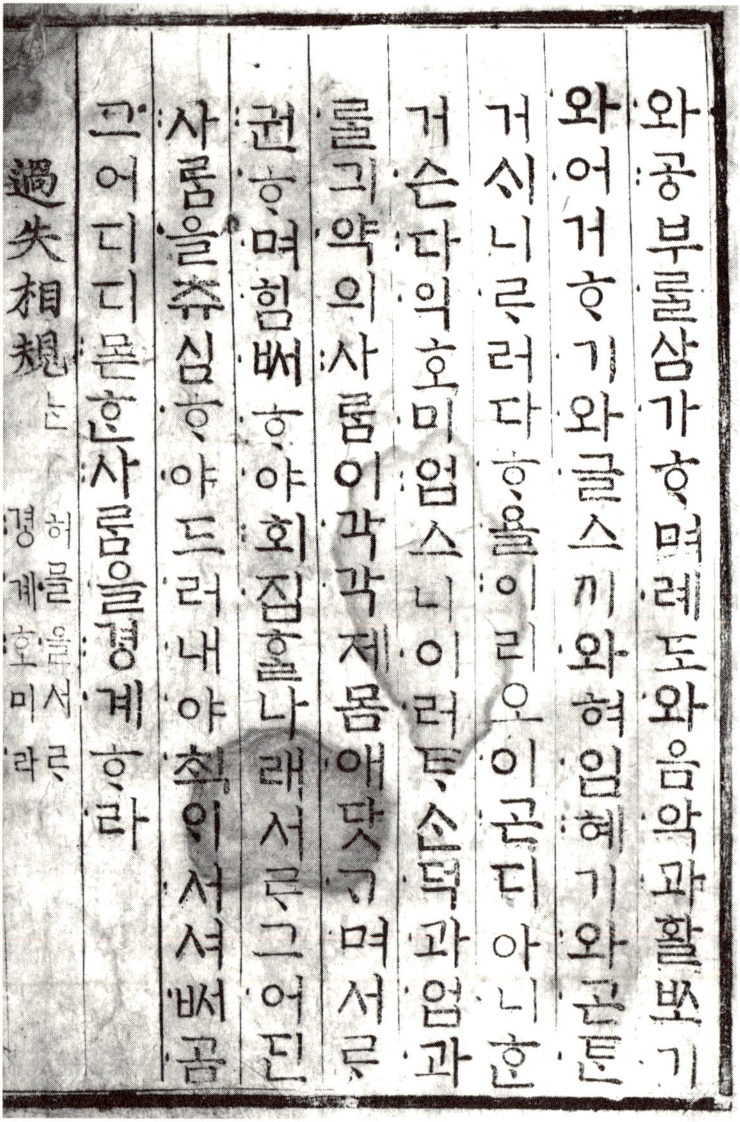
와공부ᄅᆞᆯ삼가ᄒᆞ며례도와음악과활ᄡᅩ기
와어거ᄒᆞ기와글스끼와혀임혜기와곤ᄐᆞᆫ
거ᄉᆡ니ᄅᆞ러다ᄒᆞ올이리오이곤디아니ᄒᆞᆫ
거ᄉᆞᆫ다익호미업스니이러ᄐᆞᆺ손덕과업과
ᄅᆞᆯ그약의사ᄅᆞᆷ이각각제몸애닷ᄀᆞ며서ᄅᆞ
권ᄒᆞ며힘ᄡᅥᄒᆞ야회집ᄒᆞᆯ나래서ᄅᆞ그어딘
사ᄅᆞᆷ을츄심ᄒᆞ야드러내야칙이서셔ᄡᅥ곰
그어디디몯ᄒᆞᆫ사ᄅᆞᆷ을경계ᄒᆞ라
過失相規는 허믈을서ᄅᆞ경계ᄒᆞ미라

목판으로 찍은 여씨 향약언해본 본문

14. 경민편언해警民編諺解
- 향촌사회 질서유지 위한 도덕적 훈계

이 책은 1519년(중종14)에 김정국金正國이 황해도 관찰사로 있을 때 무지한 백성들이 인륜의 중함을 모르고 또한 법이 어떤 것인지 알지 못하여 죄를 짓는 자가 많음을 개탄하여 엮은 『경민편』을 1656년(효종7)에 이후원李厚源이 한글로 번역하고 거기에다 송강松江 정철鄭澈의 훈민가訓民歌 등을 추가한 언해본이다.

내용은 인륜의 기본에 관계되면서도 백성이 범하기 쉬운 덕목을 부모, 부부, 형제자매, 친족, 노주奴主, 인리隣里, 투구鬪歐, 권업勸業, 저적儲積, 사위詐僞, 범간犯奸, 도적, 살인 등 13항목에 걸쳐 도덕적인 훈계와 형법의 조항이 간명하게 병행되어 있다. 인륜에 대한 자각과 법에 대한 두려움을 동시에 일으키려는 의도가 짙다. 이 책에서 강조하는 인륜은 전통적인 군신君臣, 붕우朋友, 장유長幼의 덕목 대신 향촌질서의 유지 등이 중점적으로 다루어져 이퇴계와 이율곡의 향약鄕約과 내용이 비슷한 향약 보급의 뜻이 담겨져 있다.

언해본은 완남부원군完南府院君 이후원李厚源이 1658년(효종9)경에 간행한 책과 1720년 평안도 관찰사 송인명宋寅明이 평안도에서 간행한 것을 비롯하여 1730년(영조6)의 상주판, 1748년의 남원판과 완영(전주)판 등이 전해지고 있는 것으로 알려지고 있다.

언해본에는 김정국의 경민편 이외에 송나라 진영陳靈의 선거권유문仙居勸諭文과 진덕수眞德秀의 담주유속문潭州諭俗文, 천주권유문泉州

勸諭文 그리고 정철의 훈민가 16수가 실려있다.

그리고 언해자인 이후원의 청간경민편광포제로차淸刊警民編廣布諸路箚에서는 김정국의 『경민편』을 언해하고 부록을 추가하게 된 내력을 밝히고 임진왜란 후 점차로 나빠진 인심과 풍속을 바로 잡기 위해 세종대왕 때 설순薛循의 『효행록』처럼 이 『경민편』을 모든 백성들이 읽기 쉽게 언해본으로 간행하여 널리 보급하겠다는 뜻을 밝혔다.

이 언해본의 초간연대는 이후원의 간행사 말미에 기재된 무술戊戌(1658)년으로 추정할 뿐이며 1720년대 평안도 관찰사 송인명이 평안도에서 간행한 것을 비롯한 몇 판본이 지금 전해져 오고 있다.

여기에 나타난 형법 조문은 조선시대에 통용된 『대명율大明律』과 『경국대전』에서 인용된 것들이어서 어느 한 시대에 국한되지 않은 자료로 법제사法制史 연구에 보탬이 되고 또한 초기본은 중세 말기의 국어연구에, 또한 후세본들은 근대국어 연구에 많은 도움이 되고 있다.

경민편의 저자인 김정국(1485-1541)은 유학자로서 자는 국필國弼 호는 사재思齊, 팔여거사八餘居士로 『여씨향약언해』와 『정속언해』를 간행한 김안국金安國의 친아우이다. 김굉필의 문인으로 별시문과에 장원급제하고 사간, 승지 등을 거쳐 34살에 황해도 관찰사가 되었다. 이듬해 기묘사화로 삭직削職되어 고양高陽에 내려가 학문에 전념하다가 1537년에 복직되어 전라도 관찰사, 병조참의, 경상도 관찰사 등을 지내면서 선정을 베풀다 사후 좌찬성左贊成으로 추증되었다.

언해본을 발간한 이후원(1598-1660)은 김장생金長生의 문인으로 1635년 증광문과增廣文科에 급제하고 강화부 유수, 대사간, 함경도 관찰사, 대사성, 호조참판, 대사헌을 거쳐 예조판사가 되었고 장악원掌樂院에 소장되어 있던 『악학궤범樂學軌範』을 개간하여 사고史庫에 분장케 했다. 1657년 우의정에 이르러 효종을 도와 북벌계획을 추진하고 송준길을 병조판서에, 송시열을 이조판서로 추천하여 임명케

하는 등 인재등용에 힘썼다.

이 『경민편』 언해본은 초간본으로 추정되는 규장각본 이외에 여러 판본이 전해지고 있다.

범우사 자료실에도 초간본으로 추정되는 규장각본과 같은 판본과 간기가 뚜렷한 1748년(戊辰 9月)의 완영중간完營重刊본과 완영판본과 판형은 거의 같으나 자체가 좀 굵은 낙장落張본과 글씨체가 투박한 10행 20자에 3엽三葉 어미본魚尾本 한권과 신해辛亥년 2월에 초계草溪 군수 신광덕申光德이 발문을 쓴 초계개간草溪開刊본 등 다섯 권이 있다. 초계는 현재 경상남도 합천군 초계면인데 고려 충숙왕 3년(1316)에 군으로 승격하여 조선조 때 그대로 따랐다가 한일합병 후인 1914년에 합천군에 병합되었다.

판본이 여럿 있듯이 책크기와 어미魚尾도 이엽(2葉)어미, 3엽 어미본이 있으며 자행字行도 10행 22자 또는 10행 20자 10행 17자 등으로 다양하며 글자체도 각각 다른 판본이 전해져 오고 있다.

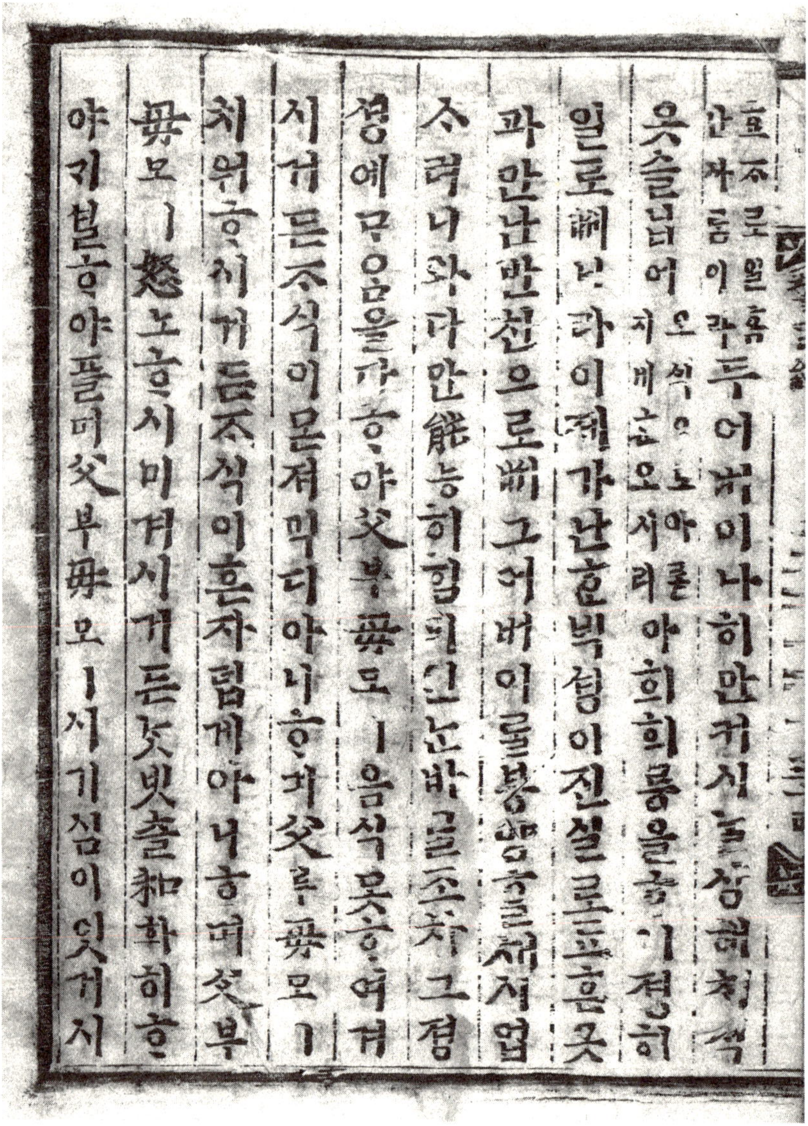

초간본으로 추정되는 규장각본과 같은 판본

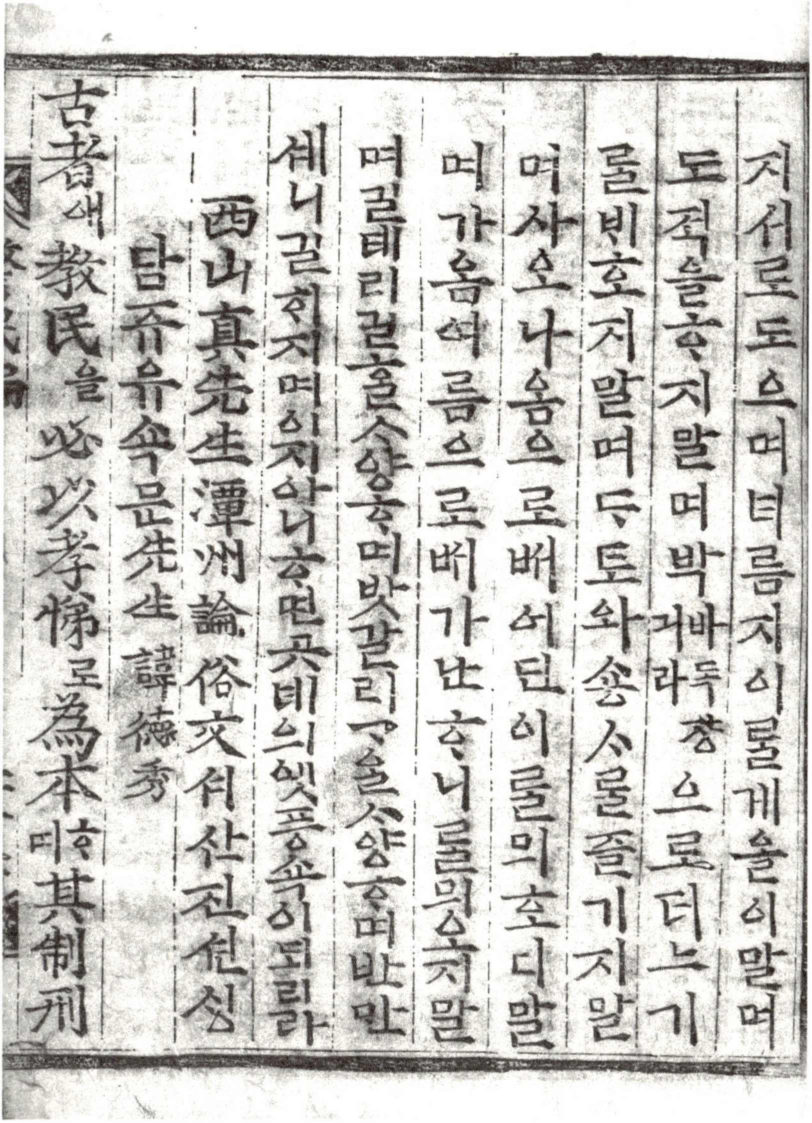

1748년에 간행된 완영중간본

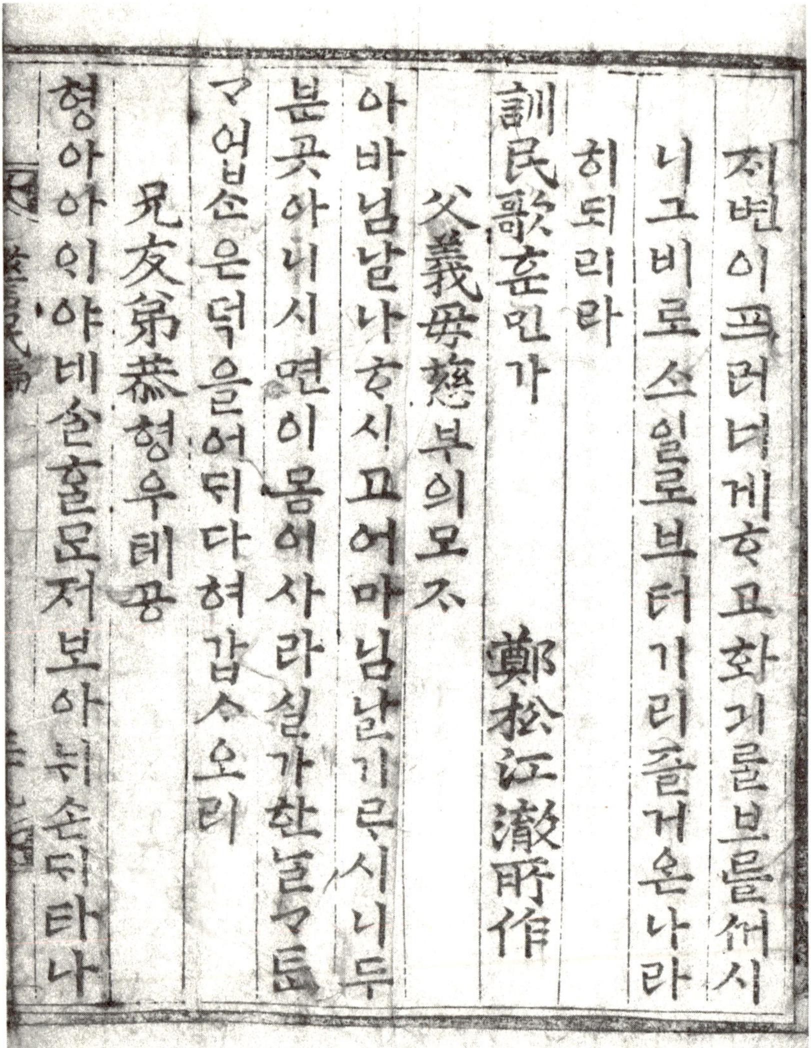
져변이끄러너게ᄒᆞ교화긔를브를쒀시
니그비로ᄉᆞ일로브터기리즐거온나라
히되리라
訓民歌훈민가 鄭松江澈所作
父義母慈부의모ᄌᆞ
아바님날나ᄒᆞ시고어마님날기ᄅᆞ시니두
분곳아니시면이몸이사라실가한날ᄀᆞᄐᆞᆫ
ᄀᆞ업ᄉᆞᆫ은덕을어ᄃᆡ다혀갑ᄉᆞ오리
兄友弟恭형우뎨공
형아아ᄋᆞ야네ᄉᆞᆯ홀모저보아뉘손ᄃᆡ타나

완영중간본보다 자체가 좀 굵은 낙장본

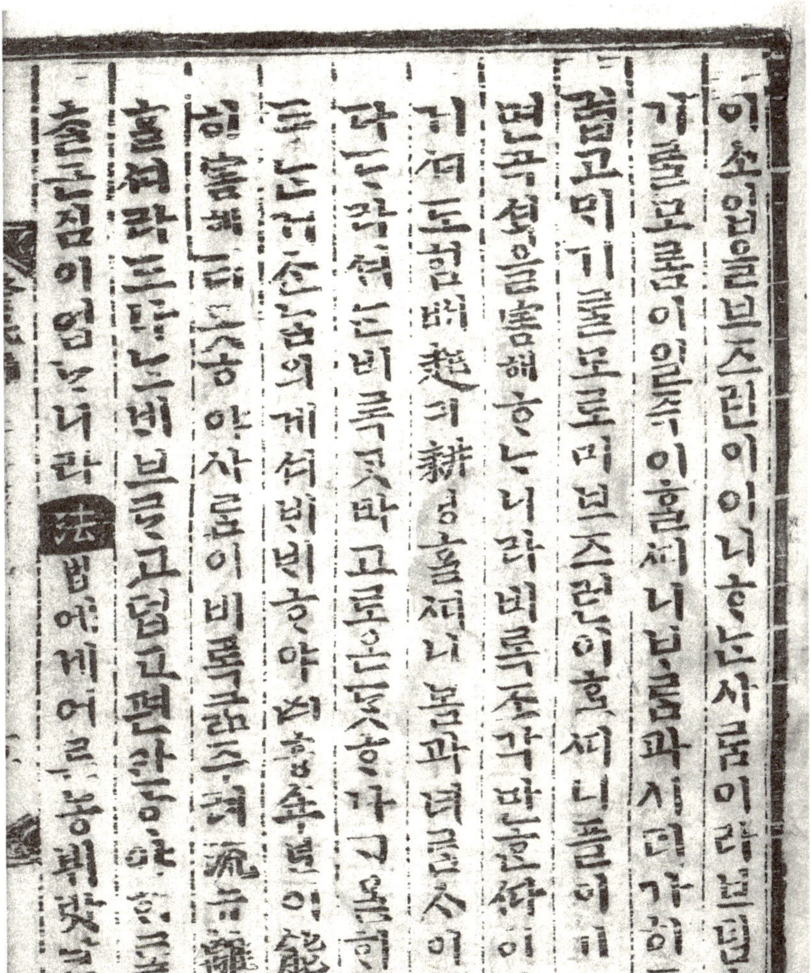

10행 20자 3엽 어미본

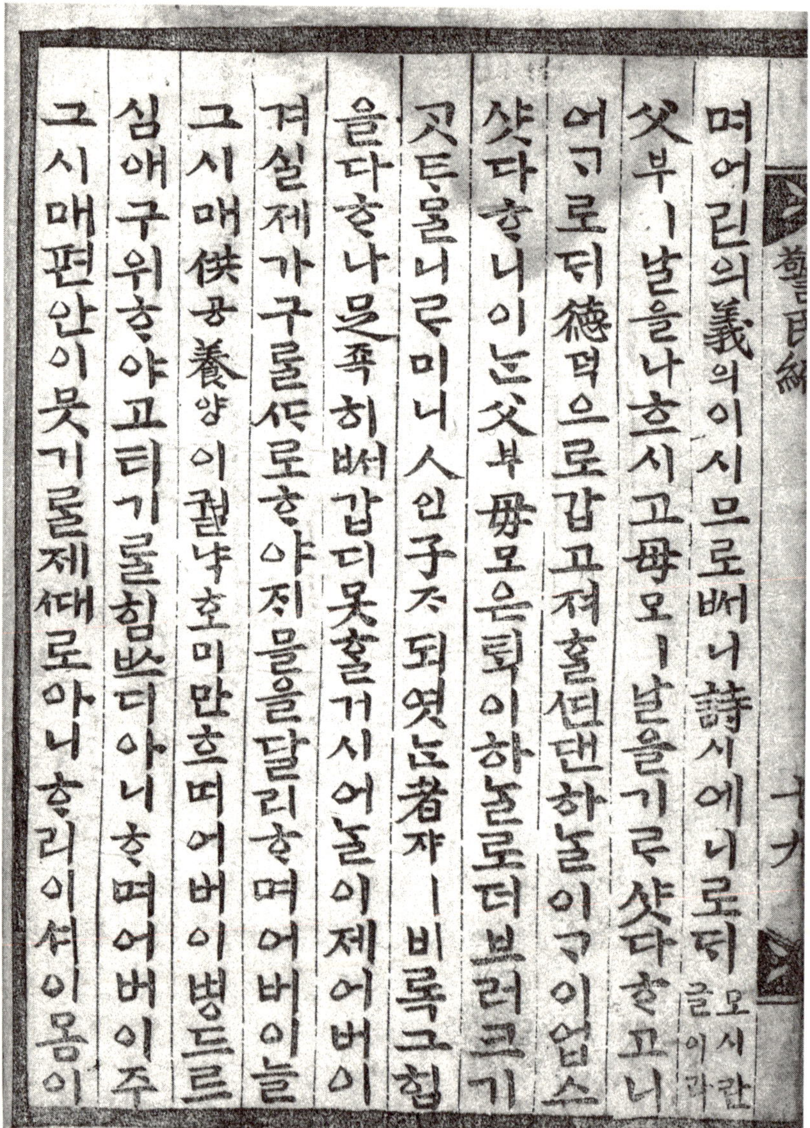
며어린의義의이시므로뻐니詩시에니로뒤모시란글이라
父부ㅣ날을나흐시고母모ㅣ날을기르샤다ᄒᆞ고니
어ᄀᆞ로뒤德덕으로갑고져ᄒᆞᆯ션댄하ᄂᆞᆯ이ᄀᆞ이업스
샤다ᄒᆞ니이ᄂᆞᆫ父부母모은혜이하ᄂᆞᆯ로더브러크기
ᄀᆞᆺ토ᄆᆞᆯᄂᆞ니ᄅᆞ미니人인子ᄌᆞ되엿ᄂᆞᆫ者쟈ㅣ비록그힘
을다ᄒᆞ나믄죡히뻐갑디못ᄒᆞᆯ거시어ᄂᆞᆯ이제어버이
겨실제가구ᄅᆞᆯᄯᅢ로ᄒᆞ야져믈을달리ᄒᆞ며어버이늘
그시매供공養양이궐냑ᄒᆞ미만ᄒᆞ며어버이병드르
심애구위ᄒᆞ야고티기ᄅᆞᆯ힘ᄡᅳ디아니ᄒᆞ며어버이주
그시매편안이뭇기ᄅᆞᆯ제ᄯᅢ로아니ᄒᆞ리이셔이몸이

신광덕이 발문을 쓴 초계개간본

15. 훈몽자회訓蒙字會
- 어린이들의 한자 이해를 돕기 위해

최세진崔世珍에 의하여 1527년(중종 22년)에 편찬된 책이다. 종래 널리 쓰이어 온 『천자문』과 『유합類合』 등이 일상 생활과 거리가 먼 고사故事와 이해하기 어려운 한자가 많아서 아동들의 학습에 불편함이 많아 쉽게 한자에 대한 이해를 돕기 위해 만든 것이다.

『천자문』은 중국 양나라 주흥사가 편찬한 것으로 뜻은 깊으나 초학자들은 글자를 익히는데 그쳐 고사故事나 속문屬文의 뜻을 깊이 살피기 어렵고 『유합』은 우리나라에서 편찬한 책이나 허자虛字가 많고 새 · 짐승 · 풀 · 나무의 이름과 같은 실자實字가 적어 어린이들의 학습용으로는 적합하지 않았다.

『훈몽자회』는 상 · 중 · 하 3권으로 되어 있는데 각권에 1,120자씩 총 3,360자가 수록되어 있다. 한자의 배열은 상권에 천문 · 지리 · 수목 · 신체 등 16종류, 중권에는 인류 · 궁택 · 관아 · 복식 등 16종류, 하권에는 잡어雜語라 하여 상 · 중권과 같이 명사 위주가 아니라 형용사 · 동사 · 대명사 등이 섞여 있다. 그리고 각자마다 석釋과 음音이 한글로 표시되어 있고 그 석이나 음의 한글에는 방점傍點이 찍혀 있다. 그리고 필요한 글자에는 그 글자의 주註가 한자로 추가되어 있다.

이 책에서 본문 한자를 국역國譯한 것은 국어의 역사를 연구하는데 또는 당시의 언어를 살피는데 중요한 자료가 되고 있다. 또 책머리에 훈몽자회인訓蒙字會引, 범례凡例 및 훈몽자회의 목록이 있다. 범례에 언급된 것은 훈민정음 창제후 가장 뛰어난 국어연구기록으로서 자모字母의 순서를 현재의 순서와 거의 같게 한 점, 자모에 이름을 붙인 점, 합자법合字法을 간편하게 한 점, 종성법終聲法의 연구, 자체字体의 간이화簡易化 등은 국어학상 획기적인 업적이라 볼 수 있다.

이 책은 여러 차례 간행된 기록이 있다. 초간본은 을해자乙亥字인 금속활자본으로 찍어낸 것인데 한국에는 있지 않고 일본 교토京都의 이산문고에 소장되어 있다. 그후 중간 개정판본도 임진왜란 이전에 몇차례 간행되었는데 일본 도쿄대학(東京大學) 중앙도서관, 일본 손게이가꾸(尊經閣)문고 등에 소장되어 있다.

임진왜란 후에도 1613년(광해군 5년)에 간행된 서울대학교 도서관 소장본, 구왕궁舊王宮 문고본, 광문회간본(1913년) 등이 있다.

이 책을 편찬한 최세진崔世珍의 자는 공서公瑞이며 괴산 최씨의 시조인 정발正潑의 아들로써 역과譯科에 합격한 중인中人출신이다. 그러나 과거에 응시할 수 있는 특전을 받아 1503년(연산군 9년)에 별시문과에 을과乙科급제를 하였다. 갑자사화(1504년)때 파직당했다가 중국사신의 통역을 잘한 공으로 사역원司譯院에 복직되었으나 사무역私貿易을 했다는 무고로 다시 면직된다. 그후에도 수차례의 고난을 겪은 후 한학교수漢學教授로 있으면서 『사성통해四聲通解』를 완성시킨다.

그후 1524년 군자감정軍資監正으로 있으면서 『친영의주親迎儀註』와 『책빈의주冊嬪儀註』 등을 한글로 번역하였고 1527년 『훈몽자회』를 완성하였다. 1541년에 동지중추부사同知中樞府事가 되어 경성지京城志, 여효경女孝經 등을 진상하였다.

그는 당대에 가장 뛰어난 중국어 운서韻書 연구가였으며 이문吏文 연구에도 독보적인 존재였다. 그의 학문은 실용實用을 위주로 한 산 학문을 고집함으로서 기존 학자들과의 부딪침이 많았었다.

그런 정신이 국어학 발달에 큰 업적이 되고 있는 『훈몽자회』와 같은 책을 편찬하게 된 것이 아닌가 본다.

범우사 자료실에는 1527년에 간행한 목판본과 4자×4행본이 아닌 중자 5자×6행본인 책이 한권 있다.

1613년본은 끝장 첫줄 끝자가 낙예洛汭라 되어 있어 낙예본洛汭本이라 하는데 5자×6행본은 초간본인 을해자본과 같이 미만瀰漫이라 되어 있다. 이 판본에 대한 언급이 아직 없어 언제 어디서 간행한 것인지 알 수가 없다.

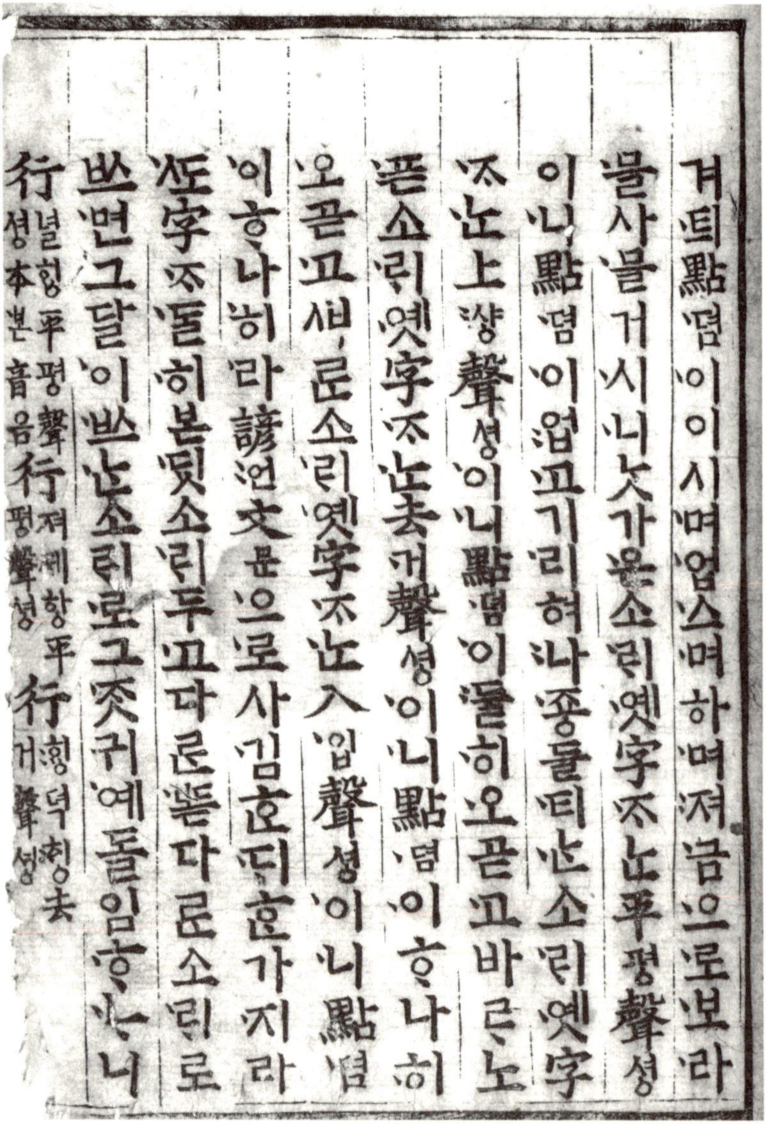
겨틔點뎜이이시며업스며하며져곰으로보라
믈사믈거시니낫가ᄫᆞᆫ소리옛字ᄌᆞᆫ平평聲셩
이니點뎜이업고기리혀나죵ᄂᆞᆯ티ᄂᆞᆫ소리옛字
ᄌᆞᆫ上샹聲셩이니點뎜이둘히오곧고바ᄅᆞ노
ᄑᆞᆫ소리옛字ᄌᆞᆫ去거聲셩이니點뎜이ᄒᆞ나히
오곧고ᄲᆞᄅᆞᆫ소리옛字ᄌᆞᆫ入입聲셩이니點뎜
이ᄒᆞ나히라諺언文문으로사김ᄒᆞᆫ뎌ᄒᆞᆫ가지라
ᄯᅩ字ᄌᆞ돌히본뒷소리두고다ᄅᆞᆫᄠᅳᆮ다ᄅᆞᆫ소리로
ᄡᅳ면그달이ᄡᅳᄂᆞᆫ소리로그字ᄌᆞ귀예돌임ᄒᆞᄂᆞ니
行녈힝平평聲셩本본音음行져제항平평聲셩行힝뎍ᄒᆡᆼ去거聲셩

1527년(가정본) 훈몽자회 범례의 본문

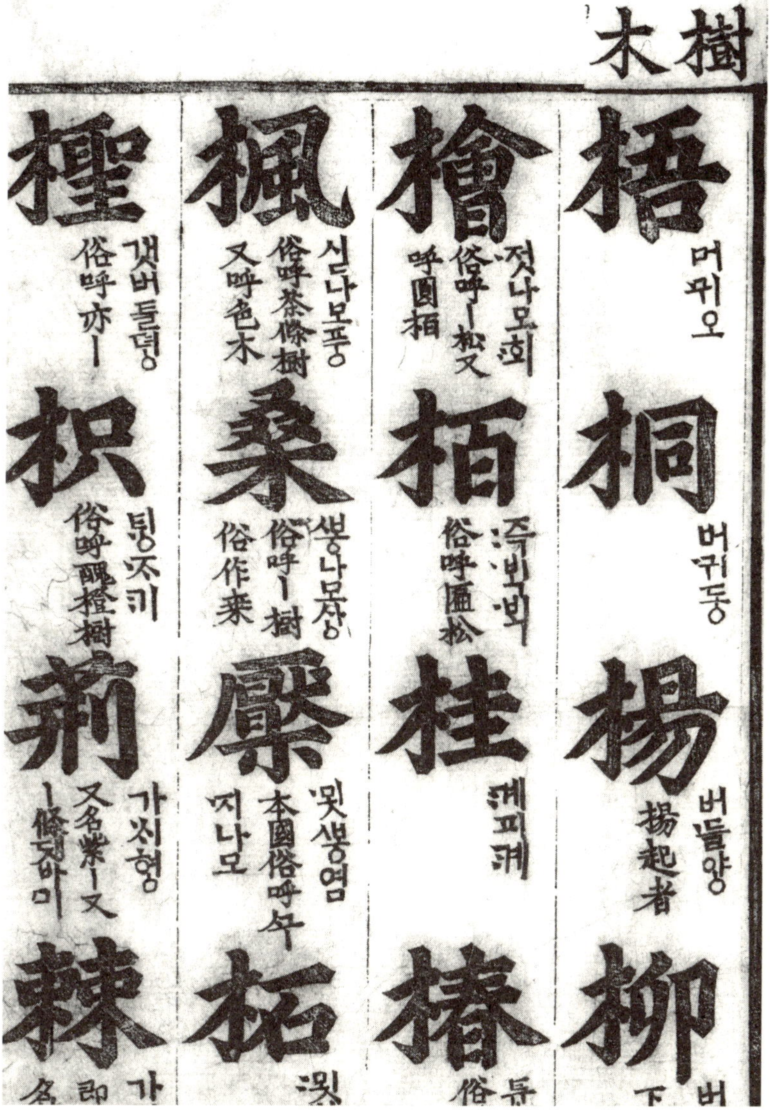

1527년에 간행한 훈몽자회 본문

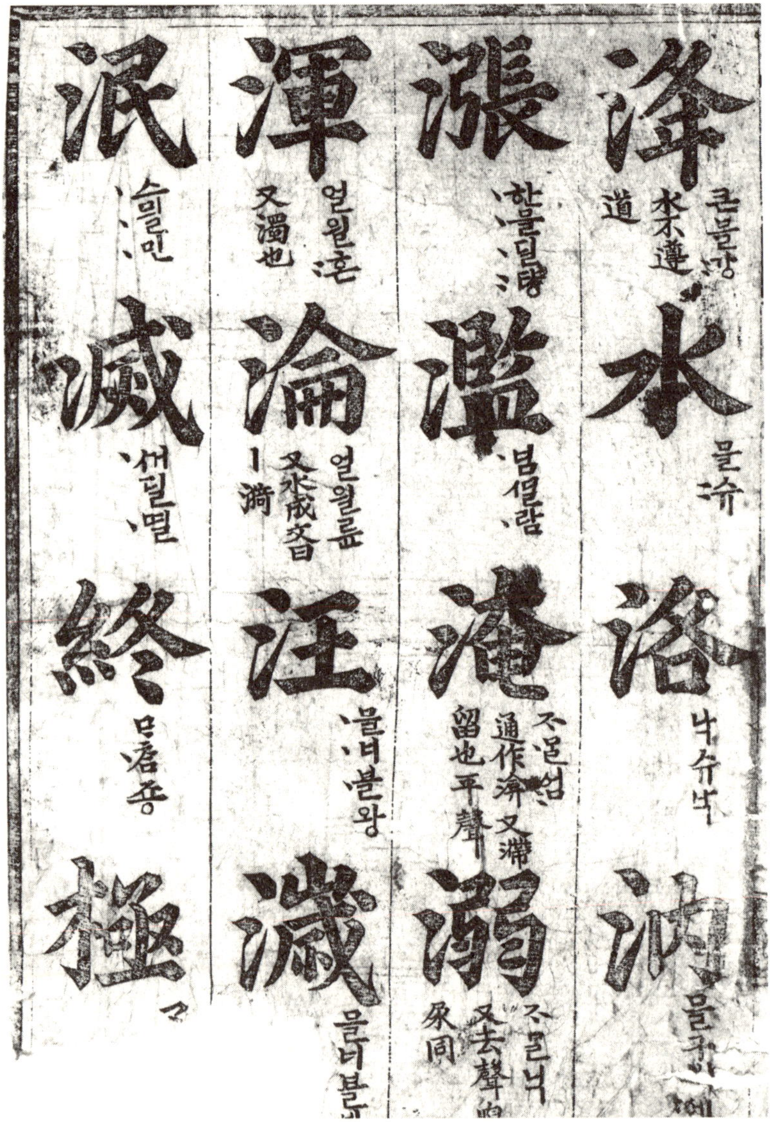

낙예본洛汭本의 끝장

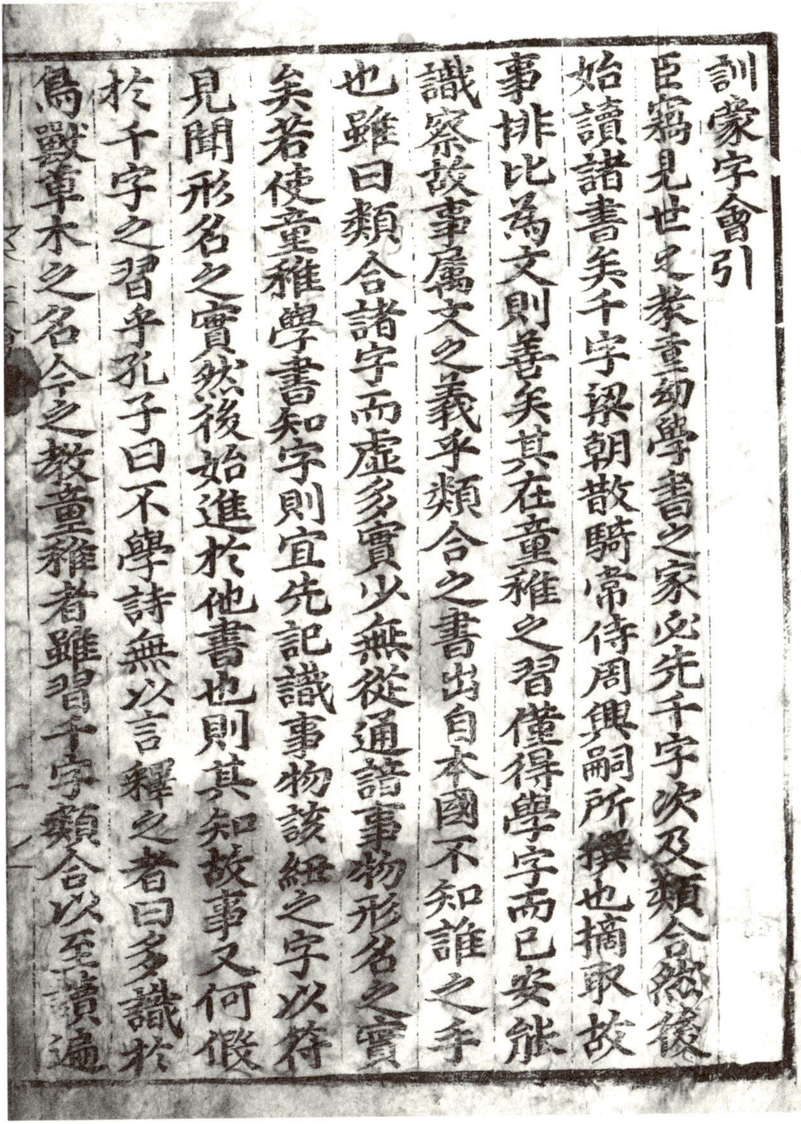
訓蒙字會引
臣竊見世之教童幼學書之家必先千字次及類合然後
始讀諸書矣千字梁朝散騎常侍周興嗣所撰也摘取故
事排比爲文則善矣其在童稚之習僅得學字而已安能
識察故事屬文之義乎類合之書出自本國不知誰之手
也雖曰類合諸字而虛多實少無從通諳事物形名之實
矣若使童稚學書知字則宜先記識事物該經之字以符
見聞形名之實然後始進於他書也則其知故事又何假
於千字之習乎孔子曰不學詩無以言釋之者曰多識於
鳥獸草木之名今之教童稚者雖習千字類合以至讀遍

소자본의 훈몽자회인

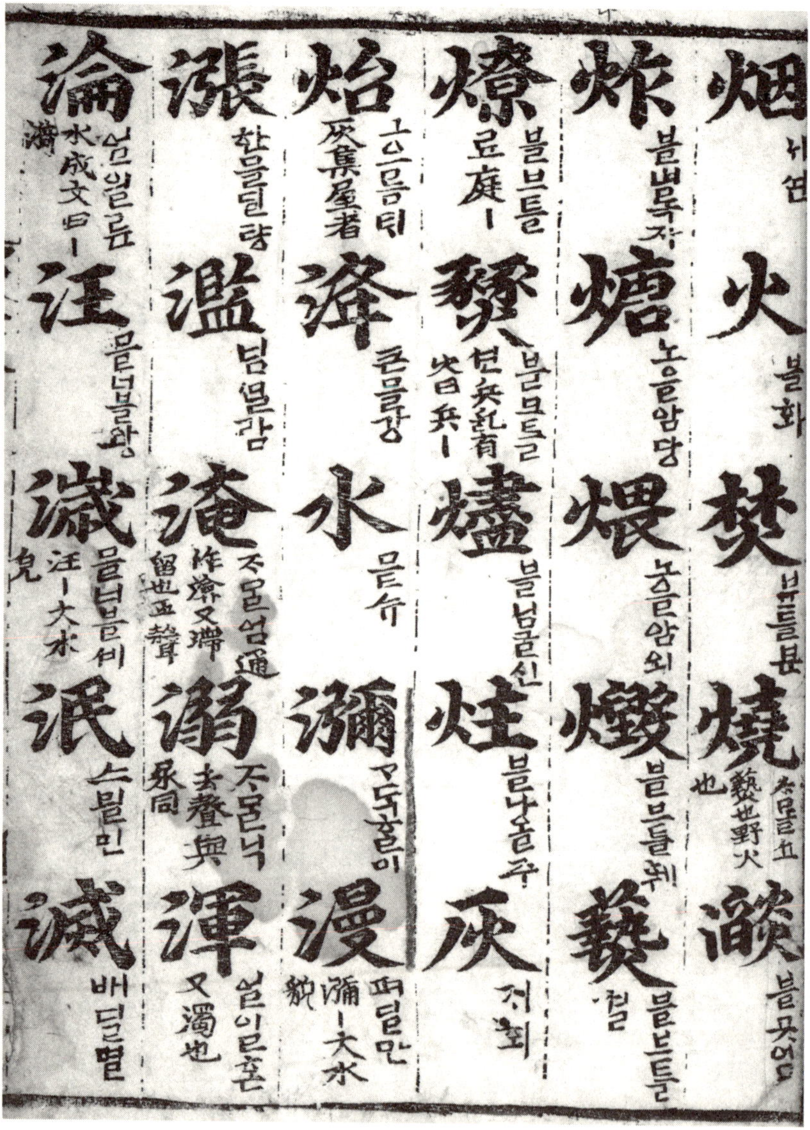

미만瀰漫본인 소자본

16. 성관자재구수육자선정언해
聖觀自在求修六字禪定諺解
- 일반 대중을 위한 불교 포교서

조선시대에 한글 언해본은 유가서儒家書보다는 불서佛書가 많았다. 나라의 상류층에 있는 사람들은 주로 한자를 사용하였으므로 그들이 읽고 읽히는 경經 자子 집集 사史 등 유가서는 한자였으나 민중을 파고들어 불교를 포교하기 위해서는 백성들이 쉽게 배우고 알 수 있는 글로 책을 만들어야 하기 때문에 한글로 불서를 많이 간행하였던 것이 아닌가 본다.

이 책도 원본은 중국에서 들어온 것인데 우리 나라 불교계가 백성에게 포교하기 위하여 원문에 한글로 토를 달고 그 뒤에다 한글로 언해를 한 보기 드문 책이다.

한문 원문에 토를 달고 또 나란히 한글로 독음讀音을 붙여 짝지어 놓아 뜻과 소리를 같이 떠오르게 한 편집방법에다 뒤이어 별도로 뜻을 풀어 한글로 해석을 하여 두는 친절함을 보이고 있다.

이 책은 일명 육자신주六字神呪 또는 육자주六字呪라고도 하는데 관음보살의 주문인 옴마니 반메훔이란 여섯자를 암송하면 온갖 번뇌를 끊고 불과佛果를 얻는다는 내용이 담긴 책이다.

지금까지의 이 책에 대한 기록으로는 안병희安秉禧 교수님이 서지학보書誌學報 제14호에 발표하신 논문 이외는 다른 곳에서 이 책의 소개를 접하지 못하여 이 논문에 의해 이곳에 소개하고자 한다.

이 책 중 국립중앙도서관 소장본은 귀중본으로 지정되어 있다. 국립중앙도서관본은 목판본으로 본문 46매에 책머리의 변상도와 왕실

축수문王室祝壽文 각 1매, 책끝의 발문과 시주문 등 3매로 51매본인데 장44매와 장45매가 떨어져나가 49매만 있는 낙장본이다. 책의 크기도 보통 한적본보다 모양새가 적은 책으로 세로 22.2센티, 가로 14.1센티이다.

권말 간기란에는 가정 39년(1560) 5월 숙천부肅川府 관북개판館北開板이라 적혀 있다. 지금의 평안남도 평원군 숙천에서 찍어낸 책이다.

범우사 자료실 소장본은 세로 19센티에 가로 13센티로 중앙도서관본보다 적은 목판본으로 본문 내용은 같다. 그러나 본문은 45매이고 책 끝에 변상도 한 면과 간기 판면의 한 매가 있어 모두 합쳐 46매로 되어 있다.

장43과 장45 사이에 석가여래화압釋迦如來花押 등의 판화 한 매가 있고 책 끝머리인 장46에는 변상도와 끝장에 간기란이 있는데 융경원년(1567) 3월에 간행된 것으로 경판經板 대시주자에 김필종金必從 포시布施 대시주자에 장월동張月同 각수刻手에 항인亢仁 화주에 정호남鄭浩南 등의 기록이 있다.

이 책은 국어사자료로서도 중요한 위치에 있다.

최초로 방점표기를 없앤 문헌인 점과 문자표기와 형태 등에서도 16세기 중엽의 한글연구에 중요한 자료적 가치를 인정하고 있다.

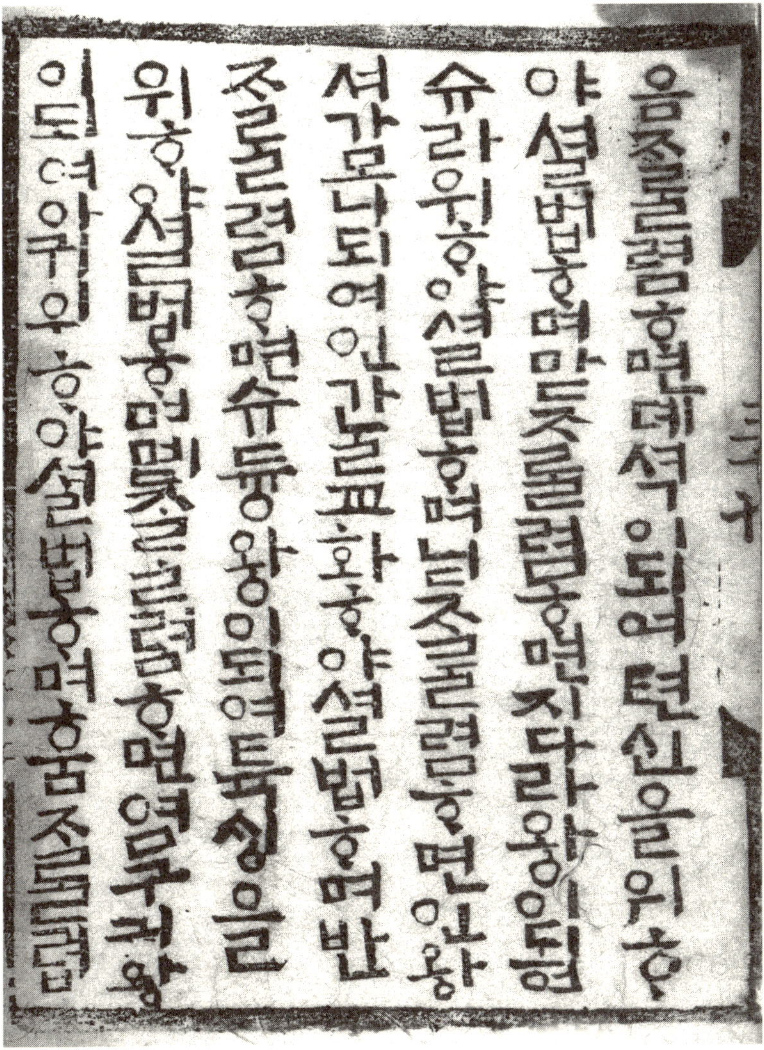
음졀뎜ᄒᆞ면뎨셕이되여텬신을위ᄒᆞ
야셜법ᄒᆞ며말좃졀뎜ᄒᆞ면지다라왕이되
슈라위ᄒᆞ야셜법ᄒᆞ며녀좃졀뎜ᄒᆞ면인왕
셔갑옷나되여인간뇨화ᄒᆞ야셜법ᄒᆞ며반
졀뎜ᄒᆞ면슈릉왕이되여튝ᄉᆡᆼ을
위ᄒᆞ야셜법ᄒᆞ며몃졀뎜ᄒᆞ면염무라왕
이되여아귀위ᄒᆞ야셜법ᄒᆞ며ᄒᆞᆷ졀뎜

『성관자재구수육자선정언해』본문 언해 부분

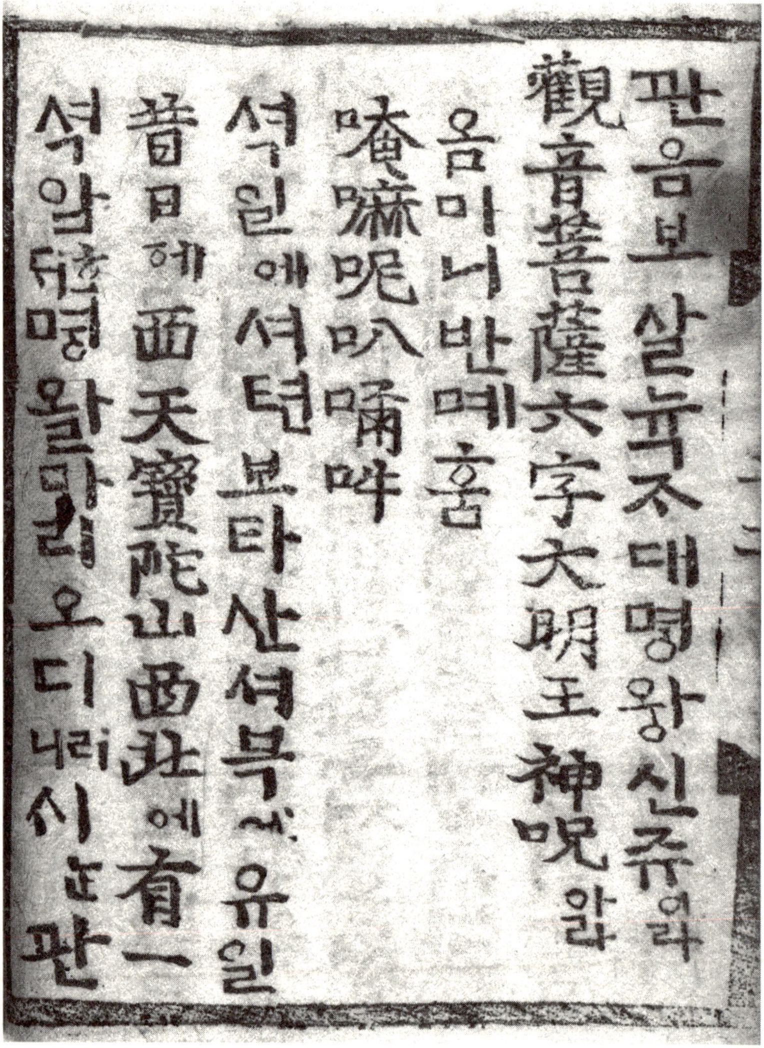

관음보살뉵ᄌᆞ대명왕신쥬ᄋᆞ라
觀音菩薩六字大明王神呪ᄋᆞᆯ
옴마니반메훔
唵嘛呢叭𠺗吽
셕일에셔뎐보타산셔븍녁유일
昔日해西天寶陀山西北에有一
셕악ᄃᆞᆫ뎡올라리오디니시ᄂᆞᆫ관

옴마니 반메훔의 육자신주가 있는 면

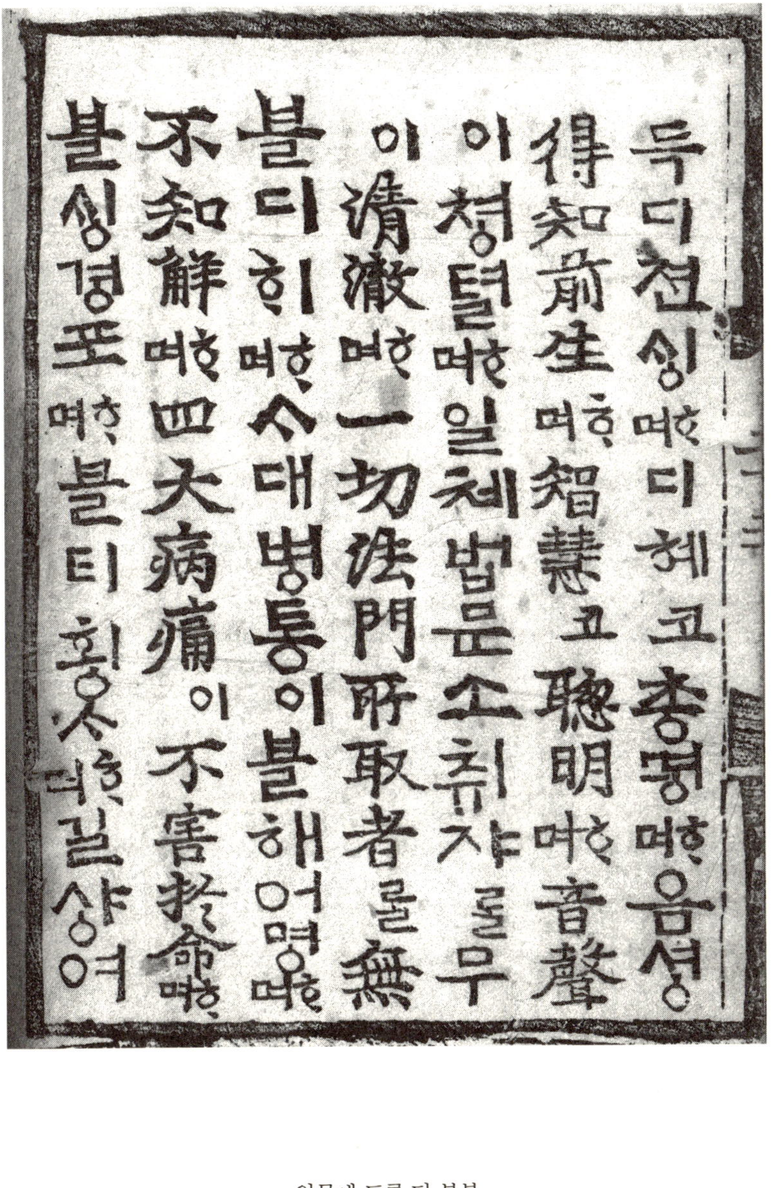
득디쳔싱ᄒᆞ며디혜코총명ᄒᆞ며음셩
得知前生ᄒᆞ며智慧코聰明ᄒᆞ며音聲
이쳥텰ᄒᆞ며일쳬법문소ᄎᆔ쟈로무
이淸徹ᄒᆞ며一切法門所取者로無
블디히ᄒᆞ며ᄉᆞ대병통이블해어명ᄒᆞ며
不知解ᄒᆞ며四大病痛이不害於命ᄒᆞ며
블싱경포ᄒᆞ며블티횡ᄉᆞᄒᆞ며길샹여

원문에 토를 단 부분

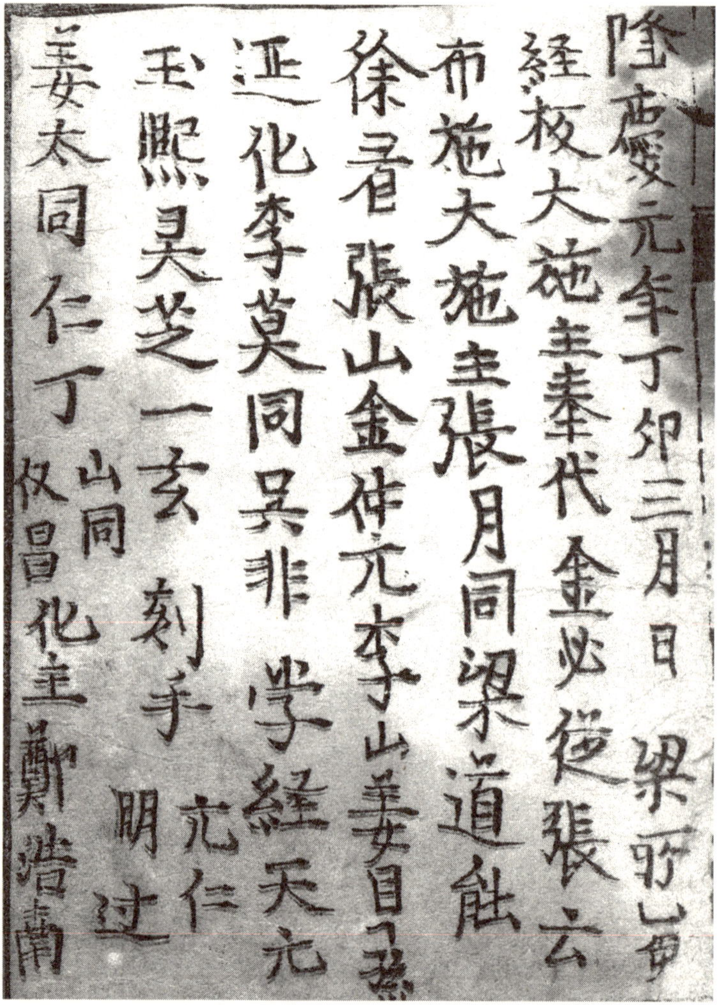
隆慶元年丁卯三月日 梁所山母
經板大施主奉代金必從張云
布施大施主張月同梁道然
徐看張山金仲元李山姜目孫
證化李莫同呂非 學經天元
玉熙吳芝一玄 刻手 元仁
山同 明过
姜太同仁丁 仅昌化主鄭浩南

융경원년(1567)의 간기가 있는 면

17. 백련초해百聯抄解
– 초학자들의 한시 · 한글교습서

이 책은 칠언고시七言古詩 중에서 연귀聯句 100수를 가려내어 각 연귀의 한자漢字의 각자 밑에 한글로 음音과 훈訓을 달고 그 옆에다 별도로 한글로 풀이를 한 것이다.

『백련초해百聯抄解』는 목판본 한 권으로 발간, 년대는 아직 정확히 밝혀지지 않고 있으며 저자도 정확치가 않다.

그러나 『한국고서목록』이나 『한국도서해제』 등에는 하서河西 김인후金麟厚가 편찬한 것으로 되어 있다.

그렇다면 하서 김인후의 생몰년대가 1510년에서 1560년이니 그동안에 간행되었다고 추정할 수밖에 없다.

이 책은 배움의 길에 든 초학자들에게 한시를 겸해서 한글을 가르치는 기본 입문서 역할을 하였다. 시귀들은 한시의 독특한 대구對句의 기지와 묘미를 잘 살렸으며 일상 생활에서 접할 수 있는 생활 속의 정서와 비유를 잘 표현하고 있어 많은 독자를 가졌던 것 같다. 특히 한자에다 한글로 음과 훈을 달고 한글로 언해한 것은 국어학의 자료로서도 아주 귀중한 자리를 차지하고 있다. 이 책의 편자에 대해서는 학계에서도 여러가지 이견異見이 있다. 그중에서도 하서 김인후의 편역이냐 아니냐로 크게 갈라져 있다.

최현배 선생은 그의 저서 『한글갈』에서 "이병기님이 감수한 책의 끝에 이는 하서 김인후 선생이 선집 주해한 것인데 그 판각의 글씨는 곧 선생의 글씨체요 그 판본이 필암서원筆巖書院에 있다고 하였다. 그러나 그 판식 한글로 보아 명종조明宗朝판이라 하기 어렵다"고 김인후 편저를 부인하고 있다. 그리고 조선어학사朝鮮語學史를 쓴 일제 때 한국문학사연구에 몰두하였던 오구라 신페이(小倉進平)도 『백련초해』의 언해자와 발간 연도는 명확치 않다고 하였다.

그러나 이병기 선생이 하서 김인후 편역이라고 주장하는 것은 하서의 문묘가 있는 전남 장성의 필암서원 장판각에 『백련초해』의 판목板木이 소장되어 있고 그 필체가 하서 김인후의 글씨체라는 것이다. 『백련초해』는 필암서원본 말고도 일사본, 박은용본, 동경제대본, 송강사본 등 여러곳에 소장되어 있는 것으로 되어 있다.

현재 몇 종의 이본異本이 전하고 있는데 필암서원본은 50면에 매면마다 8행이며 한시가 1수 모자라는 99수인가 하면 일사본은 50면에 첫장과 끝장은 7행이며 나머지는 6행이다.

동경제대본은 34면이며 첫연과 마지막연만이 2연씩 언해하였고 그외는 3연씩 언해를 하였다. 그리고 한시와 언해의 연귀聯句도 그 순서가 바뀌어 있다.

이 책의 첫 귀절에는 "꽃이 난간 앞에서 웃으나, 소리를 듣지 못하고(花笑檻前聲未聽), 새가 수풀 아래에서 울되 눈물보기 어렵다(鳥啼林下淚難看)"는 한시 풀이가 있다.

범우사 자료실에는 이희승 선생이 1964년 12월 2일에 1,500원을 주시고 구입한 기록이 있는 아주 고풍스러운 『백련초해』 한 권이 있다.

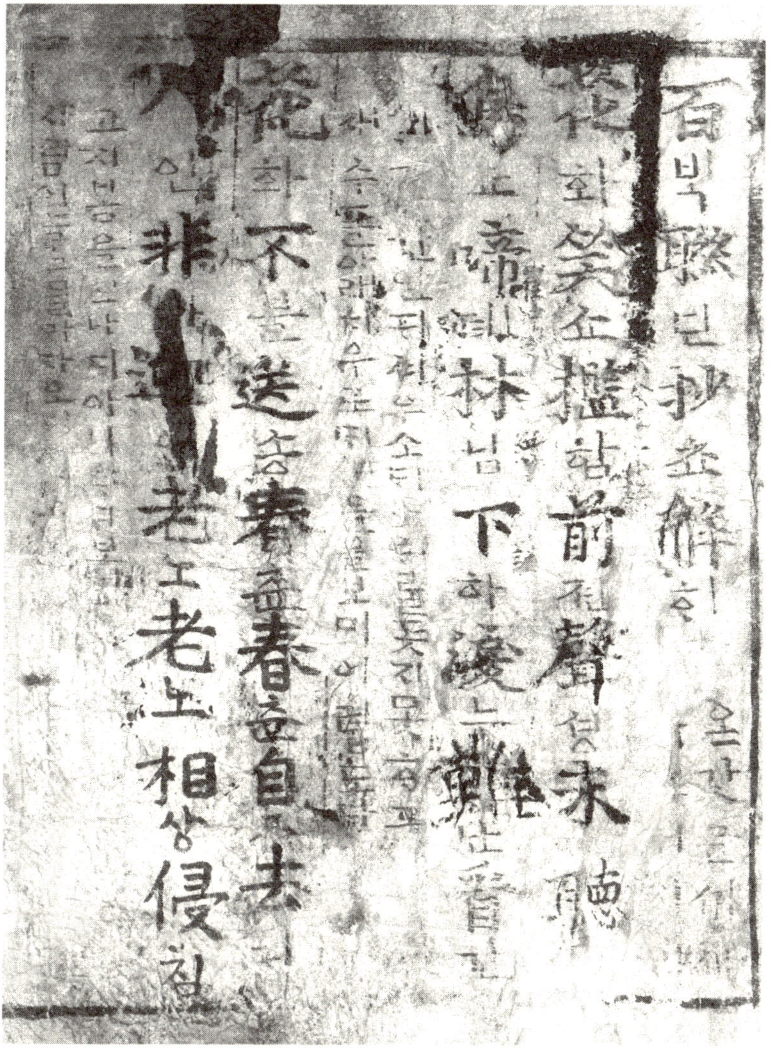
百聯抄解
花笑檻前聲未聽
鳥啼林下淚難看
花不送春春自去
人非迎老老相侵

『백련초해』의 첫장

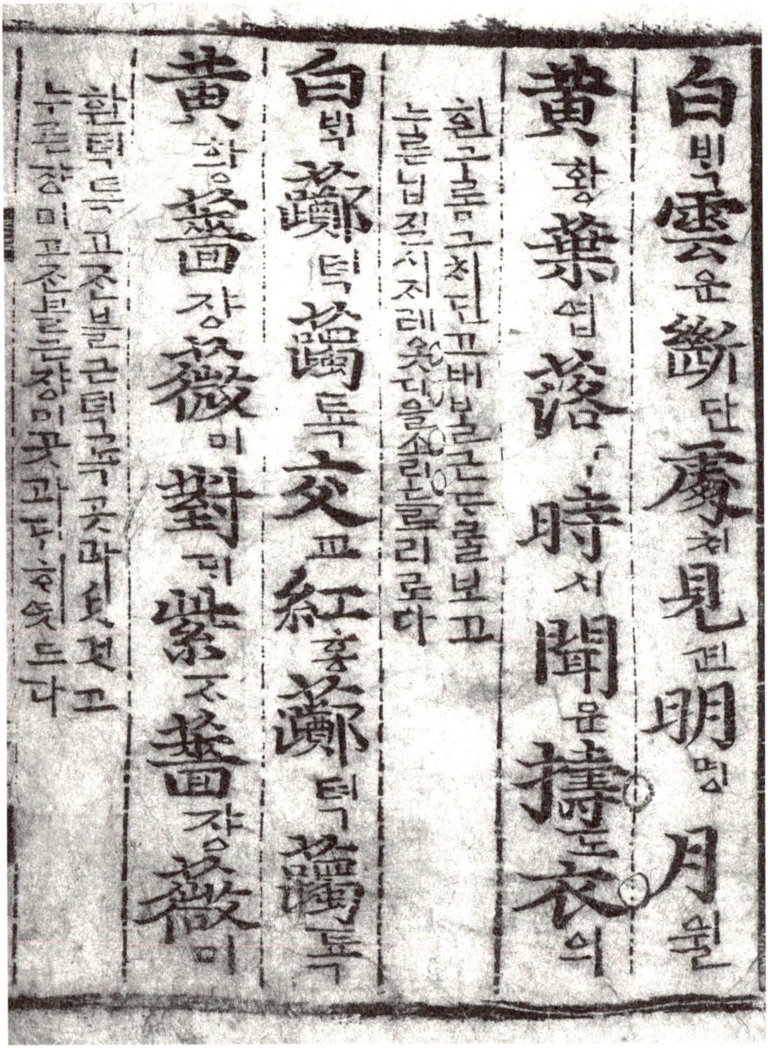
白빅雲운斷단處쳐見견明명月월

黃황葉엽落낙時시聞문擣도衣의

白빅躑텩躅툑交교紅홍躑텩躅툑

黃황薔장薇미對ᄃᆡ紫ᄌᆞ薔장薇미

『백련초해』의 본문

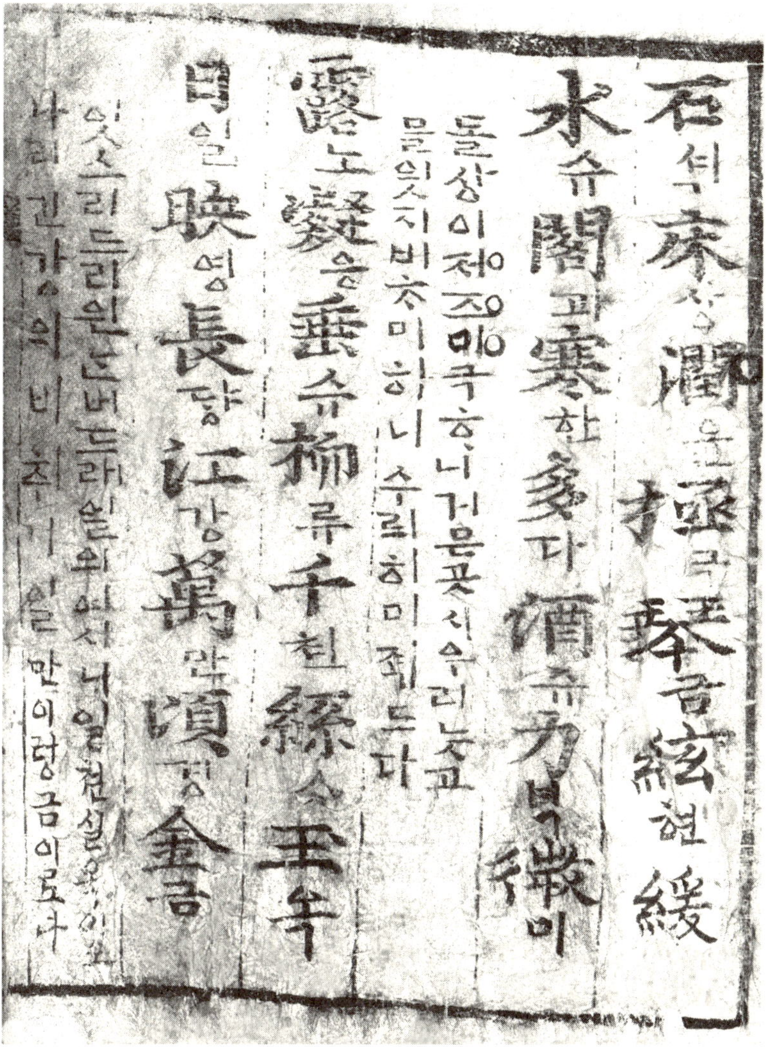

『백련초해』의 본문

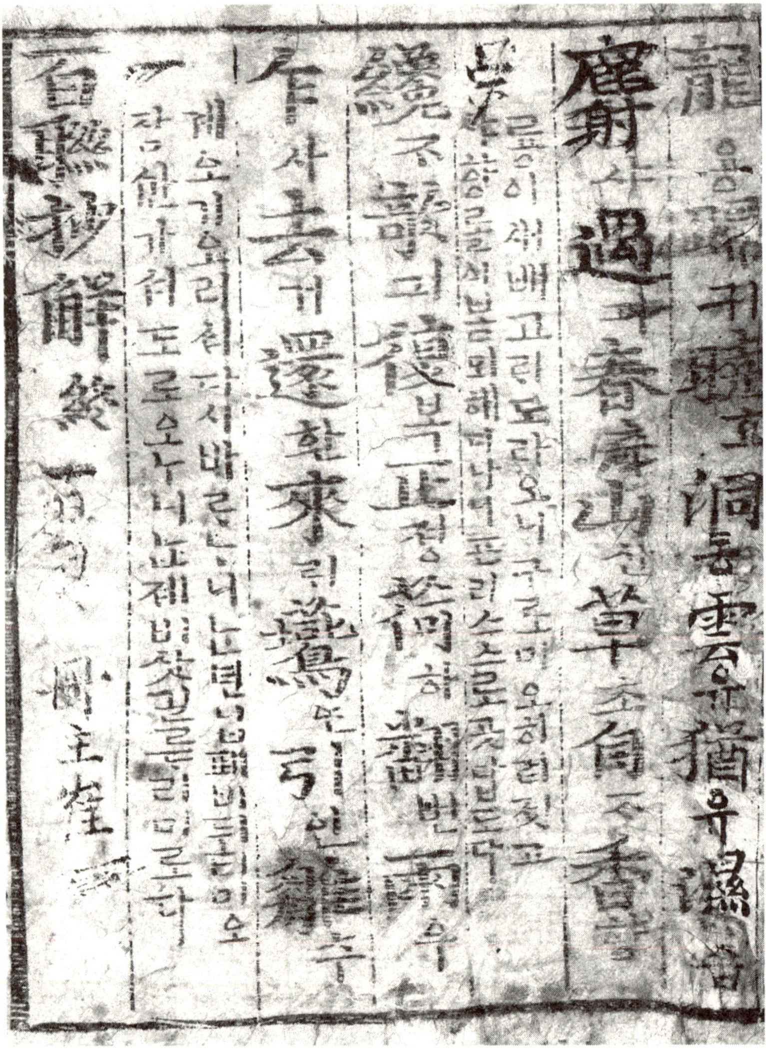

『백련초해』의 끝장

18. 진언집眞言集
- 범어학 연구에 중요한 자료

여러 종류의 불경 다라니陀羅尼를 모아서 한글 · 한문 · 범자梵字를 병기하여 쓰여진 책으로 목판본 2권 1책본이다.

융경 3년(1569년 선조2) 전라도 동복지 무등산 안심사에서 개판한 중간본은 책머리에 불정심다라니경佛頂心陀羅尼經 상 · 중 · 하 9매가 붙어 있고 이어서 제진언집諸眞言集 목록과 최세진崔世珍의 훈몽자회 범례가 실려 있다.

내용은 『불정심다라니경』, 『훈몽자회』의 사용례에 따른 언문諺文, 실담장, 수구다라니, 결수문結手文, 지반문志盤文, 점안문點眼文, 제경진언諸經眞言 등 여러 다라니를 차례로 수록하였다.

책 끝에 있는 설은雪訔이 쓴 발문에 의하면 이 책에 앞서 『식부집』이란 진언집이 있었으나 판각이 낡아 다시 찍을 수 없어 도인道人 혜증慧證과 인주印珠 등이 설은에게 교정하고 쓰게 하여 이 책을 간행하게 되었다고 하였으나 『식부집』이 현존하지 않고 도인이라는 혜증과 인주에 대해서도 고증할 길이 없으니 융경 3년(1569년)에 전라도 무등산 안심사본이 현존하는 최고본最古本이 아닌가 본다.

그후 1658년(효종9) 강원도 설악산 신흥사에서 안심사판을 모각하여 간행하였는데 신흥사판은 권말의 발문이 낙산사 주지 도원道源으로 바뀐 것 외는 안심사판과 같다.

1668년(숙종14) 평안도 묘향산 불영대에서 찍은 것은 안심사판과 거의 비슷하며 1777년(정조1)에 전라도 화순 만연사萬淵寺에서 중간을 하였으며 마지막으로 1800년(정조24)에 경기도 양주 망월사望月寺에서 개판한 것이 있다.

이 판본은 만연사萬淵寺 판본이 불타버리자 영월暎月이 수정 보완하여 다시 새긴 것이며 병서의 순서도 범자, 한문, 한글의 순으로 고쳐졌으며 판본이 지금도 보존되어 있다.

1800년에 간행한 망월사본의 글씨는 홍태운洪泰運이 썼는데 당시 천자문 등 많은 책의 글씨를 쓴 명필가이다.

이 책의 순서는 『중간진언집서重刊眞言集序』, 『진언집총론』, 『아자론』, 『진언집범례』, 『홍무운자모지도』, 『언본 16자모』, 『범본50자 실담장』과 각종 부작符作과 목록 그리고 하권의 끝에는 발문, 시주자, 간기가 붙어 있다.

오늘날 이 책의 가치는 한글의 변화과정과 한글음역의 연구자료로서 한글과 범어梵語의 역사적 연구에 필수적인 자료이다.

특히 상권의 내용은 범자에 대한 연구의 업적으로 범어학梵語學 연구에 크게 이바지될 것이다.

범우사 자료실에는 1569년 안심사 판본 1책과 1777년 만연사 판본 2책. 그리고 1800년 망월사판본 1책이 있다.

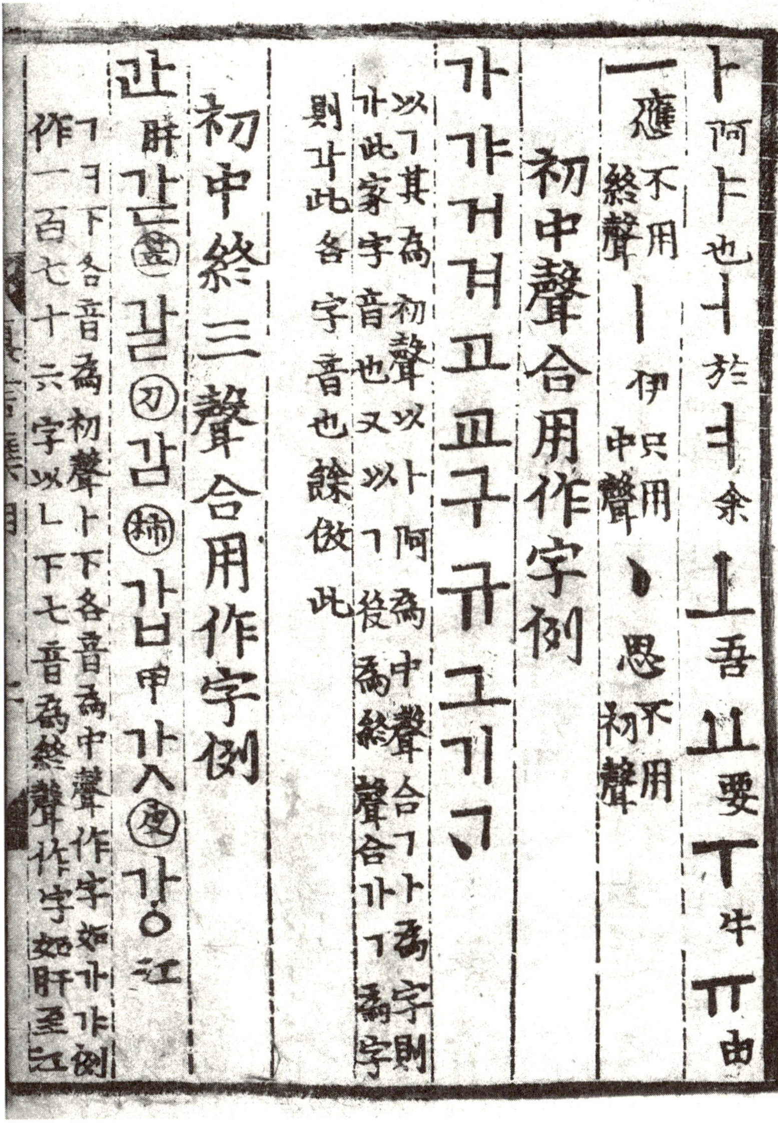

ㅏ阿 ㅑ也 ㅓ於 ㅕ余 ㅗ吾 ㅛ要 ㅜ牛 ㅠ由

ㅡ應不用終聲 ㅣ伊只用中聲 ㆍ思不用初聲

初中聲合用作字例

가갸거겨고교구규그기ᄀᆞ

以ㄱ其爲初聲以ㅏ阿爲中聲合ㄱㅏ爲字則가此家字音也又以ㄱ役爲終聲合가ㄱ爲字則각此各字音也餘倣此

初中終三聲合用作字例

간肝 갇(笠) 갈(刀) 감(柹) 갑甲 갓(皮) 강江

以ㄱㅋ下各音爲初聲ㅏ下各音爲中聲作字如가갸例作一百七十六字以ㄴ下七音爲終聲作字如肝至江

1569년 안심사 판본의 훈몽자회 범례

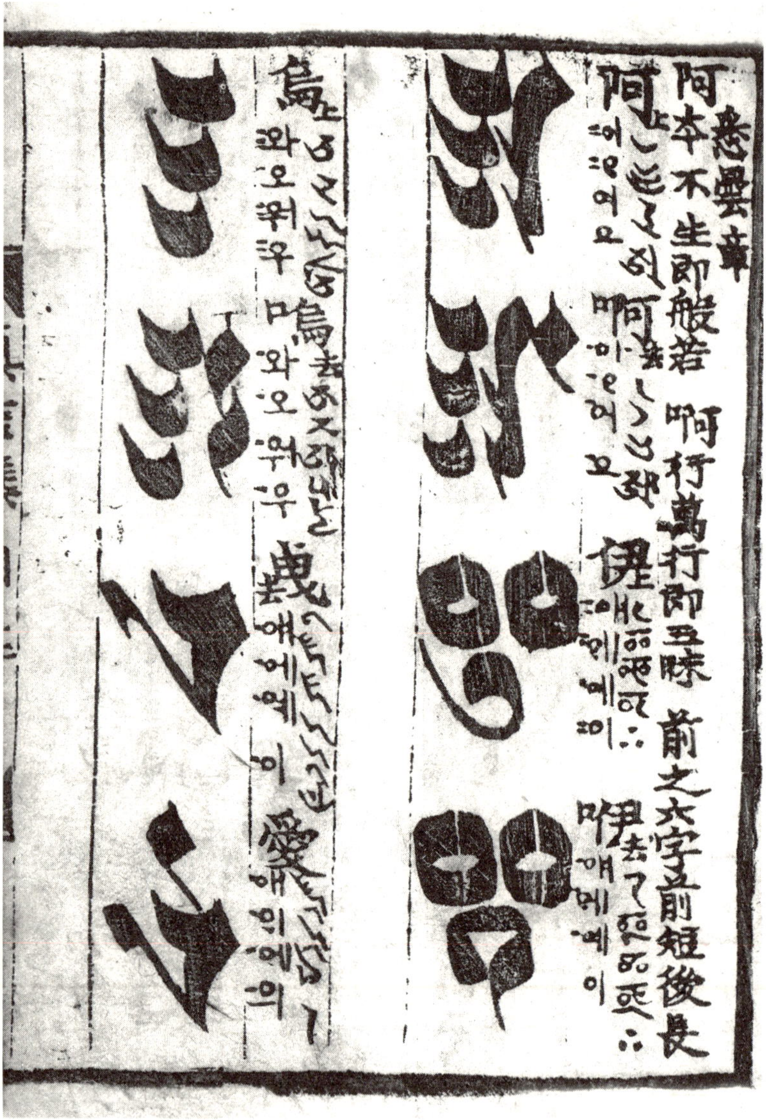

안심사판본의 실담장

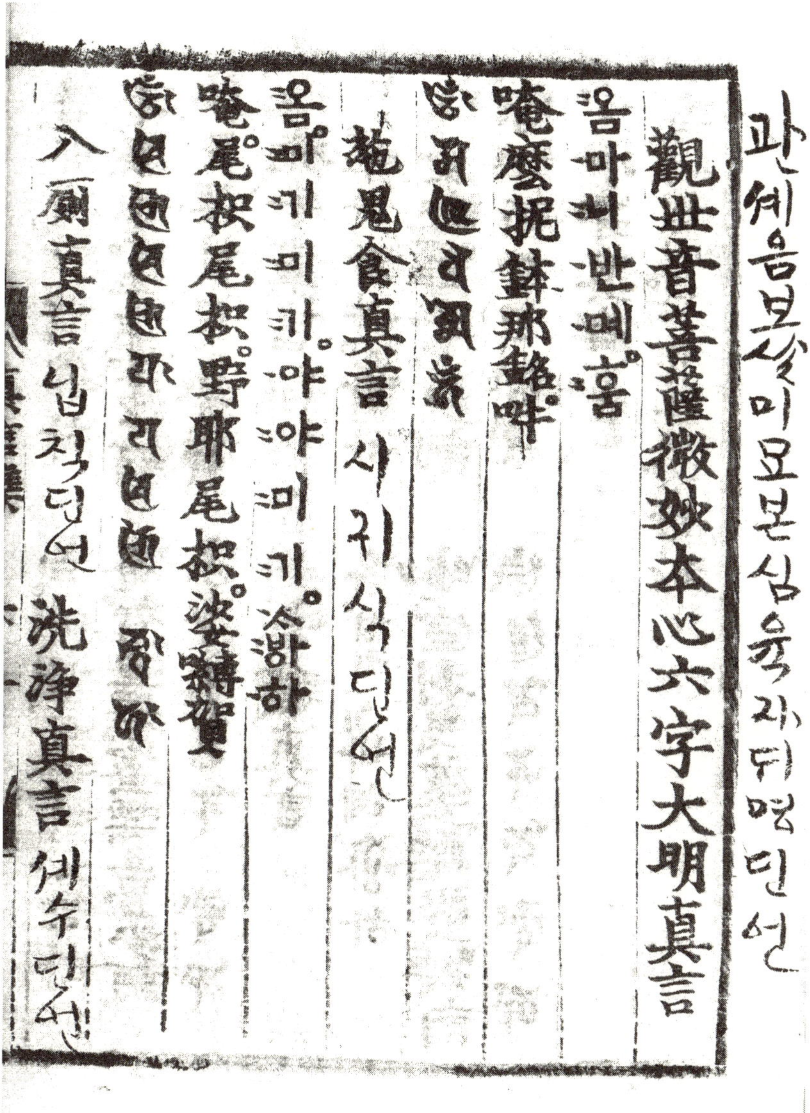

관셰음보살미묘본심뉵자대명단언
觀世音菩薩微妙本心六字大明真言
옴마니반메훔
唵麽抳鉢銘吽

施鬼食真言 시귀식단언
옴미기미기야야미기사바하
唵尾枳尾枳野耶尾枳娑嚩賀

入厠真言 닙칙단언 洗淨真言 셰수단언

안심사본 본문. 한글 · 한문 · 범자 순으로 판각됨

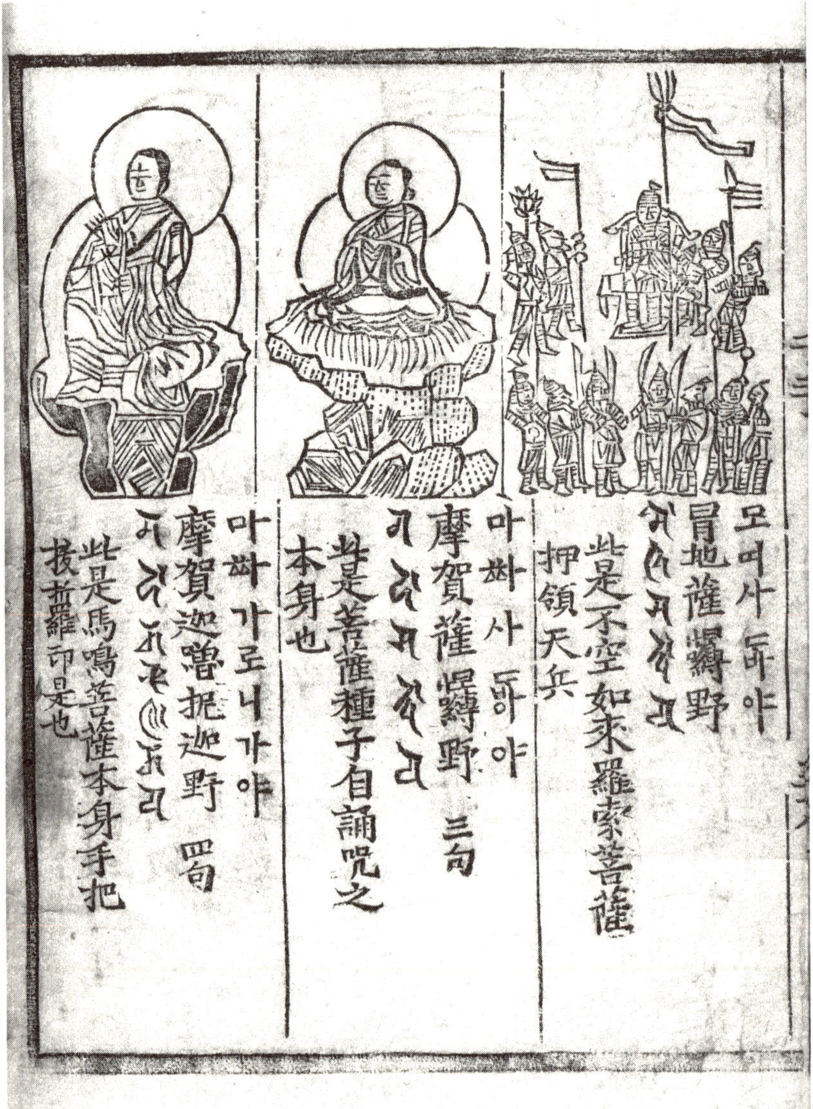
모디사 다야
冒地薩嚩野
此是不空如來羅索菩薩
押領天兵
마하사 다야
摩賀薩嚩野 三句
此是菩薩種子自誦呪之本身也
마하 가로니가야
摩賀迦嚕抳迦野 四句
此是馬鳴菩薩本身手把
拔折羅印是也

만연사 판본의 화상천수

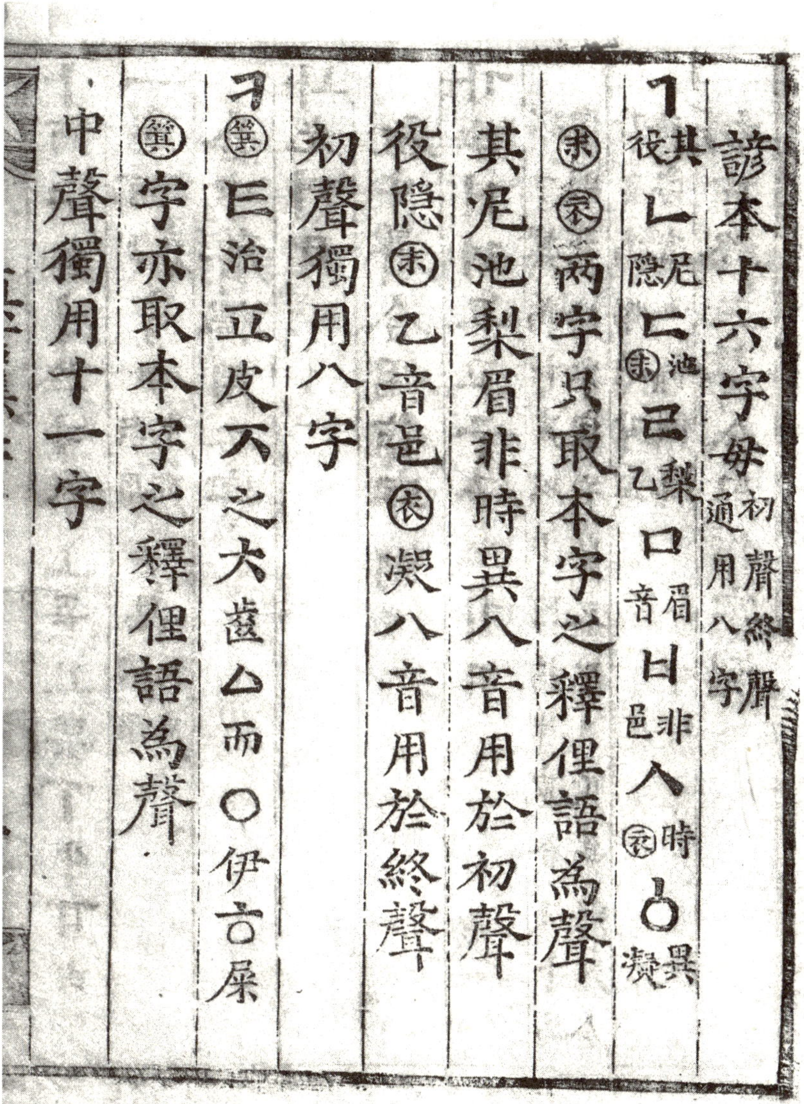
諺本十六字母 初聲終聲通用八字
ㄱ其役 ㄴ尼隱 ㄷ池(末) ㄹ梨乙 ㅁ眉音 ㅂ非邑 ㅅ時(衣) ㆁ異凝
(末)(衣)兩字只取本字之釋俚語爲聲
其尼池梨眉非時異八音用於初聲
役隱(末)乙音邑(衣)凝八音用於終聲
初聲獨用八字
ㅋ(箕) ㅌ治 ㅍ皮 ㅈ之 ㅊ齒 ㅿ而 ㅇ伊 ㅎ屎
(箕)字亦取本字之釋俚語爲聲
中聲獨用十一字

만연사 판본의 언본 16자모

洪武韻字母之圖 字母本三十六而知徹澄孃敷併於照穿牀泥非今爲三十一

五音	角	徵	羽	商	宮	半徵半商
五行	木	火	水	金	土	半火半金
七音	牙音	舌頭音	脣音重 脣音輕	齒頭音 正齒音	喉音	半舌半齒
全清	疑 의 ㆁ	泥 니 ㄴ	明 명 ㅁ 微 미 ㅁ			日 ㅿ시
次清	見 견 ㄱ	端 단 ㄷ	幫 방 ㅂ 非 비 ㅂ	精 졍 ㅈ 心 심 ㅅ 照 쟈 ㅈ 審 심 ㅅ	喩 유 ㅇ 曉 효 ㅎ	
全濁	溪 켜 ㅋ	透 투 ㅌ	滂 팡 ㅍ	清 청 ㅊ 穿 쳔 ㅊ		來 래 ㄹ
次濁	羣 끈 ㄲ	定 뗭 ㄸ	並 뼝 ㅃ 奉 뿡 ㅃ	從 쭝 ㅉ 邪 쌰 ㅆ 牀 쨩 ㅉ 禪 쎤 ㅆ	影 ᅙ혱 匣 ᅘ햡	

1800년에 간행한 망월사 판본

19. 마경언해馬經諺解
- 말에 대한 귀중한 수의서로 사적연구자료

이 책에는 편자의 이름이나 간행시기를 알 수 있는 기록이나 서문과 발문도 없이 목록과 본문만 있다. 그러나 장유張維가 쓴 『계곡집谿谷集』 권7에 들어있는 마경언해서馬經諺解序를 보면 인조仁祖때의 이서李曙가 편찬하였다는 기록이 나온다.

이 책은 말의 질병 등에 대한 수의학獸醫學에 관한 책으로써 중국에서 전해온 『마경대전馬經大典』과 『편집성마의방編集成馬醫方』의 중요한 부분을 뽑아 토를 달고 한글로 언해한 2권 2책본이다.

이 책의 편자인 이서李曙(1580~1637)는 조선중기의 무신으로 본관은 전주, 호는 월봉月峰으로서 효령대군의 7세손이다. 1603(선조 36)년에 급제하여 진도군수 등을 지내고 1623년 김유金瑬 이귀李貴등과 함께 강해군을 쫓아내고 인조仁祖를 세운 공으로 정국공신靖國功臣 일등으로 책록되고 호조판서, 공조판서를 거쳐 병조판서로 기용되어 군비를 갖추는데 힘썼다. 그러나 1636년 병조호란이 일어나 어영제조御營提調로 왕을 호종하고 남한산성에 들어가 방어를 하다 이듬해 정월에 적군의 포위망이 조여와 항복을 재촉한 가운데 전투 중에 죽었다.

그는 남달리 독서를 즐기는 무신武臣으로서 전쟁을 대비하기 위해 병사들이 말을 기르고 말의 병을 고치기 쉽게 가르치기 위해 마경馬經을 한글로 풀이하였을 뿐만 아니라 이 책 이외에도 전쟁에 필요한 화포火砲에 관한 것을 풀이한 『화포식언해火砲式諺解』란 책도 편찬해 내었다.

『마경언해』의 표지와 목록에는 서명書名이 '마경언해'라 쓰여 있으나 본문 첫머리에는 '마경초집언해馬經抄集諺解'라 쓰여 있어 두 가지 서명 모두를 사용하고 있다.

상·하 두 책 앞에는 먼저 목록이 있고 다음 본문이 있는데 먼저 원문原文에 주음注音과 토吐를 단 부분이 대자大字로 되어 있고 한 행行에 두 자씩 소자小字로 언해문을 쓰고 있다. 그런데 문장마다 원문 밑에 언해문이 쓰여 있어 다른 언해본이 적당한 단락을 나누어 원문을 계속 쓴 다음 언해문을 이어 쓴 것과 다르다.

내용은 논마유부모論馬有父母, 상양마법相良馬法 등 좋은 말과 사나운 말, 말의 나이와 오장육부의 질환과 각종 골저(骨疽), 창상, 온역문瘟疫文 등이 설명되어 있다. 이어서 말의 맥脈보는 법과 여러 부위의 색色을 보는 법, 행침법行針法, 골명법骨名法, 혈명도穴名圖 등에 이르기까지 상세히 한글로 언해하였으며 곳곳에 삽화까지 끼어 넣어 이해를 돕고 있다.

또한 이 책은 17세기 국어자료로도 중요한 위치를 차지하고 있다. 동국정운식東國正韻式 한자음이 아닌 그 당시 사용하던 한자음을 달아놓았다는 것과 국어 기술에 있어 비교적 보수적 태도를 취하여 시간적으로 앞 시대의 언어상태가 그대로 기술되었다는 특징을 볼 수 있다.

그러나 아무리 보수적인 표기를 취한다고 하여도 당시의 언어노출을 완전히 막지는 못했다. 'ᄆᆡᆫᄃᆞ라(<ᄆᆡᇰᄀᆞ라 造)' 등과 같이 근세어의 양상을 그대로 나타내고 있고 또 '우를, 양반을' 등에서 '—를, —을'로의 편재偏在를 보이는 것도 곧 근세어의 특징을 노출시키고 있는 것이다.

이 책은 국어사적 의의뿐만 아니라 말馬에 대한 사적연구자료로도 거의 유일한 참고자료로 손꼽히고 있는 귀중한 책이다. 이 책은 목판본과 현종실록자인 금속활자본이 전해져 내려오고 있는데 목판본은 기록상 성균관대, 장서각, 고려대, 국립중앙 파리동양 등 몇 곳에 2권 2책이 소장되어 있으나 현종실록자 금속활자본은 서울대의 규장각에만 보존되어 있는 것으로 되어 있다.

범우사 자료실에는 희귀본인 갑인자체甲寅字体 활자본 상권 1책이 보관되어 있다.

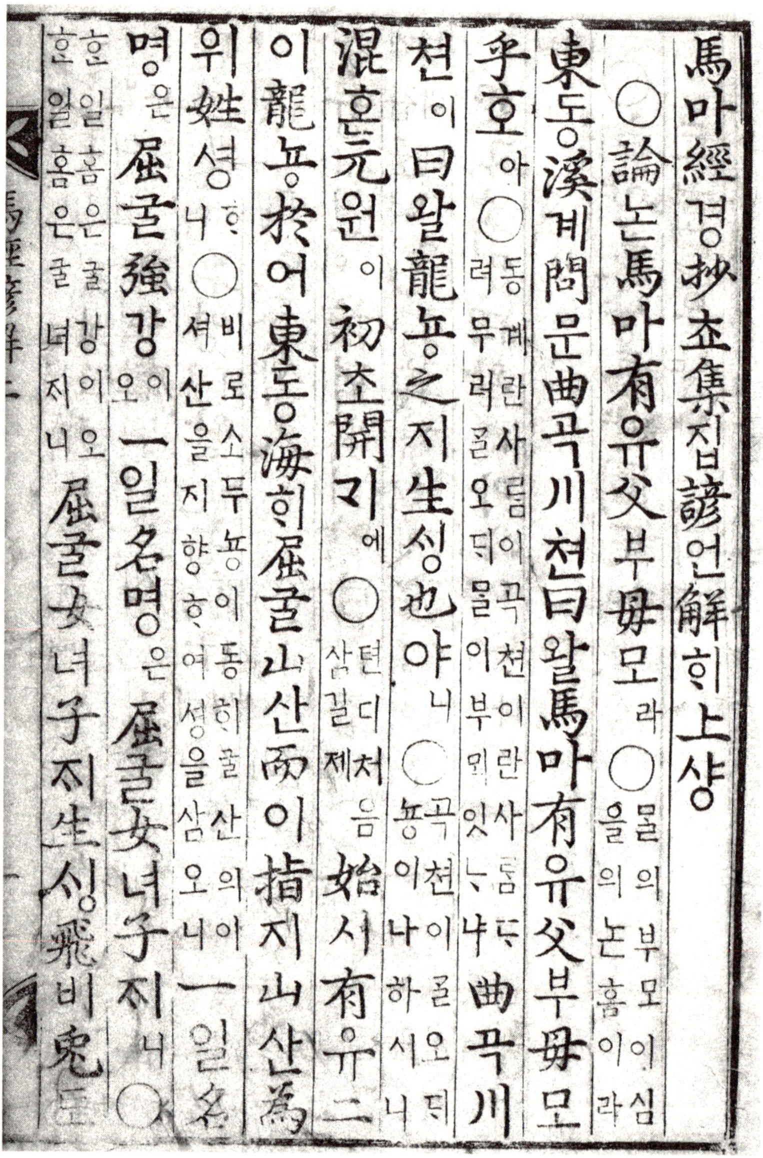

馬마經경抄쵸集집諺언解ᄒᆡ上샹
○論논馬마有유父부母모라 ○ᄆᆞᆯ의부모이심을의논홈이라
東동溪계問문曲곡川쳔曰왈馬마有유父부母모
乎호아 ○동계란사ᄅᆞᆷ이곡쳔이란사ᄅᆞᆷᄃᆞ려무러ᄀᆞᆯ오ᄃᆡᄆᆞᆯ이부뫼잇ᄂᆞ냐 曲곡川
쳔이曰왈龍뇽之지生싱也야니 ○곡쳔이ᄀᆞᆯ오ᄃᆡ뇽이나하서니
混혼元원이初초開기에 ○텬디처음삼길제 始시有유二
이龍뇽於어東동海ᄒᆡ屈굴山산而이指지山산爲
위姓셩ᄒᆞ니 ○비로소두뇽이동ᄒᆡ굴산의이셔산을지향ᄒᆞ여셩을삼오니 一일名
명은屈굴強강이오一일名명은屈굴女녀子ᄌᆞ니 ○
ᄒᆞᆫ일홈은굴강이오ᄒᆞᆫ일홈은굴녀ᄌᆞ니 屈굴女녀子ᄌᆞ生싱飛비兎토

『마경초집언해』상권 첫장

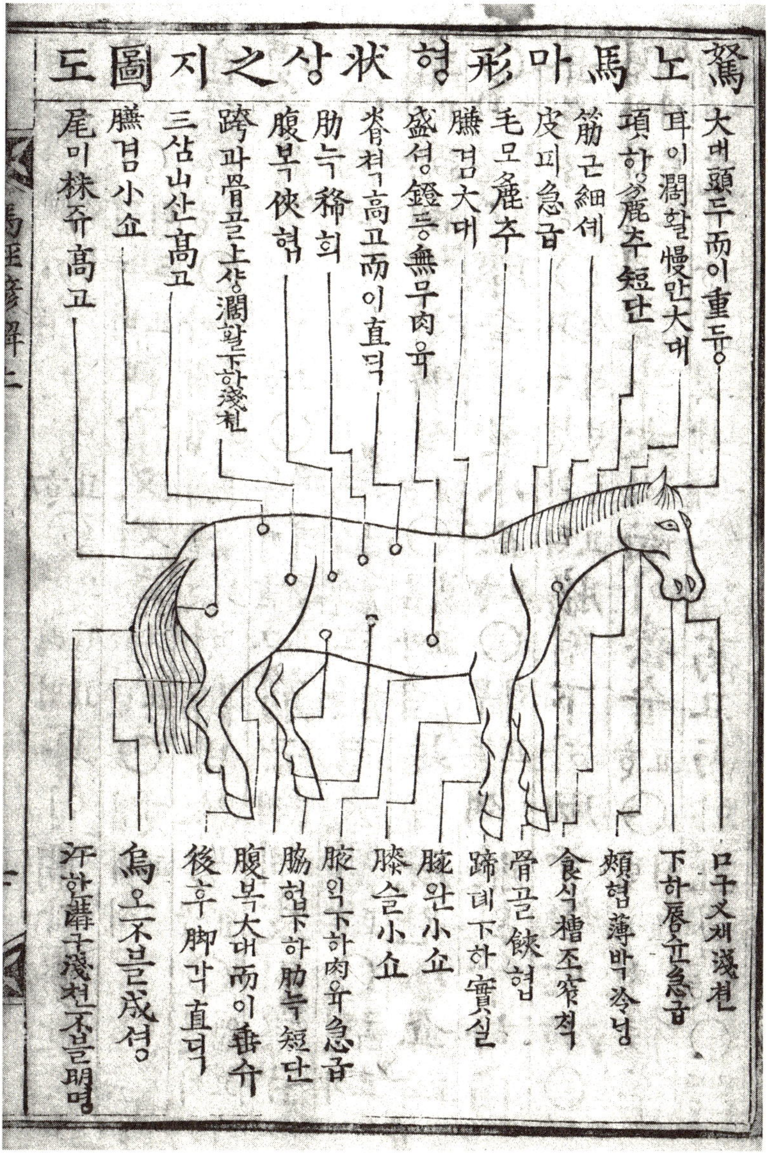
駑노馬마形형狀상之지圖도
大대頭두而이重듕
耳이濶활慢만大대
項항麄추短단
筋근細셰
皮피急급
毛모麄추
臁겸大대
盛셩鐙등無무肉육
脊쳑高고而이直딕
肋늑稀희
腹복俠협
跨과骨골上샹濶활下하淺쳔
三삼山산高고
臁겸小쇼
尾미株쥬高고
口구叉채淺쳔
下하唇슌急급
頰협薄박冷낭
食식槽조窄척
骨골鋏협
蹄뎨下하實실
腕완小쇼
膝슬小쇼
腋익下하肉육急급
脇협下하肋늑短단
腹복大대而이垂슈
後후脚각直딕
烏오不블成셩
汗한溝구淺천不블明명

노마형상지도

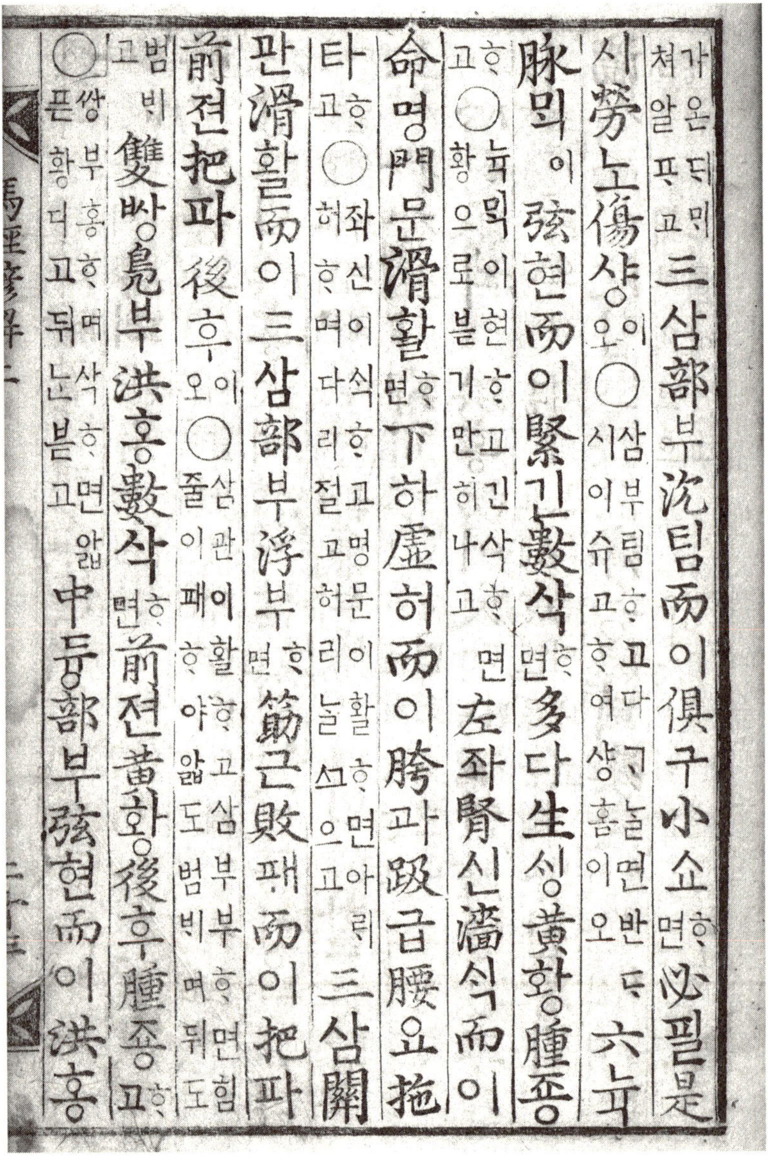

가온ᄃᆡ 미처 알ᄑᆡ고 三삼部부沉팀而이俱구小쇼ᄒᆞ면必필是
시勞노傷샹이오 ○ 삼부 팀ᄒᆞ고 다ᄀᆞ놀면 반ᄃᆞ시 이슈고ᄒᆞ여 상홈이오 六뉵
脉ᄆᆡᆨ이 弦현而이緊긴數삭ᄒᆞ면多다生ᄉᆡᆼ黄황腫죵
ᄒᆞ고 ○ 뉵ᄆᆡᆨ이 현ᄒᆞ고 긴삭ᄒᆞ면 황으로 블기만 ᄒᆡ나고 左좌腎신瀒색而이
命명門문滑활ᄒᆞ면下하虛허而이胯과趿급腰요拖
타ᄒᆞ고 ○ 좌신이 셕ᄒᆞ고 명문이 활ᄒᆞ면 아래 허ᄒᆞ여 다리 절고 허리 늘ᄭᅳ으고 三삼關
판滑활而이三삼部부浮부ᄒᆞ면筋근敗패而이把파
前젼把파後후이오 ○ 삼관이 활ᄒᆞ고 삼부 부ᄒᆞ면 힘줄이 패ᄒᆞ야 압도 범비ᄒᆞ며 뒤도
범비고 雙빵鳧부洪홍數삭ᄒᆞ면前젼蓄휵後후腫죵ᄒᆞ고
○ 쌍부 홍ᄒᆞ며 삭ᄒᆞ면 압픈 황다고 뒤눈 븐고 中듕部부弦현而이洪홍

마경언해의 본문

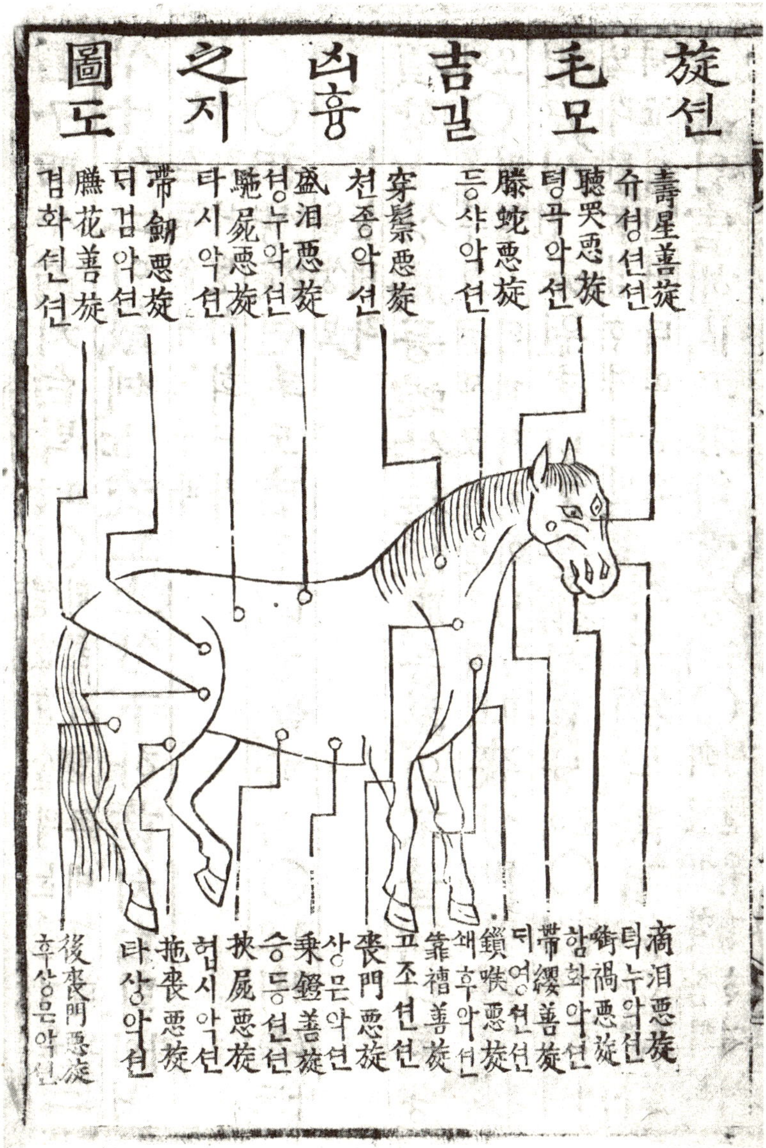

旋毛吉凶之圖
션모길흉지도
壽星善旋
슈셩션션
聽哭惡旋
텽곡악션
螣蛇惡旋
등샤악션
穿鬃惡旋
쳔종악션
盃泪惡旋
빙누악션
馳屍惡旋
타시악션
帶劍惡旋
ᄃᆡ검악션
騰花善旋
ᄐᆡᆼ화션션
滴泪惡旋
ᄐᆡ누악션
銜禍惡旋
함화악션
帶纓善旋
ᄃᆡ영션션
鎖喉惡旋
쇄후악션
靠槽善旋
고조션션
喪門惡旋
상문악션
乘鐙善旋
승등션션
挾屍惡旋
협시악션
拖喪惡旋
타상악션
後喪門惡旋
후상문악션

선모길흉지도

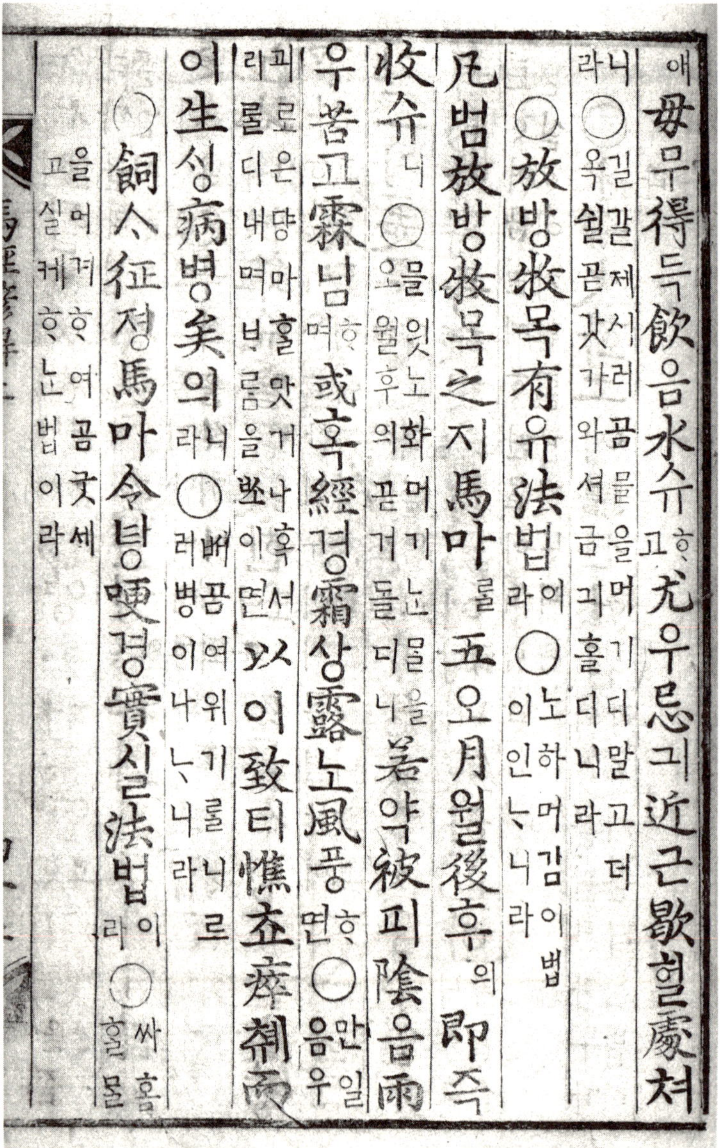

애毋무得득飮음水슈ᄒᆞ고尤우忌긔近근歇헐處쳐
니라 ◯ 길 갈 제 시러곰 믈을 머기디 말고 더옥 쉴 곧 갓가와셔 금긔홀디니라
◯放방牧목有유法법이라 ◯ 노하 머감이 법이 인ᄂᆞ니라
凡범放방牧목之지馬마를五오月월後후의即즉
收슈ᄒᆞ니 ◯ 믈읫 노화 머기ᄂᆞᆫ 믈을 오월 후의 끋거 돌디니 若약被피陰음雨
우着고霖님ᄒᆞ며或혹經경霜상露노風풍ᄒᆞ면 ◯ 만일 음우
괴로은 당마홀 맛거나 혹 셔리롤 디내며 ᄇᆞ름을 㘴이면 以이致티憔초悴췌而
이生싱病병矣의니라 ◯ 빠곰 여위기롤 니르러 병이 나ᄂᆞ니라
◯飼ᄉᆞ征정馬마令령硬경實실法법이라 ◯ 싸홈홀몰
을 머겨 ᄒᆞ여곰 굳세고 실케 ᄒᆞᄂᆞᆫ 법이라

본문중 방목유법

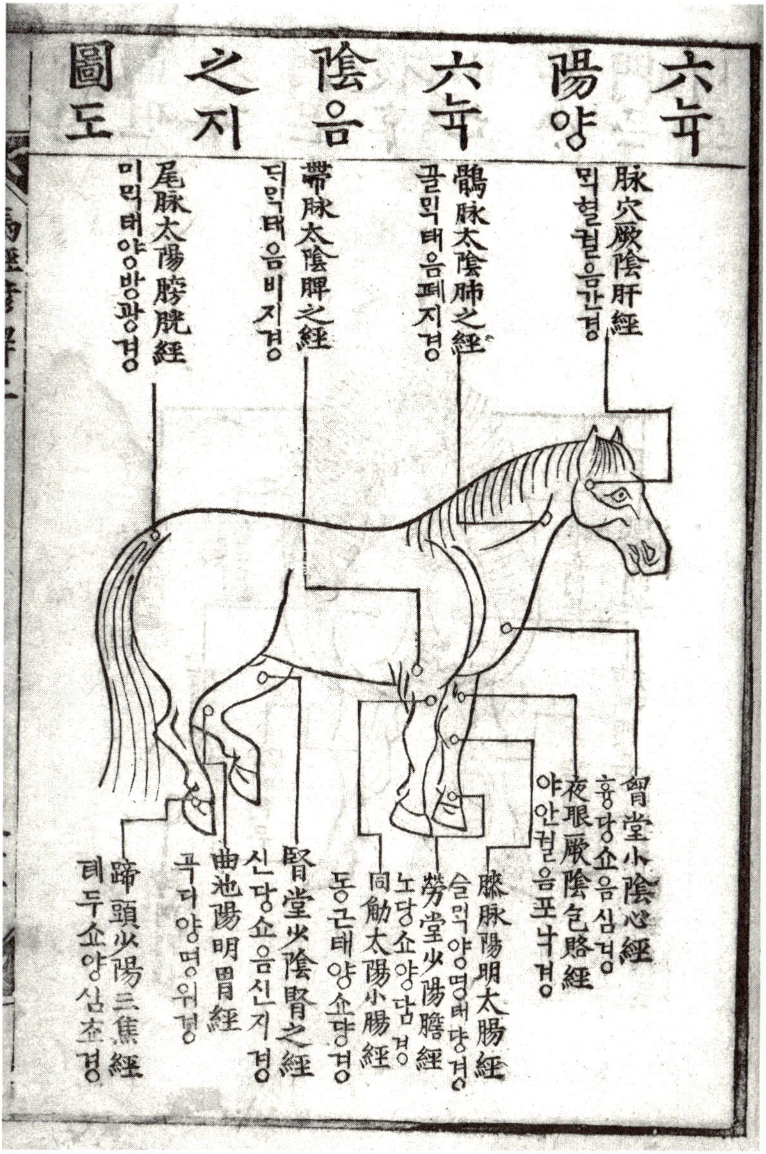
六陽六陰之圖
뉵양뉵음지도
脉穴厥陰肝經
뫽혈궐음간경
鶻脉太陰肺之經
골뫽태음폐지경
帶脉太陰脾之經
듸뫽태음비지경
尾脉太陽膀胱經
미뫽태양방광경
胷堂小陰心經
흉당쇼음심경
夜眼厥陰包絡經
야안궐음포낙경
膝脉陽明太腸經
슬뫽양명태댱경
勞堂少陽膽經
노당쇼양담경
同觔太陽小腸經
동근태양쇼댱경
腎堂少陰腎之經
신당쇼음신지경
曲池陽明胃經
곡디양명위경
蹄頭少陽三焦經
톄두쇼양삼쵸경

육양육음지도

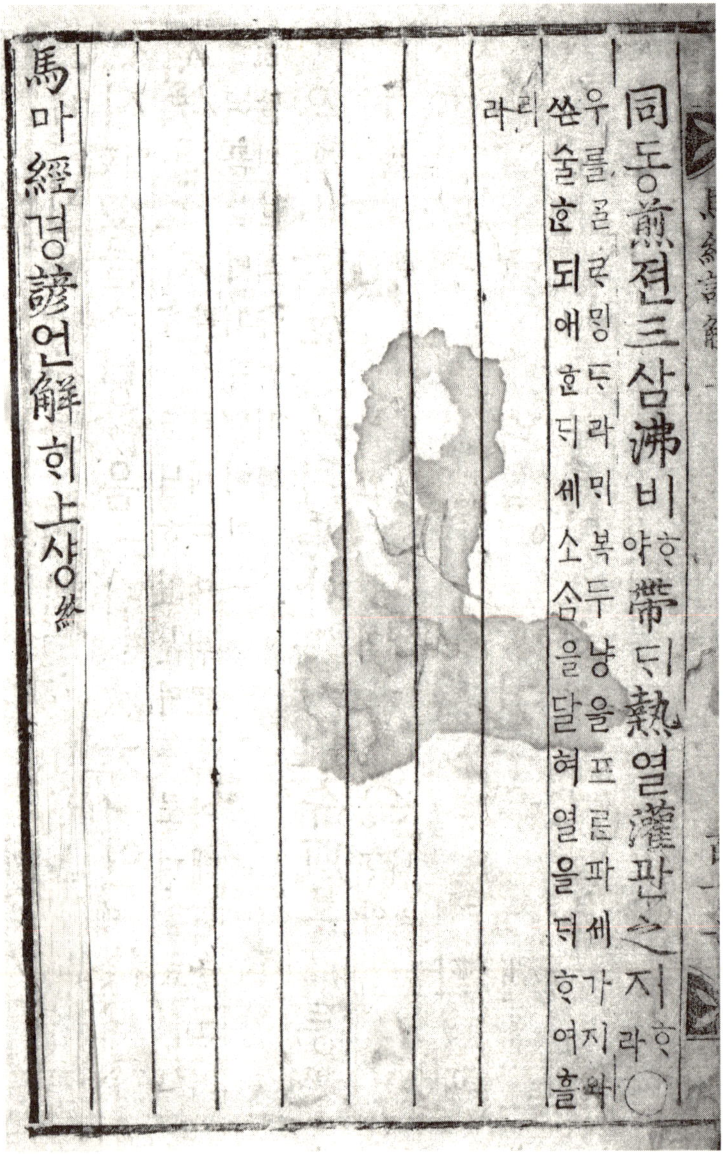

同동煎젼三삼沸비ᄒᆞ야帶ᄃᆡ熱열灌관之지ᄒᆞ라○우를 골ᄅᆞ밍ᄃᆞ라 미복두낭을 프ᄅᆞᆫ파 세가지와 쓴술ᄒᆞᆫ되에 ᄒᆞᆫᄃᆡ 세소솜을 달혀 열을 ᄃᆡ ᄒᆞ여 흘리라

馬마經경諺언解ᄒᆡ 上상 終

『마경언해』권상 마지막장

20. 선가귀감언해禪家龜鑑諺解
- 불교 초보자를 위한 교과서

조선 중기의 고승인 서산대사 휴정休靜이 지은 『선가귀감禪家龜鑑』에 한글로 토를 달고 언해한 상하 2권 1책으로 된 한글본이다.

한문본은 필자의 서문이 1564년(명종19)으로 되어 있으므로 그 해에 저술이 완성된 것으로 볼 수 있지만 간행은 유정惟政이 발문을 쓴 1579년(선조12)으로 봐야 할 것 같다. 그런데 한글본의 원본은 한문본보다 빠른 1569년에 묘향산의 보현사普賢寺에서 간행되었다. 또 다른 한글본의 간기는 "만력38년(1610) 경진 3월 전라도 개간"으로 되어 있는데, 이 한글본은 서문과 발문이 없고 단지 '교정대선사선수校正大禪師善修'라고 인쇄되어 있어 선수가 교정한 사실만 알 수 있다. 선수(1543~1615)는 부용영관芙蓉靈觀의 법제자法弟子이며 휴정의 법제法弟이다. 또한 한문본은 한글본보다 내용이 생략되어 있으며 한글 언해본과 같이 2권 1책으로 되어있지 않고 단권으로 되어있다. 그러므로 1570년의 한문본은 한글본의 원전을 다시 수정한 것이 아닌가 본다.

휴정이 이 책을 저술하게 된 동기는 첫째 당시의 승려들이 불교에 뜻을 두지 않고 유생儒生들의 시문詩文에 오히려 매려되어 있어 승단僧團의 질서를 바로 잡고, 둘째로 불교에 관한 책이 너무 방대하고 어려우므로 핵심적 불교사상만을 후학들에게 쉽게 이해시키려 함이며, 셋째 불교 초보자를 위한 교과서적 지침서로서 쓰려고 함에서였다. 그 전체적인 체제로 ① 원리론原理論과 ② 불조론佛祖論 ③ 선교론禪敎論 ④ 방법론方法論 ⑤ 결론結論 등 다섯 부분으로 나누어 기술되어 있다.

이 책을 쓴 휴정休靜은 법명이며 본명은 최여신崔汝信, 호는 청허淸虛, 별호는 백화도인白華道人, 서산대사西山大師 등 여럿이 있다.

9세에 부모를 여의고 안주安州 목사인 이사증의 양자로 입적하여 상경한 후 성균관에서 수학하고 1534년 진사과進士科에 떨어지자 지리산에 들어가 중이 되었다. 1549년(명종4) 승과僧科에 급제한 후 판교종사判敎宗事 등을 거쳐 봉은사 주지가 되었다. 그후 1556년 승직을 사퇴하고 금강산, 묘향산, 두류산 등에 주류하다가 1589년(선조22) 정여립鄭汝立의 역모사건에 연루되었다는 무고로 투옥되기도 하였다. 1592년 임진왜란이 일어나자 왕의 특명으로 73세의 나이로 팔도십육종도총섭八道十六宗都摠攝이 되어 전국에 격문을 돌려 승병 1,500명을 모집하여 이들의 총수가 되었다.

1594년 제자인 사명대사 유정惟政에게 병권을 맡기고 묘향산 원적암圓寂庵에서 여생을 마쳤다.

휴정은 좌선견성坐禪見性을 중히 여기며 교는 부처님의 가르침이요 선은 부처님의 마음이라는 주장으로 교敎를 선禪의 과정으로 보고 선종禪宗에 교종敎宗을 포섭함으로써 이후 조선불교는 선종인 조계종으로 일원화되었다. 또한 휴정은 유 · 불 · 도가 궁극적으로는 일치한다고 주장하여 삼교통합론三敎統合論의 바탕을 이룩하였다. 저서로는 『청허당집淸虛堂集』 편저는 『선가귀감』, 『운수단』, 『선교석』 등 다수가 있다.

이 선가귀감 한글본은 불교연구에 귀중한 자료일 뿐만 아니라 조선 중기의 국어연구 자료로서도 중요한 자리를 차지하고 있다.

선가귀감에는 사성(四聲=平聲, 上聲, 去聲, 入聲)점이 있다. 이 사성점은 세종대왕의 한글 제정 당시부터 중종조 말까지는 일반적으로

써왔고 명종조부터는 얼마간 해이하였다가 선조조 임진왜란이 날 때까지는 부분적으로 쓰여졌다가 그 이후로는 폐지되었다.

이런 점 등 한글연구에도 많은 참고가 되는 도서이다.

범우사 자료실에는 한글본으로 1610년(만력 38년-광해군 2년) 3월에 전라도에서 개간한 2권 1책본과 2권 2책본이 있으며 한문본으로는 1583년 만력계미춘 제자보석수경발萬曆癸未春弟子普碩手敬跋본 2책과 1607년(만력35) 조계산 송광사 개간본과 1607년판본에 정선사가록精選四家錄이 붙은 간본이 있다. 그리고 1633년(숭정6) 석왕사 개간판인 고봉화상선요高峰和尙禪要와 합본이 되어 있는 선가귀감이 있다.

또한 자료실에는 『선가귀감』이외에 유가귀감, 도가귀감이 같이 수록되어 있는 서산대사의 『삼교귀감三敎龜鑑』이란 책이 있다.

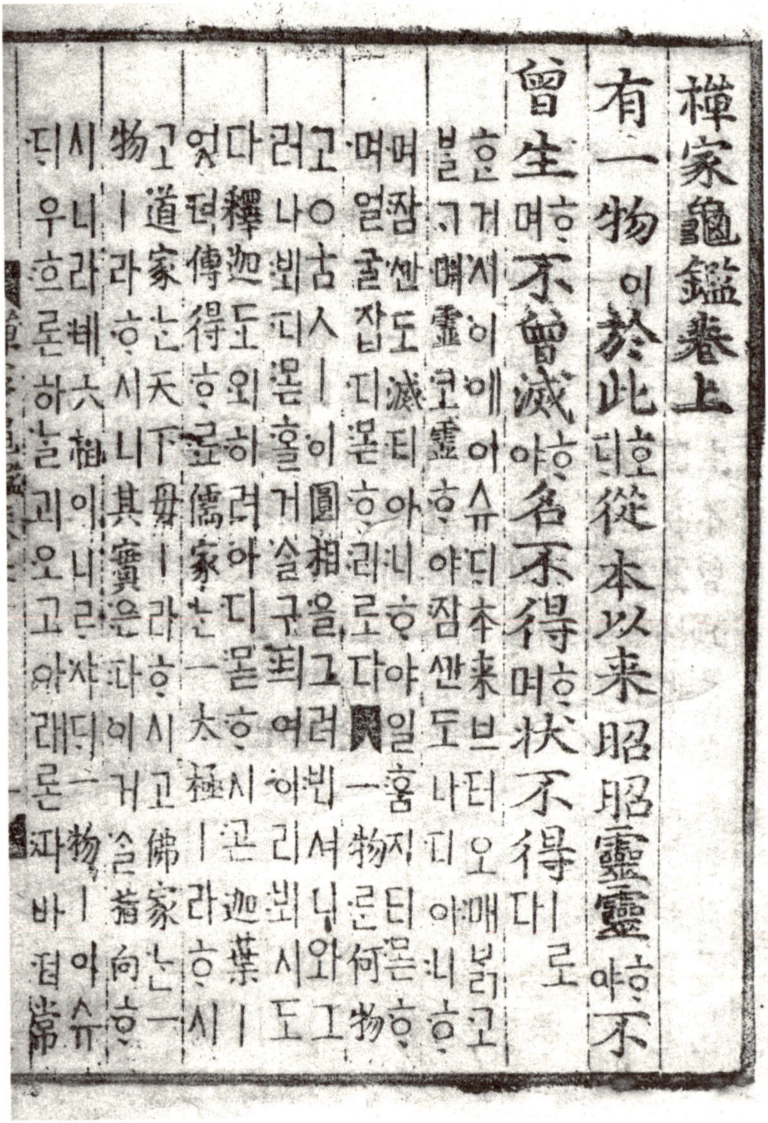
禪家龜鑑卷上
有一物이於此ᄒᆞ니 從本以來로 昭昭靈靈ᄒᆞ야 不
曾生ᄒᆞ며 不曾滅ᄒᆞ야 名不得ᄒᆞ며 狀不得이로다

1610년에 간행된 한글본 선가귀감 첫머리

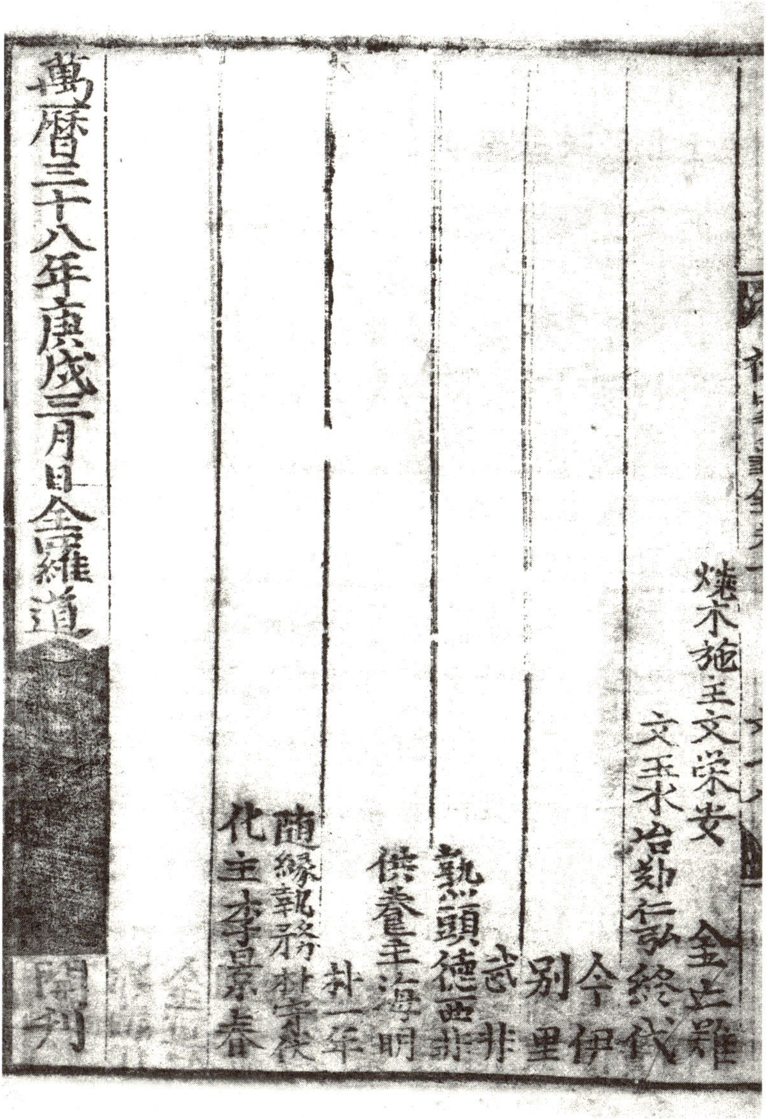

1610년에 간행된 한글본 선가귀감 간기란

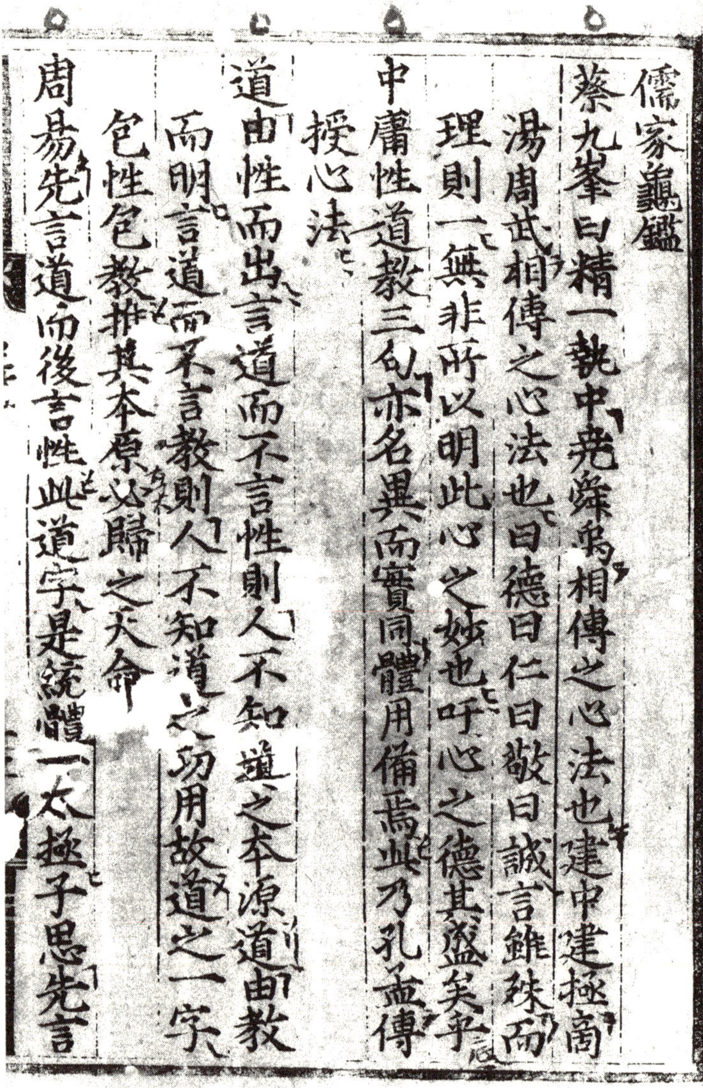

儒家龜鑑
蔡九峯曰精一執中堯舜禹相傳之心法也建中建極商
湯周武相傳之心法也曰德曰仁曰敬曰誠言雖殊而
理則一無非所以明此心之妙也吁心之德其盛矣乎
中庸性道教三句亦名異而實同體用備焉此乃孔孟傳
授心法
道由性而出言道而不言性則人不知道之本源道由教
而明言道而不言教則人不知道之功用故道之一字
包性包教推其本原必歸之天命
周易先言道而後言性此道字是統體一太極子思先言

삼교귀감에 있는 유가귀감

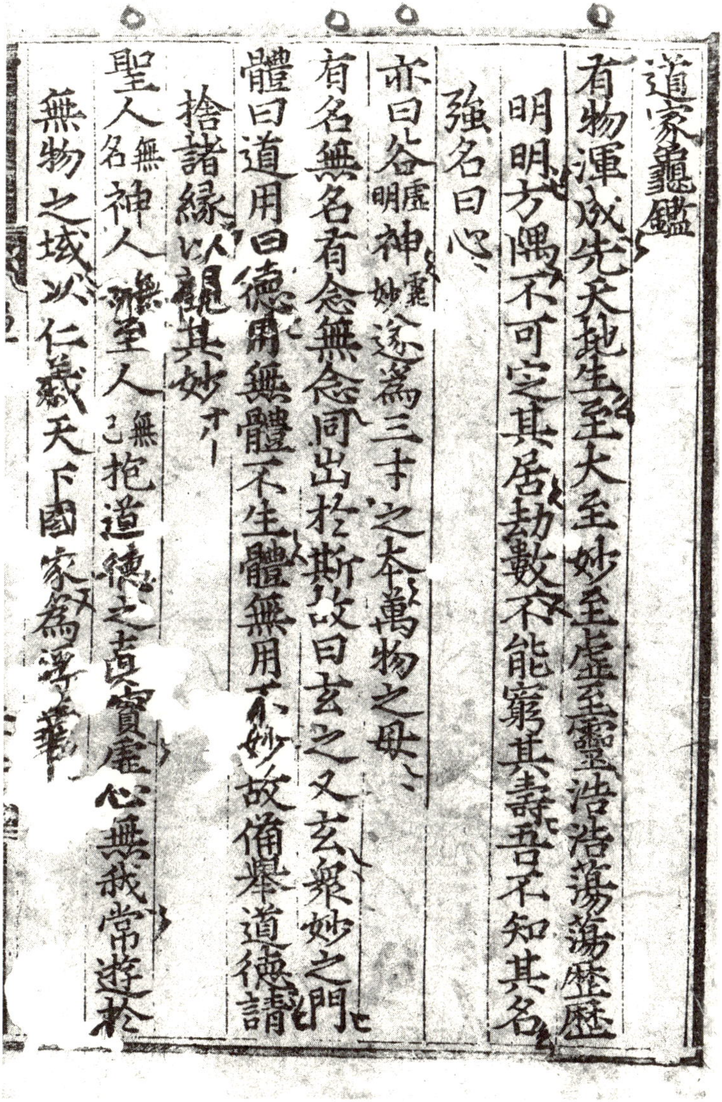
道家龜鑑

有物渾成先天地生至大至妙至虛至靈浩浩蕩蕩歷歷

明明方隅不可定其居劫數不能窮其壽吾不知其名

强名曰心

亦曰谷神遂爲三才之本萬物之母

有名無名有念無念同出於斯故曰玄之又玄衆妙之門

體曰道用曰德無體無用不生體無用不妙故備擧道德請

捨諸緣以觀其妙

聖人無名神人無功至人無己抱道德之眞實虛心無我常遊於

無物之域以仁義天下國家爲浮

삼교귀감에 있는 도가귀감

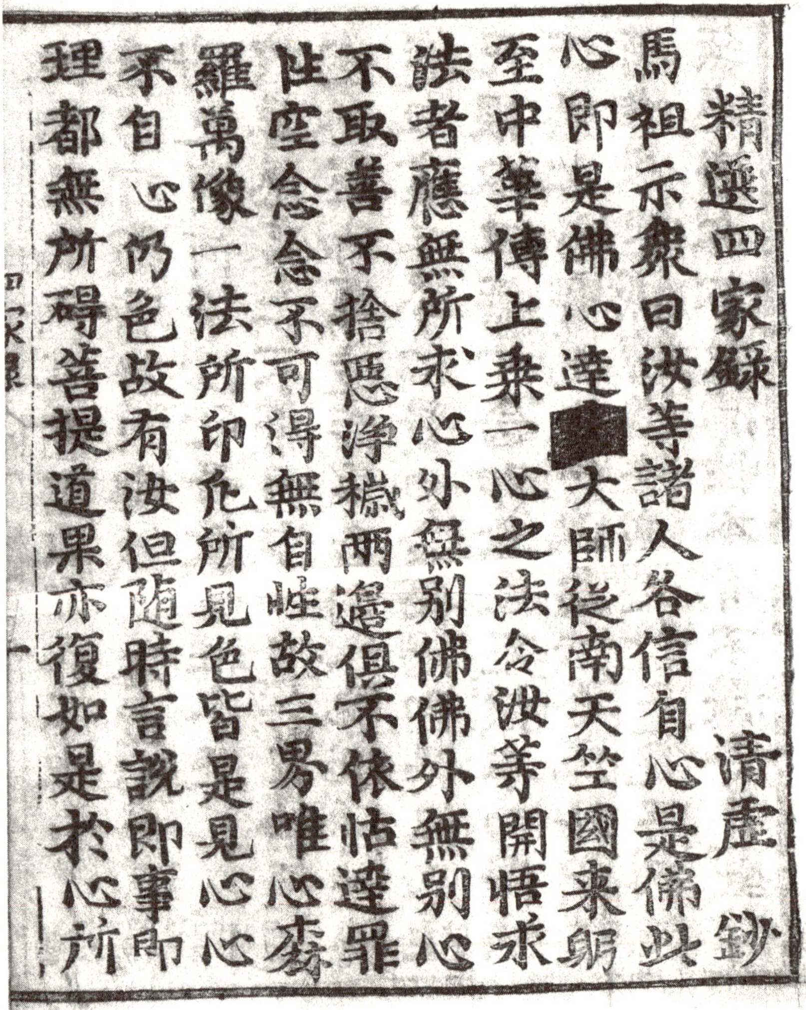

精選四家錄　　清虛 鈔
馬祖示衆曰汝等諸人各信自心是佛此
心卽是佛心達■大師從南天竺國來躬
至中華傳上乘一心之法令汝等開悟求
法者應無所求心外無別佛佛外無別心
不取善不捨惡淨穢兩邊俱不依怙達罪
性空念念不可得無自性故三界唯心森
羅萬像一法所印凡所見色皆是見心心
不自心仍色故有汝但隨時言說卽事卽
理都無所礙菩提道果亦復如是於心所

四家錄 一

선가귀감 부록에 붙은 정선사가록

21. 삼경사서석의三經四書釋義
- 유학의 중심 경전을 한 권의 책으로

퇴계 이황李滉이 유학의 중심 경전인 주역 · 시경 · 서경의 삼경三經과 논어 · 맹자 · 중용 · 대학의 사서四書의 석의釋義 일곱 권을 한데 묶어 한 책으로 만든 것이다.

이 책은 1609년(광해군 원년)에 이황의 제자인 금응훈琴應壎이 임진왜란 때 잃어버린 스승의 자정록自淨錄을 찾아 모아, 수정 보완하여 간행한 것이다.

금응훈의 간행사에 의하면 이퇴계 선생이 손수 지은 원고가 임진왜란으로 타버려 애석하게 여기던 차 1608년 경상 감사 최관崔瓘이 도산서원에 와서 참배하고 삼경사서석의를 후세에 전할 뜻을 표하고 간행비 출자를 약속하였다. 그래서 퇴계의 제자들이 전사본轉寫本을 찾아 모아 한 책으로 꾸며 간행하게 된 것이라 한다.

조선조 초기부터 우리나라에서는 사서삼경四書三經의 해석에 힘을 기울여왔고 대표할 만한 것으로 이율곡의 사서언해四書諺解(1576년 刊) 등이 있었고 문헌촬요文獻撮要에 의하면 경서에 대한 여러 언해가 있었으나 그 해석에 차이가 있었는데 이황에 의하여 그 차이들이 바로 잡혔다고 한다.

이 석의는 각 경서별로 나누어 중요한 부분을 뽑아 해석을 하였고 비非자를 표시하여 일반이 흔히 잘못 쓰는 해석을 바로 잡기도 하여 한문해석을 알기 쉽게 풀이하였다.

이 책은 경서 중에서도 어려운 구절을 택하여 그것을 한자와 한글을 혼용하여 해석한 것으로서 중세국어와 근대국어의 교체기 모습을 보여주고 있다.

즉 △이 여전히 남아 있으며―오 우―가 비교적 규칙적으로 나타나 있고 또 존칭의 호격이 보이며 그리고 '잇―', '이시―'가 아직 '잇―'으로 통합되지 않은 것을 보면 중세국어의 특징이 전부 사라지지 않고 남아 있다. 그러나 △이 일부 ㅅ으로 변한 것이 있고 종성終聲의 ㄷ과 ㅅ이 혼용되기도 하고 ㆁ은 이미 보이지 않고 ㄹ아래에서 ㄱ의 경음화를 보이는 것으로 보아 근대 국어의 모습도 나타나 있다. 특히 이 책은 어미의 종류가 다양하여 16세기 말에서 17세기초의 활용어미를 연구하는데 중요한 자료적 가치가 있다.

저자인 퇴계 이황은 1501년(연산군 7년)에 지금의 경상북도 안동군 도산면 온혜리에서 좌찬성 식埴의 7남 1녀중 막내 아들로 태어나 1570년(선조 4년)까지 산 조선 중기의 문신이며 대학자이다. 본관은 진보眞寶이며 자는 경호, 계호, 호는 퇴계, 도옹, 퇴도 청량산인, 도수 등을 썼다. 벼슬로는 풍기군수, 성균관 대사성, 예조판서, 대제학 등을 역임하였으나 그외 여러 벼슬들을 고사하였다. 그는 성리학 체계를 집대성하고 이기이원론 사칠론四七論을 중심사상으로 하여 율곡 이이李珥와 양대 학파를 이루었다. 주로 이황은 주자에 의해 집대성된 주자학을 계승하여 한국 유학을 일으킨 거유巨儒로서 성誠을 기본으로 일생 동안 경敬을 실천하고 이를 논리정연하게 연구하고 통찰함을 학문의 기본으로 삼았었다. 그의 학문은 임진왜란후 일본으로 전해져 에도(江戶)시대에 그의 저술이 11종 46권 45책으로 간행되었으며 일본 유학의 주류인 기몬학파와 구마모토학파에 크나큰 영향을 끼쳤다.

그의 저서로는 『퇴계전서』가 있으며 이중 「주자서절요」, 「심경석의」, 「논사단칠정서」, 「자성록」, 「삼경사서석의」 등을 남겼다.

범우사 자료실에는 「시경석의」·「서경석의」·「주역석의」가 한데 묶인 『삼경석의三經釋義』 고판 목판본 한 책과, 사서석의四書釋義 (「대학석의」·「중용석의」·「논어석의」·「맹자석의」) 두 책이 있는데 이 판본은 산정장계 술고정사신판(山精長溪述古精舍新板)으로 1917년(大正 6년) 일제시대에 경상남도 산청군 장위리 술고정사述古精舍 발행으로 조선총독부 인가본인 목판본이다.

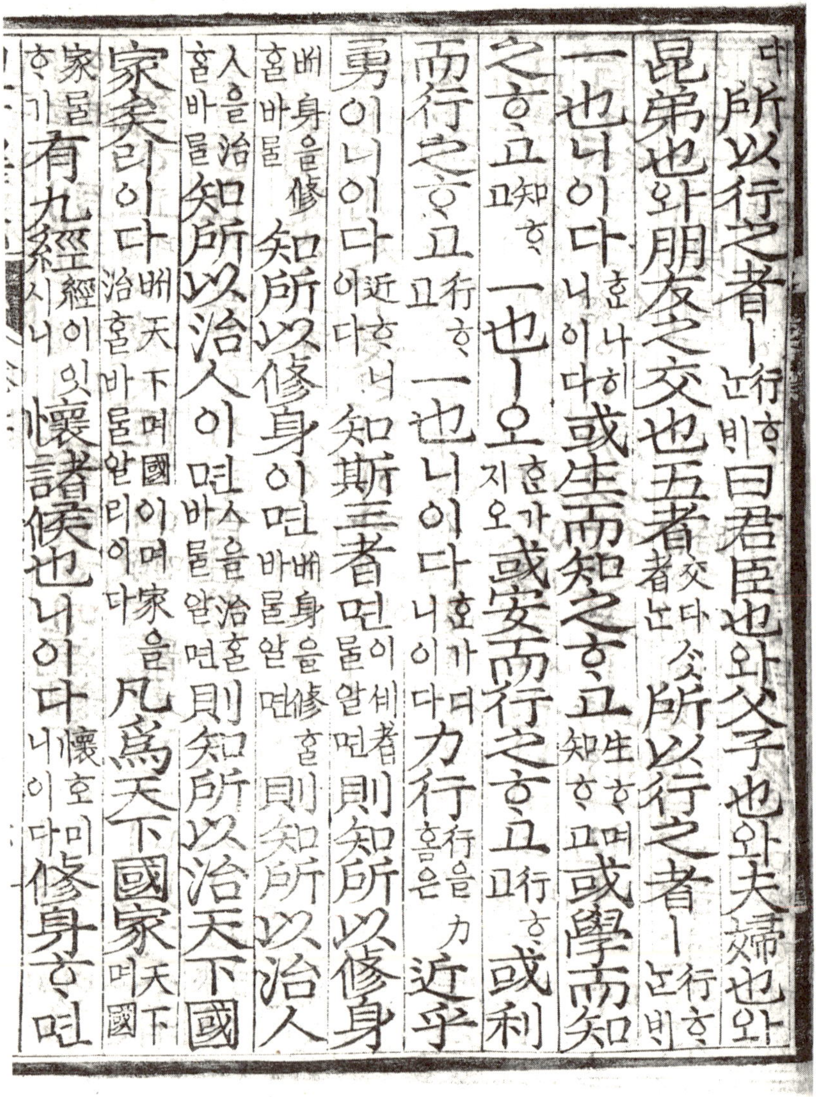
니所以行之者ㅣ行ᄒᆞᄂᆞᆫ비曰君臣也와父子也와夫婦也와
昆弟也와朋友之交也五者ㅣ交다ᄉᆞᆺ者ᄂᆞᆫ所以行之者ㅣ行ᄒᆞᄂᆞᆫ비
一也ㅣ니이다ᄒᆞ나히니이다或生而知之ᄒᆞ고生ᄒᆞ며知ᄒᆞ고或學而知
之ᄒᆞ고知ᄒᆞ고一也ㅣ오ᄒᆞᆫ가지오或安而行之ᄒᆞ고行ᄒᆞ고或利
而行之ᄒᆞ고行ᄒᆞ고一也ㅣ니이다ᄒᆞᆫ가지니이다力行行을力ᄒᆞᆷ은近乎
勇이니이다近ᄒᆞ니이다知斯三者ㅣ면이세者를알면則知所以修身
ᄡᅥ身을修ᄒᆞᆯ바를知所以修身이면ᄡᅥ身을修ᄒᆞᆯ바를알면則知所以治人
人을治ᄒᆞᆯ바를知所以治人이면ᄡᅥ人을治ᄒᆞᆯ바를알면則知所以治天下國
家矣리이다ᄡᅥ天下며國이며家을治ᄒᆞᆯ바를알리이다凡爲天下國家天下며國
家를ᄒᆞ기有九經經이잇시니懷諸侯也ㅣ니이다懷호미니이다修身ᄒᆞ면

술고정사 신판인 『사서석의』 본문

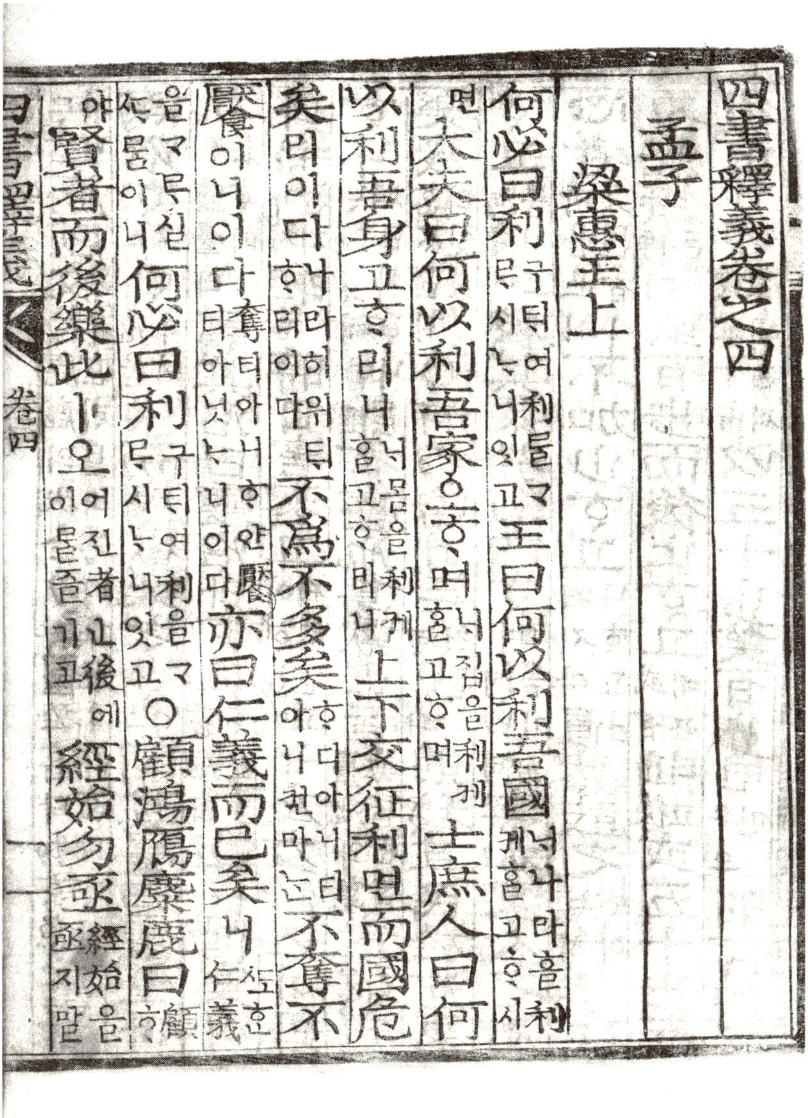

술고정사 신판인 『사서석의』맹자편

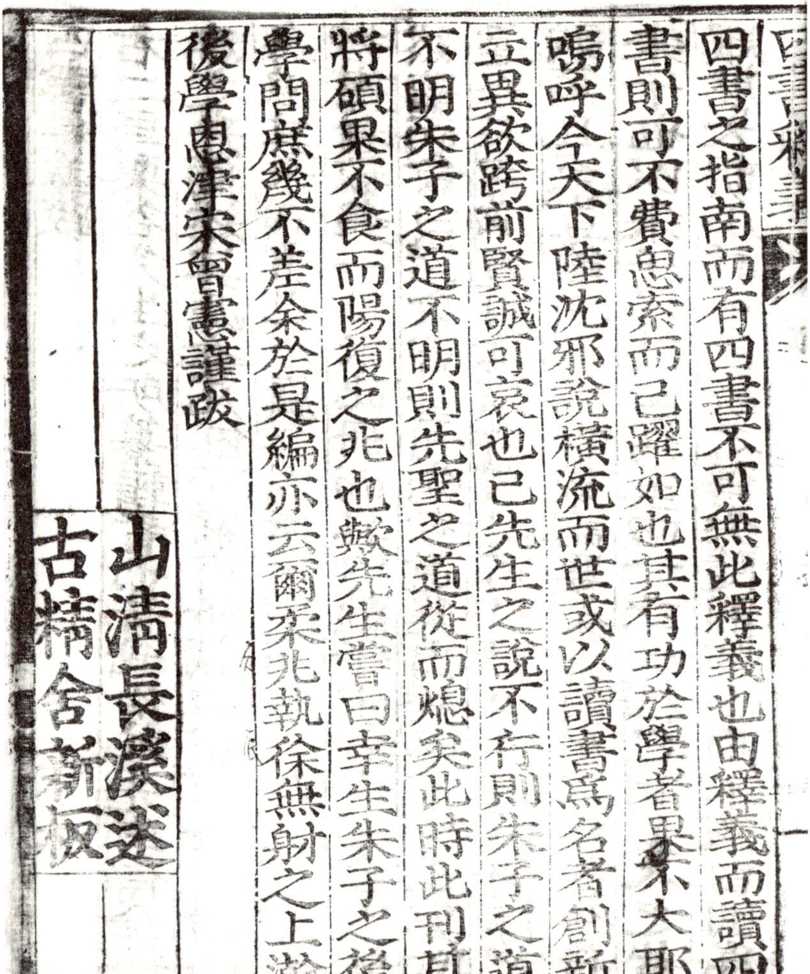

四書釋義跋

四書之指南而有四書不可無此釋義也由釋義而讀四書則可不費思索而已躍如也其有功於學者果不大耶嗚呼今天下陸沈邪說橫流而世或以讀書爲名者創新立異欲跨前賢誠可哀也已先生之說不行則朱子之道不明朱子之道不明則先聖之道從而熄矣此時此刊其將碩果不食而陽復之兆也歟先生嘗曰幸生朱子之後學問庶幾不差余於是編亦云爾 柔兆執徐無射之上澣

後學恩津宋曾憲謹跋

山淸長溪述
古精舍新板

『사서석의』 발문과 간행처

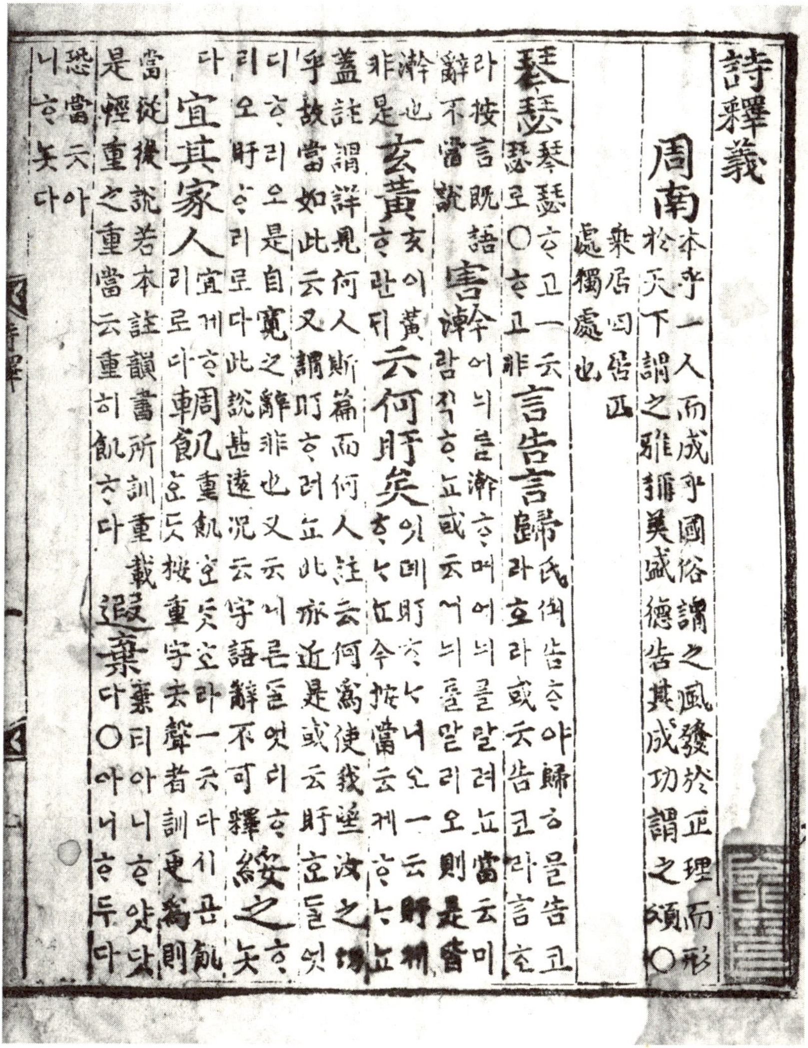
詩釋義

周南

고판목판본의 『시석의』 첫장

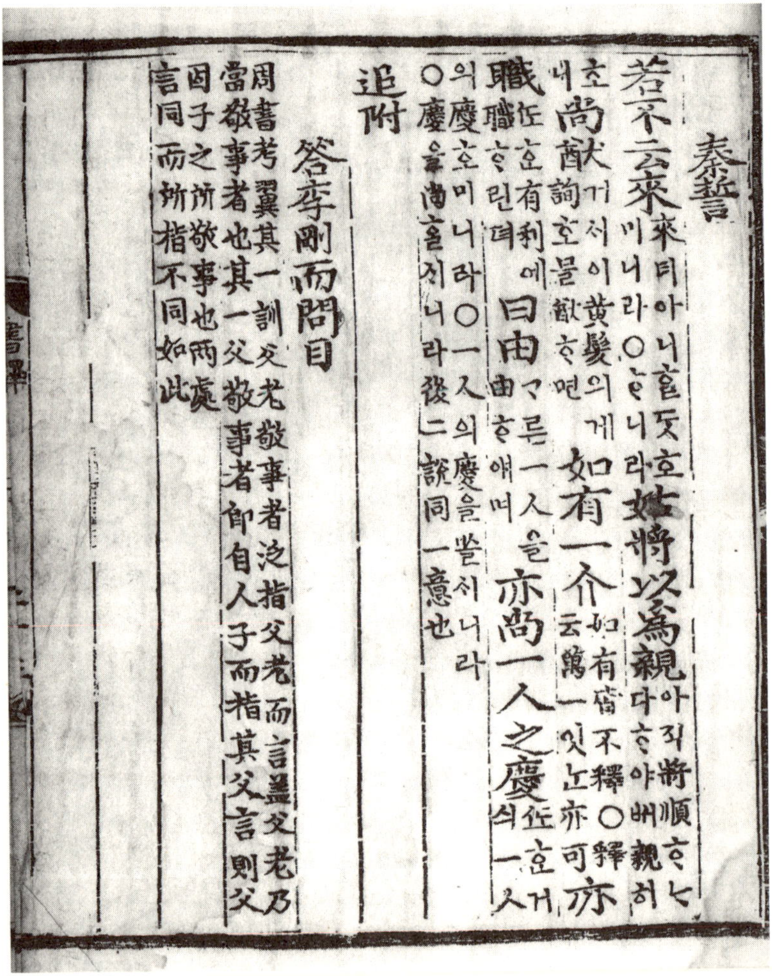

고판목판본의 『삼경석의』 본문

22. 가례언해家禮諺解
- 아버지가 번역하고 아들이 발간한

이 책은 주자朱子의 가례家禮를 신식申湜이 한글로 풀이한 책이다. 지난날 우리 선조들은 주자가 지어놓은 가례를 통하여 모든 예의범절을 지키고 따라왔으며 그것을 예禮의 금과옥조金科玉條로 삼았다. 이 책의 꾸밈을 보면 ① 큰글자로 정문正文을 삼고 그 밑에 한글로 음音을 달았다. ② 주註는 적은 글자로 한자 낮추어 쓰고 언해문諺解文에는 한문은 쓰지 않고 한글로만 썼다. ③ 연호年號, 역대인물, 서적명, 물명物名 중 특별히 해석이 필요할 때는 난위에 주석을 달았다. ④ 해석할 때 직역보다 의역을 하여 쉽게 풀었다. ⑤ 문자어文字語는 그대로 문자로 썼다. ⑥ 고사告辭 축문서식祝文書式 등은 한글로 음을 달고 따로 해석은 하지 않았다.

책머리에 있는 도판圖板에는 가묘도家廟圖, 사당지도祠堂之圖, 행관예도行冠禮圖, 상복喪服, 문대도식紋帶圖式, 본종오복本宗五服 등 예식을 집행하는 데 참고가 되는 도판을 많이 수록하였다.

이 책 서문에서 예禮에는 본本과 문文이 있는데 명분을 지키는것과 애경愛敬하는 일은 "본"에 속하며 관례, 혼례, 제사 등을 지내는 의식을 모두 "문"에 속한다.

"본"은 집에서 일용하는 상례常禮로서 하루도 닦지 않으면 안될 것이요 "문"은 사람이 지켜야할 도리의 처음과 나중을 규정하는 것이니 비록 그 행함에 시간과 장소가 있으나 하루도 게을리 해서는 안될 것이다. 또 예를 좋아하여 배우려 하는 선비가 있어도 그 요령을 듣고 배우지 않으면 "예"에 미치지 못할 것을 염려하여 고금의 문적文籍을 참고하여 집대성하였다. 원컨대 뜻이 같은 선비는 하루 빨리 익혀서 행하고 옛사람과 같이 심신을 닦고 집안을 다스리는 도리와 지나간 일을 회상하며 사모하는 마음을 가지게 될 것이다. 또한 국가의 교화를 숭상하며 백성을 인도하는 데에도 적으나마 도움이 될 것이라고 예에 대한 뜻을 적고 있다.

이 책을 언해한 신식(1551~1623)의 호는 용졸제用拙齊 또는 임곡臨谷이라 하고 본관은 고령으로 신숙주의 5대손이다. 그는 성운成運과 퇴계 이황李滉에게서 학문을 닦고 선조 9년(1576)에 별시문과에 급제하였다. 선조 23년(1590) 집의執義로 있을 때 정여립난에 가담했다 하여 탄핵을 받고 곤양昆陽에 유배되었다가 1592년에 혐의가 풀려 다시 집의가 되고 이 해 임진왜란이 일어나자 경상도 안무어사安撫御史가 되었다. 선조 32년(1599) 공조참판, 광해군 1년(1608)에 충청도 관찰사를 지낸 후 부제학을 거쳐 지중추부사(知中樞府事)에 이르렀다. 그는 예와 악樂을 밝히고 효도가 지극하여 정여旌閭라는 표창까지 받았다.

이 『가례언해』는 인조 10년(1623)에 원성原城(지금의 원주)에서 번역자 신식의 아들인 득연得淵이 강원도 관찰사겸 수군절도사로 있을 때 아버지가 만년에 언해한 것을 간행하였다는 발문이 4책 10권의 끝머리에 실려 있는 것을 보아 역자의 아들이 발행한 책이다. 지방에서 책을 발행하려면 지방의 수령이 적극 협조하고 찬조하여야만 가능하다. 이 책은 17세기 초의 국어연구에 중요한 자료로서 널리 이용되고 있으며 특히 가족의 명칭에 대한 어휘 자료로도 널리 활용되는 중요한 자료이기도 하다. 이 책의 판본은 목판본으로 사주쌍변四周雙邊 유계有界 10행 24자이고 상하화문어미上下花紋魚尾의 판심版心에, 간기는 별지에 숭정임신(1632년) 원성개간原城開刊이라 인쇄되어 있으며 글자꼴이 유연하고 깔끔하다. 4책 완질이 있는 곳은 한국고서종합목록에 의하면 서울대, 고대, 연대 등이 있고 기타 낙질이 있는 것으로 되어있다.

범우사 자료실에는 권1, 권7~8, 권9~10 3책본이 있다.

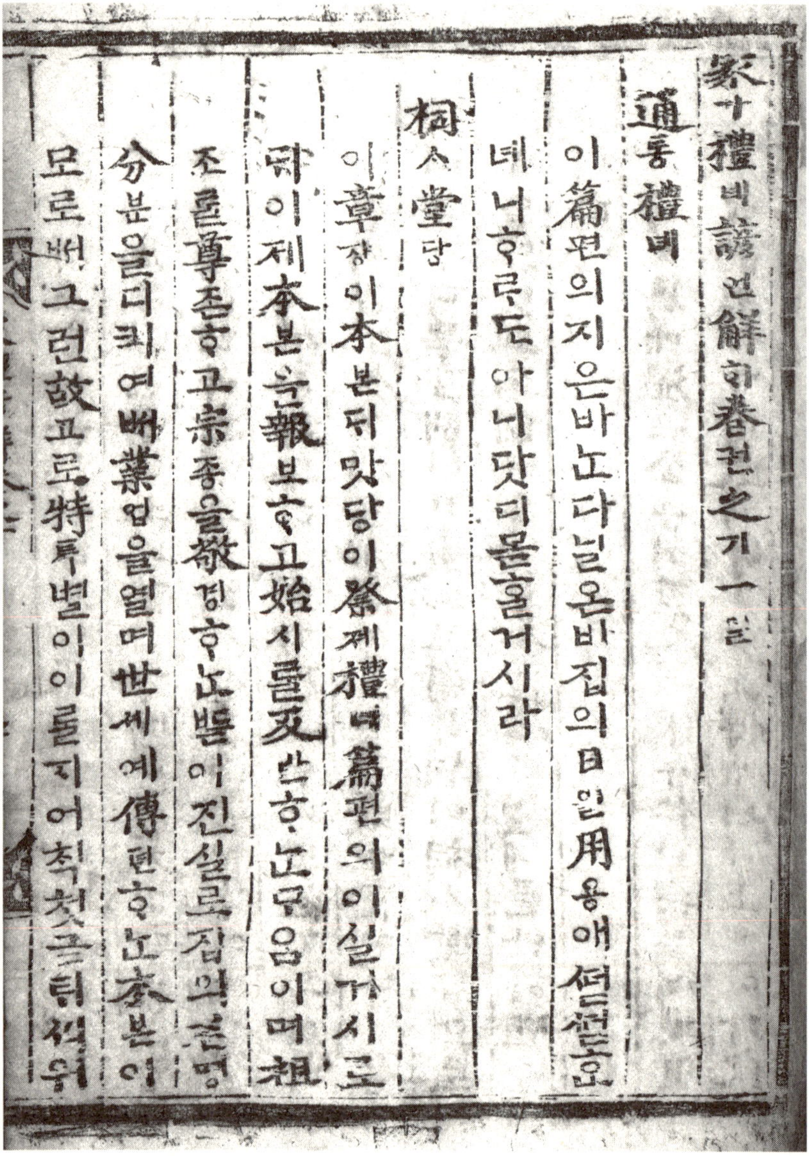

1632년 원성개간본의 책머리

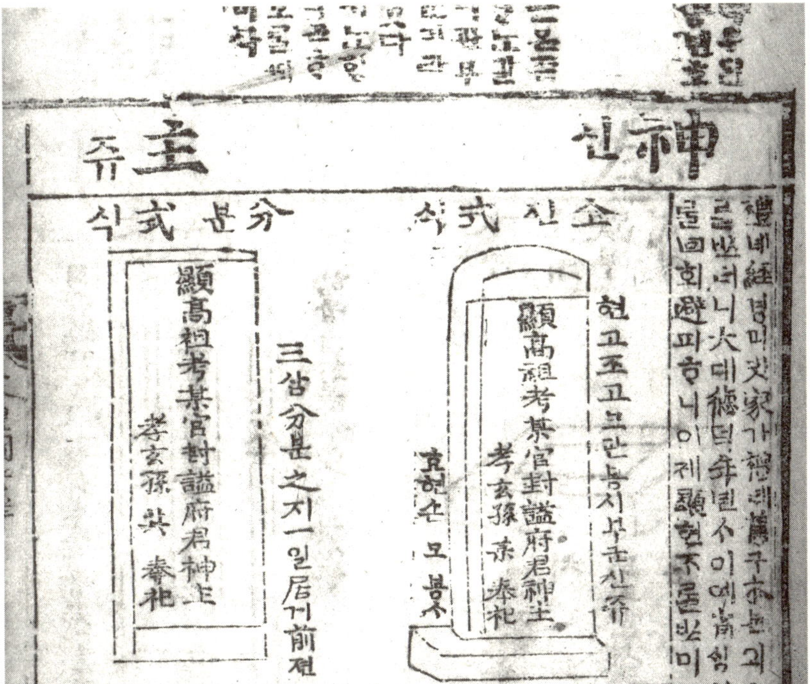

1632년 원성개간본의 본문과 도판

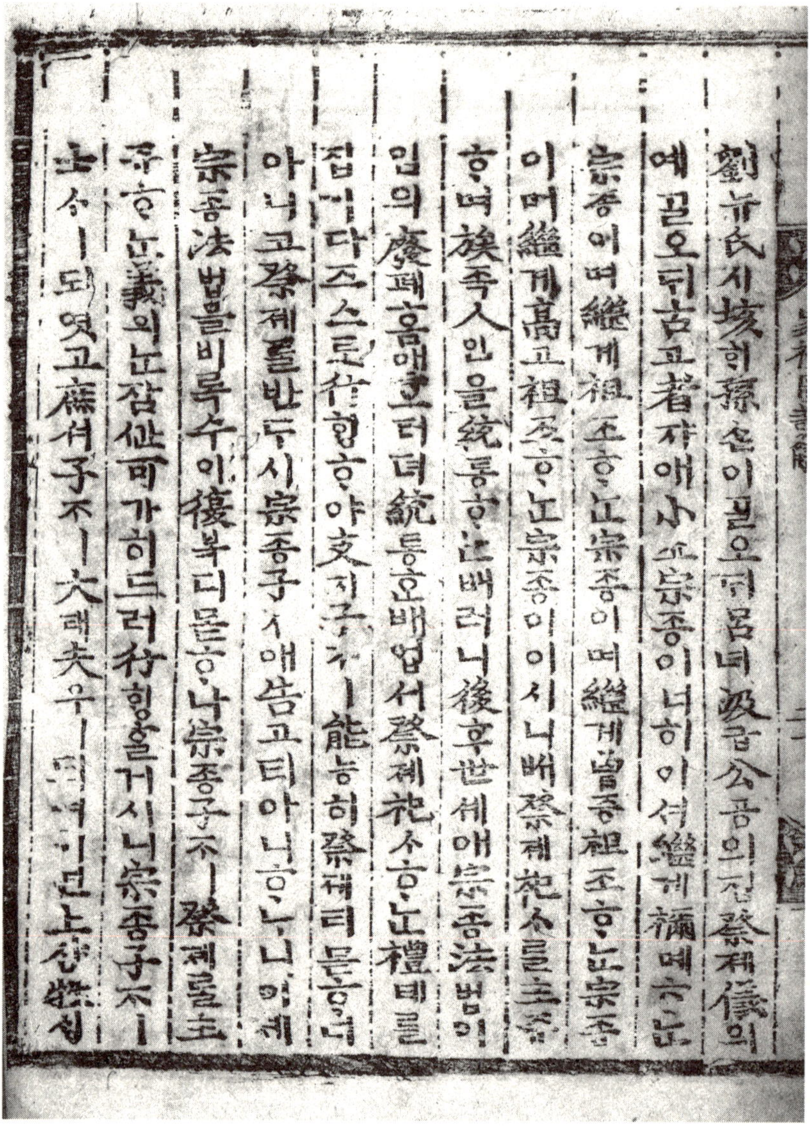
劉뉴氏시垓히孫손이뵐오디몸녜及급公공의祭졔儀의
예뀔오뒤古고者쟈애小쇼宗종이너히이셔繼계禰녜ᄒᆞᄂᆞᆫ
宗종이며繼계祖조ᄒᆞᄂᆞᆫ宗종이며繼계曾증祖조ᄒᆞᄂᆞᆫ宗종
이며繼계高고祖조ᄒᆞᄂᆞᆫ宗종이이시니뻐祭졔祀ᄉᆞ를主쥬
ᄒᆞ며族족人인을統통ᄒᆞᄂᆞᆫ배러니後후世셰애宗종法법이
입의廢폐ᄒᆞ매로브터뎌統통호배업서祭졔祀ᄉᆞᄒᆞᄂᆞᆫ禮례ᄅᆞᆯ
집집이다스스로行ᄒᆡᆼᄒᆞ야支지子ᄌᆞㅣ能능히祭졔티몯ᄒᆞ더
아니코祭졔ᄅᆞᆯ반ᄃᆞ시宗종子ᄌᆞ애告고티아니ᄒᆞᄂᆞ니이제
宗종法법을비록수이復복디몯ᄒᆞ나宗종子ᄌᆞㅣ祭졔ᄅᆞᆯ主쥬
ᄒᆞᄂᆞᆫ義의ᄂᆞᆫ잠깐可가히드러行ᄒᆡᆼᄒᆞᆯ거시니宗종子ᄌᆞㅣ
上샹ᄉᆞㅣ되엿고庶셔子ᄌᆞㅣ大대夫부ㅣ되엿거든上샹牲ᄉᆡᆼ

1632년 원성개간본의 본문

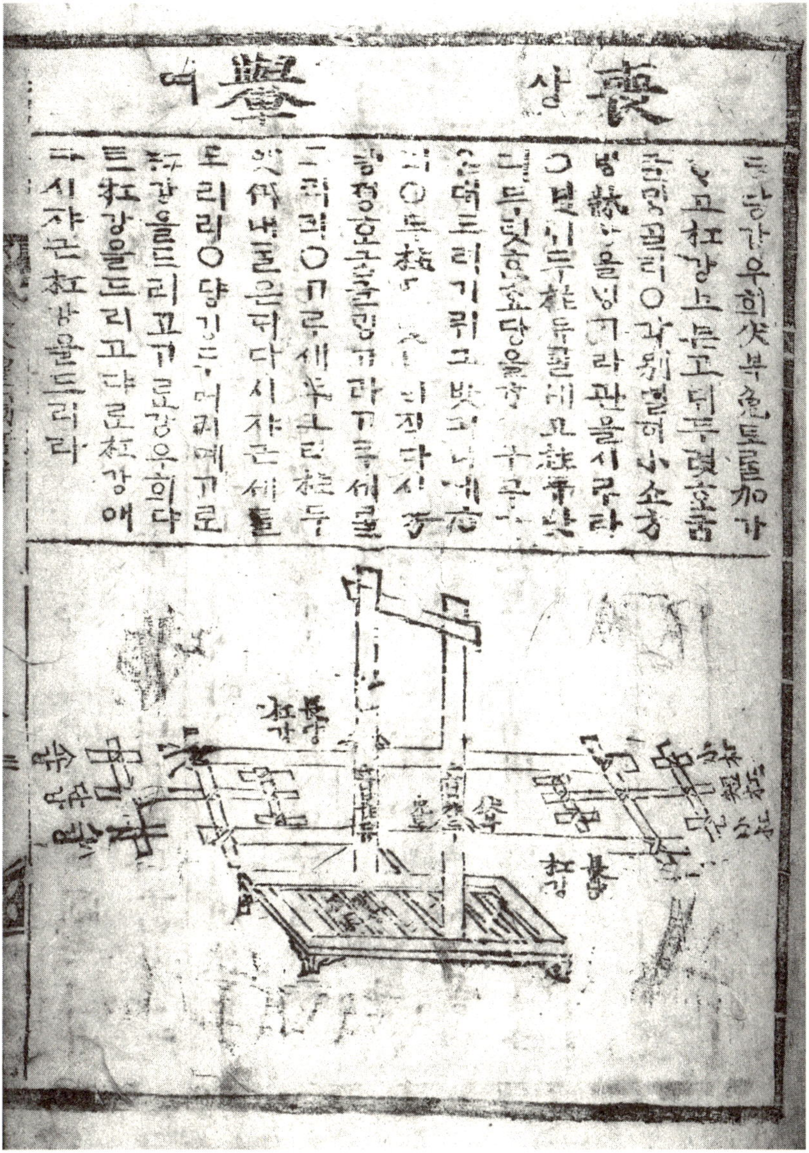

원성개간본의 상여편

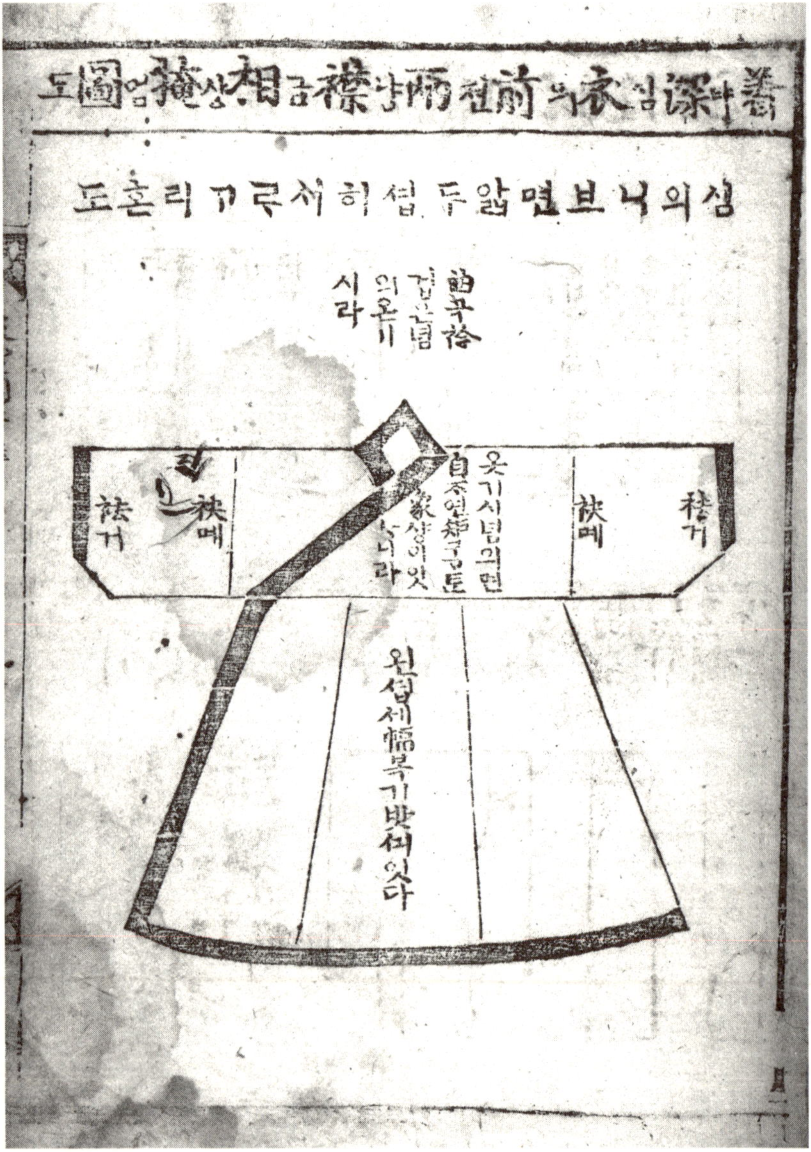

원성개간본의 한글과 도판

23. 불설대보부모은중경언해
佛說大報父母恩重經諺解
- 부모의 은혜를 기리는 효경

이 책은 『불설대보부모은중경佛說大報父母恩重經諺解』을 한글로 번역한 책이다. 일명 '부모은중경언해' 또는 '은중경언해'라고도 한다.

이 『은중경』은 불교경전의 효경孝經이라고 칭할 만큼 부모의 은혜를 기리고 있다. 원래는 중국에서 찬술되어 우리나라로 전래된 것이나 중국이나 일본 등지에는 우리나라처럼 판본이 다양하지 않다.

조선의 건국 기반이 다져질 세종대에 이르러 통치자 중심의 효도 교육이 국가적 사업으로 진행되면서 효에 관한 삼강三綱, 이륜二倫 등의 행실도行實圖의 간행이 본격적으로 추진되었다. 이 무렵 때를 맞추어 불교계에서는 민간 및 사찰을 중심으로 효행을 강조하는 『은중경』의 간행이 곳곳에서 이루어졌다. 어느 특정 지역이나 특정 사찰에 편중된 것이 아니라 조선시대 전기에서부터 후기까지 한문본과 언해본 등이 70여종에 달할 정도로 간행되었다.

이렇게 불경 중의 민중경전으로 불리운 『부모은중경 언해본』은 궁중의 부녀자로부터 승려와 서민을 중심으로 간행되고 또한 반포되었다.

이 경전은 제자들 및 대중들과 동행하던 부처가 길에서 사람의 뼈무더기를 보고 느닷없이 엎드려 절하는 모습에서부터 시작된다.

부처님의 제자인 아란阿難이 울면서 어머님의 은혜를 어떻게 갚을 수 있느냐고 묻는다. 부처는 어머니가 임신한 후 열달 동안 변화하는 모습을 설명하고 부모님의 은혜를 10편의 시로 엮어가면서 세상 사람들은 노소老少간에 불효하고 있는 것을 알지 못하고 살아감을 갖가지 예를 들어 질책한다.

또한 불효의 죄를 참회하고자 하는 대중에게 부모를 업고 수미산을 10만 바퀴를 돌아 뼈가 부서질지라도 그 은혜를 갚을 수 없다는 여덟 가지 불가능한 일을 가상해서 효도의 길을 가르치고 있다.

그리고 불효한 사람은 아비무간지옥阿鼻無間地獄에 떨어져 하루에도 천번 만번 살았다 죽었다 하는 고통을 받게 된다는 것이다.

이러한 내용을 담은 『부모은중경 언해본』은 중세 국어의 변화뿐만 아니라 조선 8도 여러 곳에서 간행되었기 때문에 지방어의 연구에도 중요한 자료가 되고 있다. 그리고 한글 서체의 다양한 모양은 새로운 글자꼴을 창조하는데 풍부한 자료가 되고 있으며 『부모은중경』 속에 들어있는 삽화도 20여점에 달하고 그 놓임자리도 변화가 있어서 편집디자인에 대한 연구에도 많은 기여가 되리라 본다.

한문본으로는 보물 705호로 지정된 호암미술관 소장본(1370년간)과 보물 920호로 지정된 이행로 소장본(1454년간)을 비롯해 40여종에 달하며 언해본은 일본 동경대학 도서관에 소장된 화장사판본(1553년간)을 비롯하여 30여종에 이른다.

범우사 자료실에는 한문본으로는 전라도 화암사본(1484년간)과 황해도 서흥의 성숙사본(1555년간), 경상도 풍기의 희방사본(1561년간), 충청도 충주의 덕주사본(1572년간) 경기도, 용인의 화암굴본(1591년간), 경기도 화성의 용주사본(1796년간) 그리고 간기는 없으나 1451년에 간행된 3경 합부본과 같은 판본이 있다.

언해본으로는 전라도 낙안의 징관사본(1580년간), 경상도 양산의 통도사본(1648년간), 경상도 개령의 고방사본(1668년), 경기도 양주의 불암사본(1687년간), 끝으로 경기도 화성의 용주사본(1796년간)을 들 수 있는데 이 책은 정조의 아버지인 사도세자의 능사陵寺로서 창건된 용주사龍珠寺에서 간행된 책으로 정조대왕의 남다른 효심이 배어있는 책이다.

이 책은 『은중경』 중 최선본으로 국가적 지원을 받아 간행된 책이다. 이 용주사본은 한문본과 한글본이 동시에 출판되었으며 또한 한문본은 목판본과 석인본 두 가지 형태로 간행되었다.

용주사판본은 변상도의 회화성도 뛰어나고 서책의 꾸밈새도 미본美本이며 한글서체도 약간 장체의 모양으로 궁중서체의 특징을 보이고 있다.

『부모은중경』은 판화, 글씨체, 다양한 편집과 제책, 표지무늬, 그리고 지방과 연대에 따른 우리말 연구에도 좋은 자료를 제공하고 있다.

假使有人左肩擔父右肩擔母研皮至骨〻穿
至髓遶須彌山經百千匝猶不能報父母深恩
가ᄉᆞ사ᄅᆞ미부모ᄅᆞᆯ두엇게예가ᄅᆞ메오슈
미산ᄂᆞᆯ빅쳔번도라엇게쎄ᄉᆞ모차도부모
외은ᄂᆞᆯ갑디몯ᄒᆞ리라

1580년에 징관사에서 간행한 은중경의 언해와 판화

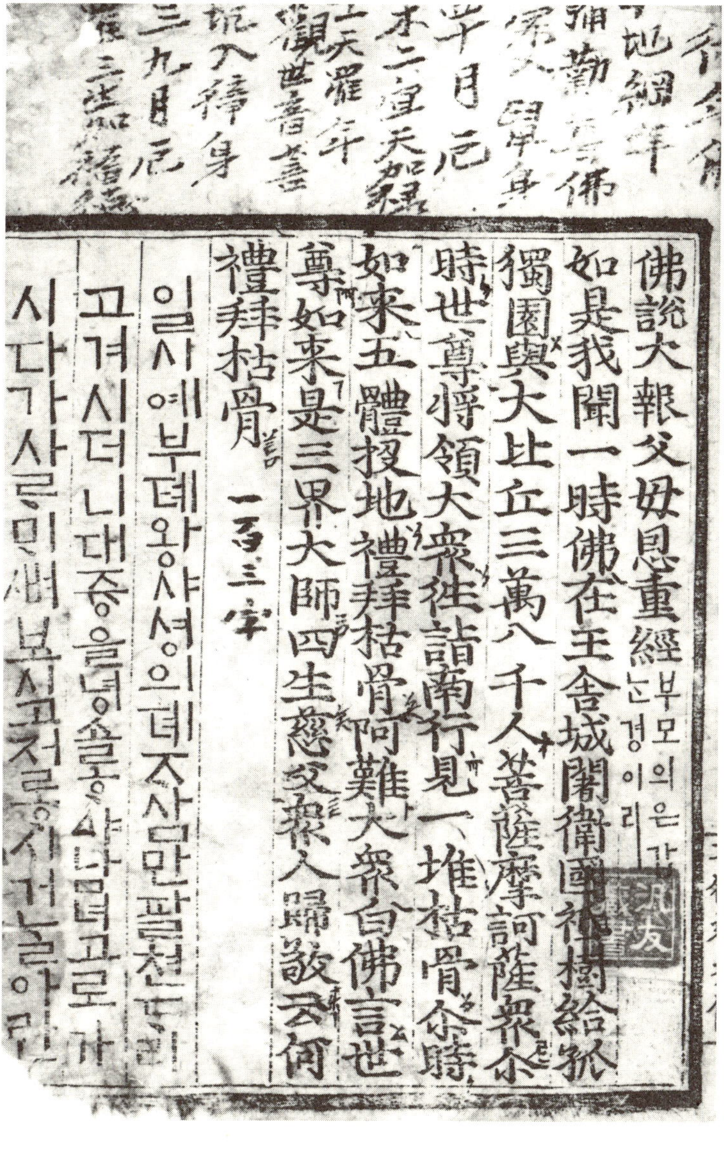

佛說大報父母恩重經

如是我聞一時佛在王舍城闍衛國祇樹給孤

獨園與大比丘三萬八千人菩薩摩訶薩衆俱

時世尊將領大衆往詣南行見一堆枯骨爾時

如來五體投地禮拜枯骨阿難大衆白佛言世

尊如來是三界大師四生慈父衆人歸敬云何

禮拜枯骨 一百三字

1668년에 간행한 고방사판본

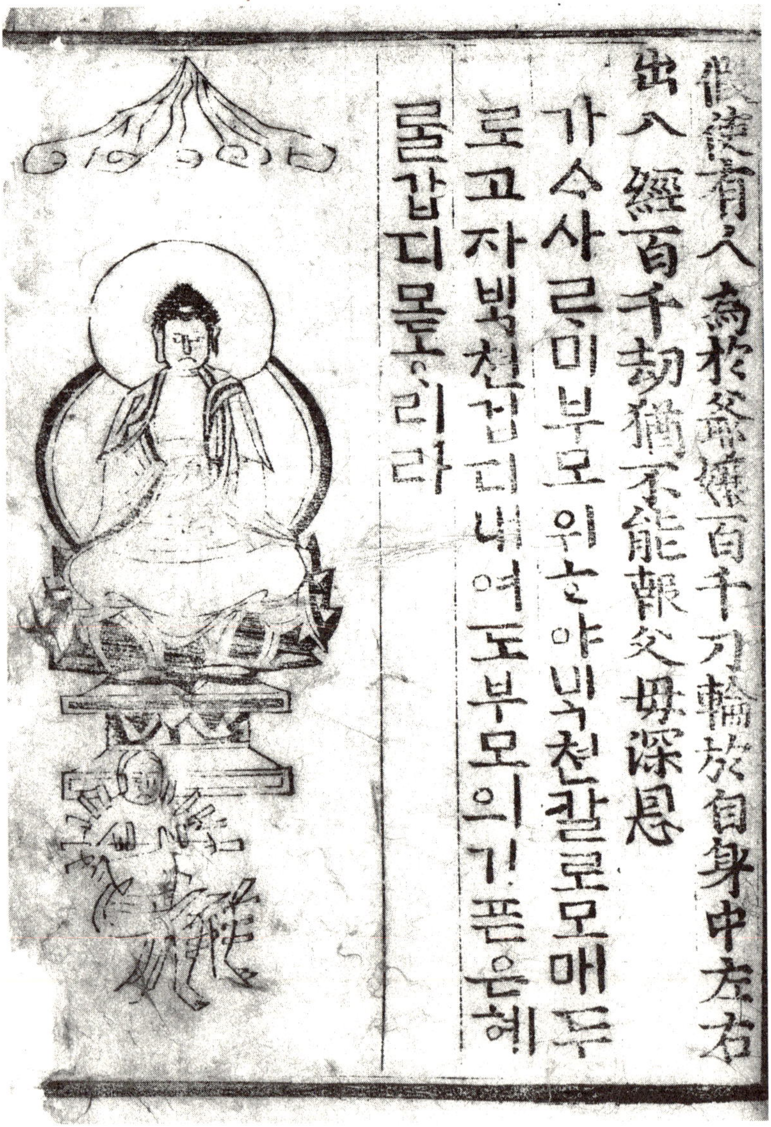
假使有人爲於父母百千刀輪於自身中左右
出入經百千劫猶不能報父母深恩
가ᄉᆞ사ᄅᆞ미부모위ᄒᆞ야비ᄂᆞᆫ칼로모매두
로고자ᄇᆡᆨ쳔겁디내여도부모의기픈은혜
ᄅᆞᆯ갑디몯ᄒᆞ리라

1648년에 간행한 통도사판본

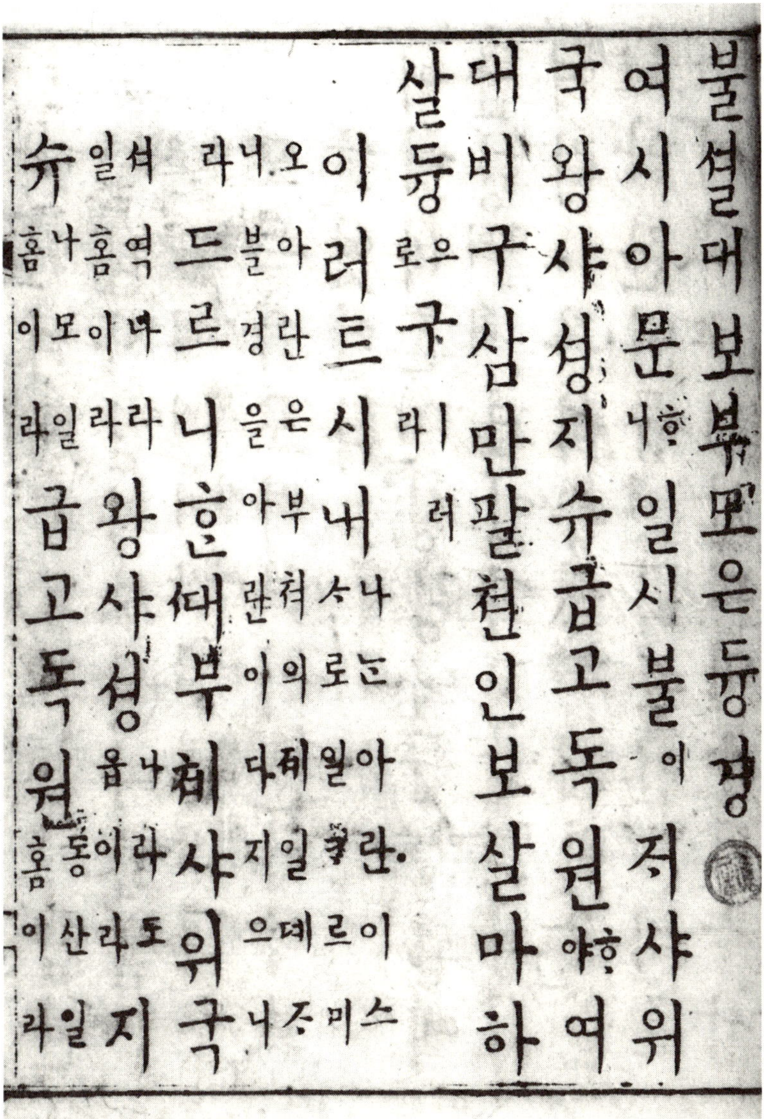

1796년에 간행한 용주사판본

1796년에 간행한 용주사판본의 수미산 그림

24. 신간구황촬요新刊救荒撮要
- 실생활과 관계있는 의학 · 농학서의 합편

이 책은 1660년(현종1)에 서원西原(지금의 청주)의 현감으로 있던 신속申洬이 엮은 책으로 기아에 지쳐 영양실조로 중태에 빠진 사람들의 구급법에서 시작하여 대용음식물 만드는 법, 중환자에게 필요한 비상용 음식이나 술을 담구는 법 등을 상세히 기술하였다.

조선시대 초기부터 흉년을 만나면 구호사업과 병행하여 생식벽곡生食辟穀과 구황요기救荒療飢에 관한 책자가 많이 간행 보급되었다.

그중 중요한 것은 세종의 편집으로 간포되었다는 『구황벽곡방救荒辟穀方』이 있었다하나 그 원본은 전해지지 않는다. 그후 1554년(명종9)에 영호남에 기근이 극심하여 이를 구제하기 위하여 『구황벽곡방』 등을 참고로 하여 『구황촬요救荒撮要』를 언해본으로 진휼청에서 발간하여 구호사업을 하는데 많은 도움을 주었다.

이 구황촬요의 초간본은 총 17면 1권 1책으로 경주에서 목판본으로 발간되었다.

1639년(인조 17)에는 김육金堉이 『구황촬요』와 『벽온방언해』를 합쳐서 『구황벽온방救荒辟瘟方』이란 책을 간행하였다.

이와 같이 『신간구황촬요』의 바탕은 세종조 때까지로 거슬러 올라갈 수 있으며 명종 때에 일반인에게 널리 알리기 위해 언해본으로 발간하기 시작하여 그후 이와 유사한 책이 실생활과 관계가 깊은 의학이나 『농가집성農家集成』과 같은 농학 서적과 합편되거나 증보 보완되면서 『신간구황촬요』에 이른다.

내용 중에는 빈사 상태에 있는 사람을 소생시키거나 솔잎으로 죽을 만드는 법, 느릅나무 껍질로 떡 만드는 법 등 병들고 굶주림을 치유하고 극복하는 방법 등이 기술된 책이다.

그러므로 조선초 중기의 식량정책을 살피는데 좋은 자료가 되며 비상 식량 조리법과 당시의 식품가공법을 추측할 수 있는 식품영양 연구에도 보탬이 되는 책이다.

『신간구황촬요』는 1554년에 간행한 『구황촬요』 중 언해 부분을 수정 보완하고 신속申洬이 언해로 편찬한 『구황보유방救荒補遺方』을 붙였다. 책머리에는 송시열宋時烈의 서문이 있다.

이 책은 흉년이나 전란을 대비한 궁휼과 호구의 문제뿐만 아니라 우리 나라의 식문화食文化 연구에도 많은 기여를 하였으며 한글 어휘의 변모를 추적하여 국어의 변천 과정을 밝히는 데도 많은 자료가 되고 있다.

이 책의 분량은 많지 않으나 17세기의 국어연구에 높은 가치가 인정되고 있다.

몇 가지 예를 보면 어두자음군은 ㅅ계와 ㅂ계가 쓰여 ㅺ·ㅼ·ㅽ·ㅆ·ㅶ 등이 보이며, 어간말음 ㅺ과 ㄲ의 용례들이 있고 구개음화와 원순모음화는 약간 나타나 있다. 또한 특수한 어휘들이 많아 한글어휘의 보고寶庫이다.

지금까지 나타난 이본異本으로는 1660년 발간본 이외에 전이채田以采, 박치유朴致維가 간행한 방각본 목판본이 있다. 내용은 같으나 판식版式과 매수가 다르고 『신간구황촬요』 발이 책의 맨 뒤에 붙어 있다.

범우사 자료실에는 1660년에 발행한 목판본 1책과 1686년에 무성武城(지금의 전라남도 영광)에서 간행한 목판방각본 1책이 있다.

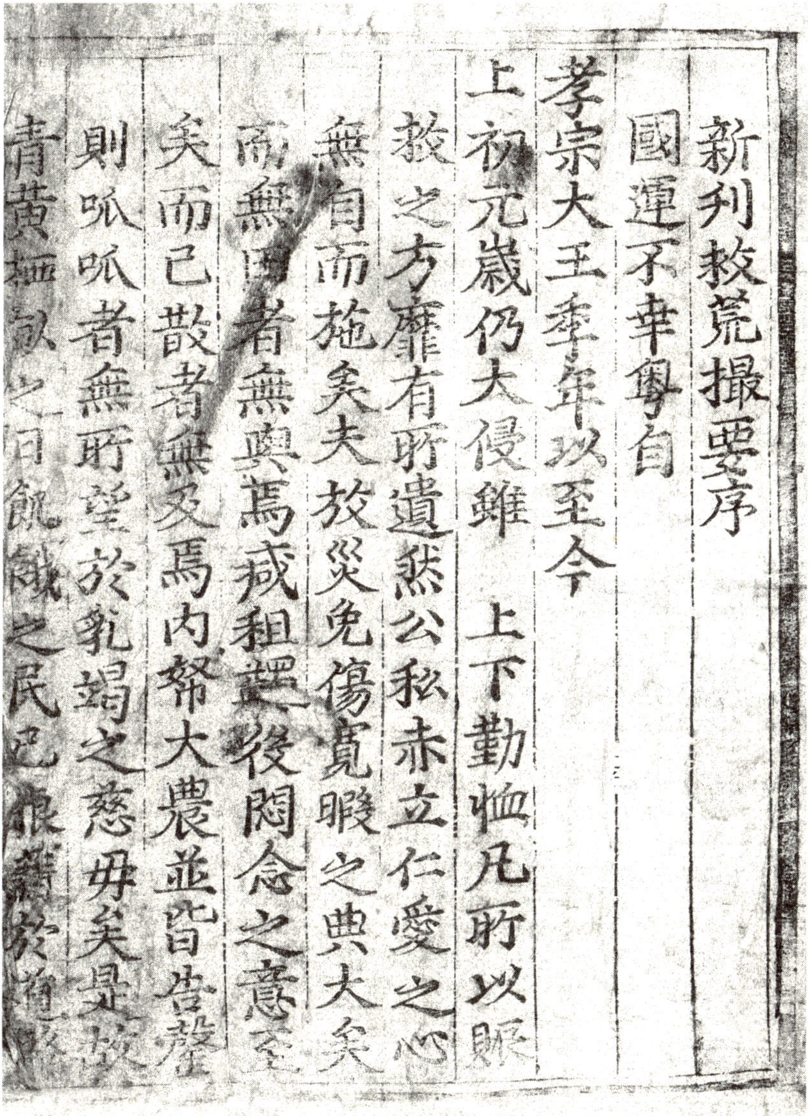

新刊救荒撮要序
國運不幸粤自
孝宗大王季年以至今
上初元歲仍大侵雖 上下勤恤凡所以賑
救之方靡有所遺然公私赤立仁愛之心
無自而施矣夫救災免傷寬賑之典大矣
而無田者無與焉臧粗糲後閔念之意至
矣而已散者無及焉內帑大農並皆告罄
則呱呱者無所望於乳竭之慈母矣是故
青黃[illegible]之日飢餓之民已狼藉於道[illegible]

1660년에 간행한 신간구황촬요 초간본 서문

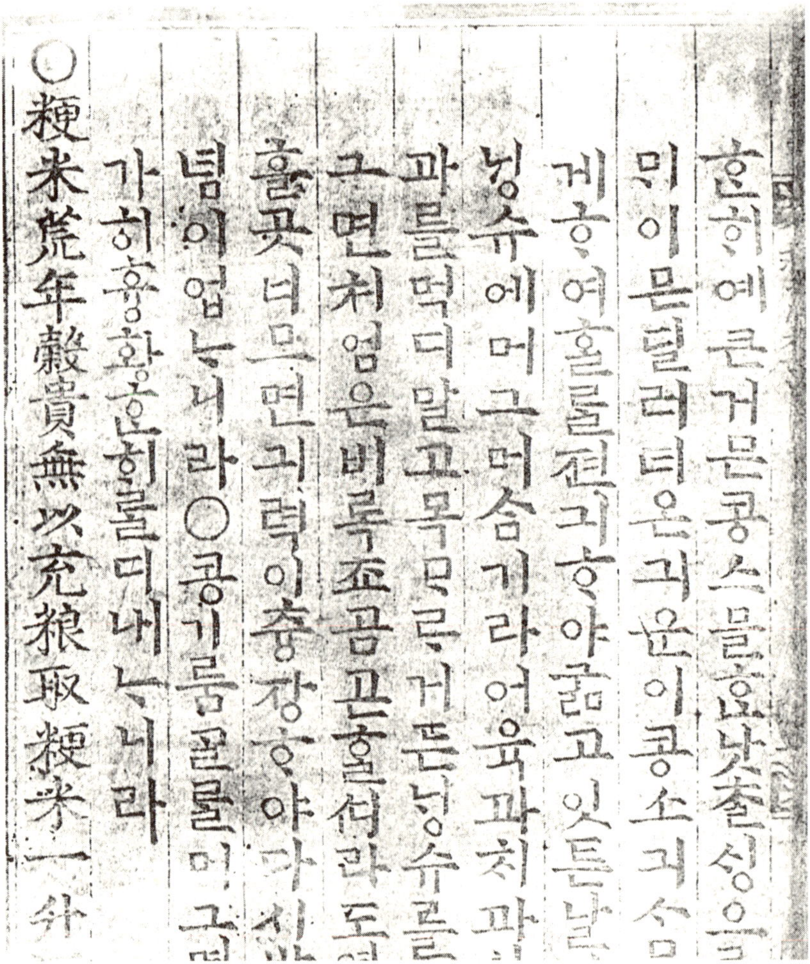

1660년에 발간된 신간구황촬요의 본문

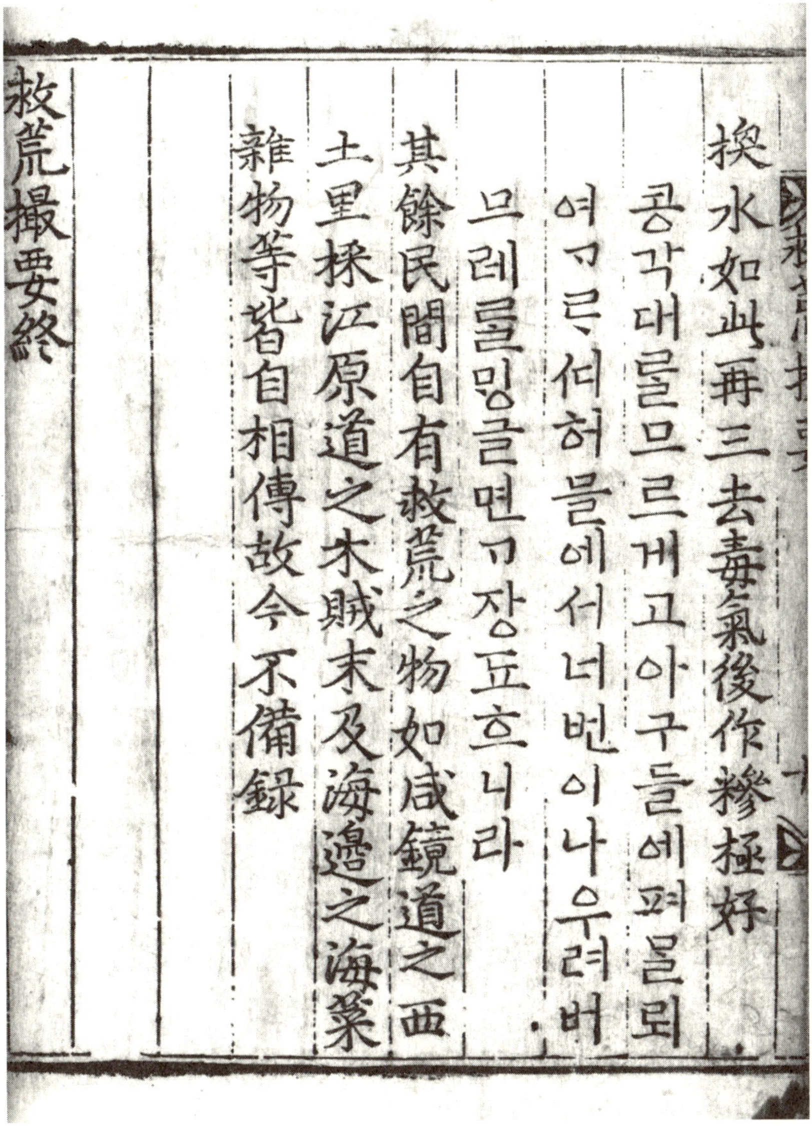
揆水如此再三去毒氣後作糝極好
콩각대를므르게고아구들에펴ᄆᆞᆯ뢰
여ᄆᆞᄅᆞ더허믈에서너번이나우려버
므레를밍글면ᄀᆞ장됴ᄒᆞ니라
其餘民間自有救荒之物如咸鏡道之西
土里採江原道之木賊末及海邊之海藻
雜物等皆自相傳故今不備錄
救荒撮要終

1660년본의 구황촬요 끝부분

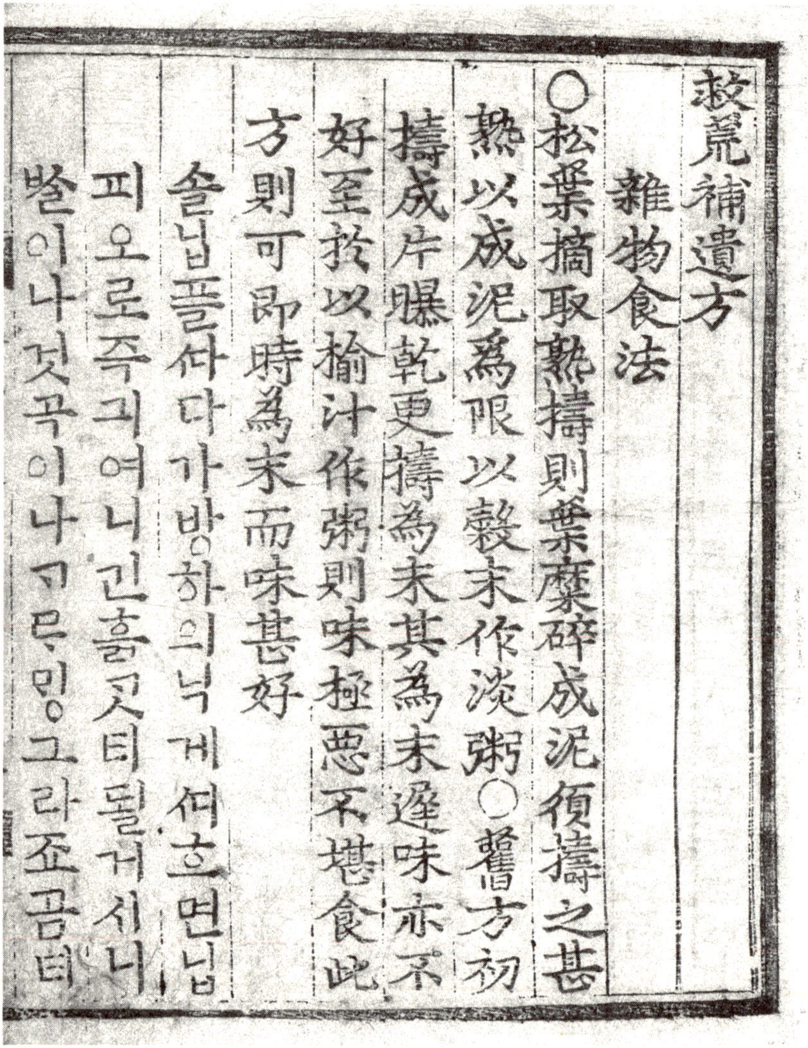

救荒補遺方

雜物食法

○松葉摘取熟擣則葉糜碎成泥復擣之甚
熟以成泥爲限以穀末作淡粥○舊方初
擣成片曝乾更擣爲末其爲末遲味亦不
好至於以揄汁作粥則味極惡不堪食此
方則可卽時爲末而味甚好
솔닙플ᄡᅡ다가방하의닉게ᄶᅵᄒᆞ면닙
피오로쥭ᄀᆡ여니긴흙곳티될거시니
ᄡᆞᆯ이나것곡이나ᄀᆞᄅᆞ밍ᄀᆞ라죠곰식

1660년본의 구황보유방

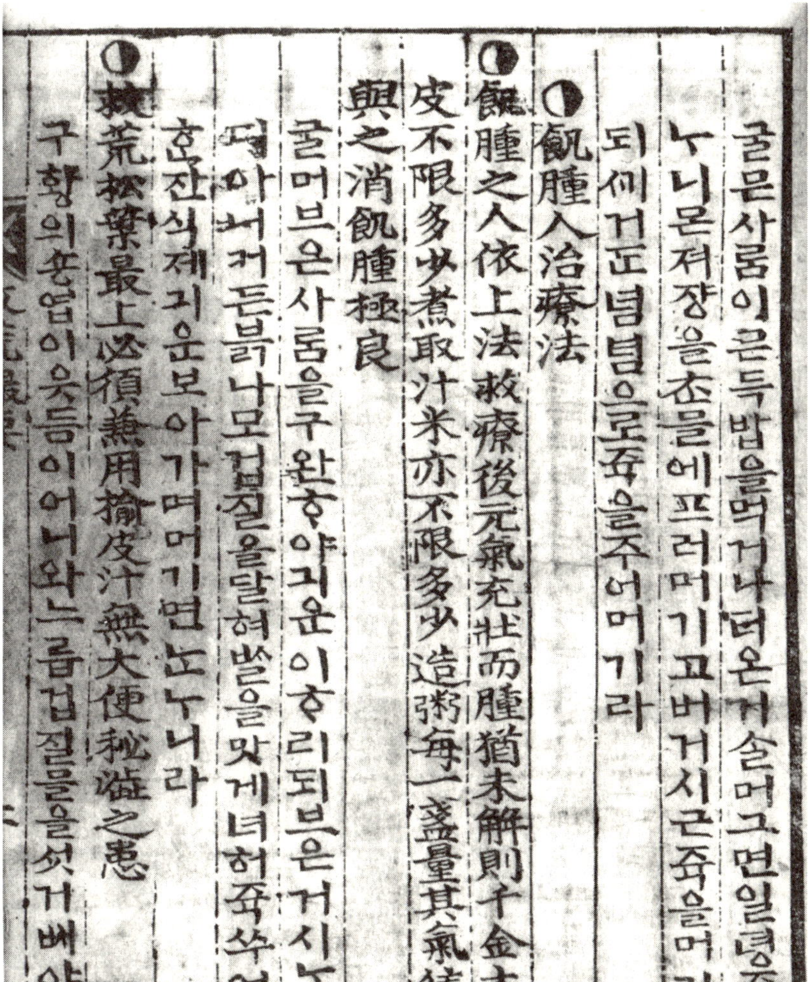
굴믄사ᄅᆞᆷ이큰득밥을머거나더온거ᄉᆞᆯ머그면일령죽
ᄂᆞ니몬져쟝을ᄎᆞᆫ믈에프러머기고버거시근죽을머기
되ᄭᅦ거든념념으로죽을주어머기라
◐飢腫人治療法
◐飢腫之人依上法救療後元氣充壯而腫猶未解則千金木
皮不限多少煮取汁米亦不限多少造粥每一盞量其氣候
與之消飢腫極良
굴머브은사ᄅᆞᄆᆞᆯ구완ᄒᆞ야긔운이ᄒᆞ리되브은거시ᄂᆞᆺ
디아니커든븕나모겁질을달혀ᄡᆞᆯ을맛게녀허죽쑤어
혼잔식제긔운보아가며머기면ᄂᆞᆺᄂᆞ니라
◐救荒松葉最上必須兼用楡皮汁無大便秘澁之患
구황의솔엽이웃듬이어니와ᄂᆞ릅겁질을섯거ᄲᅢ야

1686년에 전이채 · 박치유가 간행한 목판본 본문

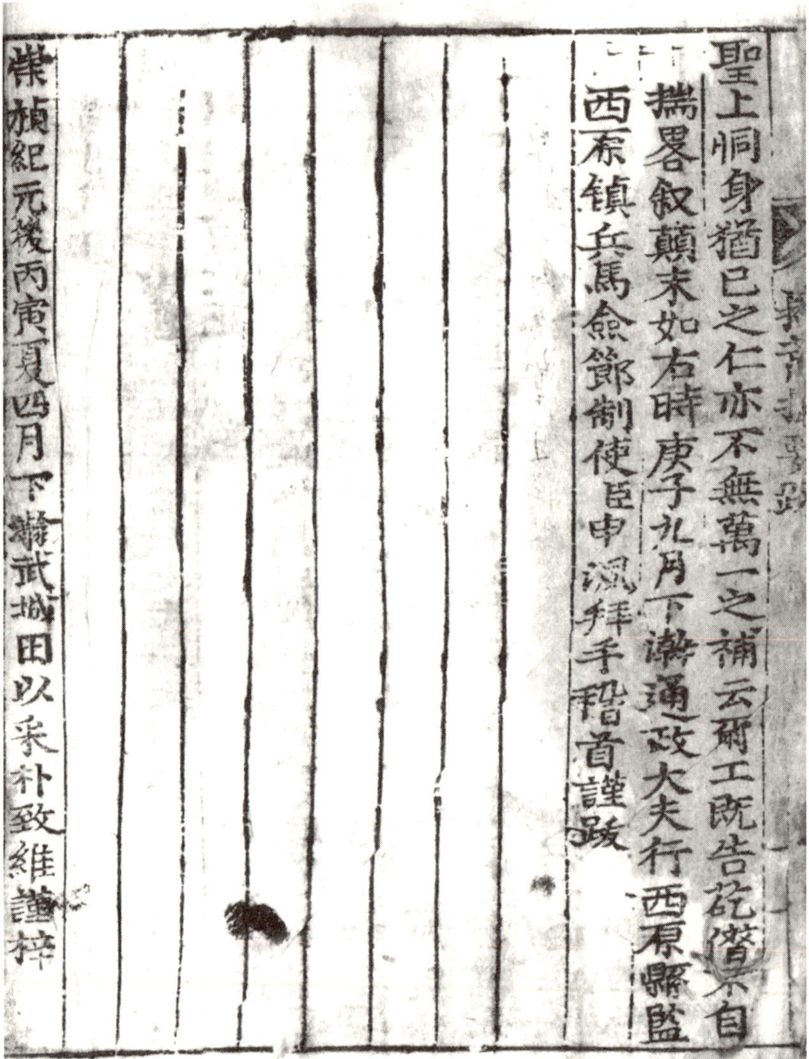

聖上恫身猶己之仁亦不無萬一之補云爾工旣告訖僭不自

揣畧叙顚末如右時庚子九月下澣通政大夫行西原縣監

西原鎭兵馬僉節制使臣申洬拜手稽首謹跋

崇禎紀元後丙寅夏四月下澣武城田以采朴致維謹梓

1686년에 간행한 무성본의 간기

25. 병학지남兵學指南
- 군인이 전법을 배우는 기본 지침서

16세기 중기 명나라의 명장 척계광戚繼光이 지은 병서兵書인 『기효신서紀效新書』 18편중 군대의 조련 방법을 간추려 뽑아 엮은 책으로 5권 1책 목판본이다.

이 책은 군대의 훈련법으로부터 부대 배치, 진을 치는 법, 행군, 호령 등에 대한 설명과 그림 등이 다수 있어서 17세기 이후 우리 나라 군인이 전법을 배우는데 기본 지침서가 되었다.

내용 권1은 「기고정법旗鼓定法」, 「기고총결旗鼓總結」로 나누어져 있고 「기고정법」에는 기고의 호령법을 설명하고 명포호明砲號, 명죽호明笛號, 명종호明鐘號 등 30여 개 항으로 세분하여 밝히고 있다.

「기고총결」에는 호포號砲, 호적號笛 등 각 호령의 약속에 대해 설명하고 있다.

권2는 「영진정구營陣正彀」인데 진陣을 치는 방법에 대한 것을 밝힌 소대小隊, 작전作戰, 야영野營 등 34조로 나누어 절제된 작전에 대해 기술하고 있다.

권3의 「영진총도營陣總圖」 상편에는 좌오도左伍圖, 우오도右伍圖, 장단수기도長短授器圖 등 52가지의 진을 치는 법을 그림으로 자세하게 설명해주고 있다.

권4의 「영진총도」 하편에서는 보병입대도步兵立隊圖, 열선작전도列船作戰圖, 차기행영도車騎行營圖 등 33가지의 보병, 수군, 차기, 선박 등의 행군, 부대 편성, 진치는 법 등을 도면으로 상세히 설명하고 있다.

권5에서는 장조정식場操程式에 입장入場, 취반炊飯, 산조散操 낙기落旗 등 조련에 관한 34가지 방식을 설명하고 야조정식夜操程式은 밤의 조련 정식에 대한 것을 설명하고 분련정식分練程式은 분위양의진分爲兩儀陣 등 여덟 가지의 조련에 대해 밝히고 성조정식城操程式은 파수派守 등 성을 지키는 성조의 정식을 설명하고 있다. 끝으로 수조정식水操程式은 발초선發哨船 등 물에서 조련할 때의 정식을 설명하고 있다.

이 『병학지남』의 편자에 관해서는 여러 설이 있다. 『증보문헌비고』 권246에 있는 병가류兵家類에서는 통제사 최숙崔橚이 편찬하였다고 되어 있다.

그러나 1684년(숙종 10, 강희 23년 갑자)에 발간된 『병학지남』의 서문에 공홍도公洪道(지금의 충청도)의 병마절도사 최숙이 이미 발간되었던 책에 두주頭註를 붙이고 권2를 언해하고 영진총도의 도판을 첨삭하였다고 쓰여있다.

그러므로 최숙 이전에 편자가 있었다고 보아야 할 것이다.

그리고 최숙의 발문이 있는 책은 권2에 언해가 되어 있고 영진총도가 상하로 분리되어 있지 않고 모두 4권 1책으로 되어 있으나 그보다 앞선 간행물로 보이는 책은 두주가 없고 권1만 언해되어 있다.

그러므로 최숙이 수정한 것은 사실이나 편자라 볼 수는 없을 것 같다.

그후 1787년(정조11, 정미)에 정조正祖가 서문을 붙이고 선전관 이유경李儒敬을 시켜 범례凡例를 달고 교감을 시킨 후 장용영壯勇營에서 간행하여 「병학지남」의 정본으로 삼고 이 판본을 지방 병영兵營에 내려보내 판각 인쇄케 하였다.

누판고鏤板考에 의하면 장용영 훈련도감, 남한산, 개원사 등에서 개판한 것으로 되어 있으나 현존하는 이본은 장용영판본의 복간본이 주류를 이루고 있는 것 같다.

『병학지남』은 17세기 중엽부터 1세기 동안 언해본을 여러 번 개판하였는데 최숙의 수정본 이전본에는 구개음화가 나타나지 않는 등 그 변천이 다양하다고 본다.

그래서 근대 국어사 연구에도 큰 보탬이 될 뿐만 아니라 군사학軍事學의 중요한 자료로서 옛 근대의 훈련방법과 병법연구에도 귀중한 자료가 되리라 본다.

범우사 자료실에는

① 1684년 최숙 수정본 이전에 발간한 권1만 언해된 고판본 1책, ② 1684년(숙종 10, 강희 23년) 공홍도 병마 절도사 최숙 발문본 1책, ③ 1737년(건융 2년)에 발간한 병학지남 1책, ④ 경신 5월 상산商山 개간본 1책, ⑤ 정조어제본(1787년 정조 11) 1책, ⑥ 정조어제본을 경상우도 병마절도사 안숙이 진주 촉성에서 찍어 광포廣布한 책 1책이 있다.

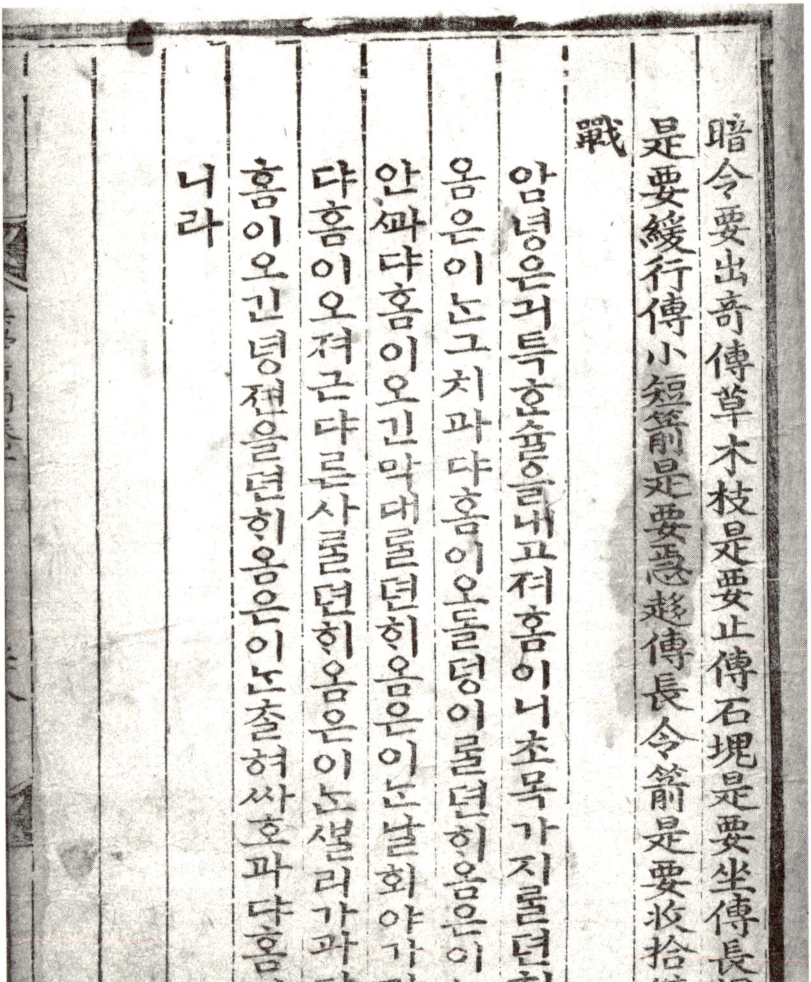
暗令要出奇傳草木枝是要止傳石塊是要坐傳長棍是要緩行傳小短箭是要急趍傳長令箭是要收拾備戰

암령은긔특ᄒᆞᆫ숨을내고져ᄒᆞᆷ이니초목가지ᄅᆞᆯ뎐ᄒᆞ옴은이ᄂᆞᆫ그치과다ᄒᆞᆷ이오돌뎡이ᄅᆞᆯ뎐ᄒᆞ옴은이ᄂᆞᆫ안ᄶᅡ다ᄒᆞᆷ이오긴막대ᄅᆞᆯ뎐ᄒᆞ옴은이ᄂᆞᆫ날회야가과다ᄒᆞᆷ이오져근다ᄅᆞᆫ사ᄅᆞᆯ뎐ᄒᆞ옴은이ᄂᆞᆫ섈리가과다ᄒᆞᆷ이오긴령젼을뎐ᄒᆞ옴은이ᄂᆞᆫ출혀싸호과다ᄒᆞᆷ이니라

1684년 이전 본. 두주도 없고 권1만 언해되어 있음. 권1 끝부분.

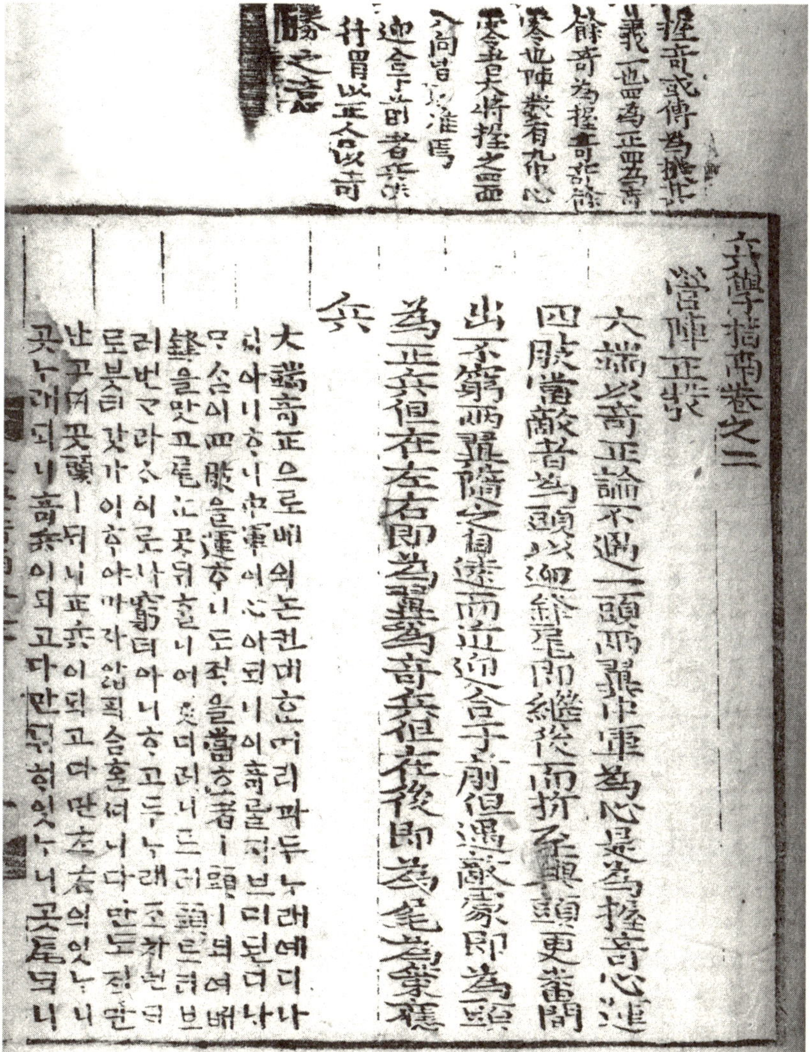
兵學指南卷之二

營陣正彀

六端以奇正論不過一頭兩翼中軍爲心是爲握奇心運四肢當敵者爲頭以迎鋒尾即繼後而折爲頭更番間出不窮兩翼隨之相遠而並迎合于前但遇敵衆即爲頭爲正兵但在左右即爲翼爲奇兵但在後即爲尾爲策應矣

1684년 최숙 발문본의 두주가 있는 본문언해부분

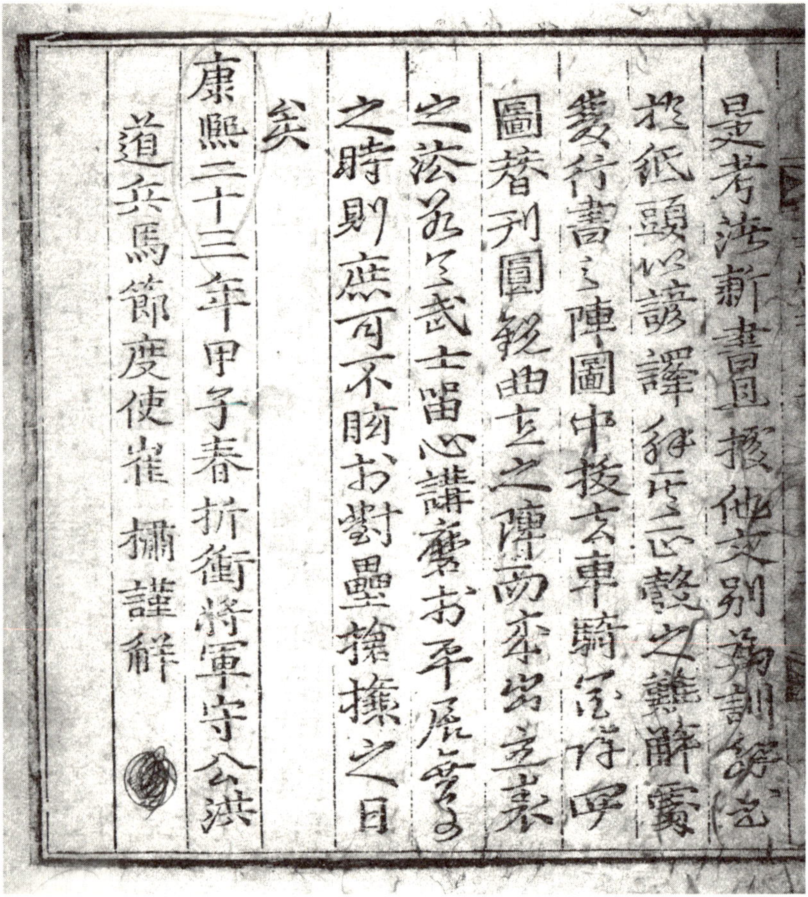
是考諸新書且援他書別爲訓解法
於紙頭以諺譯釋其正義之難解處
數行書之陣圖中援玄車騎定營
圖替刊圓鋭曲直之陣兩齊出其表
之法其武士留心講劇於平居無事
之時則庶可不昧於對壘搶攘之日
矣
康熙二十三年甲子春折衝將軍守公洪
道兵馬節度使崔 橚謹跋

1684년(강희 23년) 공홍도 병마절도사 최숙 발문본의 간기

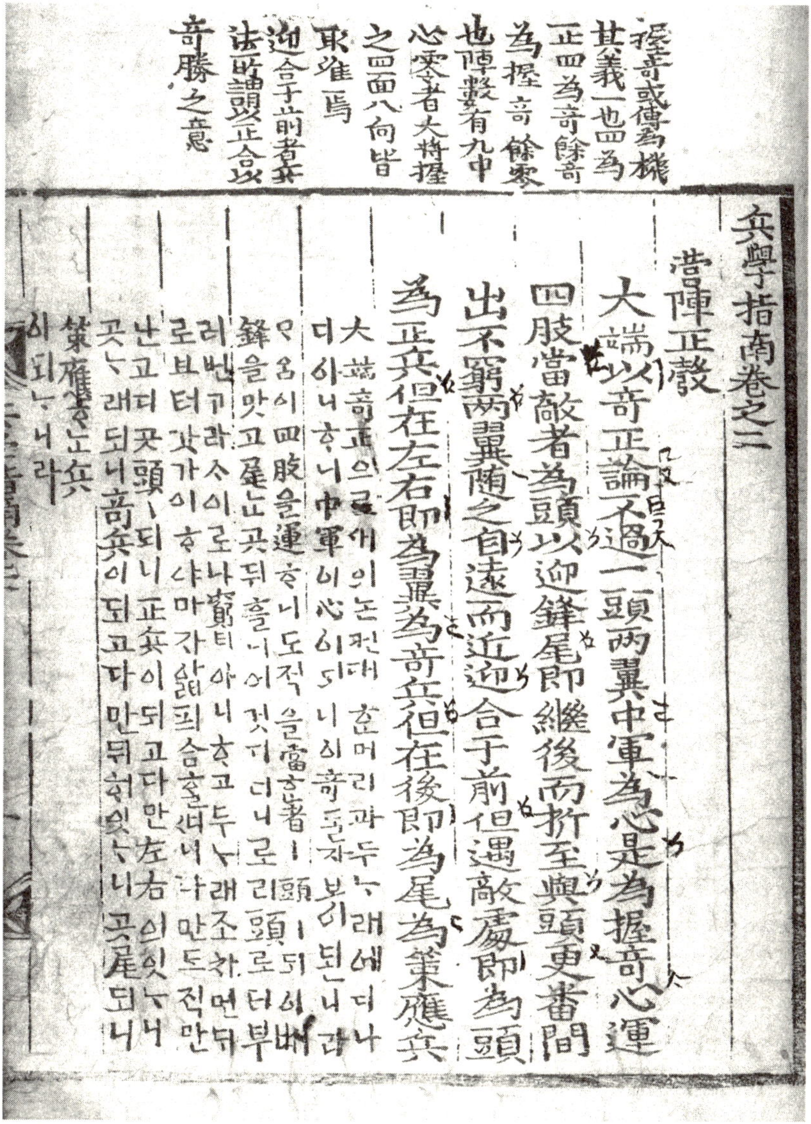
握奇或傳爲握機其義一也四爲正四爲奇餘奇爲握奇餘零也陣數有九中心零者大將握之四面八向皆取準焉

迎合于前者兵法所謂以正合以奇勝之意

兵學指南卷之二

營陣正彀

大端以奇正論不過一頭兩翼中軍爲心是爲握奇心運四肢當敵者爲頭以迎鋒尾卽繼後而折至與頭更番間出不窮兩翼隨之自遠而近迎合于前但遇敵處卽爲頭爲正兵但在左右卽爲翼爲奇兵但在後卽爲尾爲策應兵

大端奇正으로새의논건대 ᄒᆞᆫ머리와두ᄂᆞ래에디나디아니ᄒᆞ니中軍이心이되니이奇를자보미되니라ᄆᆞᄋᆞᆷ이四肢를運ᄒᆞ니도적을當ᄒᆞᆫ者ㅣ頭ㅣ되어ᄡᅥ鋒을맛고尾ᄂᆞᆫ곳뒤흘니어것디ᄂᆞ니로리頭로더브러ᄡᅥᆫ갈라ᄉᆞ이로나窮티아니ᄒᆞ고두ᄂᆞ래조차먼뒤로브터갓가이ᄒᆞ야마자앏픠合ᄒᆞ녀나만도적만난고대곳頭ㅣ되니正兵이되고다만左右의잇ᄂᆞᆫ곳ᄂᆞ래되니奇兵이되고다만뒤희잇ᄂᆞ니곳尾되니策應ᄒᆞᄂᆞᆫ兵이되ᄂᆞ니라

1737년 발간본의 본문

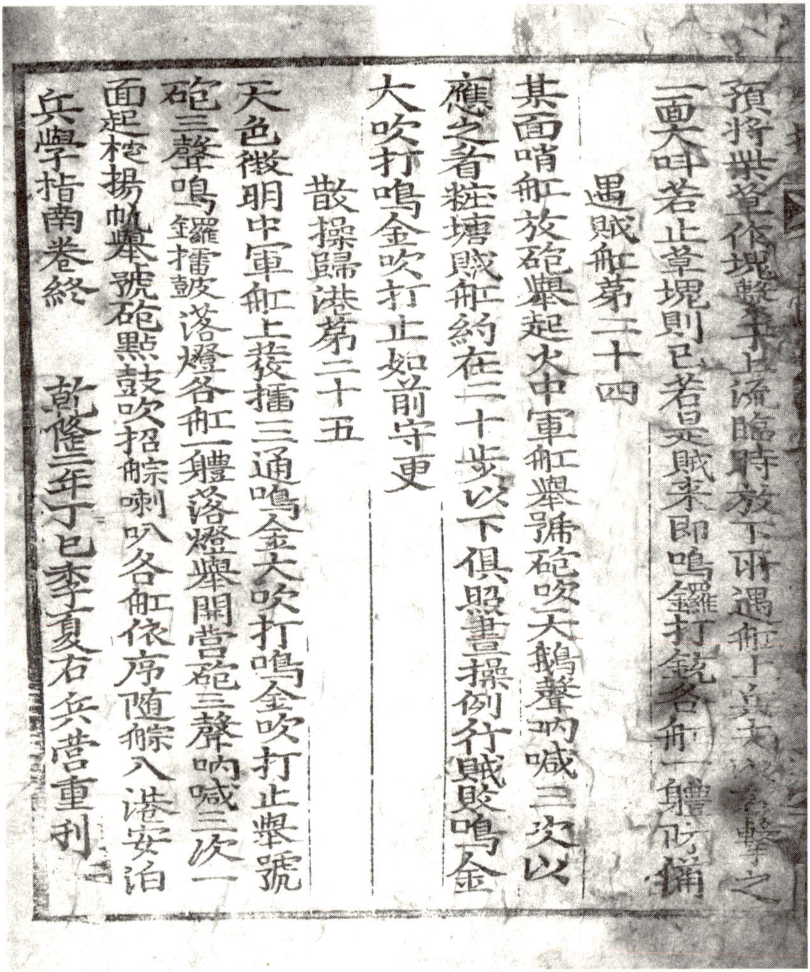

預將業篁作塊髮手上流臨時放下所遇舡上[illegible]擊之
一面吹吁若止草塊則已若是賊來即鳴鑼打鈸各舡一體防備

遇賊舡第二十四

其面哨舡放砲舉起火中軍舡舉號砲吹天鵝聲吶喊三次以
應之看㮣塘賊舡約在二十步以下俱照晝操例行賊艘鳴金
大吹打鳴金吹打止如前守更

散操歸港第二十五

天色微明中軍舡上發擂三通鳴金大吹打鳴金吹打止舉號
砲三聲鳴鑼擂鼓落燈各舡一體落燈舉開營砲三聲吶喊三次一
面起椗揚帆舉號砲點鼓吹招艅喇叭各舡依序隨艅入港安泊
兵學指南卷終 乾隆二年丁巳季夏右兵營重刊

1737년(건융 2년) 발간본 간기

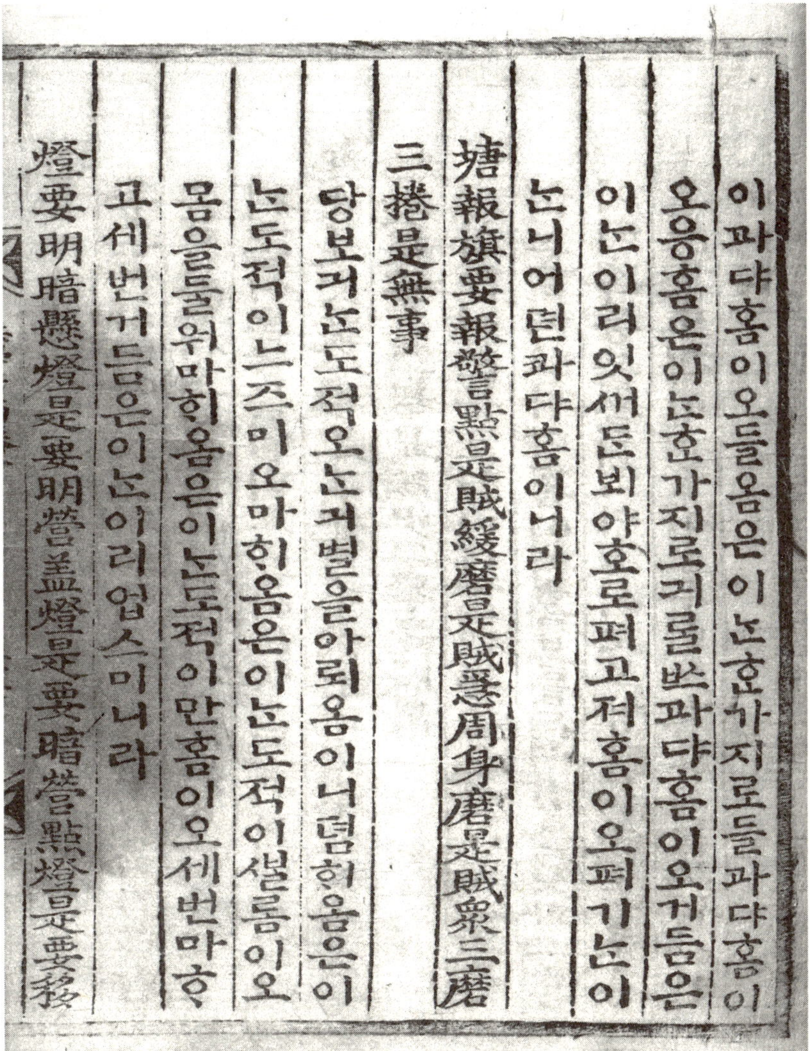

이파다ᄒᆞᆷ이오들옴은이ᄂᆞᆫᄒᆞᆫ가지로들과다ᄒᆞᆷ이
오옹ᄒᆞᆷ은이ᄂᆞᆫᄒᆞᆫ가지로긔롤ᄡᅳ과다ᄒᆞᆷ이오거든은
이ᄂᆞᆫ이러잇새도뢰야호로펴고져ᄒᆞᆷ이오펴기ᄂᆞᆫ이
ᄂᆞᆫ니어련과다ᄒᆞᆷ이니라
塘報旗要報營點是賊緩磨是賊急周身磨是賊衆三磨
三捲是無事
당보긔ᄂᆞᆫ도적오ᄂᆞᆫ긔별을아뢰옴이니뎜ᄒᆞᆫ옴은이
ᄂᆞᆫ도적이ᄂᆞ즈미오마ᄒᆞᆫ옴은이ᄂᆞᆫ도적이ᄲᆞᆯ롬이오
몸을둘워마ᄒᆞᆫ옴은이ᄂᆞᆫ도적이만ᄒᆞᆷ이오세번마ᄒᆞᆫ
고세번거듬은이ᄂᆞᆫ이러업스미니라
燈要明暗懸燈是要明營盖燈是要暗營點燈是要發

상산 개간본의 본문

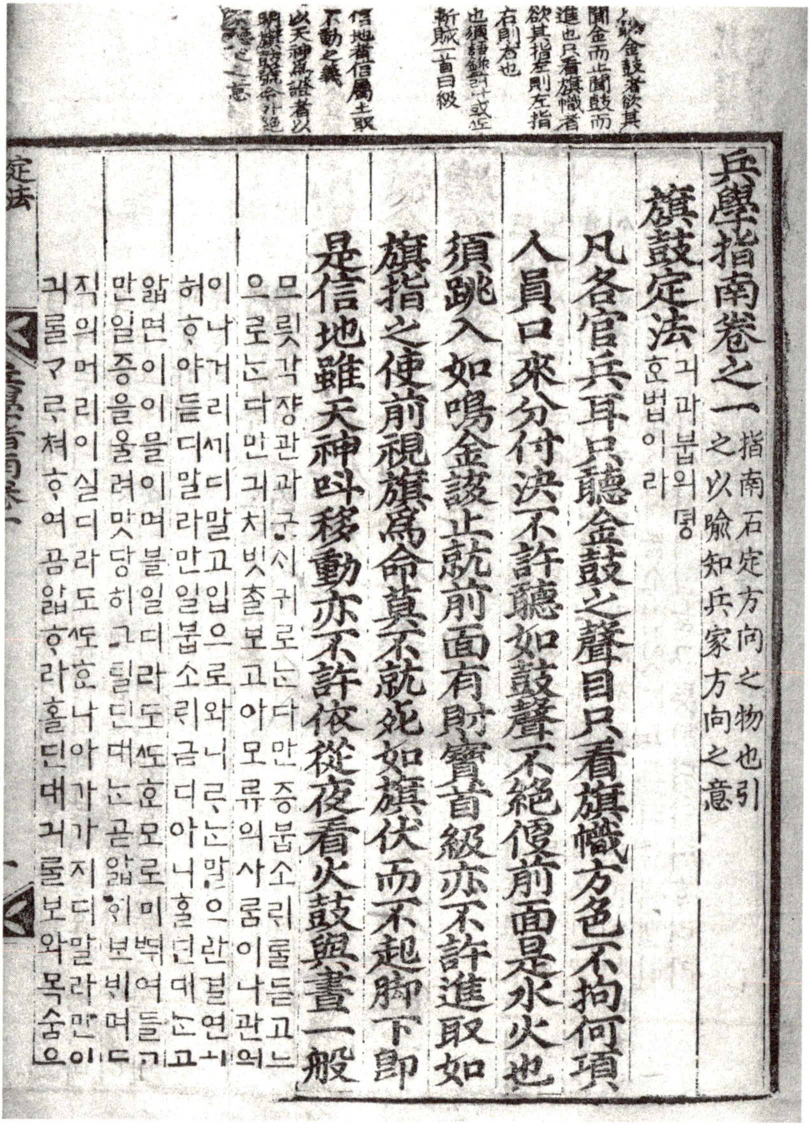
兵學指南卷之一 指南石定方向之物也引之以喩知兵家方向之意

旗鼓定法 긔마붑의뎡호법이라

凡各官兵耳只聽金鼓之聲目只看旗幟方色不拘何項人員口來分付決不許聽如鼓聲不絶便前面是水火也須跳入如鳴金護止就前面有財寶首級亦不許進取如旗指之使前視旗爲命莫不就死如旗伏而不起脚下卽是信地雖天神呌移動亦不許依從夜看火鼓與晝一般

므릇 각 쟝관과 군ᄉᆞ ㅣ 귀로는 다만 증붑소리를 듣고 눈으로는 다만 긔치 빗출 보고 아모 류의 사ᄅᆞᆷ이나 관억이나 거리셰디 말고 입으로 와 니ᄅᆞ는 말으란 결연히 허ᄒᆞ야 듣디 말라 만일 붑소리 금디 아니ᄒᆞ던대는 고 앏면이 이 물이며 블일디라도 ᄯᅩ ᄒᆞ모로미 ᄲᅱ여들고 만일 증을 울려 맛당히 그틸딘대는 곧 앏ᄒᆡ 보ᄇᆡ며 ᄃᆞ직의 머리이실디라도 ᄯᅩᄒᆞ 나아가 가지디 말라 만이 긔를 ᄆᆞᄅᆞ쳐 ᄒᆞ여곰 앏ᄒᆞ라 ᄒᆞ올딘대 긔를 보다 와 목숨으

1787년에 발간한 정조어제본의 본문

26. 삼강행실도三綱行實圖
- 백성들의 윤리적 교화와 유교 정치철학

이 책의 초간본은 1434년(세종 16)에 간행된 3권 1책의 목판본으로 인륜도덕에 관한 내용을 담고 있다. 당시 집현전 부제학副提學으로 있던 설순楔循등이 왕명에 따라 우리나라와 중국에서 군신君臣, 부자父子, 부부夫婦 등 삼강三綱의 모범이 되는 군신간의 충신忠臣, 부자간의 효자孝子, 부부간의 열녀烈女등을 각각 35명씩 간추려 모두 105명을 선정하여 그 행적을 그림과 글로 칭송한 것이다.

이러한 내용은 조선조의 성군聖君 세종대왕의 명에 의하여 저술되었는데 그것은 모든 백성들을 윤리적인 인간으로 교화시켜보자는 뜻과 유교儒教를 국기國基로 삼으려는 정치철학이 담겨져 있다.

각 장마다 그림을 붙이고 한문으로 설명한 다음 칠언절구七言絶句 2수의 영가詠歌에 사언일구四言一句의 찬贊을 붙였고 그림 위의 란상欄上에 한글로 언해를 하여 해설을 붙였다.

그런데 한글본은 1481년(성종 12)에 간행한 『삼강행실도』부터 한문과 같은 뜻을 언해하여 출간한 것으로 보고 있다.

기록에 의하면 세종 14년(1432, 선덕 7년)에 활자인쇄본으로 출간하였다는 기록이 김두종의 한국인쇄기술사 233쪽에 있으나 그것은 신빙성이 없는 것 같다.

또 세종 13년(1431)에 능주綾州에서 출간하였다는 기록이 있고(위 책 377쪽) 또 같은 해에 영남관찰영嶺南觀察營에 삼강행실도 장판藏板

이 있었다는 기록이 있다. (위 책 378쪽)또한 영정조英正祖때 해서관찰영海西觀察營(위 책 383쪽)과 관북관찰영關北觀察營(위 책 384쪽), 관서관찰영關西觀察營(위 책 386쪽) 장판본이 있었다는 기록이 있다. 그리고 중종 6년(1511)과 명종 9년(1554), 뒤이어 선조 39년(1606)과 영조 6년(1730)에 각각 간행하였다는 기록도 또한 있다.

이처럼 간행기록은 많으나 현존한 책은 흔하지 않다.

이 책을 처음 편찬한 설순은 생년월일은 알 수 없고 1435년(세종 17)에 세상을 떴다. 그는 고려때 귀화한 위그르 사람 손遜의 손자요, 경수慶壽의 아들로 본관은 경주이다. 1408년(태종 8)에 생원生員으로 식년문과에 급제한 후 교리教理 좌사경 시강관을 거쳐 안동현감이 되었다. 1427년(세종 9)에 문과 중시에 급제한 후 왕명에 의하여 효행록을 증수增修하고 1431년에 집현전 부제학으로 있으면서 『삼강행실도』를 편수하였다. 1434년에는 윤회尹淮 등과 함께 『통감훈의統監訓義』를 저술하는 등 박학博學하고 문장에 뛰어나고 사학史學에도 밝아 저술 간행사업에도 공적이 컸다.

이 책의 권두에는 1432년에 집현전 응교인 권채權採의 왕명에 의한 서문이 실려 있고 효자도 35편중에는 중국의 춘추시대인 노나라 사람으로부터 원나라에 이르기까지의 30명과 우리나라 사람 5명이 포함되어 있으며 충신도 35편 중에 우리나라의 신라 박제상朴堤上, 신라 비령조丕寧, 고려 이존오李存五, 고려 정몽주鄭夢周, 고려 길재吉再 등 다섯 명의 명단과 판화가 실려 있으며 열녀편에 35명이 차례로 실려 있다.

범우사 자료실에는 영조英祖 이전본과 1730년(영조 6) 간행본과 1882년(고종 19)에 금성錦城에서 발행한 박헌양朴憲陽의 발문이 있는 『죽수교간竹樹校刊』 판본 등이 있다.

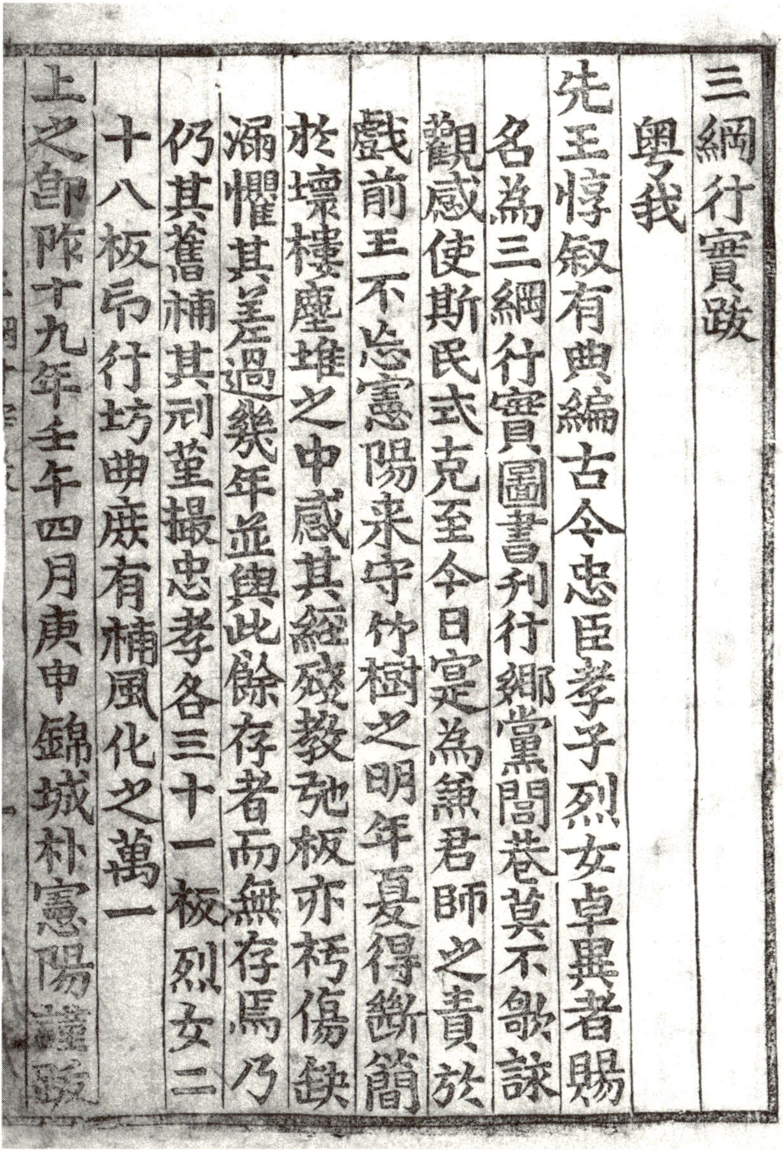

三綱行實跋
粤我
先王惇敍有典編古今忠臣孝子烈女卓異者賜
名爲三綱行實圖書刊行鄉黨閭巷莫不歌詠
觀感使斯民式克至今日寔爲兼君師之責於
戲前王不忘憲陽來守竹樹之明年夏得斷簡
於壞樓塵堆之中感其經殘教弛板亦朽傷缺
溺懼其差過幾年並與此餘存者而無存焉乃
仍其舊補其刓茸撮忠孝各三十一板烈女二
十八板帀行坊曲庶有補風化之萬一
上之卽阼十九年壬午四月庚申錦城朴憲陽謹跋

죽수판본의 박현양 발문

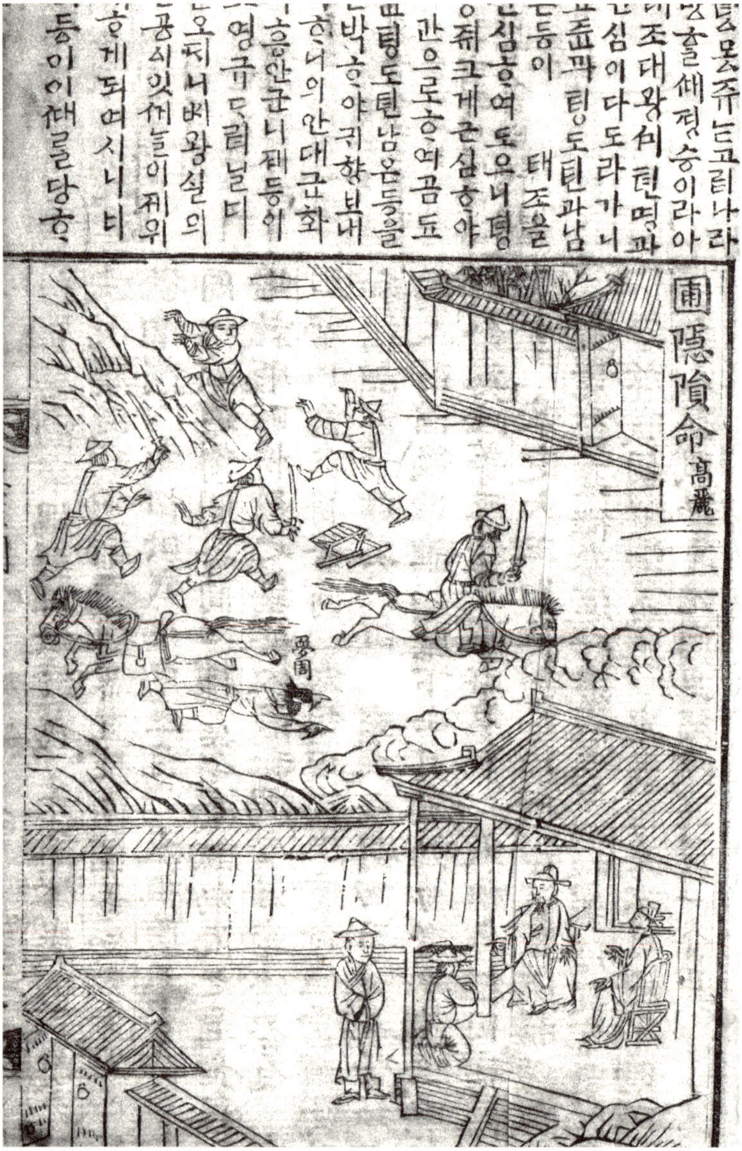

영조 이전 판본. 정몽주편.

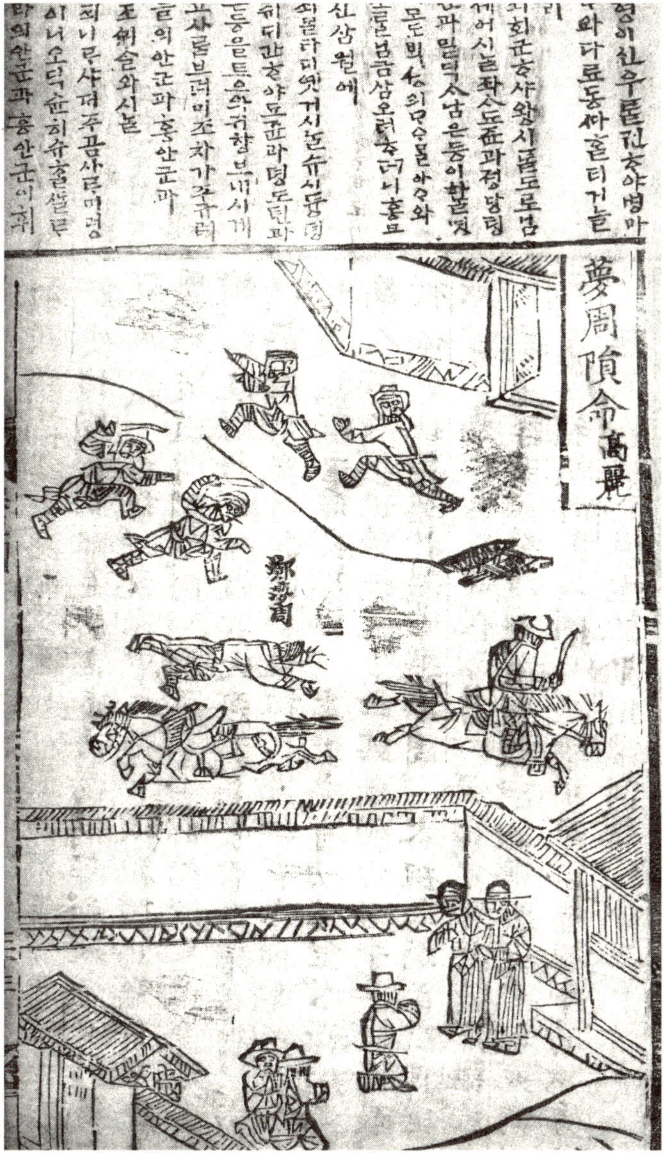

영조 판본(1730년) 정몽주편.

죽수판본 정몽주편.

27. 이륜행실도二倫行實圖
- 백성들 교화 위한 유교 기본윤리

이 책은 김안국金安國이 짓고 조신曺伸이 편찬한 책이다. 원래는 김안국이 경연經筵에서 중종中宗에게 시강侍講할 때 이 책을 간행할 것을 진언하여 윤허允許를 얻었으나 그가 경상도 관찰사로 임명되어 감에 따라 사역원정司譯院正인 조신曺伸이 맡아 간행하게 된 것이다.

이 책은 앞서 1434년(세종 19)에 간행되었던 『삼강행실도』가 효자, 충신, 열녀의 행적을 다루고 있었으므로 이륜二倫을 더해 오륜으로 완결을 기하기 위해 옛 사람중 장유長幼와 붕우朋友의 이륜二倫에서 모범되는 사람을 뽑아 엮은 것이다.

내용은 장유와 붕우의 행실이 뛰어난 중국의 역대 명현의 행적을 가려뽑아 형제도兄弟圖에는 종족도宗族圖를, 붕우도朋友圖에는 사생도師生圖를 첨가하였다. 형제도에 25명, 종족도에 7명, 붕우도에 11명, 사생도에 5명 등 모두 48명이 수록되어 있는데 『삼강행실도三綱行實圖』에는 우리나라 명현들도 있는데 반해 『이륜행실도』에는 우리나라 사람이 한 사람도 등재되어 있지 않은 아쉬움이 있다.

이 책의 초간본은 수택본手澤本으로서 1518년 경상도 금산군金山郡(지금의 金泉)에서 간행하였으며 현재 경상북도 월성군 옥산서원玉山書院에 소장되어 있다.

이 책의 간행동기는 유교의 기본윤리인 오륜 중에 장유유서長幼有序와 붕우유신朋友有信의 이륜을 백성에게 널리 가르치려는 데 목적이 있었다.

또한 편찬한 동기를 살펴보더라도, 이 책이 간행된 때는 기묘사화(1519)가 일어나기 바로 전해로 조광조趙光祖의 개혁정치가 강력한 영향력을 발휘하던 무렵이다. 중종은 이 신진사류로 하여금 연산군에 의하여 극도로 문란해진 사회질서를 바로잡고 전통적인 유교사상을 바탕으로 한 정치제도를 구현하고자 했던 것이다. 또한 한편으로는 향약鄕約을 전국에 시행하게 하였으며 백성들에게 강력한 윤리적인 규범을 시행토록 하였다. 이러한 정치적 배경하에 지치주의至治主義를 주장하였던 김안국이 백성의 교화를 위하여 『이륜행실도』를 저술하게 되었던 것이다.

초간본 이후 중간본으로 1579년(선조 12) 교서관校書館본이 경상북도 예천군의 학봉 김성일金誠一 종가에 있는데 초간본과는 표기법과 언어 사실들의 차이가 있다. 그후 중간본으로는 1727년(丁未) 4월에 기영箕營(지금의 평양)에서 개간開刊한 것이 규장각에 있고, 1730년(영조 6)에 영영嶺營(지금의 대구)과 강원도 등에서 간행한 책이 있다. 이 중간본에는 책머리에 1518년(正德戊寅) 3월 강혼姜渾의 「이륜행실도서二倫行實圖序」가 있으며 책끝에는 그 유명한 암행어사 박문수朴文秀의 발跋이 있다.

이 책의 체제는 1434년에 간행된 『삼강행실도』를 모방했기 때문에 그와 대체로 비슷하다. 본문의 각장은 도판圖版으로 되어 있고 그 상단上段에 언해가 되어 있으며 뒷면에는 한문으로 된 행적기록과 시찬詩讚이 실려 있다.

이 『이륜행실도』에 실려 있는 도판은 조선시대의 판화版畵의 변천과정을 연구하는 데 중요한 자료이며 언해는 국어사國語史의 발달과정을 살펴보고 연구하는 데 중요한 가치를 가지고 있다.

또한 조선시대의 유학사상과 윤리도덕관을 살펴 그 시대의 사회상을 가늠하는 데도 좋은 자료가 된다.

『이륜행실도』는 『삼강행실도』보다 귀한 편이다. 국회 발행의 한국고서 종합목록에 등재한 것으로도 강원도간이 규장각과 김원용 소장, 기영箕營간도 규장각, 연대, 해영海營간이 국립중앙, 장서각, 이마니시 료(今西龍: 일본인), 영영嶺營간도 서울대, 하버드도서관 그리고 간기가 없는 책이 몇권 있으나 하버드, 이대, 숙대 등은 귀중본으로 지정하고 있다.

범우사 자료실에는 1730년간의 영영판과 간기가 없는 책 한권을 소장하고 있다.

영영판『이륜행실도』의 형제도 부분

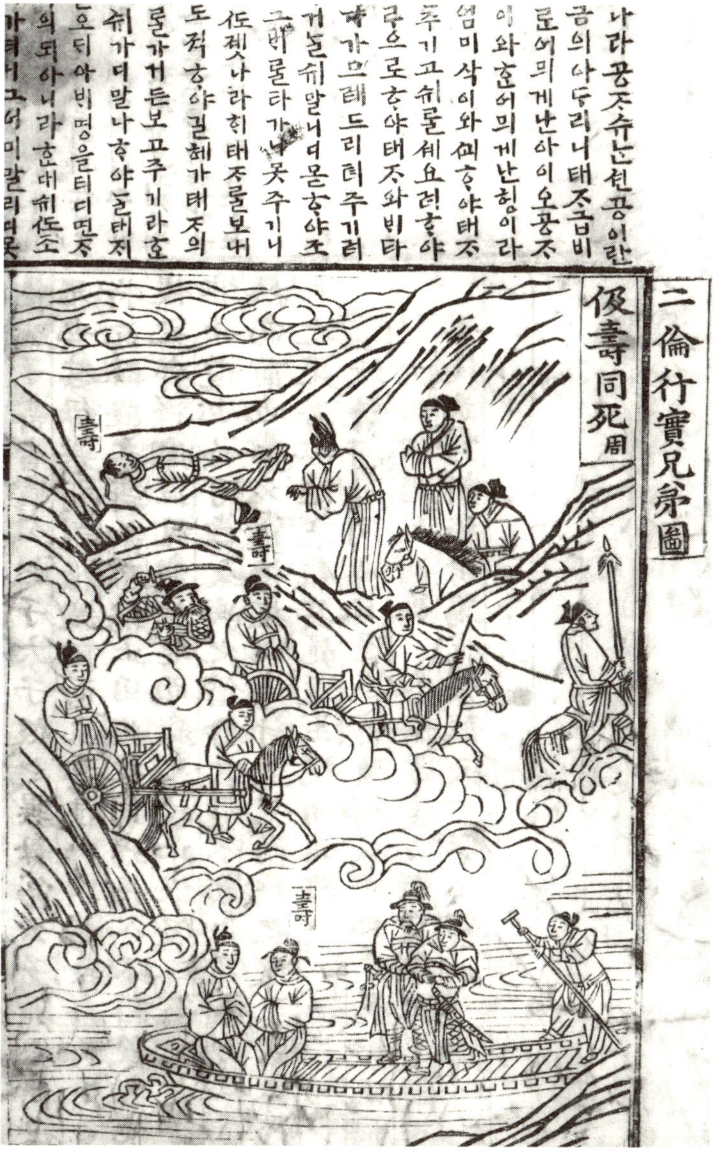

간기가 없는 『이륜행실도』의 형제도 부분

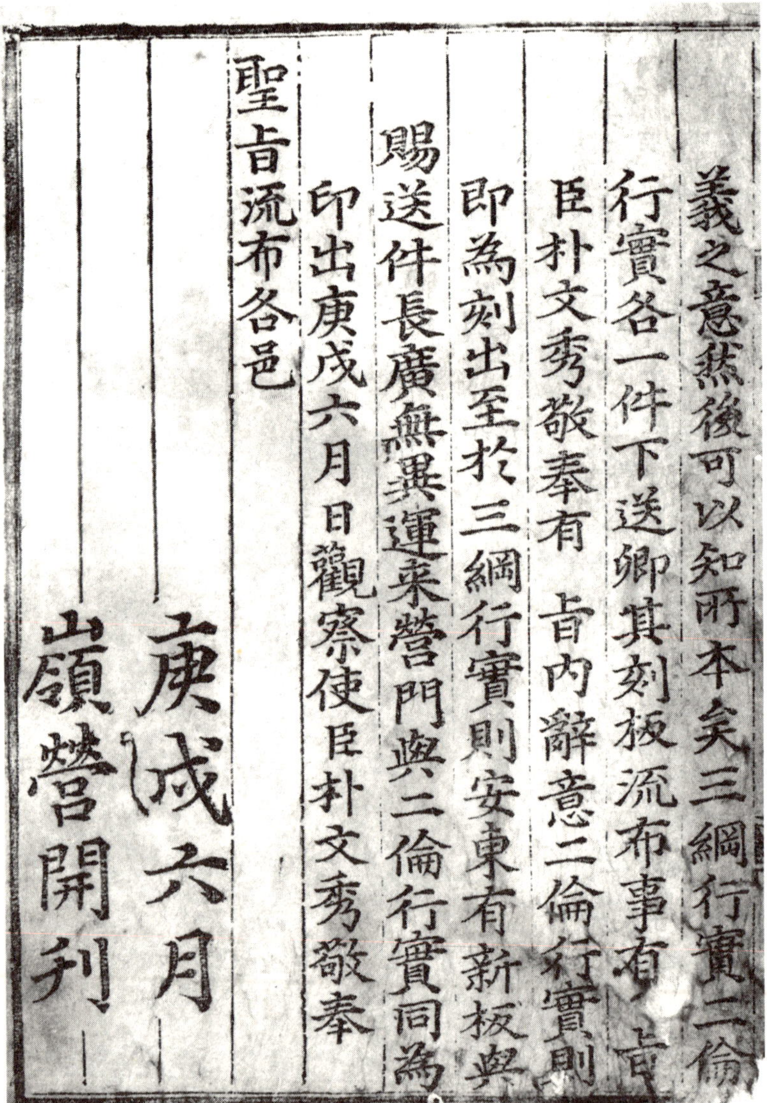

義之意然後可以知所本矣三綱行實二倫
行實各一件下送卿其刻板流布事有 旨
臣朴文秀敬奉有 旨內辭意二倫行實則
即為刻出至於三綱行實則安東有新板與
賜送件長廣無異運來營門與二倫行實同為
印出庚戌六月日觀察使臣朴文秀敬奉
聖旨流布各邑

庚戌六月
嶺營開刊

1730년(영조6) 지금의 대구에서 간행된 영영판 『이륜행실도』.

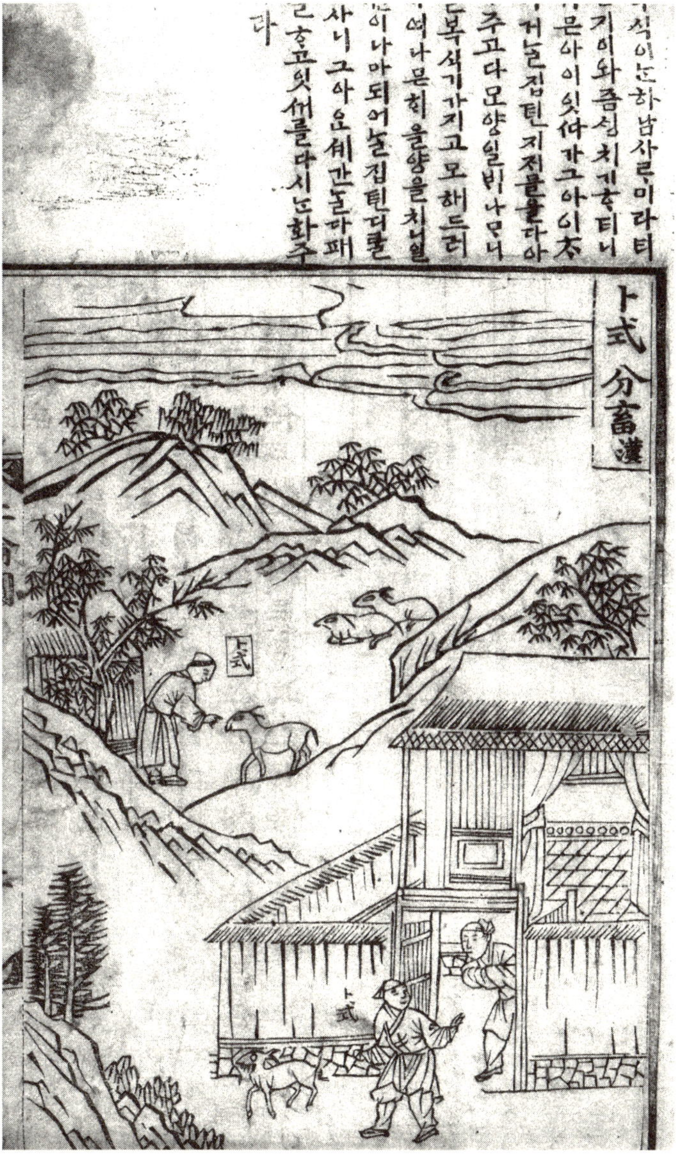

복식 형제의 정을 그린 것인데 동생이 장성하자 밭과 집은 모두 동생에게 주었다.
그는 산에 들어가 10여 년 동안 양을 키워 그걸 팔아 밭과 집을 샀다.
한편 동생은 그 재산을 모두 날려 버렸지만 복식은 자기의 재산을 계속 나눠 주었다.

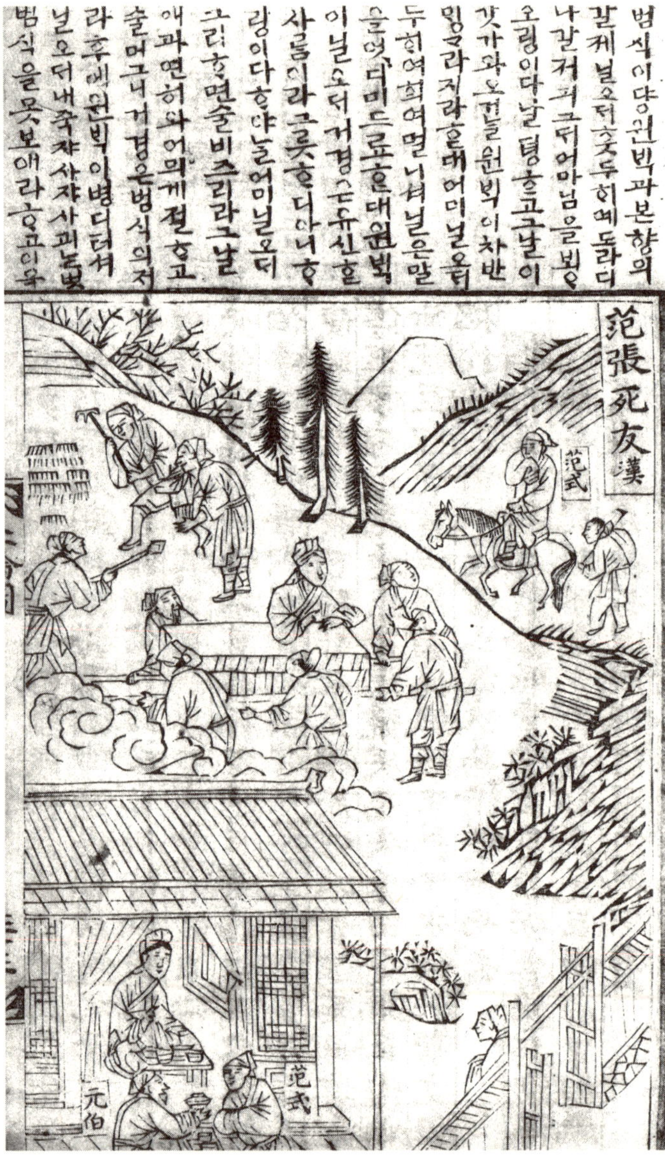

범식과 장소의 우정을 그린 것인데 장소가 죽은 후 관이 움직이지 않다가 범식이 그의 관을 두드리며 말을 걸고 이끄니 그제서야 관이 움직였다 한다.

28. 여사서언해女四書諺解
- 왕명으로 간행된 여성용 수신교화서

조선조에 여성에 관한 책을 관판본官板本으로 발행한 경우는 극히 드물다. 그런데다가 이책은 특히 영조의 왕명에 의하여 금속활자로 한문과 한글을 섞어 찍어낸 책으로 귀중한 책이다.

우리나라 금속활자는 조선조에 들어와서도 1403년에 계미자, 1420년에 경자자, 1434년에 갑인자 등 숱한 금속활자로 책을 간행하였다. 그런데 이 『여사서』는 갑인자체 금속활자로 찍은 3주 갑인자본3鑄甲印字本에 속한다.

한문 갑인자는 중국의 명필인 왕희지의 스승인 이충李充의 어머니 위부인衛夫人의 글씨체를 본으로 하였다는 설과 조자앙趙子昂의 송설체松雪體로 쓴 명초 한림학사의 필서체를 바탕으로 하였다는 설도 있다. 이 갑인자체는 조선조 500년동안 여섯 번 이상 개주改鑄를 하면서 가장 많이 책을 발간한 활자이다.

또 이 『여사서』에 사용한 한글활자도 훈민정음 창제(1443년) 이후 인경기印經期, 경서기經書期, 임진왜란 이후의 복구기를 거쳐 정형기定型期(1725)에 들어선 후에 만들어낸 놋쇠활자로 정교하고 아름답다.

이 『여사서』는 영조 12년(1736)에 왕명에 의하여 한글로 번역한, 여성들을 위한 수신교화서이다. 내용은 후한시대의 조대가曺大家가 지은 여계女誡, 당나라때의 송약소宋若昭의 여논어女論語, 명나라의 인효문황후仁孝文皇后의 내훈內訓, 왕절부王節婦의 여범女範 등 네 여인들이 지은 여자들에게 교훈이 되는 것을 편집한 것이다.

조대가가 지은 여계女誡에는 여자가 커서 출가하여 시부모와 남편을 섬기고 시집과의 화목을 위하여 여자로서 해야 할 행실과 몸가짐 등을 서술한 것으로서 부부, 부행婦行, 곡종曲從 등 7장으로 이루어져 있다.

송약소의 여논어女論語는 옛날 열녀烈女와 정녀貞女의 행실을 흠모하며 후대 사람에게 이런 기풍이 사라져감을 애석히 여겨 여자들의 교훈으로 삼기를 바라는 뜻에서 찬하였으며 특히 가사家事, 대인관계, 윗사람 섬기는 일, 순종, 정조貞操 등을 강조하였다. 학예學藝, 조기早起, 수절守節 등 12장으로 서술되어 있다.

명나라 성조황제成祖皇帝의 인효문황후의 저술인 내훈內訓은 황녀皇女와 궁인宮人들을 가르치는 교재로 삼기도 하였다. 전술한 조대가曺大家의 「여계女誡」가 너무 간략하고 여헌女憲 여칙女則 등의 저서가 있었으나 모두 유실되어 여성들을 교육하는 책이 마땅치 않아 과거 어느것보다 탁월하고 만세에 수범垂範이 될만한 것을 선정하여 저술하였다고 그 동기를 기술하고 있다. 『여사서』중 내훈이 가장 많은 부분을 차지하고 있으며 덕성德性, 수신修身, 절검節儉, 적선積善, 봉제사奉祭祀 등 20장으로 많은 고사故事를 인용하면서 잘못된 품행과 풍속 등을 지적하고 있다.

왕절부가 지은 여범女範의 본래의 이름은 여범첩록女範捷錄으로 대표적인 유가적 교육론으로, 음양의 이치에 따라 남자와 여자의 근본과 도리를 설명한 뒤 가정에서의 여성의 역할이 중요함을 강조하면서 여성교육에 대한 필연성을 주창하였다. 효행孝行, 정열貞烈, 지혜智慧, 재덕才德 등 11장 속에 중용中庸, 대학大學, 사기史記, 통감通鑑 등 역대의 방대한 고전古典에서 좋은 실례를 뽑아 교훈으로 삼게하고 있다.

이 『여사서』는 오랜 역사동안 중국을 비롯한 한국 일본 등 한문생

활권 여성들의 규범서閨範書로 큰 영향을 미쳐왔으며 여성생활규범을 살피는데도 좋은 자료가 되어왔다.

이 책의 기술방법은 본문에 한문을 싣고 언해를 하였는데 양쪽에 나오는 모든 한자에는 그 당시의 한자음을 달아서 18세기의 국어연구에도 좋은 자료가 되고 있다. 1736년에 영조의 명에 의해 발행된 갑인자체 여사서女四書 외에도 1907년(융희1년)에 송병순宋秉珣이 한글로 번역 간행한 목판본 책도 있다. 이 책은 갑인자본인 어제 여사서御製 女四書 본과는 그 배열과 번역에 모두 차이가 있고 오히려 중국의 『여사서』 순서대로 배열되어 있다.

1736년 발행의 금속활자본은 4권 3책天地人으로 되어 있으며 1907년 발행의 목판본은 4권 2책 상하로 되어 있고 끝장에 영주정사瀛洲精舍 정미간판丁未刊板이란 간행기刊行記가 적혀있다. 영주는 제주도의 옛이름이기도 하고 전북 정읍군 고부면의 옛이름이기도 하며 전남 고흥군 남양면의 옛이름이기도 하다.

국회도서관 한국고서종합목록에 의하면 갑인자본 4권 3책 완질을 갖추고 있는 곳은 서울대 규장각, 장서작, 간송미술관, 파리의 동양문고, 미국의 하버드대학 등이며 목판본 4권 2책은 서울대를 비롯한 10여곳의 대학과 개인이 소장하고 있는 것으로 되어 있다. 범우사의 자료실에는 갑인자본 천天, 지地 2책과 목판본 두질이 있다.

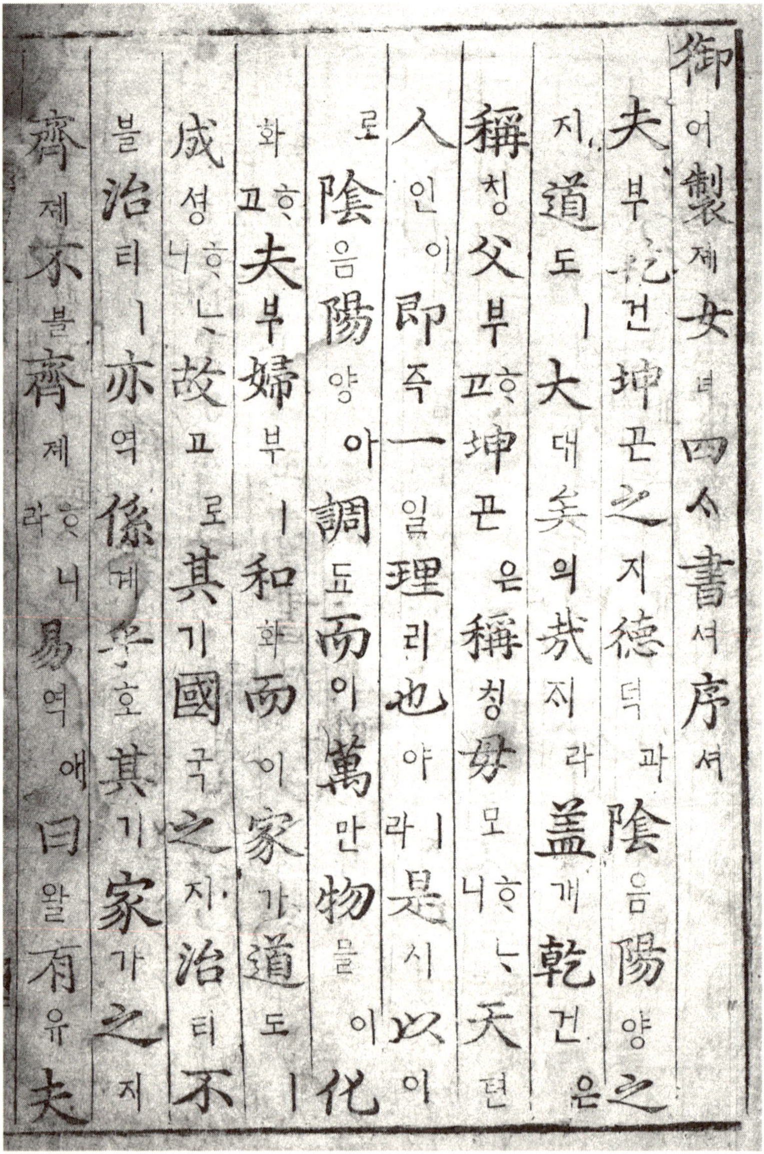
御어製제女녀四ᄉᆞ書서序서
夫부乾건坤곤之지德덕과陰음陽양之
지道도ㅣ大대矣의哉재라蓋개乾건은
稱칭父부ᄒᆞ고坤곤은稱칭母모ᄒᆞ니天텬
人인이即즉一일理리也야라ㅣ是시以이
로陰음陽양이調됴而이萬만物믈이化
ᄒᆞ고夫부婦부ㅣ和화而이家가道도ㅣ
成셩ᄒᆞᄂᆞ니故고로其기國국之지治티不
블治티ㅣ亦역係계乎호其기家가之지
齊제不블齊제ᄒᆞ니易역에曰왈有유夫

금속활자인 갑인자로 찍은 어제 여사서 서문

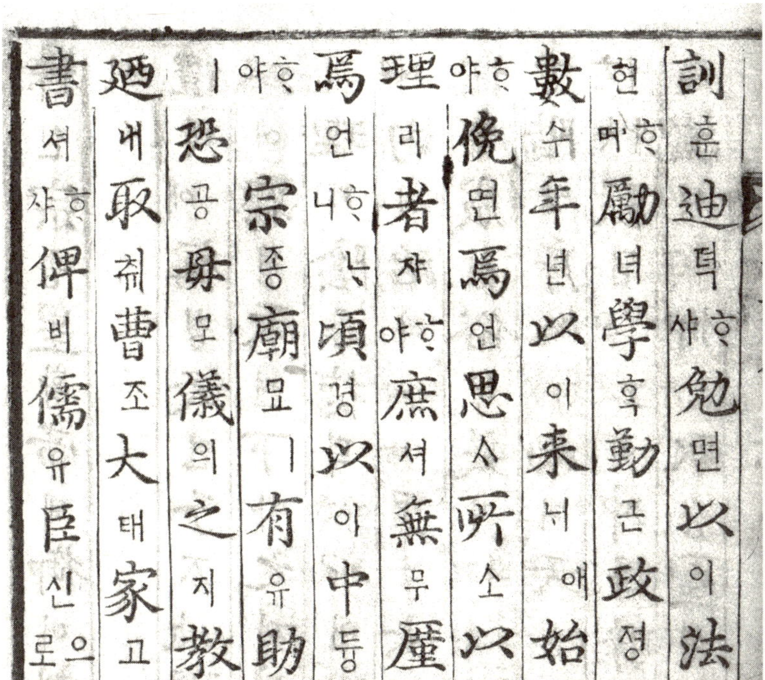

訓훈迪뎍ᄒᆞ샤 勉면以이法법祖조親친賢현ᄒᆞ며 勵녀學혹勤근政졍으로 爲위務무ᄒᆞ샤 ᄒᆞ실 數ᄉᆔ年년以이來ᄂᆡ애 始시克극有유省셩ᄒᆞ야 俛면焉언思ᄉᆞ所소以이興흥道도致티 理리者쟈ᄒᆞ야 庶셔無무廑근夫부慈ᄌᆞ慮려ᄒᆞ야 爲언ᄒᆞ니ᄂᆞᆫ 頃경以이中듕宮궁이 正졍位위ᄒᆞ야 宗종廟묘ㅣ有유助조ᄒᆞ샬 聖셩母모ㅣ 恐공母모儀의之지敎교ㅣ未미闡쳔ᄒᆞ샤 迺내取취曹조大태家고의 女녀誡계一일 書셔ᄒᆞ샤 俾비儒유臣신으로 註주解ᄒᆡᄒᆞ야 以이

갑인자체 금속활자로 찍은 『여사서 언해』의 본문

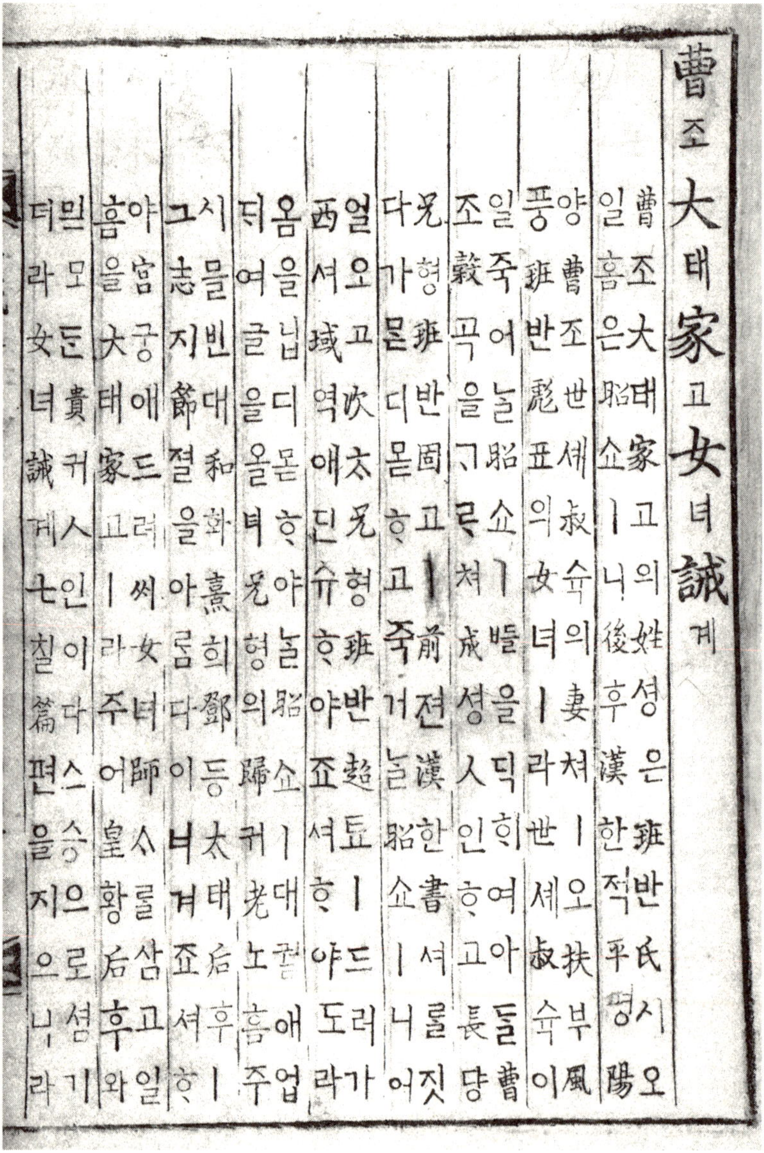

曹조大태家고女녀誡계

曹조大태家고의 姓셩은 班반氏시오 일홈은 昭쇼ㅣ니 後후漢한적 平평陽양 曹조世셰叔슉의 妻쳐ㅣ오 扶부風풍 班반彪표의 女녀ㅣ라 世셰叔슉이 일죽어늘 昭쇼ㅣ 빌을 딕희여 아ᄃᆞᆯ 曹조穀곡을 ᄀᆞᄅᆞ쳐 成셩人인ᄒᆞ고 長댱兄형 班반固고ㅣ 前젼漢한書셔를 짓다가 ᄆᆞᆺ디 몯ᄒᆞ고 죽거늘 昭쇼ㅣ 니어 얼오고 次ᄎᆞ兄형 班반超툐ㅣ 드러가 西셔域역애 딘슈ᄒᆞ야 죠셔ᄒᆞ야 도라옴을 닙디 몯ᄒᆞ야ᄂᆞᆯ 昭쇼ㅣ 대궐애 업되여 글을 올녀 兄형의 歸귀老노ᄒᆞᆷ 주시믈 빈대 和화熹희鄧등太태后후ㅣ 그 志지節절을 아ᄅᆞᆷ다이 너겨 죠셔ᄒᆞ야 宮궁애 드려 써 女녀師ᄉᆞᄅᆞᆯ 삼고 일홈을 大태家고ㅣ라 주어 皇황后후와 믿 모든 貴귀人인이 다 스승으로 셤기더라 女녀誡계 七칠篇편을 지으니라

갑인자본 본문중 조대가 여계 머리부분

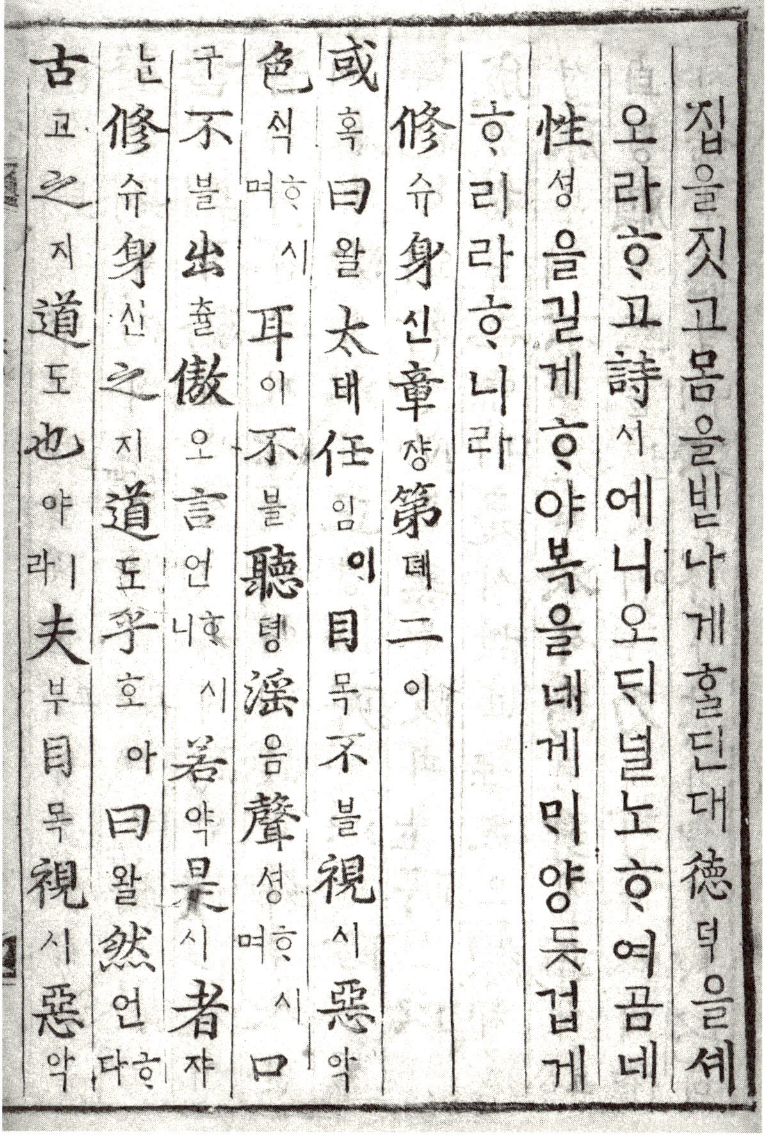

집을짓고몸을빋나게홀딘대德덕을세
오라ᄒᆞ고詩시에니오ᄃᆡ널노ᄒᆞ여곰네
性셩을길게ᄒᆞ야복을네게미양듯겁게
ᄒᆞ리라ᄒᆞ니라
修슈身신章쟝第뎨二이
或혹曰왈太태任임이目목不블視시惡악
色ᄉᆡᆨᄒᆞ시며耳이不블聽텽淫음聲셩ᄒᆞ시며口
구不블出츌傲오言언ᄒᆞ시니若약是시者쟈
ᄂᆞᆫ修슈身신之지道도乎호아曰왈然연ᄒᆞ다
古고之지道도也야ㅣ라夫부目목視시惡악

갑인자본 여사서 내훈 수신부분

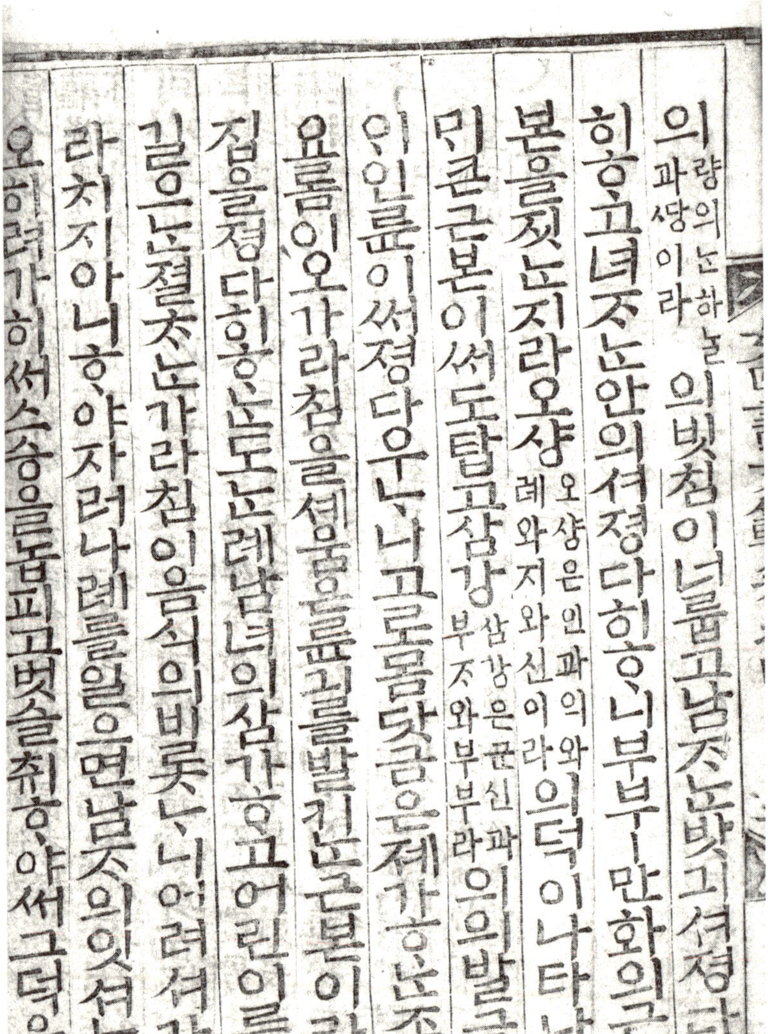
의(량의논하ᄂᆞᆯ과샹이라)의빗침이너ᄅᆞᆸ고남ᄌᆞᄂᆞᆫ밧긔셔셩다
희ᄒᆞ고녀ᄌᆞᄂᆞᆫ안의셔졍다히ᄒᆞ니부부ㅣ만화의근
본을짓ᄂᆞᆫ지라오샹(오샹은인과의와례와지와신이라)의덕이나타나
미ᄅᆞᆫ근본이써도탑고삼강(삼강은군신과부ᄌᆞ와부부라)의의발금
이인륜이써졍다온ᄂᆞ니고로몸닷금은제가ᄒᆞᄂᆞᆫ종
요로옴이오가라침을세움은륜긔를발킨근본이라
집을졍다히ᄒᆞᆷ은도ᄂᆞᆫ례남녀의삼가ᄒᆞ고어린이를
길으ᄂᆞᆫ졀ᄎᆞᄂᆞᆫ가라침이음식의비롯ᄂᆞ니어려서가
라치지아니ᄒᆞ야자러나례를일으면남ᄌᆞ의잇셔ᄂᆞᆫ
오히려가히써스승을돕피고벗슬취ᄒᆞ야써그덕을

1907년 영주정사에서 간행한 『여사서 언해』의 목판본 본문

29. 동몽선습언해童蒙先習諺解
- 우리 나라 사람이 지은 최초의 어린이책

동몽선습을 한글로 언해하여 목판본으로 간행한 단권짜리 책이다.

동몽선습 언해본의 가장 오래된 책은 1797년(정조 21)에 간행된 책인데 언해한 사람은 밝혀지지 않고 있다.

이 책의 한문본은 조선 명종 때의 유학자인 박세무朴世茂(1487~1554)가 서당에 처음 입학한 학동을 위하여 지은 책으로 천자문을 배운 다음 단계에 주로 사용하였던 교재로 어린이 교육을 위한 우리 나라 사람이 지은 최초의 교과서라고 할 수 있다.

서당에서는 천자문 이외에 『소학小學』, 『맹자孟子』, 『논어論語』 등 중국인이 지은 저서로 가르쳤으나 『동몽선습』은 우리 나라 저자의, 우리 나라 역사가 기술되어 있는 교과서이다.

임진왜란 이전의 한문 초간본은 전해지지 않으며 1759년(영조 35) 간행의 중간본 이후 여러 판본이 전해지고 있다.

책머리에는 영조가 1742년 6월에 쓴 서문이 있고 책끝에는 1670년 10월에 쓴 송시열宋時烈의 발문이 있다.

이 책의 내용은 오륜五倫에 대해 간단히 설명하고 부자 사이의 친애를 강요한 부자유친父子有親, 임금과 신하 사이의 의리를 강조한 군신유의君臣有義, 부부의 분별을 그린 부부유별夫婦有別, 어른과 젊은이와의 순서가 엄격해야 한다는 장유유서長幼有序, 친구간에 믿음이 기본이라는 붕우유신朋友有信 등 오륜의 하나 하나를 분리하여 구체적으로 설명하였다. 뒤이어 총론에서는 오륜이란 사람이 살아가는 기본의 이치며 효는 백행의 근원이 된다고 하여 사친事親의 도道와 절차를 대표로 들었다. 즉 인간이 짐승과 다른 점은 오륜을 가졌기 때문이라 했다.

이어서 중국의 삼황오제三皇五帝로부터 명나라까지의 약사略史와 우리 나라의 단군에서부터 조선왕조까지의 역사를 간략하게 기술하고 국가의 흥망도 인륜에 의해 좌우된다고 하였다.

영조도 이 책의 중요성을 느끼고 국가기관인 운각芸閣에서 인출印出하여 널리 보급하라고 명하였다.

이 『동몽선습언해』본에는 주격어미에 '가'가 나타나지 않으며 처격어미處格語尾로 '예, 애, 에' 등이 보이고 ㅅㄷ, ㅂㅅ, ㅅㅈ, ㅆ 등의 어두자음군語頭子音群의 예와 경음화硬音化의 예 등이 나타나는 것으로 보아 18세기 이후의 근대 국어의 자료로도 중요하다고 본다.

범우사의 자료실에는 한문본漢文本으로

① 병진 중춘 화산(丙辰 仲春 華山) 본 ② 신묘 맹동 중간(辛卯 孟冬 重刊) 본 ③ 정사 맹동 중간(丁巳 孟冬 重刊) 본 ④ 화천 중간(華泉 重刊) 본 ⑤ 기미 석교 신간(己未1859 石橋 新刊)본 ⑥ 무인 중춘애한정중간(戊寅1878 仲春愛閑亭重刊) 본 ⑦ 광무 경자 석교 신간(光武 庚子1900 石橋新刊) 본 ⑧ 1929년 신구서림(新舊書林) 본 ⑨ 석정장판(石亭藏板) 본 ⑩ 8행 14자(8行 14字)의 고판본(古板本) 이외에 목판본 6책과 필사본 7책이 있다.

언해본으로는

① 정조 21년 정사 계하 신간(上之 21, 1797년 丁巳 季夏 新刊) 본 ② 무간기 동몽선습언해(無刊記 童蒙先習諺解) 본 ③ 기해 동경 초동중간(己亥 冬京 草洞重刊) 역해(譯解) 본과 ④ 동몽선습 한글훈독 지포 필사(童蒙先習 諺解訓讀 芝圃 筆寫) 본 등 필사 3책이 있다.

그리고 도상언해 동몽선습圖像諺解 童蒙先習이란 이름으로 20세기

초 박영진朴永鎭 편수 권세진權世鎭 교정으로 도판을 곁들여 동몽선습과 같은 내용인 방각본으로 발간한 책과 내용이 같거나 비슷한 훈몽집요訓蒙輯要(1914, 한만용 교열, 이규용 편집), 언토 유문초습 諺吐 幼文初習(1917), 언해 동몽훈諺解 童蒙訓(1926), 언해 동몽학諺解 童蒙學, (1935), 동몽필습童蒙必習(1936) 등 1936년대까지 발간된 발간물이 범우사 자료실에 소장되어 있다.

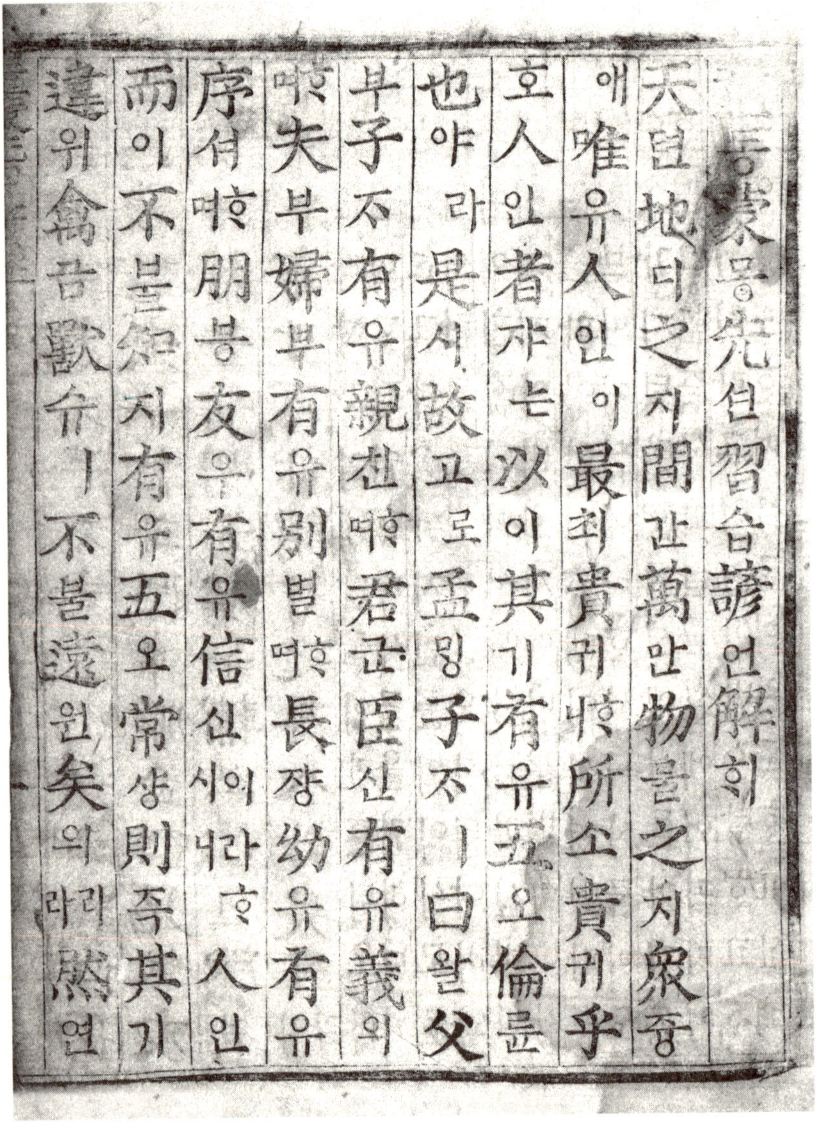
童蒙동몽先션習습諺언解히
天텬地디之지間간萬만物믈之지衆중
애 唯유人인이 最최貴귀ᄒᆞ니 所소貴귀乎
호人인者쟈ᄂᆞᆫ 以이其기有유五오倫륜
也야라 是시故고로 孟ᄆᆡᆼ子ᄌᆞㅣ曰왈父
부子ᄌᆞ有유親친ᄒᆞ며 君군臣신有유義의
ᄒᆞ며 夫부婦부有유別별ᄒᆞ며 長쟝幼유有유
序셔ᄒᆞ며 朋븡友우有유信신이시니라 ᄒᆞ니 人인
而이不블知지有유五오常샹則즉其기
違위禽금獸슈ㅣ不블遠원矣의리라 然연

무간기 동몽선습 언해본의 첫머리

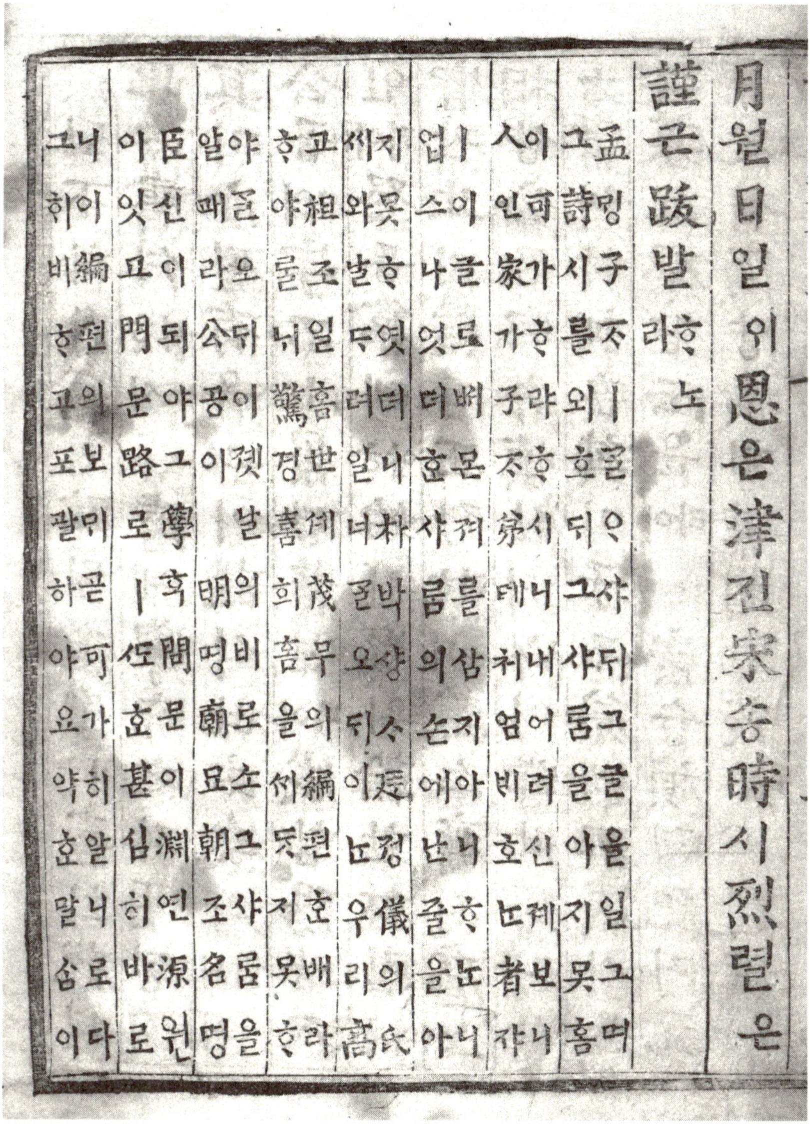

月월日일이恩은津진宋송時시烈렬은

謹근跋발라ᄒᆞ노

孟밍子ᄌᆞㅣᄀᆞᆯᄋᆞ샤되그글을일그며그詩시를외호되그샤ᄅᆞᆷ을아지못홈

이可가ᄒᆞ라ᄒᆞ시니내어려신제보니ᄉᆞ인家가子ᄌᆞ弟뎨처엄비호ᄂᆞᆫ者쟈

ㅣ이글로ᄡᅧ몬져를삼지아니ᄒᆞᄂᆞᆫ니업스나엇더ᄒᆞᆫ샤ᄅᆞᆷ의손에난줄을아

지못ᄒᆞ엿더니朴박샹ᄉᆞ定뎡儀의氏씨와날ᄃᆞ려닐녀ᄀᆞᆯᄋᆞ되이ᄂᆞᆫ우리高

고祖조일홈世셰茂무의編편호배라ᄒᆞ야ᄂᆞᆯ니驚경喜희ᄒᆞᆷ을ᄡᅥ듯지못ᄒᆞ

야ᄀᆞᆯ오되이젯날의비로소그샤ᄅᆞᆷ을알ᄣᆡ라公공이明명廟묘朝조名명

臣신이되야그學혹問문이淵연源원이잇ᄂᆞᆫ門문路로ㅣᄯᅩᄒᆞᆫ甚심히바로

니이編편의보미곧可가히알니로다그ᄒᆡ비ᄒᆞ고포괄ᄒᆞ야요약ᄒᆞᆫ말ᄉᆞᆷ이

무간기 언해본의 송시열 발문

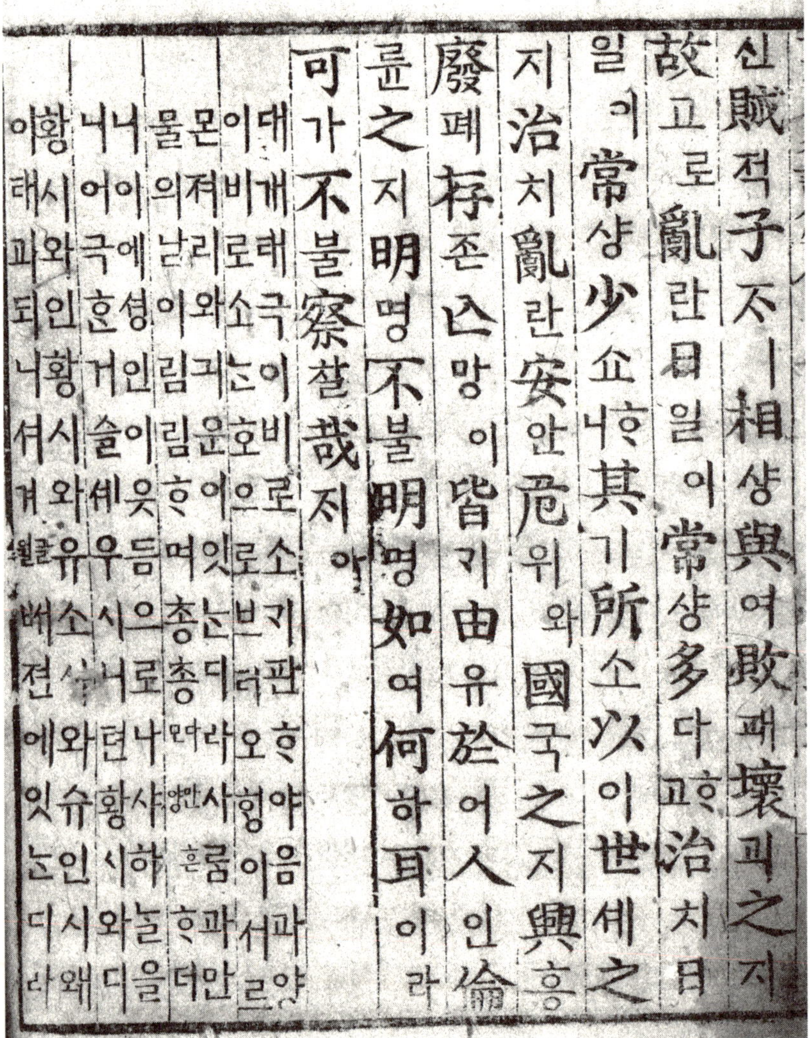
신賊적子ᄌᆞ｜相상與여敗패壞괴之지
故고로亂란日일이常상多다ᄒᆞ고治치日
일이常상少쇼ᄒᆞ니其기所소以이世셰之
지治치亂란安안危위와國국之지興흥
廢폐存존亡망이皆ᄀᆡ由유於어人인倫
륜之지明명不불明명如여何하耳이라
可가不불察찰哉ᄌᆡ아
대개태극이비로소ᄀᆡ판ᄒᆞ야음과양
이비로소ᄂᆞᆫ호으로브터오힘이셔ᄅᆞ
몬져리와긔운이잇ᄂᆞᆫ다라사ᄅᆞᆷ과만
믈의날이림림ᄒᆞ며총총면다양안ᄒᆞᆫᄒᆞ더
니이에셩인이웃듬으로나사하ᄂᆞᆯ을
니어극ᄒᆞᆫ거ᄉᆞᆯ셰우시너던황시와디
황시와인황시와유소샹와슈인시왜
이태고되나셔겨삭월글벼젼에잇ᄂᆞᆫ디라

1797년에 발간한 정사본의 본문

1797년(정조 21)에 발간한 정사본의 간기부분

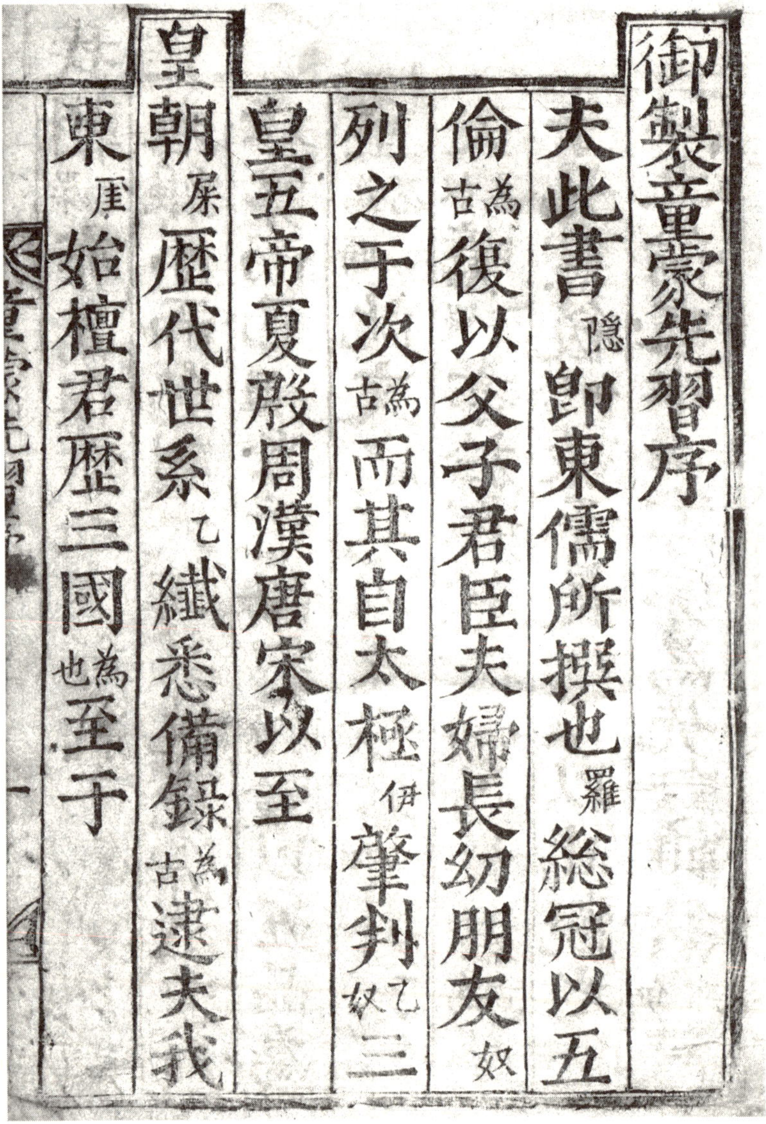

御製童蒙先習序
夫此書隱 卽東儒所撰也羅 總冠以五
倫爲古 復以父子君臣夫婦長幼朋友奴
列之于次爲古 而其自太極伊 肇判乙奴 三
皇五帝夏殷周漢唐宋以至
皇朝屎 歷代世系乙 纖悉備錄爲古 逮夫我
東厓 始檀君歷三國爲也 至于

애한정 중간본의 서문부분

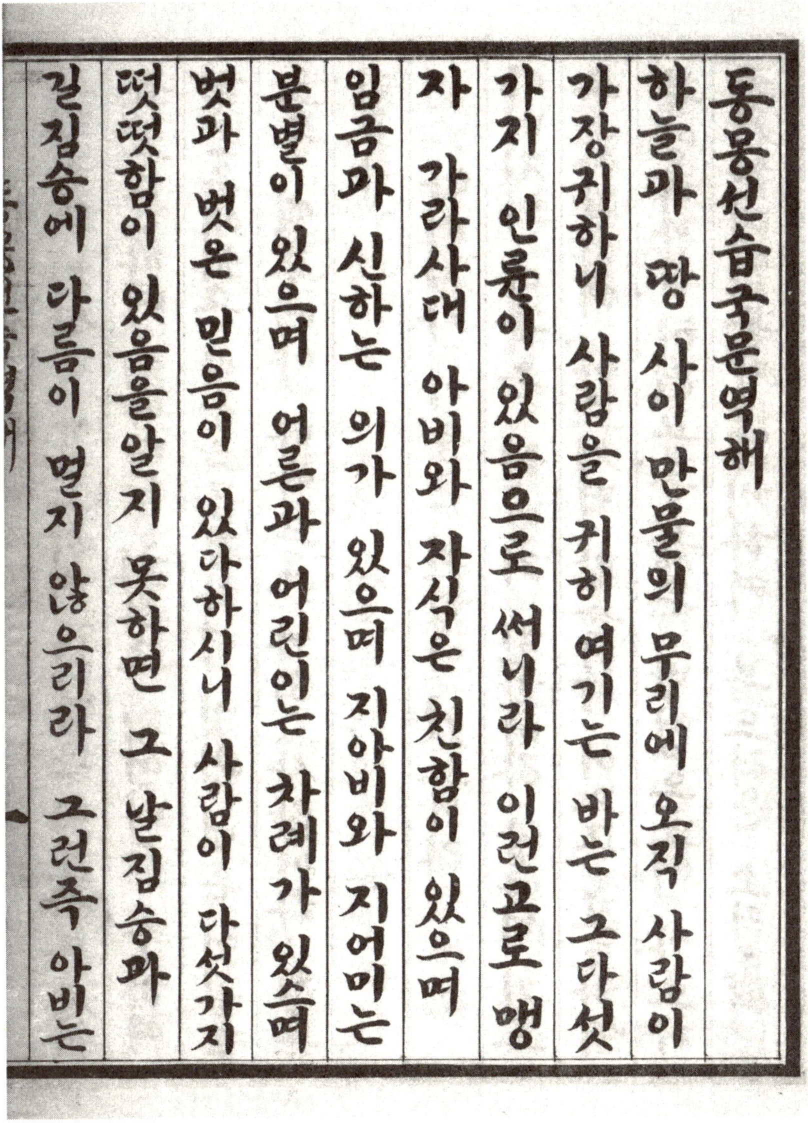
동몽선습국문역해
하늘과 땅 사이 만물의 무리에 오직 사람이
가장귀하니 사람을 귀히 여기는 바는 그다섯
가지 인륜이 있음으로 써니라 이런고로 맹
자 가라사대 아비와 자식은 친함이 있으며
임금과 신하는 의가 있으며 지아비와 지어미는
분별이 있으며 어른과 어린이는 차례가 있스며
벗과 벗은 믿음이 있다하시니 사람이 다섯가지
떳떳함이 있음을알지 못하면 그 날짐승과
길짐승에 다름이 멀지 않으리라 그런즉 아비는

동몽선습국문 역해본의 첫머리

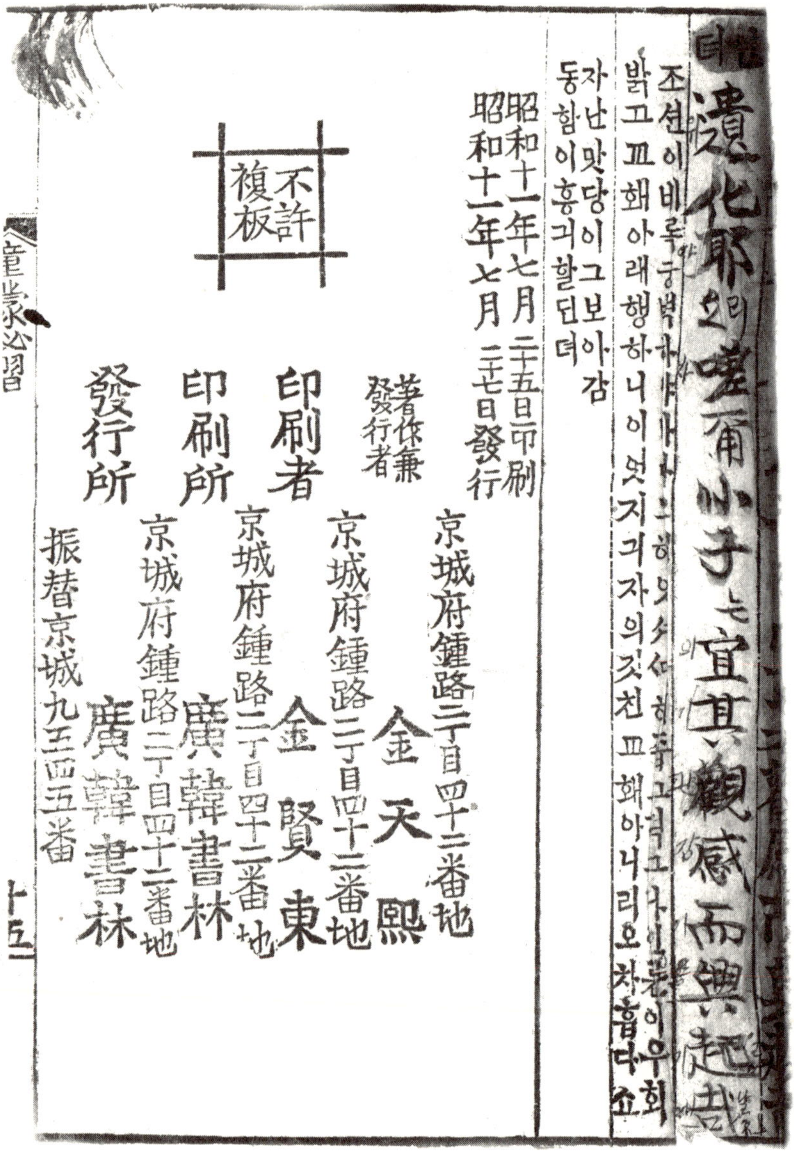

1936년에 간행한 동몽선습의 판권난

30. 조상경造像經
- 한글변천과 한문글자체 연구의 중요 자료

부처와 보살菩薩의 모습(像)을 만드는데 따른 모든 의식과 절차를 여러 곳에 있는 불경에서 뽑아 체계화하여 1권 1책으로 엮은 것이다.

이 책이 나오기 이전에는 모든 사찰마다 각기 그들의 주관에 따라 불상이나 보살상 모습을 임의로 만들었으며 의식절차도 통일되지 않고 각기 임의대로 행하였다.

그러나 이 책이 나온 다음부터는 『조상경造像經』에 따라 일정한 절차와 법식에 따라 의식을 행하게 되었다.

이 의식을 행할 때 외우는 주문은 범어 · 한문 · 한글로 적어 놓아 누구나 쉽게 주문을 외울 수 있게 하였으며 그런 뜻에서 한글 언해본이 출판 반포되었다.

이 『조상경』은 조선후기의 승려 지탁知濯이 찬집한 것으로 되어 있는데 지탁은 1750년에 나서 1839년에 입적하였다. 그의 법호는 화악華嶽이며 삼각산에 오래 머물렀다 하여 삼봉三峯이라고도 했다. 지탁스님은 『수능엄경』을 만번 읽고 도를 깨쳤으며 불교학에 통달하고 문장력도 뛰어났으며 완당 김정희와의 교의가 두터웠다고 한다. 스님이 금강산 유점사에 있을 때 『증간 조상경』을 찬술하고 금강산 장안사 지장암에서 입적하셨다. 그는 많은 제자를 두었는데 그중 화담華潭, 경화敬和가 가장 뛰어났으며 『삼봉집』(1869년 양주 보광사 간행)이란 저서가 있다.

그런데 국회도서관에서 간행한 『한국고서종합목록』에 보면 지탁 스님이 탄생하기 전인 선조 8년(1575)에 전라도 담양 추월산 용천사에서 『조상경』을 간행하였다는 기록이 있으며 지금 고려대학교에 희귀본으로 소장되어 있다는 기록과 범우사 자료실에도 영조 22년(1746) 건융乾隆 11년 병인 4월 경상북도 상주 운달산 금용사金龍寺에서 개간하였다는 『조상경』 1책이 있다.

그런데 고려대학교본은 한글본인지 아닌지 확인할 수 없으나 1746년에 금용사에서 간행한 『조상경』에는 범어梵語와 한글이 있다.

조선후기인 1824년(순조 24) 도광道光 4년 갑신 6월 금강산 유점사楡岾寺에서 간행한 책은 『중간 조상경』 서문과 본문 중에 많은 증보 보완이 있고 끝에 14페이지에 달하는 시주자施主者 명단이 있다.

그러므로 『조상경』의 최초의 편찬자는 지탁이 아니라 『중간 조상경』인 유점사 판본의 편찬자인 것으로 보아야 할 것이다. 『조상경』의 내용은 첫째 대장일람경大藏一覽經 조상품造像品 15측則(1746년 판본은 14측이다)에서는 「조상공덕경」을 인용하였다. 부처가 제석천帝釋天의 청을 받아 도리천에 올라가 여름 석달 동안 어머니 마야부인을 위해서 설법하느라 계시지 않으므로 우전왕이 부처를 흠모한 나머지 부처와 똑같은 모습의 상像을 만들어 경배한 것이 최초의 불상이 되었다는 것을 밝혔다.

둘째 「금강이사라만상의 궤」에서는 아사리가 목욕을 한후 깨끗한 옷을 입고 정탑금강定榻金剛에서 가부좌를 하고 밝은 마음으로 부처님의 법을 지키면 부처의 몸에서 상서로운 형상이 나타난다고 하였다.

셋째의 「제불보살복장단의식」에서는 단壇의 뜻은 모임에 있다고 밝히고 단을 설치하는 뜻을 여러 경문에서 인용하였다. 특히 상像을 만들어 놓고 오랫동안 단에 봉안하지 않으면 불길하게 된다고 하였으며 불상을 모시는 것은 상호가 원만하여야 모든 중생이 복과 이익을 얻는다고 하였다. 이와 같이 의식절차를 상세하게 설명하고 그 의식의 종류마다 의미를 부여하였다.

이 『조상경』은 기록상 초간본이 선조 8년(1575) 임진왜란 전에 간행되었고 범우사 소장본은 영조 22년(1746)에 상주 금용사에서 간행되었으며 『중간 조상경』은 1824년(순조 24) 금강산 유점사에서 간행되었다.

약 250년 동안에 150년, 100년 사이를 두고 간행되었으니 한글 변천과 한문 글자체 또는 인쇄 · 제본 · 지질 등의 비교연구에도 많은 참고가 되리라 본다.

범우사 자료실에는 1746년의 상주 금용사 간본과 1824년의 금강산 유점사 간본이 있다.

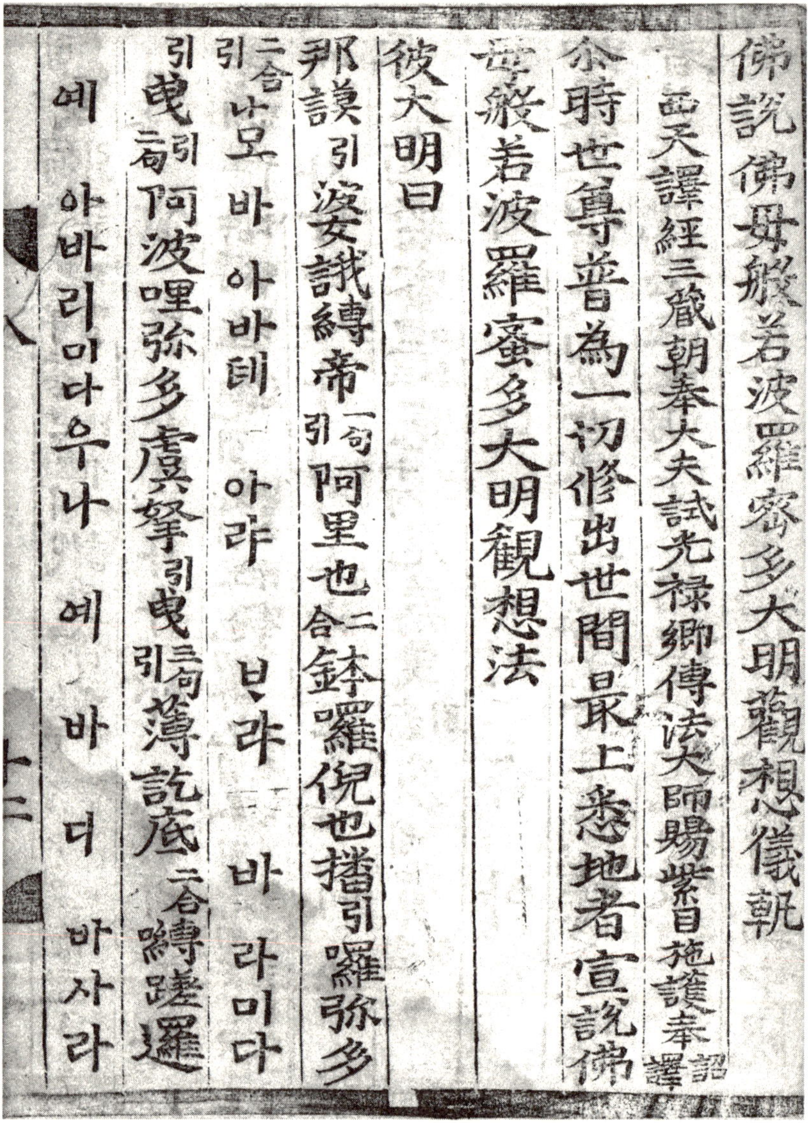
佛說佛母般若波羅蜜多大明觀想儀軌

西天譯經三藏朝奉大夫試光祿卿傳法大師賜紫臣施護奉詔譯

爾時世尊普為一切修出世間最上悉地者宣說佛母般若波羅蜜多大明觀想法

彼大明曰

那謨引婆誐縛帝一句引阿里也二合鉢囉二合倪也播引囉弥多

二合引 나모 바 아바테 아라 브라 바라미다

引曳引訶阿波哩弥多虞拏引曳三句引薄訖底二合縛蹉邏

예 아바리미다우나 예 바더 바사라

1746년에 간행된 금용사 간본의 본문

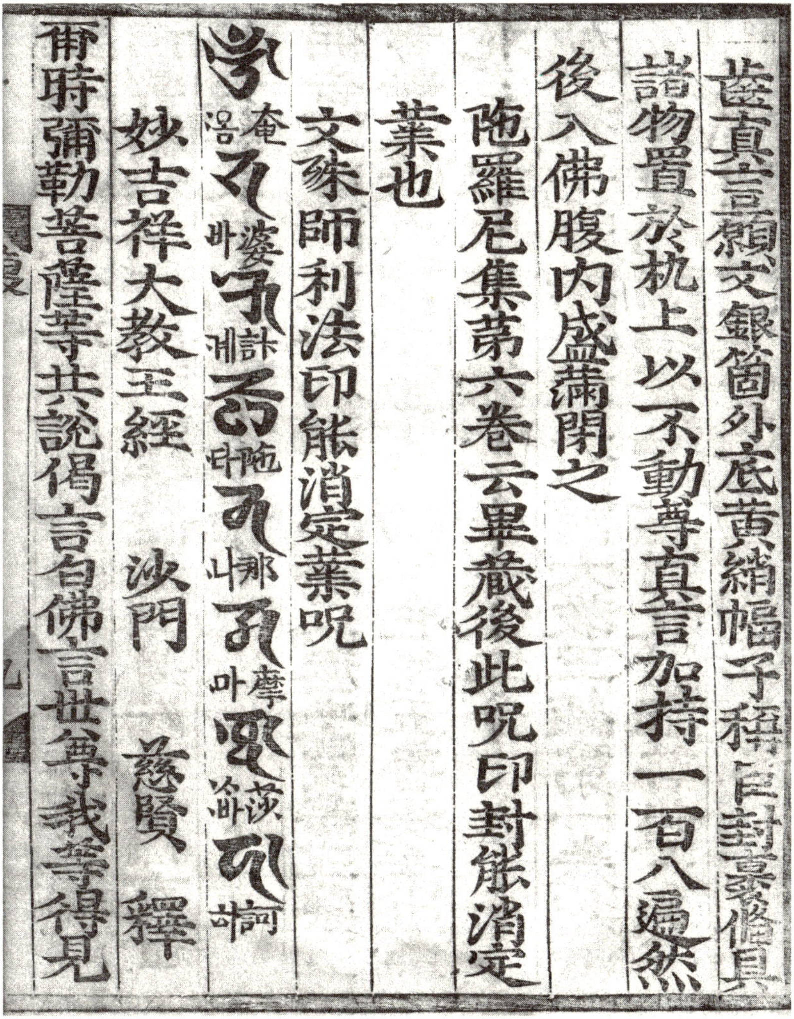

齒真言顯文銀箇外底黃綃幅子稱上封真言備具
諸物置於机上以不動尊真言加持一百八遍然
後入佛腹內盛滿閉之
陁羅尼集第六卷云畢藏後此呪印封能消定
業也
文殊師利法印能消定業呪
唵 옴 婆 바 計 계 陁 다 那 나 摩 마 莎 사바 訶 하
妙吉祥大教王經 沙門 慈賢 譯
爾時彌勒菩薩等共說偈言白佛言世尊我等得見

1746년 금용사 간본의 범어, 한문, 한글이 있는 본문

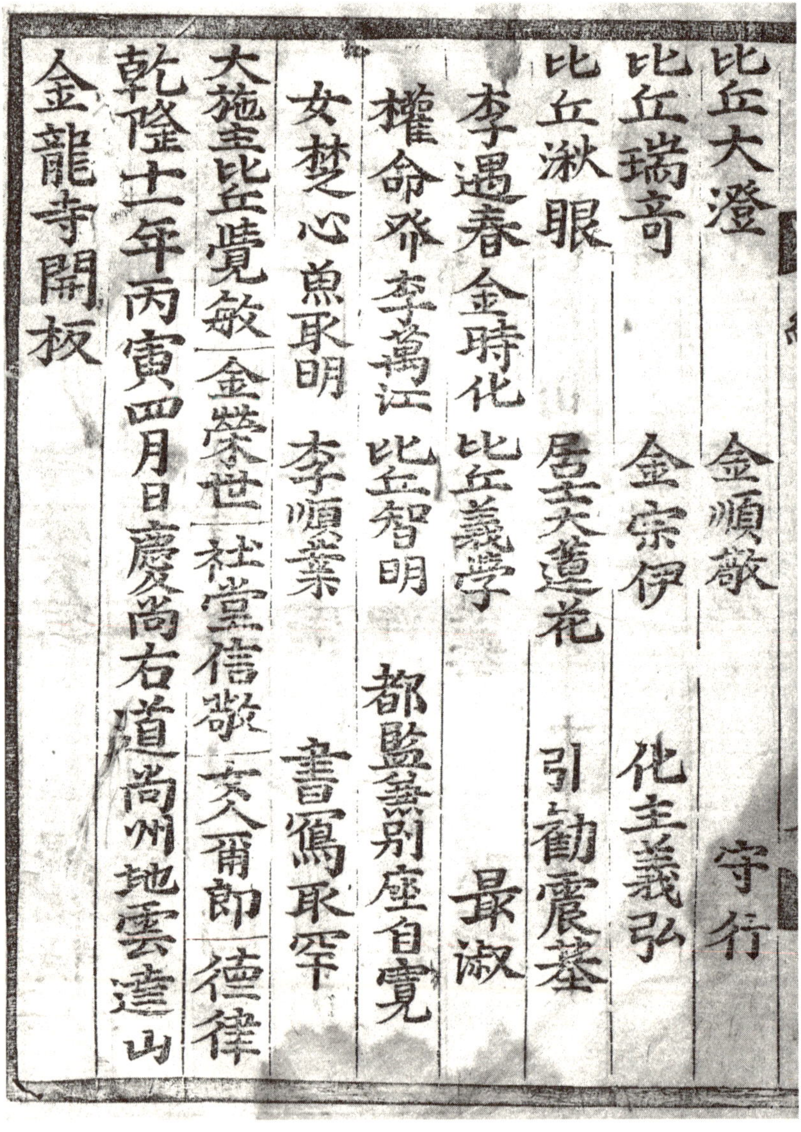
比丘大澄 金順敬 守行
比丘瑞奇 金宗伊 化主義弘
比丘湫眼 居士大道花 引勸震基
李遇春 金時化 比丘義學 最淑
權命夲 李萬江 比丘智明 都監兼別座自覺
女梵心 奠取明 李順葉 書寫取罕
大施主比丘覺敏 金榮世 社堂信敬 女人爾節 德律
乾隆十一年丙寅四月日慶尚右道尙州地雲達山
金龍寺開板

1746년 금용사 간본의 간기

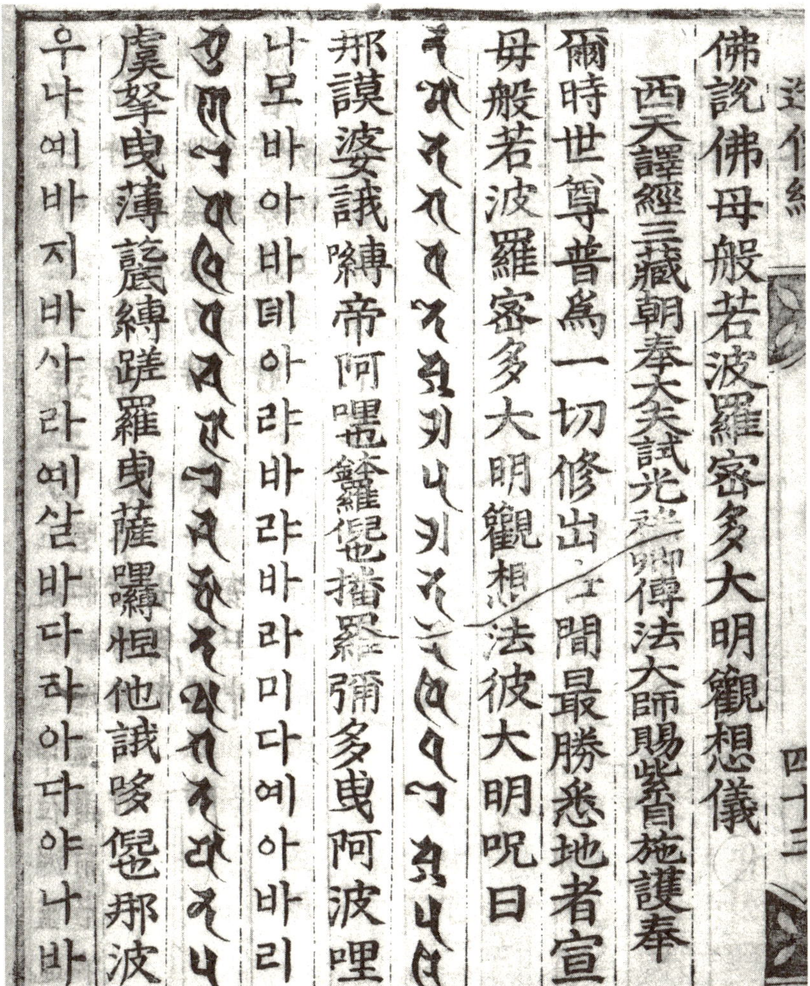

佛說佛母般若波羅蜜多大明觀想儀

西天譯經三藏朝奉大夫試光祿卿傳法大師賜紫臣施護奉 詔譯

爾時世尊普爲一切修出世間最勝悉地者宣說佛母般若波羅蜜多大明觀想法彼大明呪曰

那謨婆誐嚩帝阿嚕鉢囉倪也播囉弭多曳阿波哩弭多

나모바아바데아라바라바라미다예아바리미다

虞拏曳薄譺嚩蹉羅曳薩嚩怛他誐哆倪也那波哩希

우나예바지바사라예살바다라아다야나바리보

1824년 금강산 유점사 간본의 본문

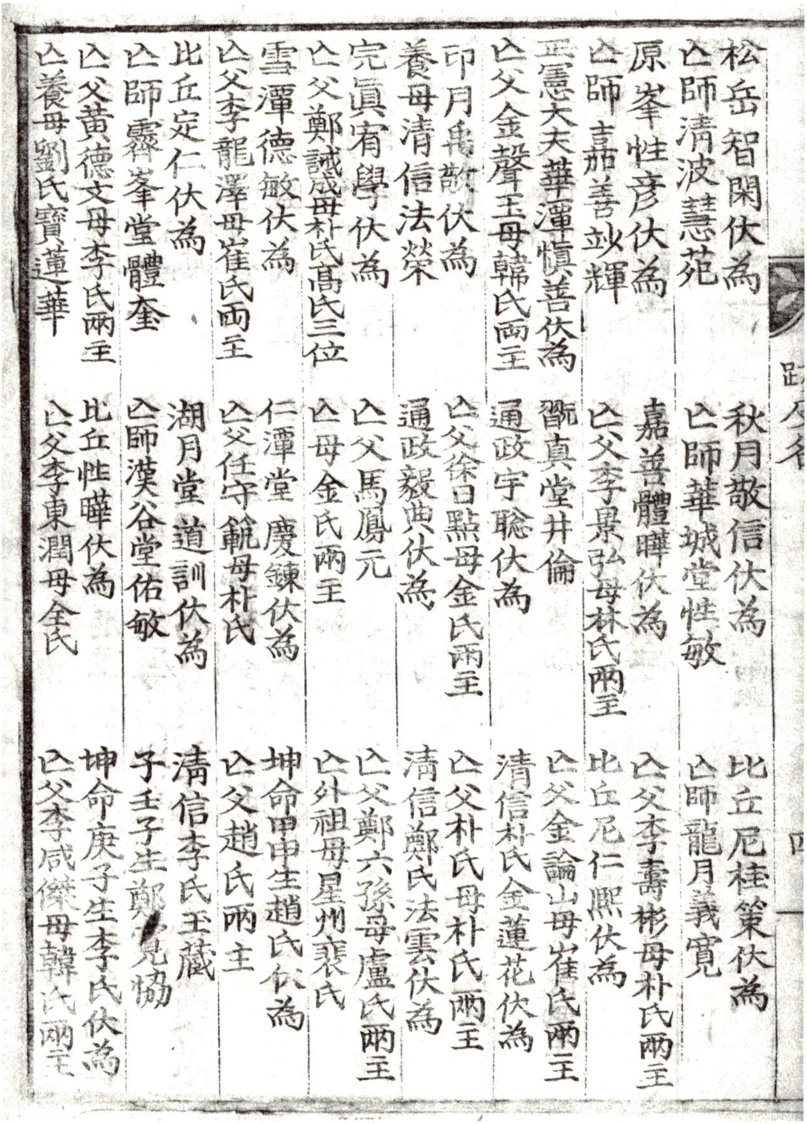
松岳智閑伏為
亡師清波慧苑
原峯性彥伏為
亡師嘉善竗輝
正憲大夫華潭愼善伏為
亡父金聲玉母韓氏兩主
印月禹敬伏為
養母清信法榮
完眞宥學伏為
亡父鄭誠成母朴氏高氏三位
雪潭德敏伏為
亡父李龍澤母崔氏兩主
比丘定仁伏為
亡師霽峯堂體奎
亡父黃德文母李氏兩主
亡養母劉氏寶蓮華

秋月敬信伏為
亡師華城堂性敏
嘉善體瞱伏為
亡父李景弘母林氏兩主
嘶眞堂井倫
通政守聰伏為
亡父徐日點母金氏兩主
通政毅典伏為
亡父馬鳳元
亡母金氏兩主
仁潭堂慶鍊伏為
亡父任守範母朴氏
湖月堂道訓伏為
亡師漢谷堂佑敏
比丘性曄伏為
亡父李東潤母全氏

比丘尼桂策伏為
亡師龍月義寬
亡父李壽彬母朴氏兩主
比丘尼仁熙伏為
亡父金論山母崔氏兩主
清信朴氏金蓮花伏為
亡父朴氏母朴氏兩主
清信鄭氏法雲伏為
亡父鄭六孫母盧氏兩主
亡外祖母星州裵氏
亡父趙氏兩主
坤命甲申生趙氏伏為
清信李氏玉藏
子壬子生鄭□兒協
坤命庚子生李氏伏為
亡父李咸傑母韓氏兩主

1824년 금강산 유점사 간본의 시주자 명단

31. 밀교개간집密教開刊集
- 한글과 인쇄사 연구의 중요 자료

『밀교개간집密教開刊集』은 1784년(정조 8)에 경상도 성주목星州牧 서불영산西佛靈山 쌍계사雙溪寺 수도암修道庵에서 간행한 밀교密教에 관한 목판본 1책이다.

승려 몽은蒙隱이 그의 스승인 위기暐基의 범서梵書를 받아 설악雪嶽·연파戀波·혜봉慧峯 등과 함께 찬술하였다.

이 책은 성불成佛 통현通玄의 진언과 도량재계의 의식을 엮은 것으로 한문·한글·범문梵文을 병기하였으나 한글은 범문을 음역한 것이다. 범자梵字는 농산화상聾山和尙의 글씨로서 그 필법이 신묘함으로 제자 몽은이 그의 필적을 후세에 전하기 위하여 개간하였다고 한다.

책의 첫머리에 산포山逋의 비밀교개간서秘密教開刊序가 있고 본문에 앞서 언반절諺反切, 초성독용初聲獨用 8자, 중성독용中聲獨用 11자, 초중성합용 작자례初中聖合用作字例, 초중종 3성 합용작자례初中終三聲合用作字例 등 한글에 대한 해설을 실었는데 『훈몽자회』의 언문자모 『진언집』의 언본諺本을 인용한 것이다.

책의 내용은 밀교密教·행문行文·관문觀文 등 세 부분으로 나누어져 있다.

밀교 부분은 실담장을 비롯하여 천수다라니千手多羅尼, 42수진언四十二手眞言, 소수구주小隨求呪, 사다라니四多羅尼, 공양삼보주供養三寶

呪 등 각종 밀교 의식과 진언 그리고 의식의 개설방법과 절차 등을 자세히 밝혀주고 있다.

그리고 각종 의식을 행할 때 필요한 진언 · 다라니 · 주문 등 밀교 경전에서 핵심적인 부분을 뽑아서 엮어 놓았다.

행문에는 문수대삭발일文殊大削髮日, 문수목욕일文殊沐浴日, 보현세족일普賢洗足日, 삼장육제일三長六齋日 등 여러 가지 의식을 행사하는 날짜 · 시간 · 장소 등을 밝히고 있다.

관문에는 불교의 행사를 시행할 때에 그를 수행하는 사람이 지녀야 할 정신적 자세인 관심법觀心法을 자세히 언급하고 있다.

또한 이 책에서는 대일여래大日如來의 5지五智, 5불五佛, 오상성신관법五相成身觀法과 상법像法 · 단법壇法 · 인법印法의 수행을 비중 있게 다루고 있어서 밀교의 전통적 사상을 그대로 계승한 것으로 판단된다.

또한 이 책을 통하여 조선시대는 양부만다라兩部曼荼羅 중에서 실천을 위주로 한 금강계만다라가 주류였음을 알 수 있다.

책끝에는 『비밀교집』을 개간할 때 도움을 준 속인 대시주大施主 처사處士 후심厚心, 신녀信女 김귀세金貴世, 전상돌全尙乭 등과 비구 두경斗敬, 원백願伯 등 많은 승려와 각공刻工 비구 극념極念 등 간행기록이 상세히 적혀 있어 인쇄사 연구에 중요한 자료이며 한글연구에도 방점과 ㅸ, ㅿ이 나타나지 않는 등 많은 참고가 되리라 본다.

이 책은 밀교 관계 전적으로는 우리 나라에서 유일한 책으로 밀교 관계 연구에 없어서는 안될 책이며 한번 밖에 찍은 기록이 없다. 간행연대는 길지 않으나 국회도서관 발행 『한국고서종합목록』에도 국립중앙도서관, 동국대 도서관, 일본인 이마니시(今西 龍), 간송미술관만이 소장한 것으로 되어 있다.

범우사 자료실에는 간기난까지 완전한 밀교개간집 1책과 간기가 떨어져나간 1책 등 2책이 있다.

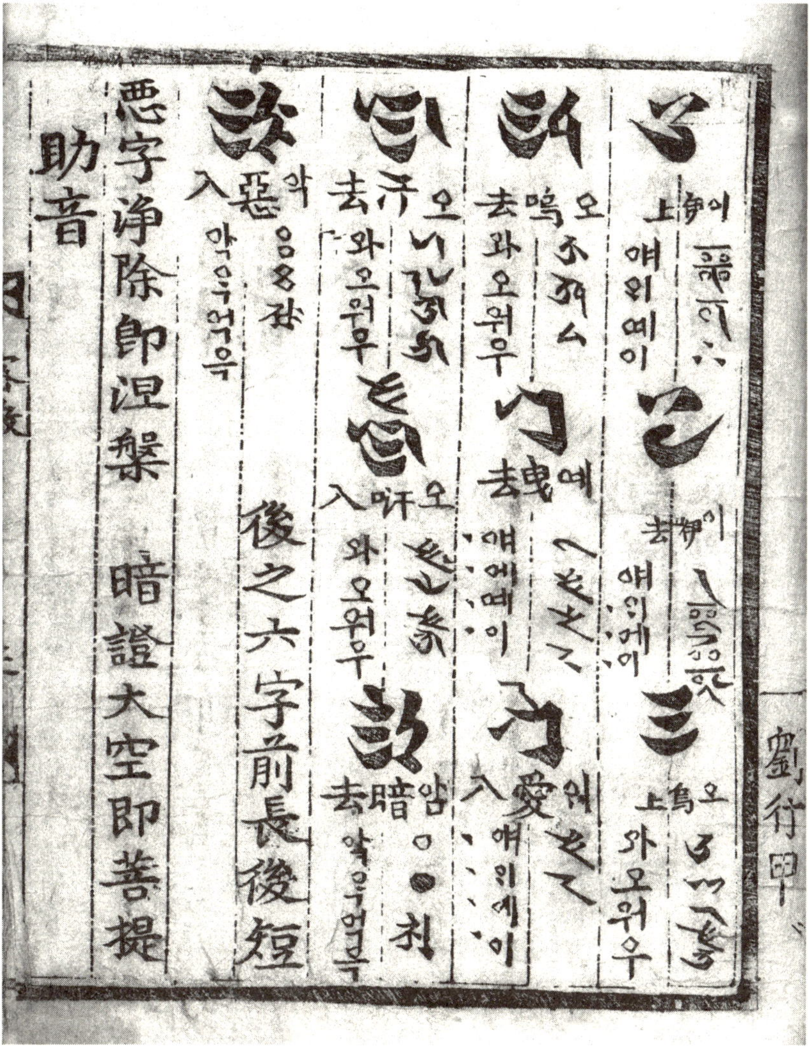

1784년에 간행한 밀교개간집의 범자梵字 해제

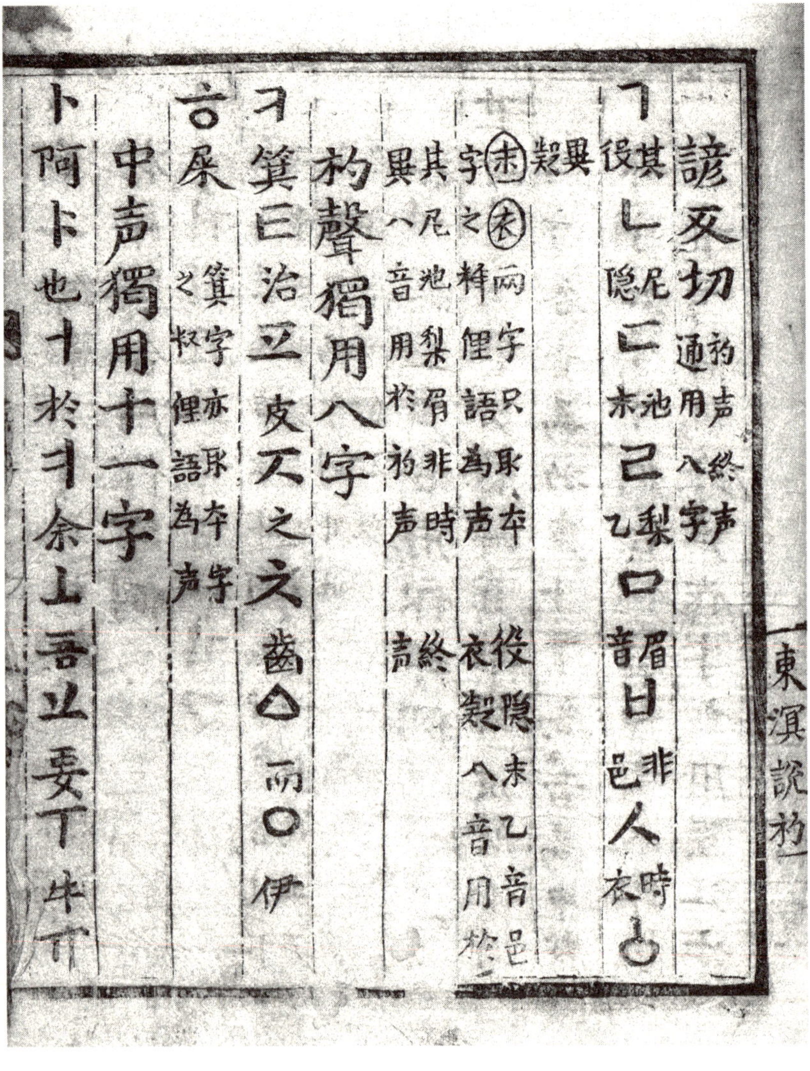

諺反切 初声終声通用八字

ㄱ其役 ㄴ尼隱 ㄷ池末 ㄹ梨乙 ㅁ眉音 ㅂ非邑 ㅅ時衣 ㆁ異凝

末衣兩字只取本字之釋俚語為声

其尼池梨眉非時異八音用於初声 役隱末乙音邑衣凝八音用於終声

初聲獨用八字

ㅋ箕 ㅌ治 ㅍ皮 ㅈ之 ㅊ齒 ㅿ而 ㅇ伊 ㅎ屎

箕字亦取本字之釋俚語為声

中声獨用十一字

ㅏ阿 ㅑ也 ㅓ於 ㅕ余 ㅗ吾 ㅛ要 ㅜ牛 ㅠ

한글을 해제한 「언반절」

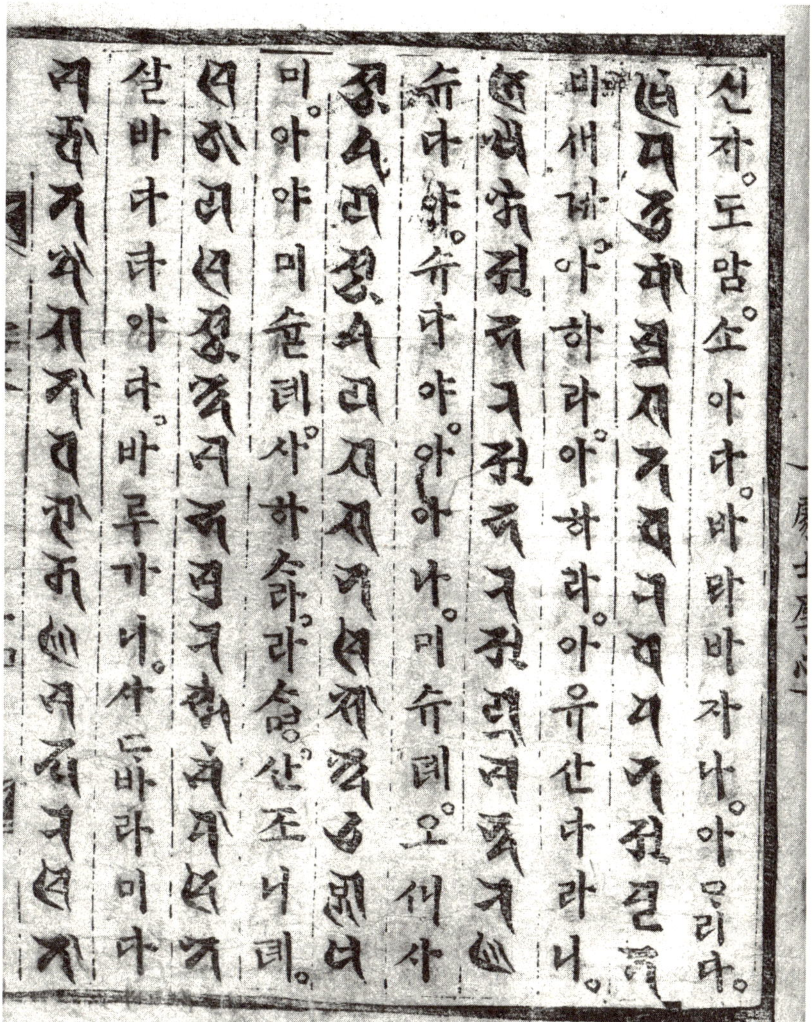

범문을 한글로 음역한 부분

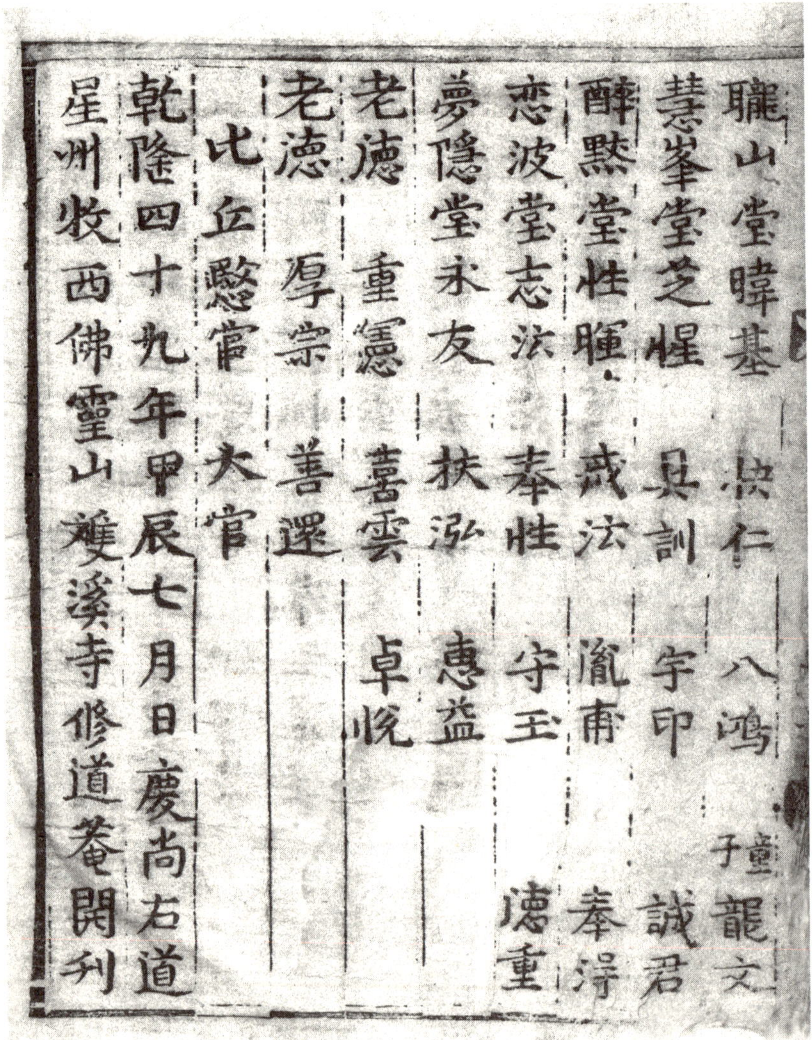
朧山堂暐基 快仁 八鴻 童子龍文
慧峯堂芝惺 具訓 宇印 誠君
醉黙堂性瞳 戒法 胤甫 奉淳
悉波堂志法 奉性 守玉 德重
夢隱堂永友 扶泓 惠益
老德 重憲 喜雲 卓悦
老德 厚宗 善還
比丘懸官 大官
乾隆四十九年甲辰七月日慶尚右道
星州牧西佛靈山雙溪寺修道菴開刊

1784년본 밀교개간집의 간기

32. 고산유고孤山遺稿
- 국문학적 가치가 높은 희귀한 자료

고산孤山 윤선도尹善道(1587~1671)의 시문집으로 목판본 6권 6책본이다. 초간은 1791년(정조 15)에 전라감사 서유린徐有隣이 왕명을 받고 고산집孤山集을 목판본으로 간행하였다. 그후 1798년(정조 22)에 전라감사 서정수徐鼎修가 윤선도의 본가에 있는 목판본을 중심으로 개편 보완하여 『고산유고』를 중간하였다.

이 책의 6권 6책중 6권에 한글로 된 시가詩歌가 실려 있다. 이 『고산유고』가 다른 문집과 달리 돋보이는 점은 희귀한 국문학적 가치가 높은 자료가 있다는 점이다.

권6에는 별집別集으로 상上에는 시 8편, 부賦 4편, 논論 3편, 책策 6편, 표전表箋 4편이 실려 있고, 하下에는 가사라는 표제 아래 가사 75수가 실려 있는데 이 부분이 고산의 시조작가로서의 진면목을 볼 수 있는 명품이 실려 있다.

수록순서는 제작연대순이 아니고 산중신곡山中新曲에는 만흥漫興 6수, 하우요夏雨謠 2수, 오우가五友歌 6수 등이 실려 있고, 산중 속 신곡에는 고금영古琴詠, 초연곡初筵曲, 파연곡罷宴曲 등이 실려 있고 다음에 어부사시사漁父四時詞 40수가 춘하추동 4계절에 각 10수씩 실려 있다. 다음에 어부사여음漁父詞餘音, 몽천요夢天謠, 견회요遣懷謠, 우후요雨後謠 등 합하여 75수의 시조가 실려 있다.

고산 윤선도는 조선 중기의 문신文臣이며 시조작가이다. 본관은 해남이며 자는 약이約而, 호는 고산孤山 또는 해옹海翁이며 강원도 관찰사를 지낸 윤유기尹唯幾의 양자이다. 18세에 진사초시에 합격하고 20세에 승보시에 1등 하였으며 향시와 진사시에 연이어 합격한 수재였다.

1616년(광해조 8) 성균관 유생으로 이이첨 등 당시 집권세력의 죄상을 격렬하게 규탄하는 병진소丙辰疏를 올려 이로 인해 모함을 받아 함경도 경원으로 유배되었는데 이때에 그곳에서 「견회요」 5수와 「우후요」 1수 등 시조 6수를 남겼다.

1623년 인조반정으로 이이첨 일파가 처형된 후 풀려나 1628년(인조 6) 별시문과 초시에 장원으로 합격하여 봉림대군, 인평대군의 사부師傅로 있으면서 공조좌랑, 형조정랑 등을 역임하였다. 1633년 증광문과에 급제한 뒤 예조정랑 사헌부지평 등을 지내다 모함으로 파직되어 전라도 해남에 내려가 있던 중 병자호란이 일어나 왕이 항복하는 치욕을 당했다는 소식을 들었다. 그 소식을 듣고 제주도로 가다가 경치가 수려한 보길도를 보고 그곳에 정착하여 그 일대를 부용동芙蓉洞이라 이름짓고 격자봉格紫峰 아래 집을 짓고 낙서재樂書齋라 하였다. 그는 조상이 물려준 막대한 재산으로 십이정각十二亭閣, 세연정洗然亭, 석실石室 등을 지어 놓고 풍류를 즐겼다.

그러나 난이 평정된 후 서울에 돌아와서는 왕에게 문안을 드리지 않았다는 죄목으로 1638년 경상도 영덕으로 귀양갔다가 이듬해 풀려났다. 그후 10년 동안 고산은 보길도의 부용동과 금쇄동金鎖洞의 자연에 묻혀 「산중신곡」과 「산중속신곡」, 「고금영」, 「증반금」 등을 지었다. 그후 1651년(효종 2)에는 보길도를 배경으로 그 불후의 명작인 「어부사시사」를 짓고 다음 해 효종의 부름을 받아 예조참의가 되었으나 또다시 모함으로 사직하고 경기도 양주 고산孤山에 은거하여 마지막 작품인 「몽천요」를 이 곳에서 지었다.

1657년 71세에 다시 벼슬길에 올라 동부승지에 올랐으나 서인인 송시열宋時烈 일파와 맞서다가 삭탈 관직되었다. 그후 또한 효종이 죽자 예론문제禮論問題로 서인파와 맞서다가 패배하여 삼수에 유배되었다가 1667년 풀려나 부용동에서 살다가 그곳 낙서재에서 85세로 죽었다. 그는 정치적으로 열세였던 남인南人 가문에 태어나서 막강한 집권세력인 송시열을 중심으로 한 서인西人과 맞서 왕권강화를 주장하다가 20여 년의 유배생활과 19년의 은거생활을 하면서 그 속에서 좋은 글들을 남겼다.

그는 자연을 문학의 제재로 삼은 시조작가 가운데 가장 탁월한 역량을 나타낸 것이 평가되고 있는데 그 특징은 자연을 제재로 하되 그것을 사회의 공통적 언어관습과 결부시켜 나타내기도 하고 혹은 개성적 판단에 의한 어떤 관념을 표상하기 위하여 그것을 임의로 선택하기도 한데에 있다고 본다. 또한 고산은 난삽한 한시구漢詩句를 순우리말로 바꾸었으며 특히 기교면에서의 대구법對句法의 처리, 시간의 경과에 따른 시상의 전개와 그 조화가 일품이다.

조선조의 강호문학은 이현보와 송순에서 정립되었다가 윤선도에 이르러 그 절정에 달했다고 봄이 마땅할 것이다. 그 많은 문집중에 한글이 들어있는 문집은 극히 드물다. 그런 뜻에서도 『고산유고』는 간행연대는 좀 뒤떨어지나 한글판본으로는 중요한 위치를 점하고 있다.

범우사 자료실에는 6권 6책 한 질이 있다. 1989년 12월 11일 한의사라는 초로의 신사 한 분이 범우사 사무실로 찾아와서는 고서를 모은다는 말을 듣고 오셨다면서 차를 한 잔 드시고는 보자기에 싸오신 『고산유고』 6책을 내어 놓으시면서 당신에게 2질이 있어 한 질을 갖고 왔다는 것이다. 거저 가지라는 것을 공짜로 받을 수는 없다는 뜻으로 얼마인가 내가 드리는 대로 받고 성명도 밝히지 않으시고 가셨다. 이 『고산유고』가 흔한 책이 아닌데 그동안 구한 책 중 가장 쉽게 구한 책이지만 한글판본으로 좋은 가사가 있어 애지중지한다.

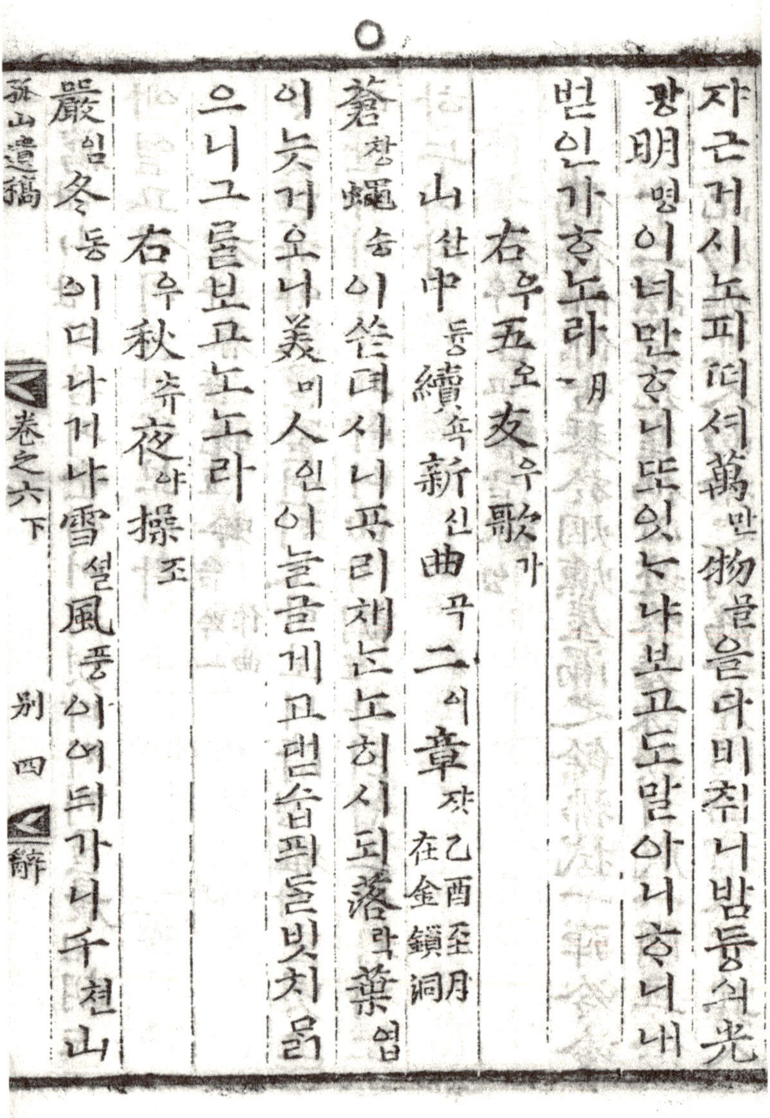
자근거시노피떠셔萬만物믈을다비취니밤듕의光
광明명이너만ᄒᆞ니또잇ᄂᆞ냐보고도말아니ᄒᆞ니내
벋인가ᄒᆞ노라
右우五오友우歌가
山산中듕續쇽新신曲곡二이章쟝 乙酉至月在金鎻洞
蒼창蠅승이쓴뎌시니프리채ᄂᆞ노히시되落락葉엽
이늣거오나羨미人인이늘글게고뎐솝피돋빗치믈
으니그를보고노노라
右우秋츄夜야操조
巖암冬동의디나거나雪셜風풍이에되가니千쳔山
孤山遺稿 卷之六下 別四 辭

고산유고 권6에 있는 오우가 부분

九重天有缺時補綴用何謨白玉樓重修日何工成就
亭欲問 玉皇無暇問歸來空一吁

一 右謝夢天謠 丙申

遣견懷회謠요五오篇편 (此以下戊午謫慶源時所作附錄於此)

슬프나즐거오나올다ᄒᆞ나외다ᄒᆞ나내몸의ᄒᆡ올일
만닷고닷골ᄲᅮᆫ이언뎡그밧긔녀나믄일이야분별ᄒᆞᆯ
줄이시랴ᅳ
내일망녕된줄을내라ᄒᆞ야모ᄅᆞᆯ손가이ᄆᆞᄋᆞᆷ어리기
도님위ᄒᆞᆫ타시로쇠아ᄆᆡ아모리닐러도님이혜여보
쇼서

고산유고 권6 본문

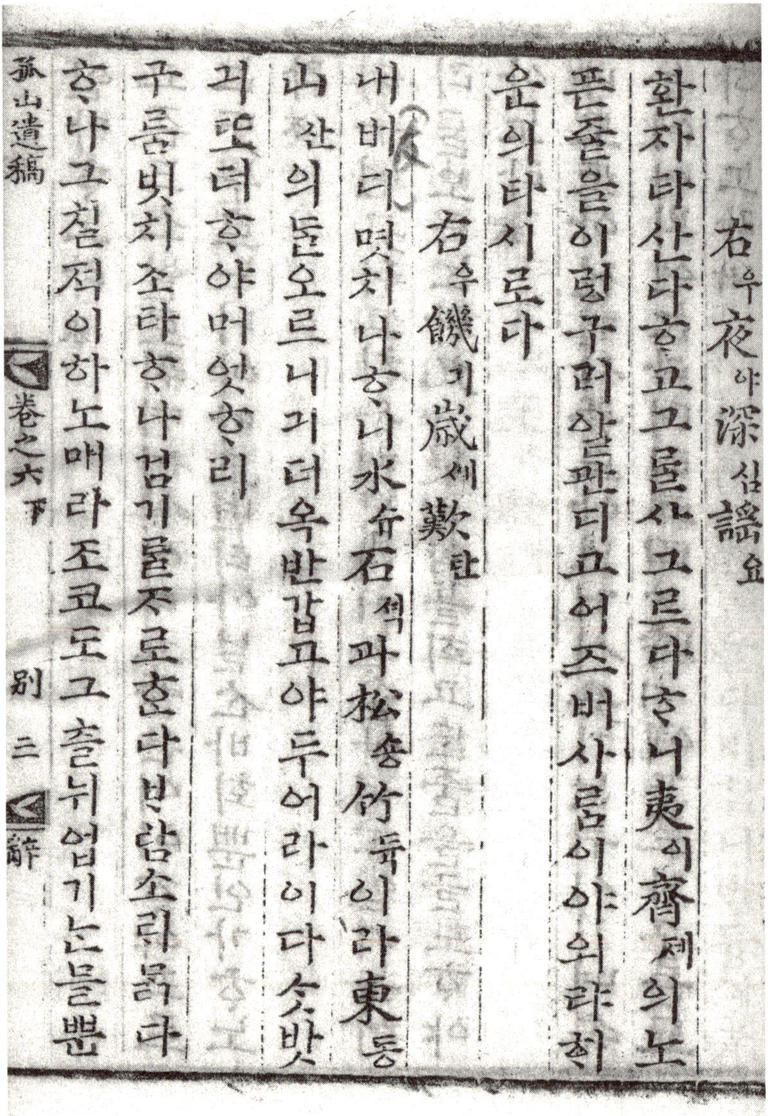

右우夜야深심謠요
환자타산다ᄒᆞ고그ᄅᆞᆯ사그르다ᄒᆞ니夷이齊졔의노
ᄑᆞᆫ줄을이렁구러알판디고어조버사ᄅᆞᆷ이야외라ᄒᆞᆯ
운의타시로다
右우饑긔歲셰歎탄
내버디몃치나ᄒᆞ니水슈石셕과松숑竹듁이라東동
山산의ᄃᆞᆯ오르니긔더옥반갑고야두어라이다ᄉᆞᆺ밧
긔또더ᄒᆞ야머엇ᄒᆞ리
구룸빗치조타ᄒᆞ나검기ᄅᆞᆯᄌᆞ로ᄒᆞᆫ다ᄇᆞ람소ᄅᆡᄆᆞᆰ다
ᄒᆞ나그칠적이하노매라조코도그ᄎᆞᆯ뉘업기ᄂᆞᆫ믈뿐

孤山遺稿 卷之六下 別 三 辭

고산유고 권6 별집하에 있는 한글판본

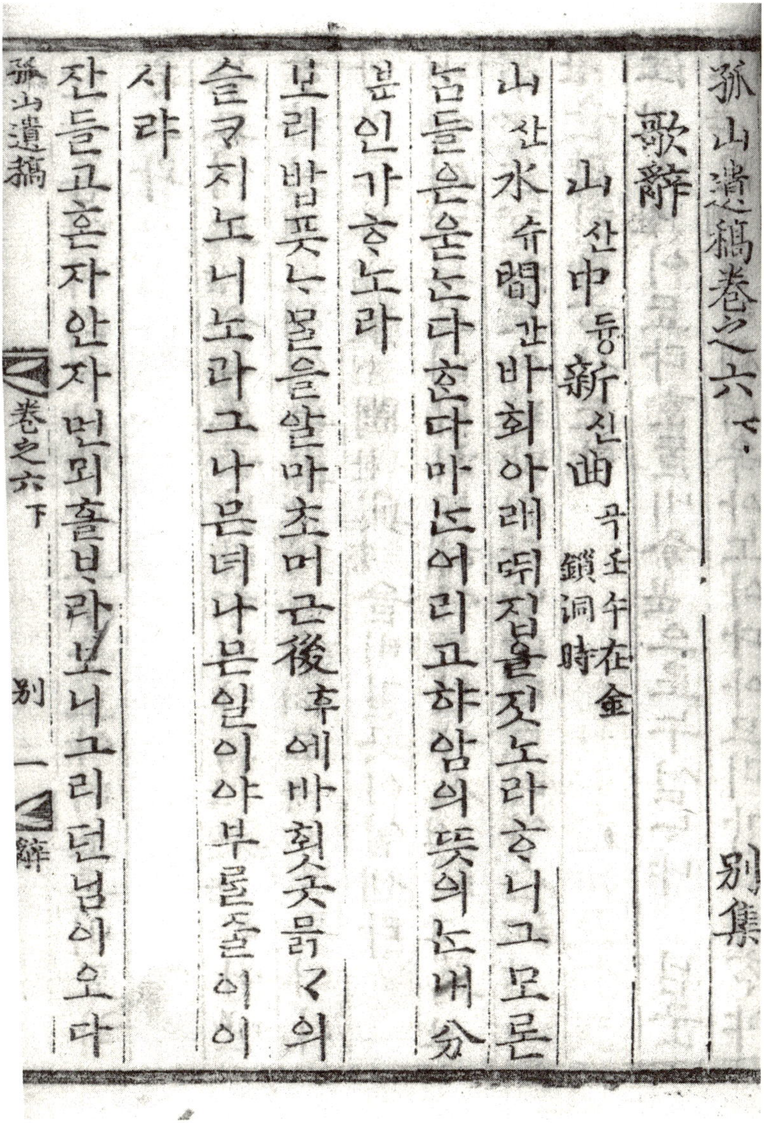

孤山遺稿卷之六 下 別集

歌辭

山산中듕新신曲곡 壬午在金鎖洞時

山산水슈間간바회아래뛰집을짓노라ᄒᆞ니그모론
ᄂᆞᆷ들은웃ᄂᆞᆫ다ᄒᆞᆫ다마ᄂᆞᆫ어리고하암의뜻의ᄂᆞᆫ내分
분인가ᄒᆞ노라

보리밥픗ᄂᆞ믈을알마초머근後후에바회긋믉ᄀᆞ의
슬ᄏᆞ지노니노라그나믄녀나믄일이야부ᄅᆞᆯ줄이이
시랴

잔들고혼자안자먼뫼ᄒᆞᆯᄇᆞ라보니그리던님이오다

孤山遺稿 卷之六下 別 一 辭

고산유고 권6 별집에 있는 산중신곡

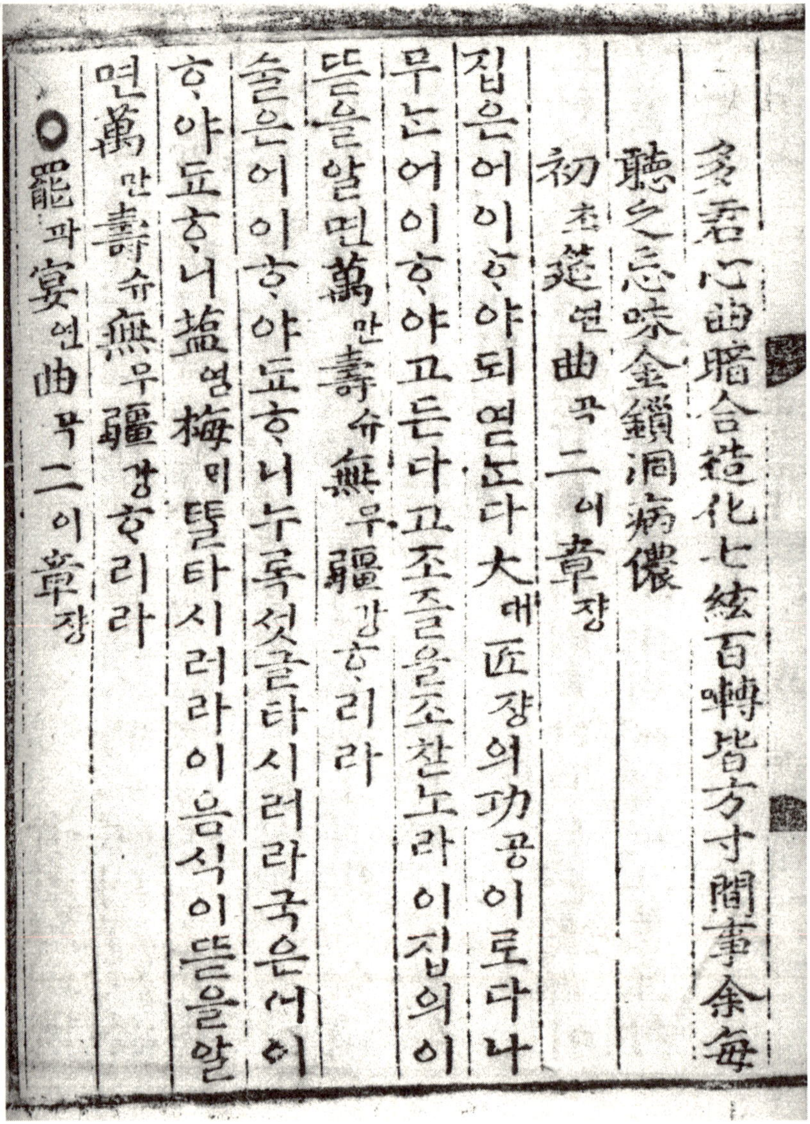
多君心曲暗合造化七絃百轉皆方寸間事余每
聽之忘味金鎖洞病儂
初초筵연曲곡二이章장
집은어이ᄒᆞ야되엿도다大대匠장의功공이로다나
무ᄂᆞᆫ어이ᄒᆞ야고든다고조즐을조찬노라이집의이
ᄠᅳ들알면萬만壽슈無무疆강ᄒᆞ리라
술은어이ᄒᆞ야됴ᄒᆞ니누록섯글타시러라국은어이
ᄒᆞ야됴ᄒᆞ니鹽염梅미ᄐᆞᆯ타시러라이음식이ᄠᅳ들알
면萬만壽슈無무疆강ᄒᆞ리라
○罷파宴연曲곡二이章장

고산유고 권6에 있는 초연곡

33. 노걸대언해老乞大諺解
- 조선시대 중국어 학습서

이 책은 중국어를 배우기 위한 학습서인 『노걸대老乞大』를 언해한 한글본이다. 2권 2책으로 되어 있는 이 책은 외교사절의 왕래나 특히 상인들의 교역에 필요한 일종의 회화책이다. 초간본의 지은이와 간행연대를 정확히 알 수 없으나 통문관지通文館志에 의하면 조선 현종 때의 정상국鄭相國과 그 시대로 추정할 수 있다.

그리고 그후 정조 때(1795년) 발간된 『중간노걸대언해重刊老乞大諺解』는 역관 출신의 지중추부사知中樞府事 이수李洙 등이 편찬하였다.

이 한글본은 개별 한자에 정음正音과 속음俗音 두 가지 중국어음을 한글로 달고 그 아래에 한글로 또한 번역을 하여 달았다. 한문본은 기록상 『세종실록』 5년(1423년)에 나타났으며 한글본은 조선조 초기부터 후기까지 여러 번 수정 보완되면서 간행된 기록이 있다.

중국회화책을 『노걸대』라 한 것은 "걸대"는 요遼나라 이후 북방민족들이 중국 또는 중국인을 일컬어 키타이(Kitai), 키탄(Kitan) 또는 키단(Kidan)이라 했는데 당시의 중국어 한자음에 의해 『걸대』라 한 것 같다.

또한 『노걸대』의 노老는 노형老兄, 노사老師 등과 같은 중국어에서 경칭을 나타내는 것으로서 『노걸대』란 중국 사람을 존칭하며 "중국인님"과 같은 뜻으로 풀이하기도 한다.

이 『노걸대언해』는 16세기초 최세진崔世珍이 저술한 『번역노걸대

飜譯老乞大』를 참고하여 언해한 것으로 보인다. 그리고 『노걸대』 초간본에는 "고려 왕경으로셔브터오라"는 등 내용에 고려가 나오는 것으로 보아 원고 작성은 고려 때 한 것을 조선조에 와서 발행하였던 것 같다. 그후 발행한 『중간 노걸대언해』는 "고려왕경" 이름대신 "조선왕경"으로 바뀌었고 고려인이 조선인 등으로 바뀌었다.

『노걸대』는 조선시대의 역관譯官들의 외국어 학습과 역과譯科 시험용으로도 쓰였는데 내용이 고려인(조선인)이 중국을 드나들면서 중국인들과의 대화 형식으로 구성되어 있고 당시 여행자에게 꼭 필요한 내용들이 담겨져 있다. 상권에는 고려 또는 조선의 왕경을 떠난 말장수가 북경의 숙박소에 드는 과정과 말먹이, 방값, 교류 등 양국간의 다른 점 등이 다루어져 있다.

하권은 물건의 매매, 무게와 길이 등의 단위와 사용방법, 음식의 종류, 복식, 육갑六甲 등 다양한 생활상과 습관 등에 대한 대화로 엮어져 있다.

『노걸대언해』는 체재, 내용, 표기법, 어휘, 문법 등을 살펴보면 최세진의 『번역 노걸대』의 영향을 많이 받았다. 『번역 노걸대』에는 당시의 토박이말을 찾아 쓴 흔적이 있는데 『노걸대언해』에서는 이러한 우리말 표기가 한자어화된 것이 나타나고 있다.

『번역노걸대』는 16세기초에 간행되었고 『노걸대언해』는 17세기 후반에 『중간노걸대언해』는 18세기 후반에 간행되었으므로 3~4세 동안의 국어사 변화를 연구하는데 참으로 귀중한 자료라 할 수 있을 것이다. 어휘와 문법 등은 크게 변하지 않았다 하더라도 그 표기에 반영된 변화는 크다고 본다. 또한 외국어의 음역音譯이 한글로 기록되었으므로 당시의 언어, 음운을 비교 연구하는 귀중한 자료가 될뿐만 아니라 당시의 한·중간의 회화의 양상을 파악하는 데도 크게 도움이 되리라 본다.

또한 우리 나라의 중세 국어의 자료들이 불경佛經이나 유가서儒家

書를 언해한 것이어서 당시의 일상적인 말들을 그대로 나타내지 못한 단점이 있었으나 이 책은 당시 우리들이 일상적으로 사용한 구어口語로 번역한 것이어서 더욱 자료적 가치가 높다고 하겠다.

『번역노걸대』는 1972년 권상이 중앙대학교 대학원에서 영인본으로 나왔고 『노걸대』와 『노걸대언해』는 규장각총서 제9호로 경성제국대학 법문학부에서 영인 출판하였다.

범우사 자료실에는 이수李洙 등이 편찬한 『중간노걸대언해』 2권 2책이 있다.

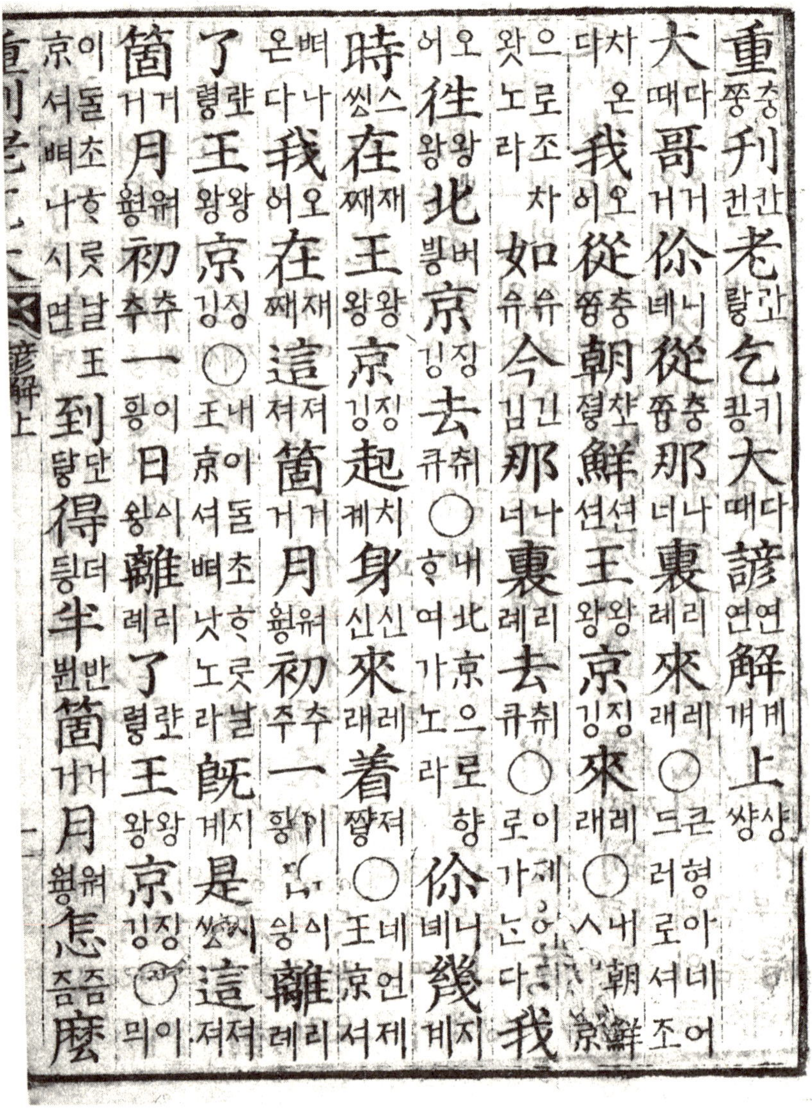

『중간노걸대언해』상 첫장

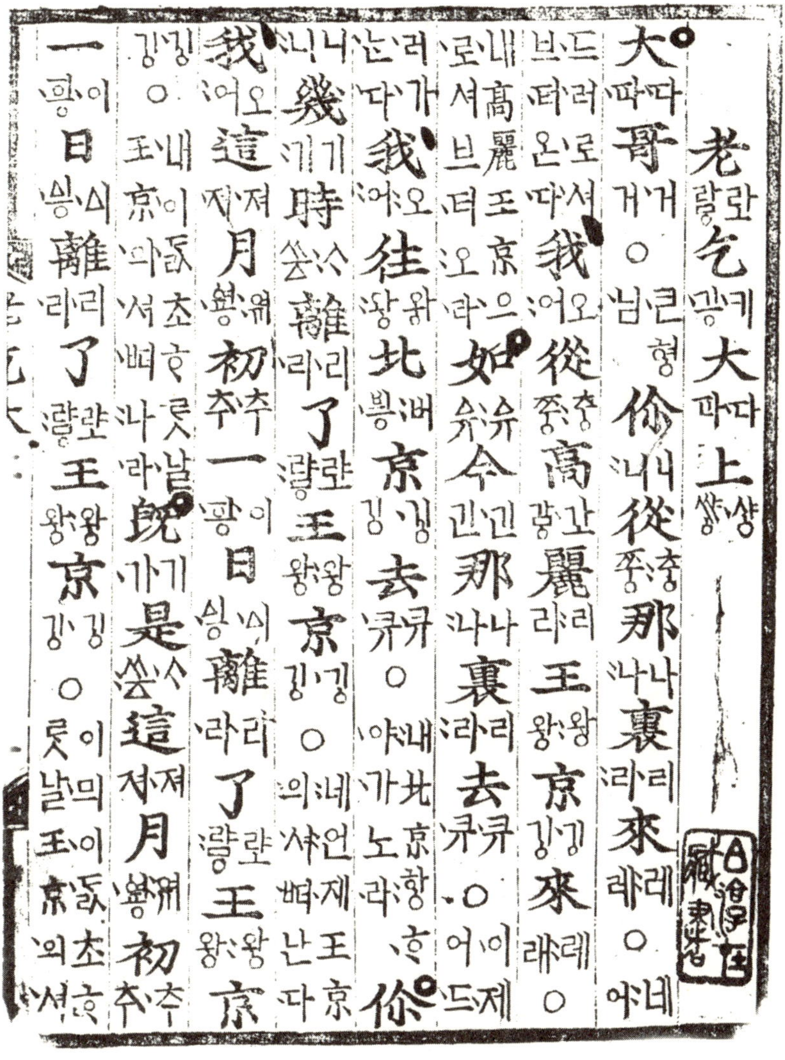
老乞大 上
大哥 你從那裏來
我從高麗王京來
如今那裏去
我往北京去
你幾時離了王京
我這月初一日離了王京
既是這月初一日離了王京

최세진의 『번역노걸대』 영인본 상권 첫장

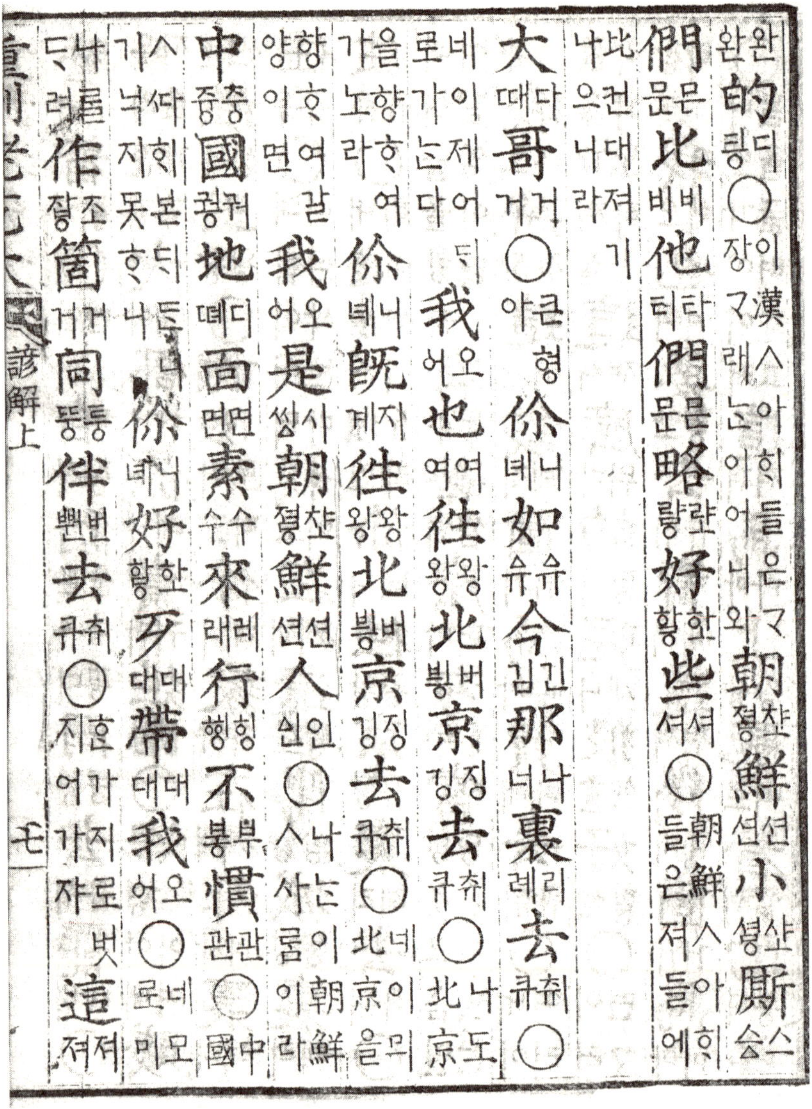

『중간노걸대언해』의 고려인이 조선인으로 바뀐 부분

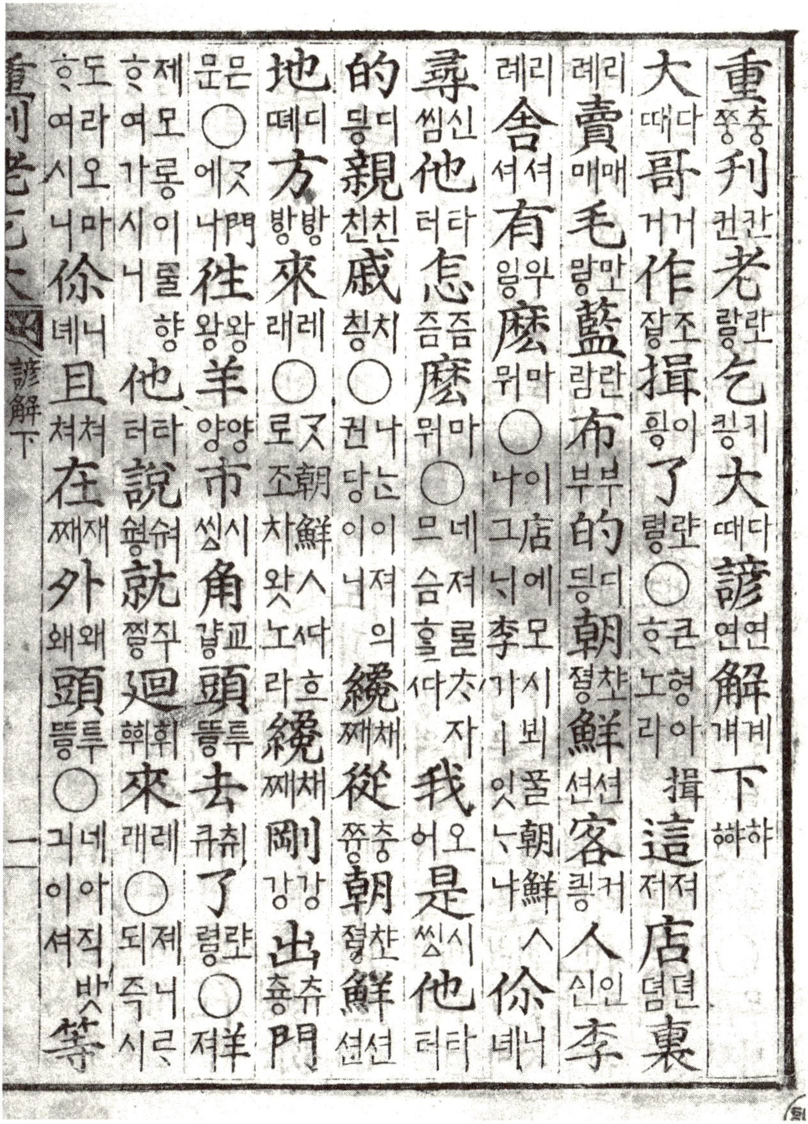
重刊老乞大諺解下

大哥作揖了 ○ 這店裏

賣毛藍布的朝鮮客人李

舍有麽 ○ 你

尋他怎麽 ○ 我是他

的親戚 ○ 纔從朝鮮

地方來 ○ 纔剛出門

往羊市角頭去了 ○

他說就迴來 ○

你且在外頭等 ○ 等

重刊老乞大 諺解下 一

『중간노걸대언해』의 하권 첫장

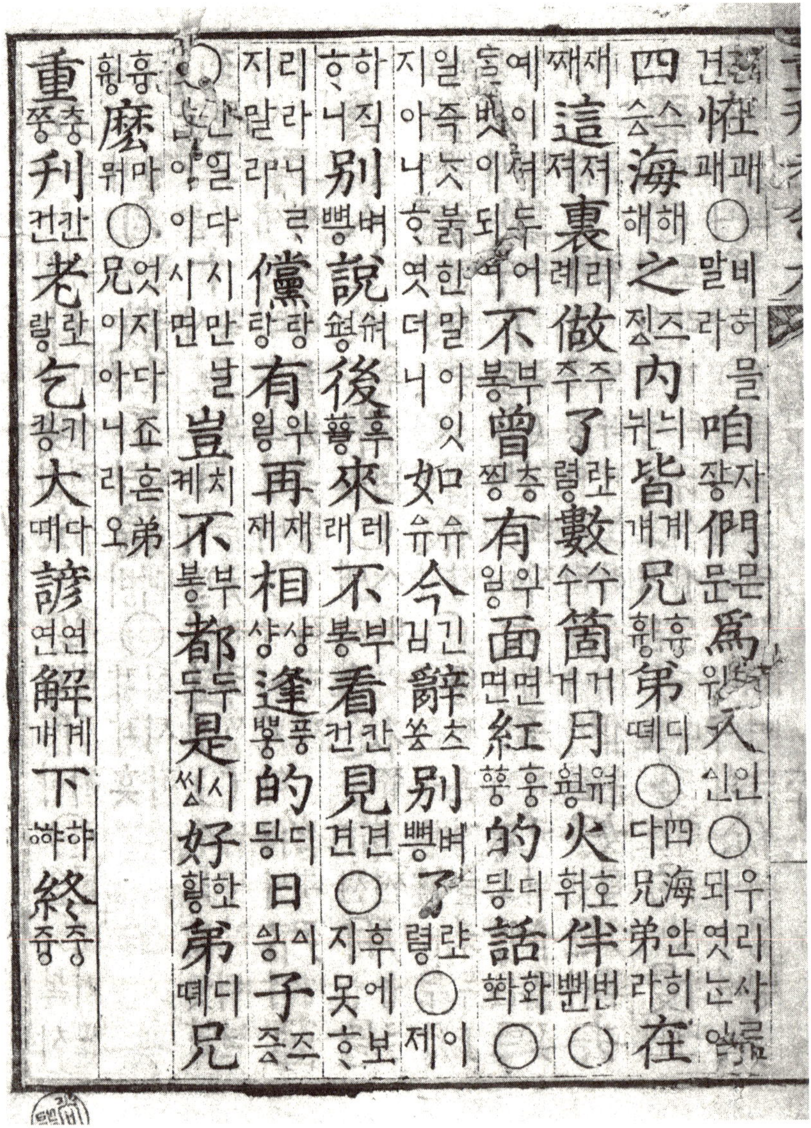

『중간노걸대언해』의 하권 종장

34. 오륜행실도五倫行實圖
- 완성도 높은 한글 활자체의 정형

이 책은 정조正祖가 규장각에 명하여 세종 16년(1434)에 설순偰循이 지은 『삼강행실도三綱行實圖』와 중종 13년(1518)에 김안국金安國이 지은 『이륜행실도二倫行實圖』를 합하여 수정 보완하여 만든 책이다.

정조 21년(1797)에 규장각의 직제학 이병모李秉模와 제학提學 윤시동이 교열을 하고 제학 이만수李晩秀 등이 감인監印하여 금속활자인 정리자整理字로 5권 4책으로 간행하였다.

책머리에는 정조의 어제윤음御製綸音과 이만수의 서문과 권채가 쓴 『삼강행실도』의 원서문과 윤헌주가 쓴 『삼강행실도』 원발문原跋文과 강혼姜渾이 쓴 『이륜행실도』 원서문이 실려 있다.

정조는 서문에서 이 책의 간행목적을 "앞서 간행된 삼강, 이륜이란 책이 선후로 발간되어 학관學館에 반포되어 백성들을 감화시키고 미풍양속을 이룩하는 근본이 되었으므로 두 책을 바탕으로 향음례鄕飮禮를 강조하고자 함에 있다"고 하였다. 또한 이 책은 권채權採의 서문에서 밝혔듯이 모든 백성을 독자로 삼았기 때문에 백성들이 쉽게 이해하게끔 그림을 통하여 흥미를 갖게 하고 한자를 깨치지 못한 사람을 위해 한자와 같이 언해(한글)를 함께 붙여 놓았다고 했다.

본문의 권1에서 권3까지는 앞서 간행된 『삼강행실도』에 수록된 효자, 충신, 열녀의 행적을 발췌 수록하였으며 충신도에는 정몽주와 길재吉再의 행적도 실려 있다. 후편의 4~5권에는 형제, 종족, 붕우, 사생 등 『이륜행실도』의 내용을 그대로 옮겨 싣고 있다.

이 책에 실려 있는 판화는 조선후기의 대표적인 작품으로 150점이 실려 있다. 내용과 기법에 있어 인물과 산수화 등 다양한 화풍과 면모를 살펴볼 수 있고 또한 새김기술도 섬세하고 정교하다.

『삼강』이나 『이륜행실도』의 그림보다 주변의 사물도 다양해지고 건물도 위용있게 그려 화면의 구성이 풍부해졌다. 또한 대상에 따라 가늘고 굵은 선을 적절히 구사하였으며 인물의 표현 등을 보면 당시 도화서圖畵署를 중심으로 한 김홍도金弘道 화풍이 아닌가 하는 설이 있으나 아직 뚜렷한 증거가 밝혀지지 않고 있다.

이 책에 실린 한글체도 한글활자체 발달사적으로 보면 ① 한글창제 초기(1443~1450) ② 한글창제 후기(1451~1460) ③ 인경기(1461~1505) ④ 경서기(1506~1591) ⑤ 임란후 복구기(1592~1659) ⑥ 교서관기(1660~1724)를 거쳐 한글활자의 모양이 가장 안정되고 원숙한 경지에 도달한 정형기定型期(1725~1800) 활자로 옛 활자 말기(1801~1863)를 거쳐 바로 연활자의 모체가 되었다해도 과언이 아니다.

『오륜행실도』의 한글체 줄기는 붓글씨적 성격이 두드러지면서도 줄기의 굵기와 돌기, 맺음 등의 모든 줄기 성격이 통일되어 있다. 닿자 모양도 붓글씨체의 강한 영향으로 균형이 잡혀있고 쓰기 순서도 통일되게 반영되어 있다. 옆닿자 시옷, 지읒, 치읓은 윗점 갈래로 통일되고 돌기와 맺음, 빗침과 이음줄기 등이 오늘날의 활자체의 기본 줄기 및 닿자 모양과 거의 동일하다.

오륜행실도 활자체는 교서관기(1660~1724)에서 완성을 본 궁체의 쓰기법과 한자 명조체의 성격이 조화되어 완성도 높은 한글 활자체의 정형으로 만들어졌다.

이는 교서관기부터 병용되기 시작한 한자 명조체의 성격 적용에 있어 교서관체와는 다른 적용방법으로 오늘날까지 한글 활자체의 최초의 정형으로 평가될 수 있다.

이 책은 조선시대의 판화의 변천과정 연구에도 중요한 자료이면서도 특히 국어사의 발달과정과 한글 글자꼴 변천사 연구에는 무엇보다 중요한 자료가 되리라 본다. 정리자체 초간본이 간행된 이후 철종 10년(1859)에 목판본으로 중간본이 간행되었다. 중간본에는 책머리에 김병학金炳學의 서문이 붙어 있다.

정리자본 『오륜행실도』의 5권 4책 완질본은 귀한 편이다. 활자본은 몇십장 이상 찍기가 어렵기 때문이다. 목판본도 연대는 얼마 안되었지만 흔한 편이 아니다. 고서수집가들이 판화와 한글본을 선호하기 때문이다. 특히 오륜행실도와 같이 정교하고 아름다운 150매의 판화에다가 미려한 글자꼴의 한글본인 경우 더욱 그렇다.

범우사 자료실에는 정리자본 5권 4책 한 질과 목판본 두 질 그리고 낱권이 몇권 있다.

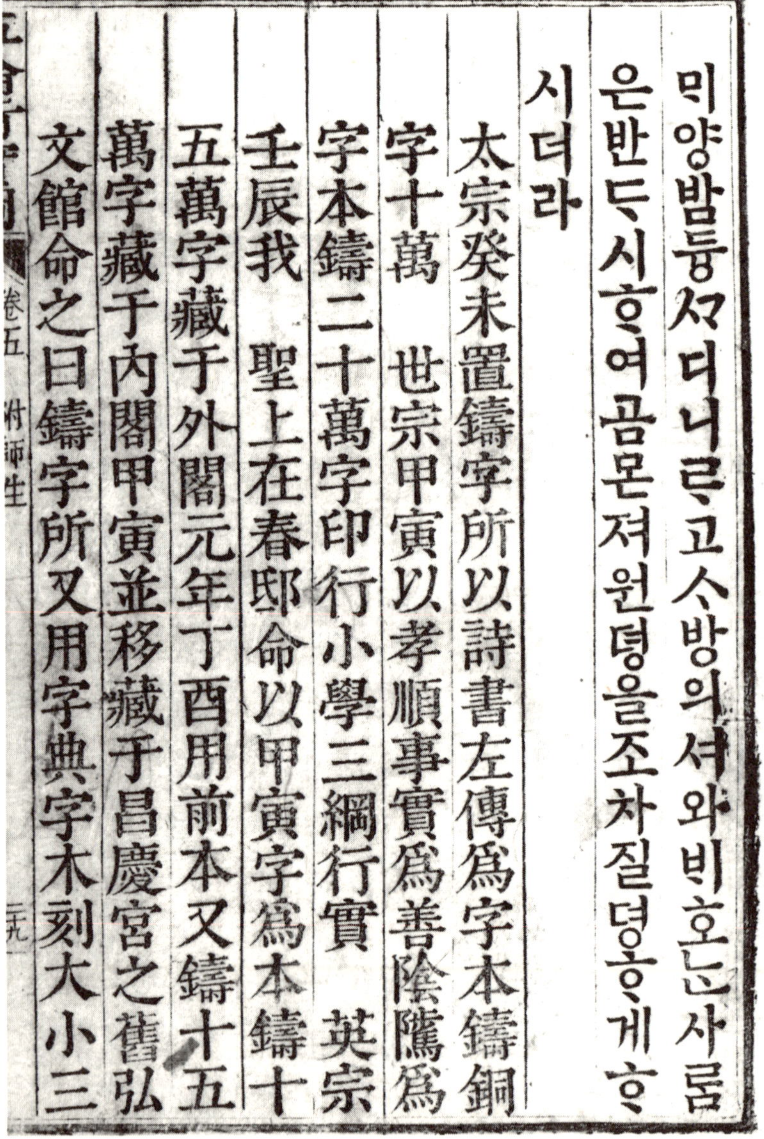

미양밤듕ᄭᆞ디니ᄅᆞ고ᄉᆞ방의셔와비호ᄂᆞᆫ사ᄅᆞᆷ
은반ᄃᆞ시ᄒᆞ여곰몬져원뎡을조차질뎡ᄒᆞ게ᄒᆞ
시더라
太宗癸未置鑄字所以詩書左傳爲字本鑄銅
字十萬　世宗甲寅以孝順事實爲善陰隲爲
字本鑄二十萬字印行小學三綱行實　英宗
壬辰我　聖上在春邸命以甲寅字爲本鑄十
五萬字藏于外閣元年丁酉用前本又鑄十五
萬字藏于內閣甲寅並移藏于昌慶宮之舊弘
文館命之曰鑄字所又用字典字木刻大小三

『오륜행실도』. 주자에 관해 설명한 부분

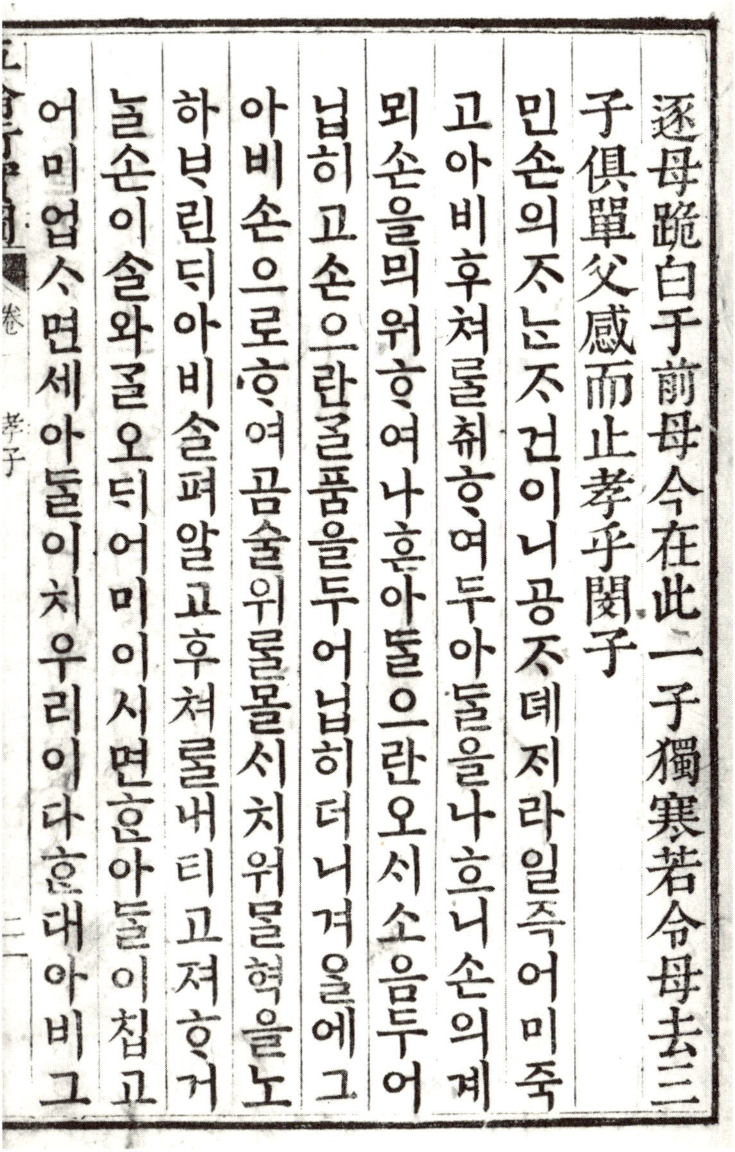

逐母跪白于前母今在此一子獨寒若命母去三
子俱單父感而止孝乎閔子
민손의ᄌᆞ는ᄌᆞ건이니공ᄌᆞ뎨지라일즉어미죽
고아비후쳐를취ᄒᆞ여두아ᄃᆞᆯ을나흐니손의계
뫼손을믜워ᄒᆞ여나ᄒᆞᆫ아ᄃᆞᆯ으란오ᄉᆡ소옴두어
닙히고손으란ᄀᆞᆯ품을두어닙히더니겨울에그
아비손으로ᄒᆞ여곰술위를몰시치위물혁을노
하ᄇᆞ린ᄃᆡ아비ᄉᆞᆯ펴알고후쳐를내티고져ᄒᆞ거
ᄂᆞᆯ손이ᄉᆞᆯ와ᄀᆞᆯ오ᄃᆡ어미이시면ᄒᆞᆫ아ᄃᆞᆯ이칩고
어미업ᄉᆞ면세아ᄃᆞᆯ이치우리이다ᄒᆞᆫ대아비그

五倫行實圖 卷一 孝子 二

정리자본『오륜행실도』본문

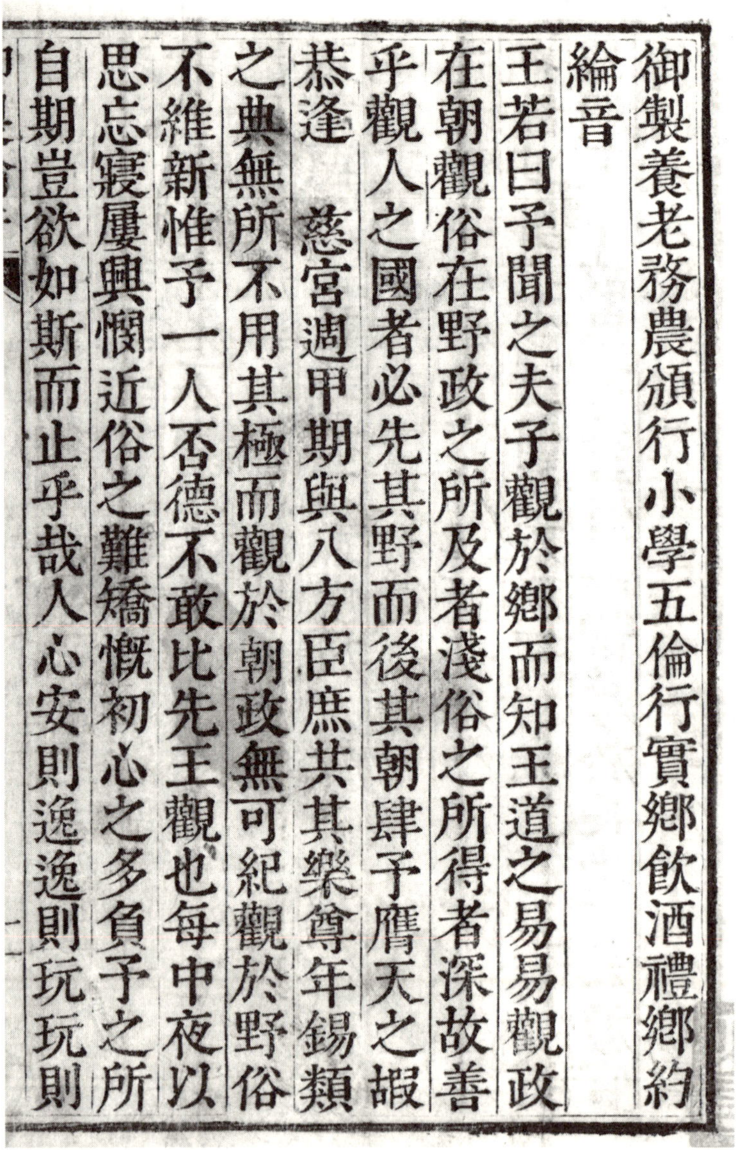

御製養老務農頒行小學五倫行實鄉飮酒禮鄉約
綸音
王若曰予聞之夫子觀於鄉而知王道之易易觀政
在朝觀俗在野政之所及者淺俗之所得者深故善
乎觀人之國者必先其野而後其朝肆予膺天之眷
恭逢 慈宮週甲期與八方臣庶共其樂尊年錫類
之典無所不用其極而觀於朝政無可紀觀於野俗
不維新惟予一人否德不敢比先王觀也每中夜以
思忘寢屢興憫近俗之難矯慨初心之多負予之所
自期豈欲如斯而止乎哉人心安則逸逸則玩玩則

정조 임금의 『어제윤음』

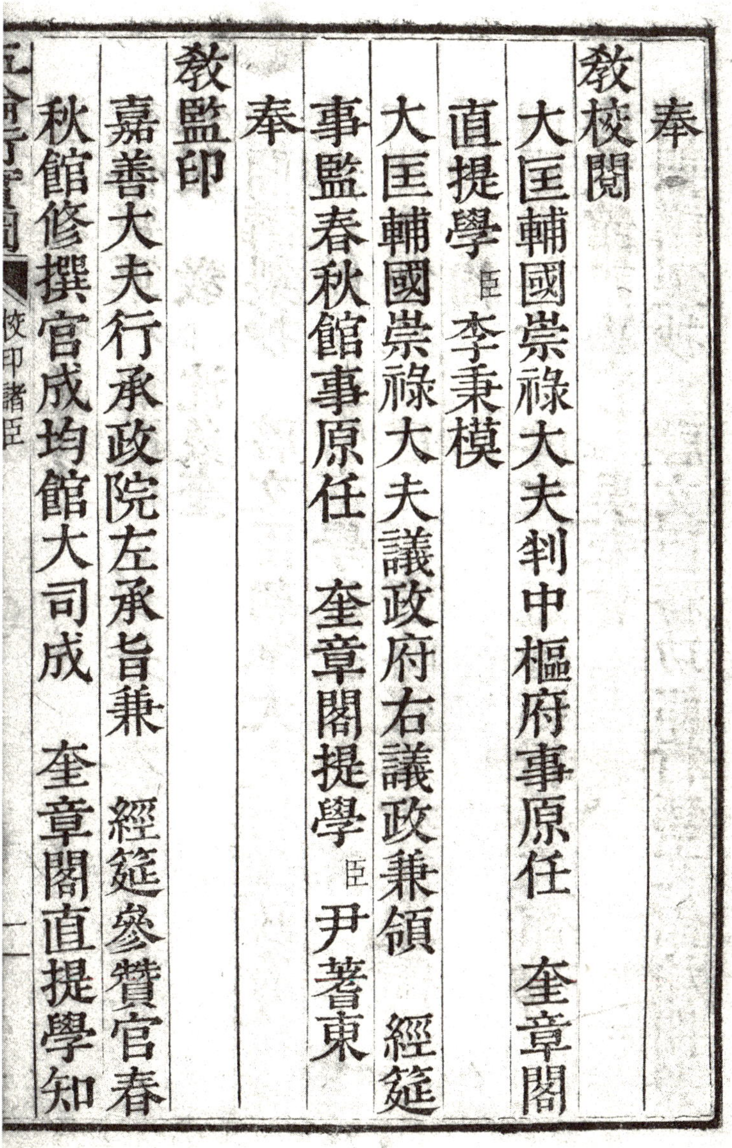
奉
教校閱
大匡輔國崇祿大夫判中樞府事原任 奎章閣
直提學臣李秉模
大匡輔國崇祿大夫議政府右議政兼領 經筵
事監春秋館事原任 奎章閣提學臣尹蓍東
奉
教監印
嘉善大夫行承政院左承旨兼 經筵參贊官春
秋館修撰官成均館大司成 奎章閣直提學知
五倫行實圖 校印諸臣 二

책의 교감에 참여한 사람들의 이름과 벼슬

『오륜행실도』속의 판화그림

35. 태상감응편도설언해太上感應篇圖說 諺解
- 19세기 국어연구 중요자료인 도가서

이 책의 원본은 중국의 도교道敎 경전인 『태상감응편도설太上感應篇圖說』로 1655년에 중국 명나라 허남증이 편찬하여 7책본으로 간행한 것을 1848년에 최성환이 다시 편집하여 한문본을 우리 나라에서 간행하였다.

그후 1852년에 만주어와 한문으로 된 선악소보도설善惡所報圖說 일부를 구하여 도판과 한문은 그대로 두고 만주어를 뺀 자리에 한글을 넣어 『태상감응편도설 언해』본인 한글본을 간행하였다.

이 책은 선악의 업보를 실증하는 사실들을 분류하여 엮은 것으로 인仁, 의義, 예禮, 지智, 신信의 다섯 내용을 각각 따로 묶어 5책으로 엮었다.

1880년(고종 17년)에 고종의 명에 의하여 다시 간행되었으나 1852년에 간행된 판본과 내용의 차이는 전혀 없다. 본문의 편집을 보면 제2권 형관선보形官善報의 범순인范純仁 편에는 한 면에 가득 도판이 그려져 있고 뒷면에 한문, 그리고 이어서 한글로 해석문이 쓰여져 있는데 한글은 궁중에서 쓰던 궁체에 가깝다.

이렇게 207명의 중국인을 선인善人과 악인惡人으로 구분하여 엮어나갔다. 형관刑官 중에 선인 악인, 사관史官 중에 선인 악인과 언관言官 중에 선인과 악인, 양민관養民官 중에 선인과 악인 등 철저한 구분으로 분류하였다. 그래서 이 책은 도교적인 교과서라 볼 수 있다.

『태상감응편도설 언해』 판본은 국회 고서 종합도서 목록에 의하면 1852년 간본과 1880년 간본만 있는데 한국정신문화연구원 소장본으로 필사본인 10권 10책이 전해져 내려오고 있다. 그런데 이 책은 그림이나 한문은 없고 한글만 있는 한글본으로 19세기 중기 이후의 필사본으로 추정되며 1880년간인 판본과는 내용이 전혀 다르다.

그리고 『태상감응편도설 언해』본의 제1권 앞부분이나 제5권 뒷부분에 「감응편독법찬요」, 「감응편영험기」, 「태상감응편대문」이 붙어 있거나 별책으로 엮어져 있기도 하다. 또한 『태상감응편대문』은 본문보다 큰 글자로 새겨져 있으며 뒤에 한글이 있는데 한글도 큰 글씨로 아주 힘차고 아름답다.

이 책은 도가서道家書로서만 큰 의의가 있는 것이 아니라 우리 나라 19세기 국어연구에도 중요한 가치를 지니고 있는 책이다.

국어학적 특징을 들면 어두 된소리 표기는 ㅄ을 제외하고는 모두 ㅅ계합용병서를 쓰고 있으며 발음이 ㅅ인 어간들은 곡용 활용 때 중철 표기 방식을 쓰고 있다.

또한 ㅈ, ㅊ 앞에 ㄴ이 첨가되는 현상이 보이며 ㅌ발음의 체언이 '이' 이외의 모음 위에서는 'ㅊ'으로 나타나는 현상 등 국어연구에도 큰 보탬이 되는 책이다.

범우사 자료실에는 『태상감응편도설 언해』본 권2, 3, 4, 5의 4책과 『감응편독법찬요』, 『감응편영험기』, 『태상감응편대문』과 큰글씨 한글이 들어 있는 별책 한 권이 있다.

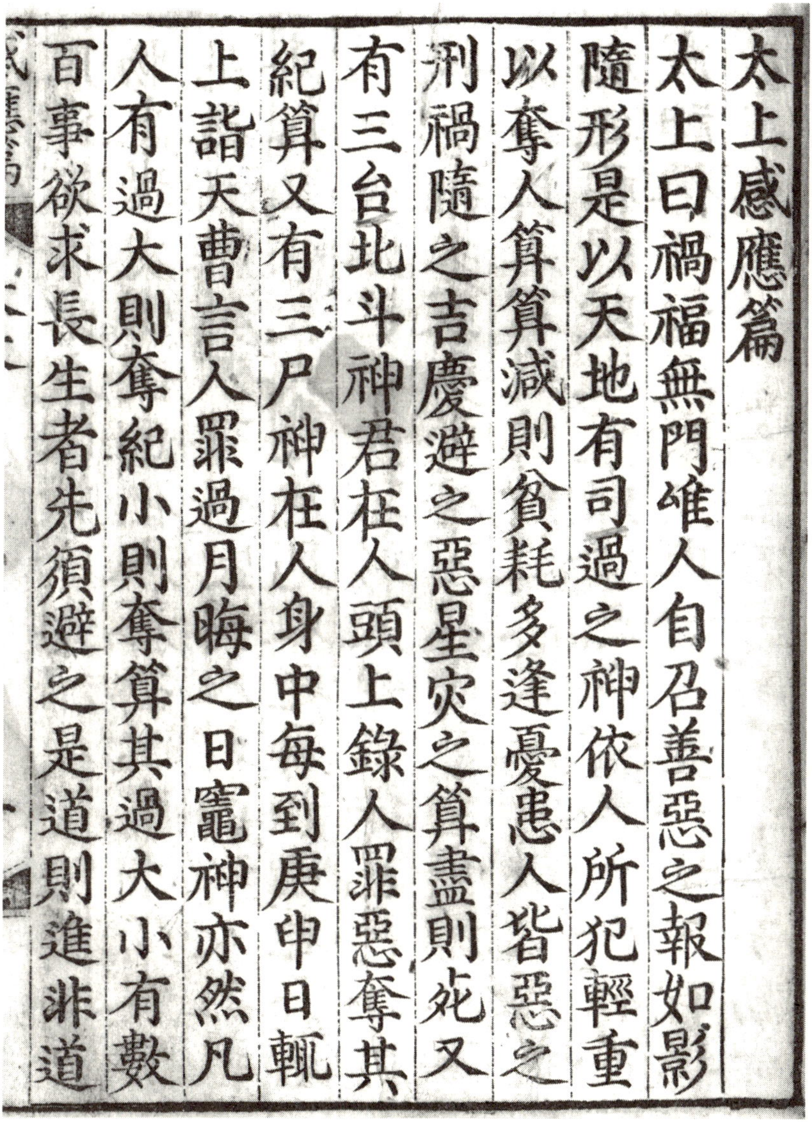

太上感應篇

太上曰禍福無門唯人自召善惡之報如影隨形是以天地有司過之神依人所犯輕重以奪人算算減則貧耗多逢憂患人皆惡之刑禍隨之吉慶避之惡星災之算盡則死又有三台北斗神君在人頭上錄人罪惡奪其紀算又有三尸神在人身中每到庚申日輒上詣天曹言人罪過月晦之日竈神亦然凡人有過大則奪紀小則奪算其過大小有數百事欲求長生者先須避之是道則進非道

「태상감응편대문」의 첫장

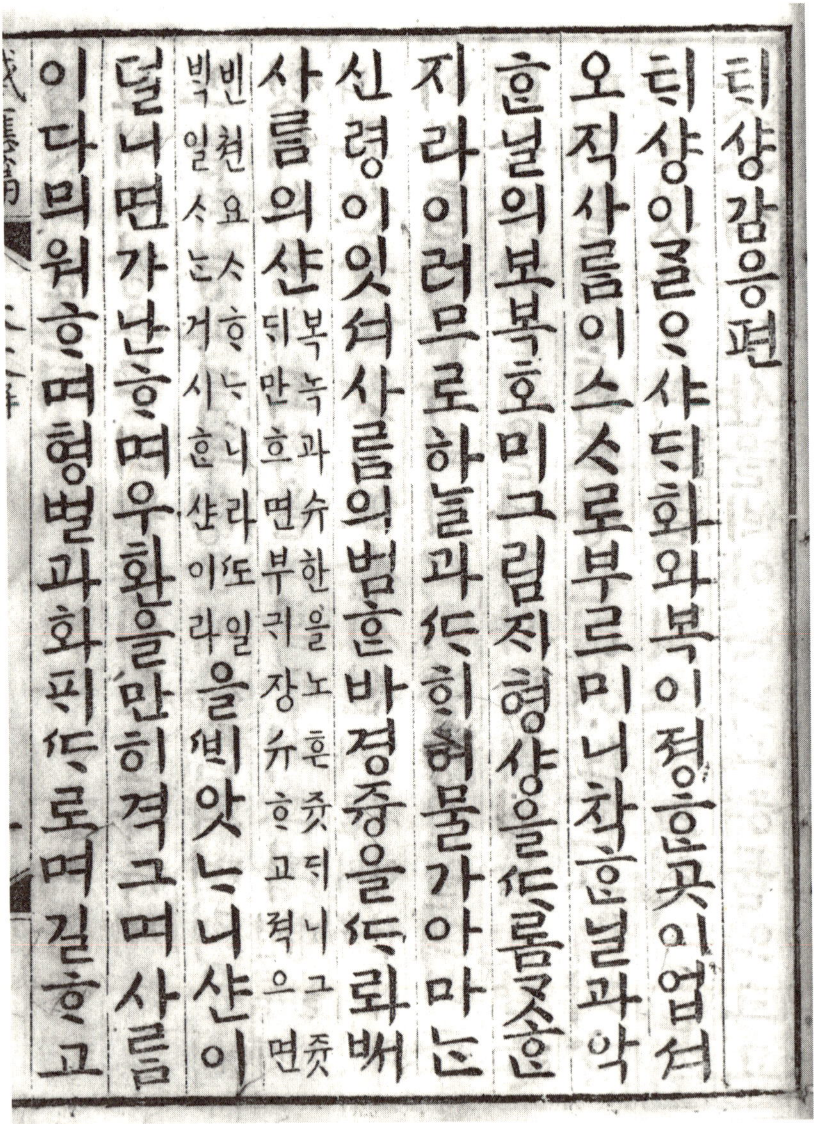

태샹감응편

태샹이ᄀᆞᆯᄋᆞ샤ᄃᆡ화와복이뎡ᄒᆞᆫ곳이업셔

오직사ᄅᆞᆷ이ᄉᆞᄉᆞ로부르미니착ᄒᆞᆫ닐과악

ᄒᆞᆫ닐의보복호미그림지형샹을ᄯᆞᄅᆞᆷᄀᆞᄐᆞᆫ

지라이러므로하ᄂᆞᆯ과ᄯᆞ히허물가아마ᄂᆞᆫ

신령이잇셔사ᄅᆞᆷ의범ᄒᆞᆫ바경즁을ᄯᆞ라ᄲᅢ

사ᄅᆞᆷ의샨(복녹과슈한을노흔ᄎᆞᆺ되니그ᄎᆞᆺ되만ᄒᆞ면부귀쟝슈ᄒᆞ고젹으면빈쳔요ᄉᆞᄒᆞᄂᆞ니라ᄯᅩ일ᄇᆡᆨ일ᄉᆞᄂᆞᆫ거시ᄒᆞᆫ샨이라)을ᄲᅦ앗ᄂᆞ니샨이

덜니면가난ᄒᆞ며우환을만히격그며사ᄅᆞᆷ

이다믜워ᄒᆞ며형별과화픠ᄯᆞ로며길ᄒᆞᆫ고

『태상감응편도문』 한글 큰글씨

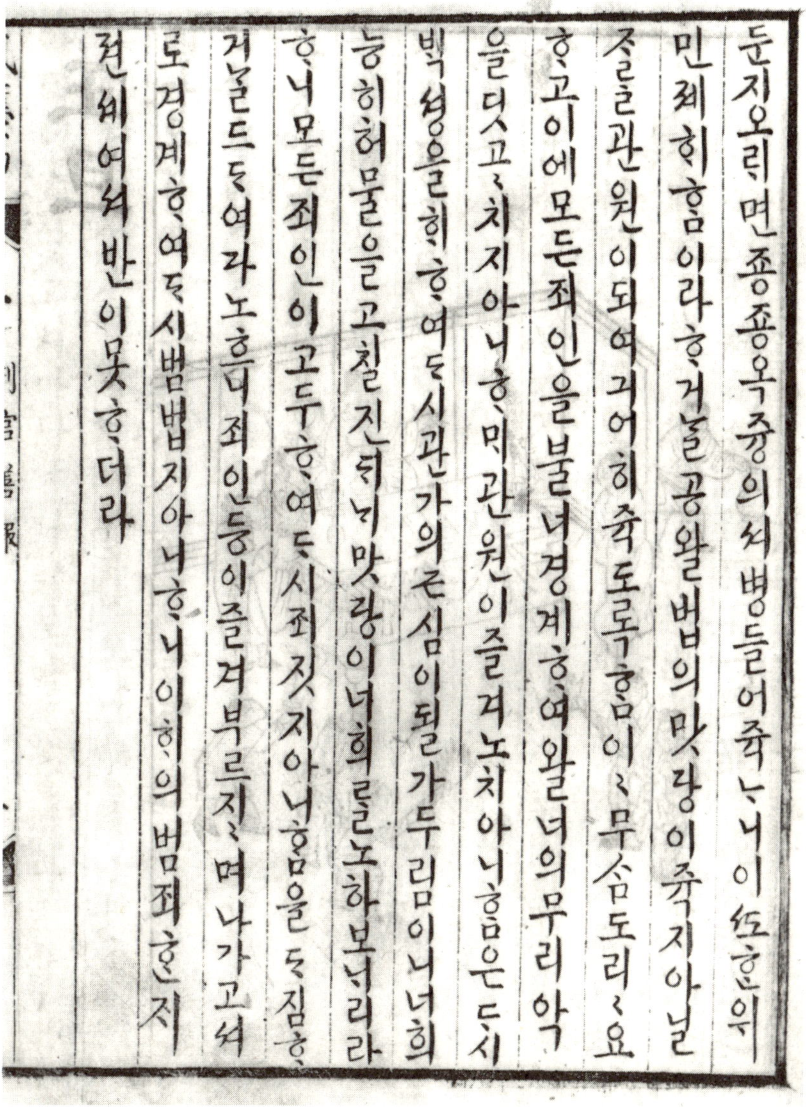

둔지오리면종죵옥즁의셔병들어죽ᄂᆞ니이ᄯᅩᄒᆞᆫ위
민졔히ᄒᆞᆷ이라ᄒᆞᆫ거ᄂᆞᆯ공왈법의ᄆᆡᆺ당이죽지아닐
죄ᄅᆞᆯ관원이되여ᄀᆡ어히죽도록ᄒᆞᆷ이〻무ᄉᆞᆷ도리〻요
ᄒᆞ고이에모든죄인을불너경계ᄒᆞ여왈너의무리악
을더ᄉᆞ고치지아니ᄒᆞ면관원이즐겨노치아니ᄒᆞᆷ은ᄃᆞ시
ᄇᆡᆨ셩을위ᄒᆞ여ᄃᆞ시관가의ᄌᆞᆫ심이될가두림이니너희
능히허물을고칠진ᄃᆡ내ᄆᆡᆺ당이너희ᄅᆞᆯ노하보내리라
ᄒᆞ니모든죄인이고두ᄒᆞ여ᄃᆞ시죄짓지아니ᄒᆞᆷ을ᄃᆞ짐ᄒᆞ
거ᄂᆞᆯ드ᄃᆞ여다노ᄒᆞ니죄인등이즐겨부르지〻며나가고셔
로경계ᄒᆞ여ᄃᆞ시범법지아니ᄒᆞ니이ᄒᆞᆫ의범죄ᄒᆞᆫ지
련쇠여셔반이못ᄒᆞ더라

『태상감응편도설언해』의 한글부분

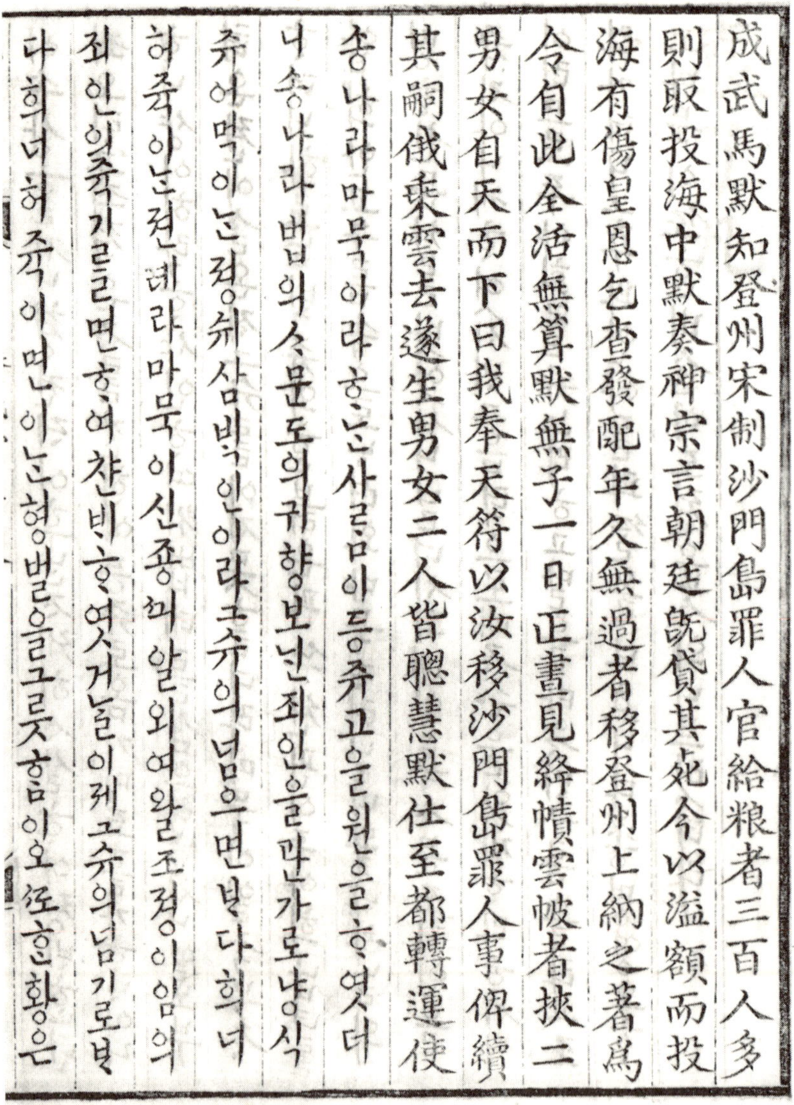

成武馬默知登州宋制沙門島罪人官給粮者三百人多
則取投海中默奏神宗言朝廷旣貸其死今以溢額而投
海有傷皇恩乞査發配年久無過者移登州上納之著爲
令自此全活無算默無子一日正晝見絳幘雲帔者挾二
男女自天而下曰我奉天符以汝移沙門島罪人事俾續
其嗣俄乘雲去遂生男女二人皆聰慧默仕至都轉運使
송나라마묵이라ᄒᆞᄂᆞᆫ사ᄅᆞᆷ이등쥬고을원을ᄒᆞ엿더
니송나라법의ᄉᆞ문도의귀향보낸죄인을관가로냥식
쥬어먹이ᄂᆞᆫ졍쉬삼ᄇᆡᆨ인이라그슈의넘으면ᄇᆞ다희너
허죽이ᄂᆞᆫ젼례라마묵이신종ᄭᅴ알외여왈조졍이임의
죄인의죽기ᄅᆞᆯ면ᄒᆞ여챠빈ᄒᆞ여시거ᄂᆞᆯ이졔그슈의넘기로ᄇᆞ
다희너허죽이면이ᄂᆞᆫ형벌을그ᄅᆞᆺᄒᆞᆷ이오ᄯᅩᄒᆞᆫ황은은

『태상감응편도설언해』의 본문

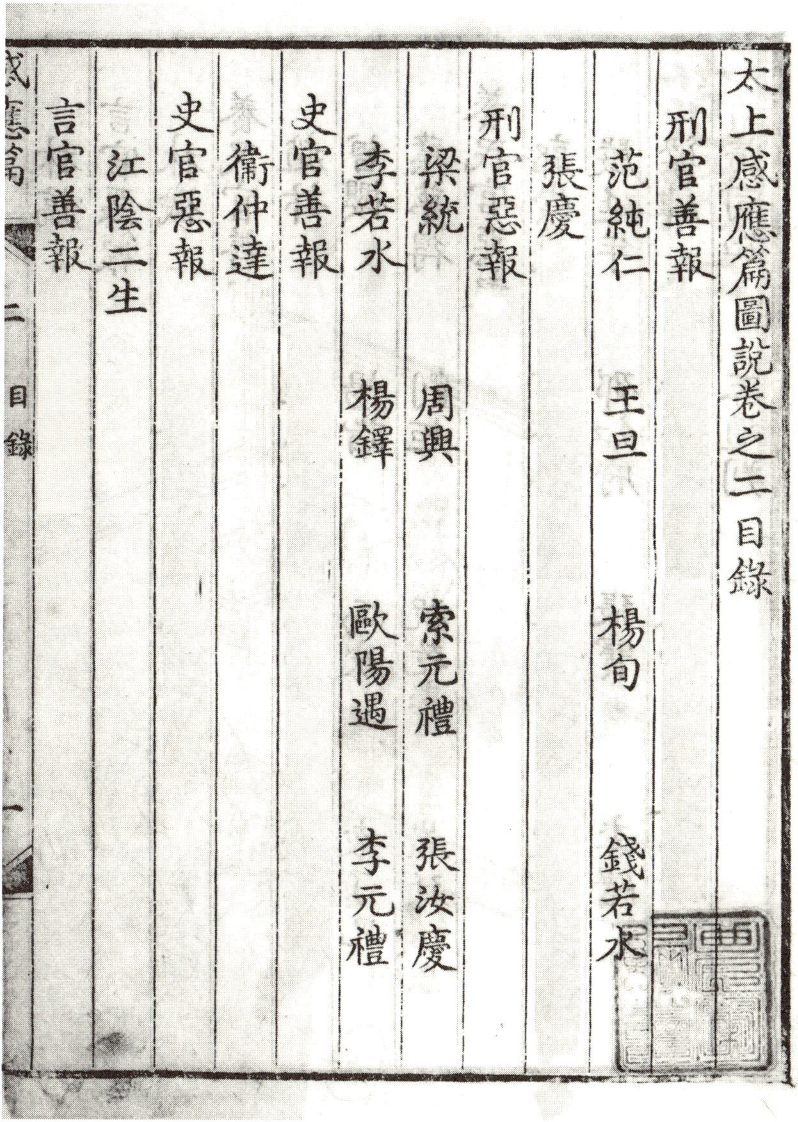

太上感應篇圖說卷之二目錄

刑官善報

范純仁 王旦 楊旬 錢若水

張慶

刑官惡報

梁統 周興 索元禮 張汝慶

李若水 楊鐸 歐陽遏 李元禮

史官善報

衛仲達

史官惡報

江陰二生

言官善報

『태상감응편도설』 권2 목차

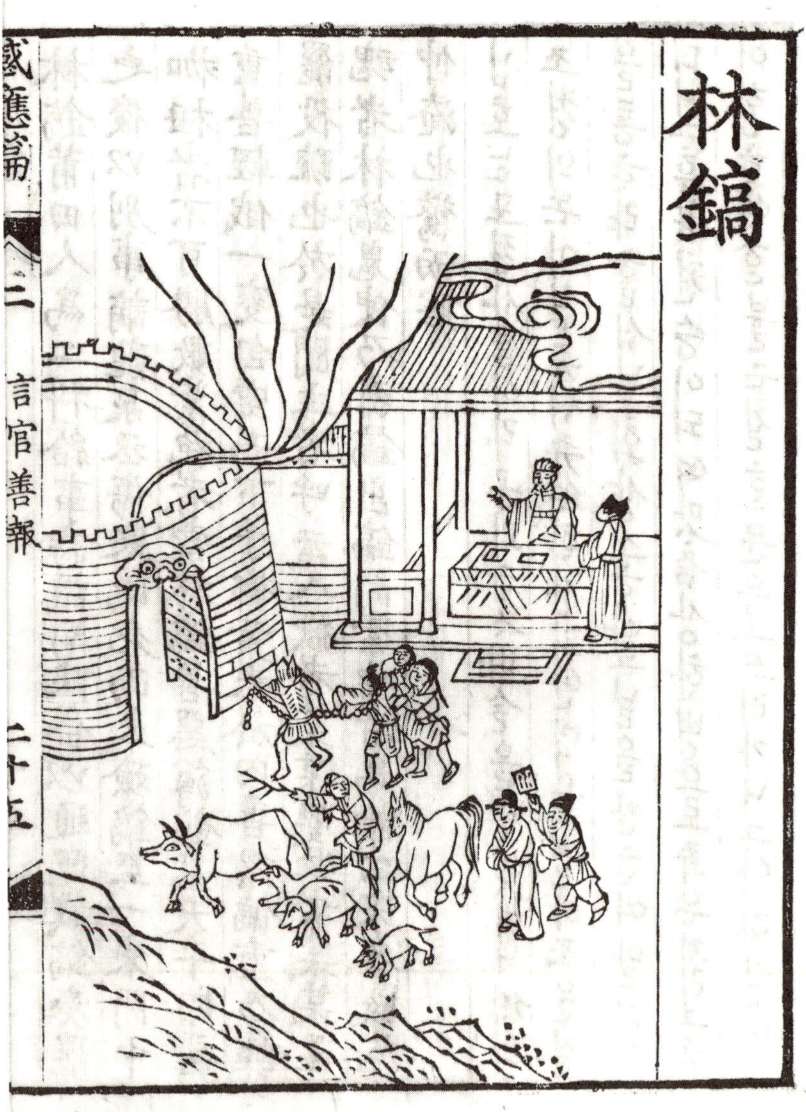

「임호편」의 도판 그림

36. 경신록언석敬信錄諺釋
- 인간의 선행과 악행에 대한 도가서

이 책은 도가서道家書인 중국의 『경신록』을 한글로 번역한 것으로 『경신록 언석敬信錄諺釋』 또는 『경신록 언해』라 한다. 『경신록』은 도가에서 인간의 선행과 악행에 대한 하늘의 업보業報를 하나하나 예를 들어 실증한 것이다.

인간의 화禍와 복福이라는 것은 사람이 스스로 불러오는 것으로서 유명幽冥에 여러 신神이 있어 사람의 한 일들을 옥황상제玉皇上帝에게 보고하여 그 결정에 따라 길흉吉凶을 내리며 악을 제어하며 선행을 장려함을 교리의 근본으로 삼는 경문과 주문을 만들어 선을 권하고 악을 징계한다는 것이다.

도가사상은 노장사상을 계승 발전시킨 사상으로 인간의 현실적 타락과 무지의 근거를 찾아 그것을 척결해내고 자연의 실상을 깨달은 참지혜를 통하여 무위無爲의 삶을 추구하는 사상이다. 그러므로 도가에서는 자연스러움을 그 본 모습으로 보고 목적이나 의도를 위하여 의미를 추구하는 것을 위험하게 여겼다. 몸은 죽은 나무 같이 해야 하며 마음은 식은 재처럼 해야 한다고 하였다.

이 책의 내용에는 태상감응편, 문창제군음즐문, 문창제군권효문, 문창제군구겁보장, 문창제군권경자지문, 동악대제회생보훈, 원료범선생입명편, 유정의공우조신기, 감응편치복영험, 음즐문영험, 인시경신록영험, 행불비전공덕례, 공과격찬요 등으로 여러 도가서에서 발췌한 것으로 보인다.

서문과 발문이 없는 1권 1책본(84장)은 기록에 의하면 1880년(고종 17, 광서6) 봄에 간행하였다는 표기가 있는 규장각 소장본과 동시에 출간된 것으로 역자는 최경환崔璟煥으로 보고 있다.

이 책 앞에는 "통천융운 조극돈윤 주상전하 명인統天隆運 肇極敦倫 主上殿下 命印"이라고 큰 글자로 쓰고 그 우측에 "화피초목化被草木", 그 좌측에 "뢰급만방賴及萬方"이라 큰 글자로 쓰여져 있다.

또 책 위에는 "주상전하 수극영창主上殿下 壽極永昌 중궁전하 수여항승中宮殿下 壽如恒升 세자전하 수산복해世子殿下 壽山福海"라는 큰글자 3행이 기록되어 있다.

또 한 가경嘉慶 병진丙辰본은 1796년(정조20)에 경기도 양주에 있는 천보산 불암사佛巖寺에서 홍태운洪泰運의 글씨를 판하板下하여 간행하였다. 전체가 86장인 이 책은 한문 원문이 없고 언해만 실려 있다. 서명과 각 경문의 제목만 한자로 썼을 뿐 나머지는 모두 한글로 되어 있다.

이 가경판본은 1880년도 판본보다 뒤에 2장이 더 붙어 있고 내용도 항목수가 다르다. 뒤에 정조 20년 가경 병진중추개간 양주 천보산 불암사 장판(嘉慶 丙辰仲秋開刊楊州 天寶山 佛巖寺 藏板)이란 간기에 판본시주板本施主 공덕주功德主 각공刻功등의 이름도 적혀 있다.

이 책은 18세기 말의 한글 연구에도 중요한 가치를 차지하고 있다. 그때의 국어현상을 그대로 반영하고 있어 ㅄ을 제외하고는 ㅅ계 합용병서만을 어두의 된소리로 사용했다는 점과 어말자음군중 ㄺ과 ㄼ만 분철표기했다는 점, 어말자음군중 ㄷ구개음화가 보인다는 점, 치찰음 아래에서의 이 전부고모음화가 보이지 않는다는 점을 그 특징으로 들 수 있다.

그리고 기록에 의하면 1902년에 간행된『경신록 언해』목판본은 목판본 글자체 자료로서 중요한 의의가 있다고 한다.

새 활자시대(1883~1909)를 열어가는 시기에 새 활판술의 도입으로 옛글씨체와 교체되는 시기에 연활자와 목활자 그리고 새로운 글씨체의 목판본 등이 서로 어울려 출판을 하면서 글자꼴 향상에 큰 이바지를 하였다고 한다. 범우사 자료실에는 1796년 가경판본 한 책이 있다.

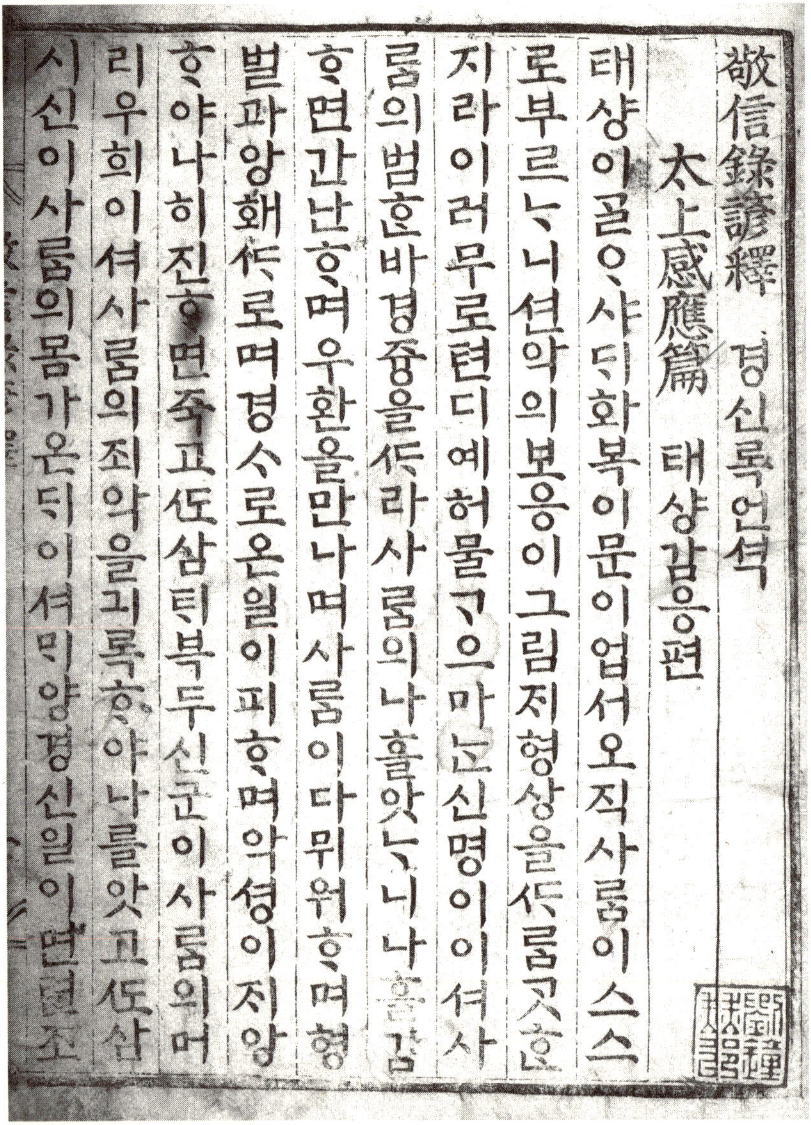
敬信錄諺釋 경신록언셕
太上感應篇 태샹감응편
태샹이ᄀᆞᆯᄋᆞ샤ᄃᆡ화복이문이업서오직사ᄅᆞᆷ이스스
로부르ᄂᆞ니션악의보응이그림지형상을ᄯᆞ롬곳ᄒᆞᆫ
지라이러무로텬디예허물ᄀᆞ음마ᄂᆞᆫ신명이이셔사
ᄅᆞᆷ의범ᄒᆞᆫ바경즁을ᄯᆞ라사ᄅᆞᆷ의나흘앗ᄂᆞ니나흘감
ᄒᆞ면간난ᄒᆞ며우환을만나며사ᄅᆞᆷ이다믜워ᄒᆞ며형
벌과앙홰ᄯᆞ로며경ᄉᆞ로온일이피ᄒᆞ며악셩이지앙
ᄒᆞ야나히진ᄒᆞ면죽고ᄯᅩ삼틔북두신군이사ᄅᆞᆷ의머
리우희이셔사ᄅᆞᆷ의죄악을긔록ᄒᆞ야나ᄅᆞᆯ앗고ᄯᅩ삼
시신이사ᄅᆞᆷ의몸가온ᄃᆡ이셔미양경신일이면문조

1796년에 간행한 『경신록언석』의 첫장

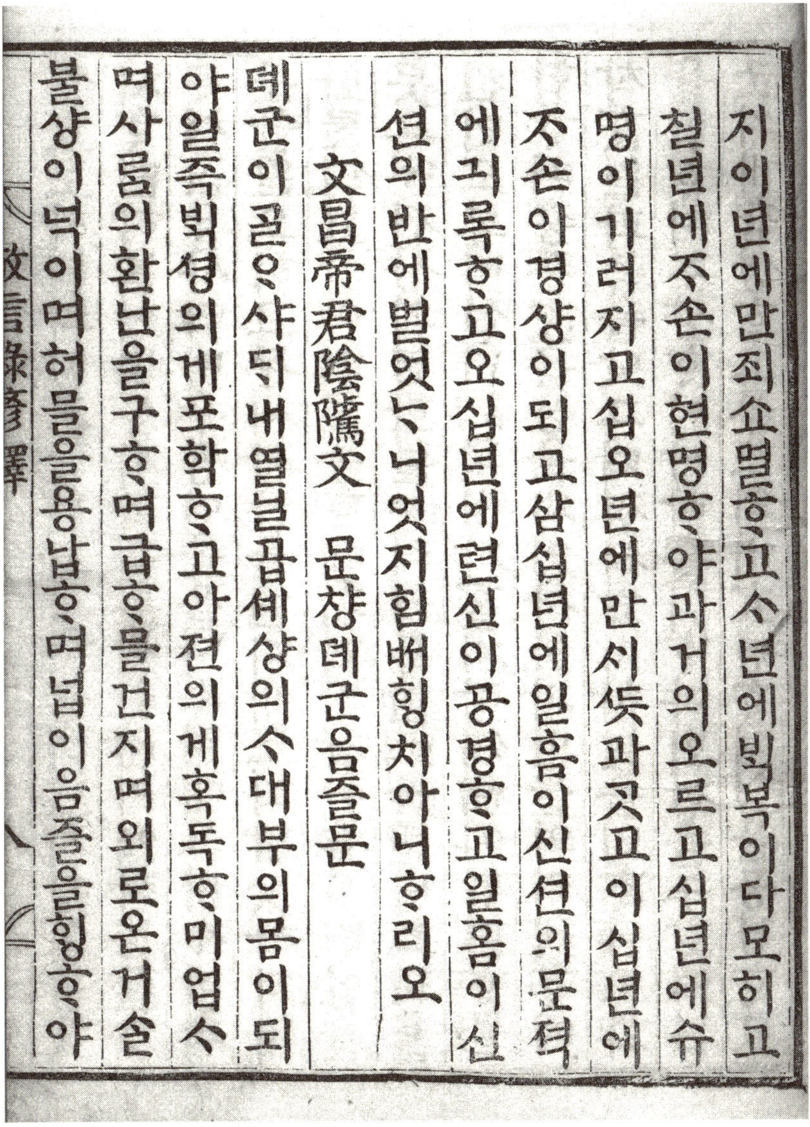
지이년에만죄쇼멸ᄒᆞ고ᄉᆞ년에복이다모히고
칠년에ᄌᆞ손이현명ᄒᆞ야과거의오르고십년에슈
명이기러지고십오년에만ᄉᆡᄯᅳᆺ과ᄀᆞᆺ고이십년에
ᄌᆞ손이경상이되고삼십년에일홈이신션의문젹
에긔록ᄒᆞ고오십년에련신이공명ᄒᆞ고일홈이신
션의반에별엇ᄂᆞ니엇지힘ᄡᅥ힝치아니ᄒᆞ리오
文昌帝君陰騭文 문챵뎨군음즐문
뎨군이ᄀᆞᆯᄋᆞ샤ᄃᆡ내열닐곱세상의ᄉᆞ대부의몸이되
야일즉빅셩의게포학ᄒᆞ고아젼의게혹독ᄒᆞ미업ᄉᆞ
며사롬의환난을구ᄒᆞ며급ᄒᆞᆫ믈건지며외로온거ᄉᆞᆯ
불샹이녀이며허믈을용납ᄒᆞ며널이음즐을힝ᄒᆞ야
敬信錄諺釋

1796년 불암사에서 간행한 『경신록언석』 본문

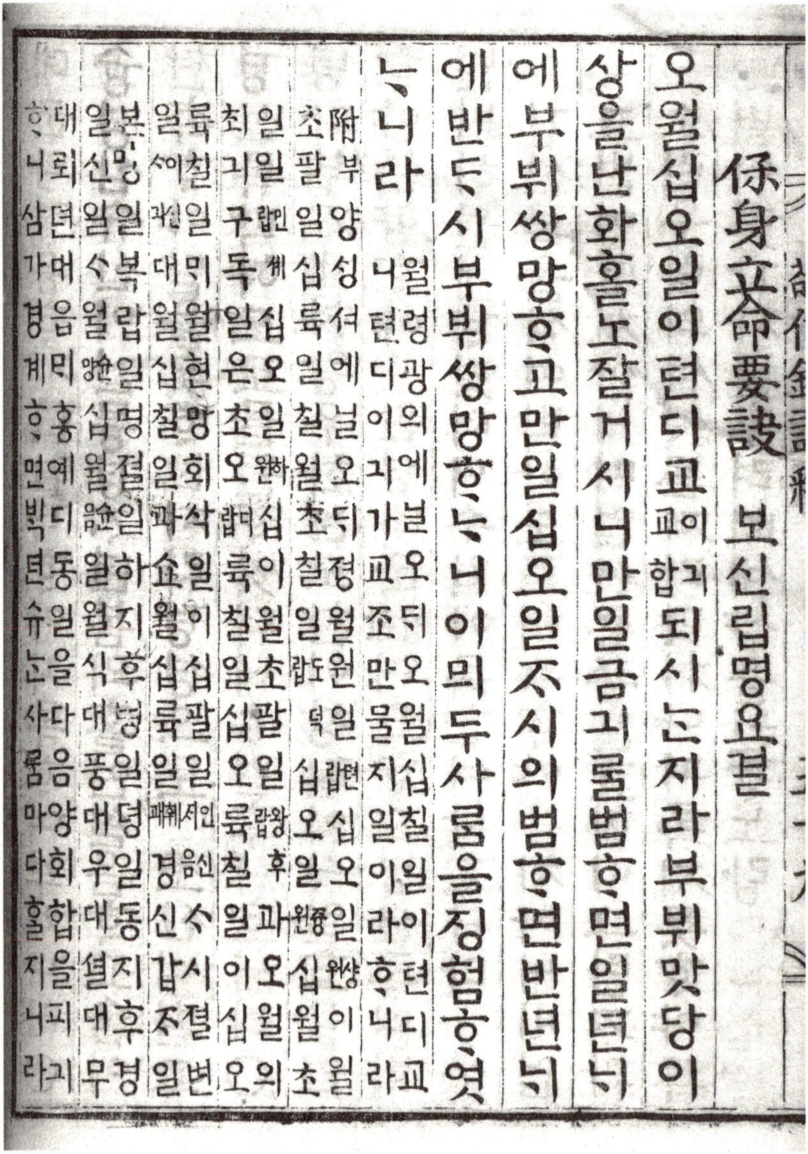

1796년 불암사 판본의 중자와 소자부분

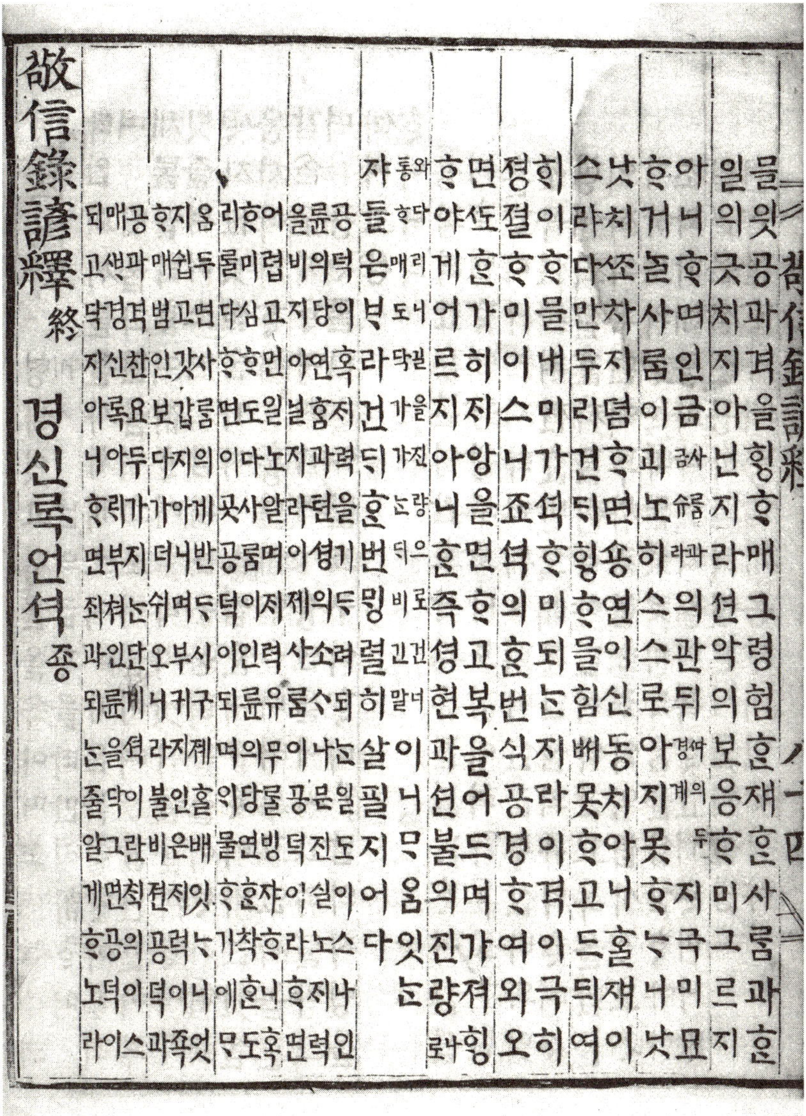

1796년 불암사 판본인 『경신록언석』의 종장

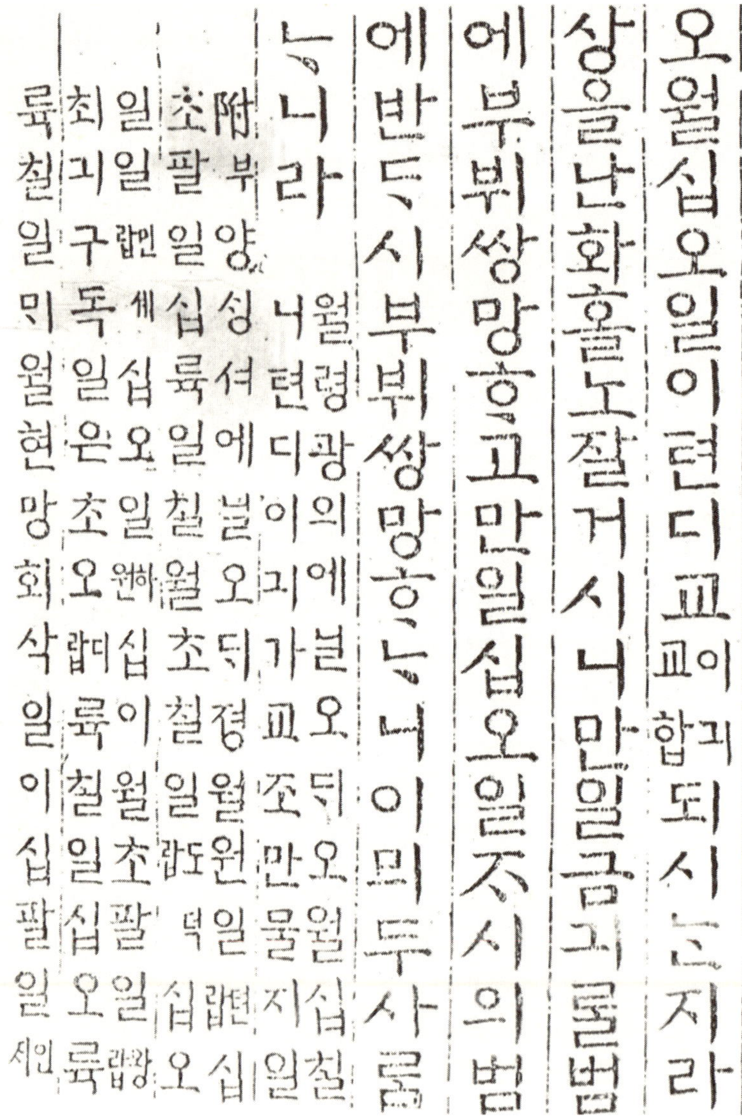

오월십오일이텬디교교이합긔되시ᄂᆞ지라
상을난화홀노잘거시니만일금고로법
에부뷔쌍망ᄒᆞ고만일십오일즈시의법
에반ᄃᆞ시부뷔쌍망ᄒᆞᄂᆞ니이믜두사ᄅᆞᆷ
ᄂᆞ니라
월령광의에블오되오월십칠
나련디이긔가교조만물지일
附부양셩셔에블오되경월원덕일십랍텬십
초팔일십륙일칠월초칠일랍도십오
일일랍먼세십오원하십이월초팔일랍광
최긔구독일은초오랍디륙칠일십오륙
륙칠일미월현망회삭일이십팔일시인

1926년(고종39)에 간행한 목판본의 본문

참고문헌

최현배, 『한글 갈』 서울 : 정음사, 1940.

金斗鍾, 『韓國古印刷技術史』 서울 : 탐구당, 1974.

前間恭作 ; 安春根 編譯, 『韓國板本學』 서울 : 汎友社, 1985.

安春根, 『韓國書誌學原論』 서울 : 汎友社, 1990.

尹炳泰, 『朝鮮後期의 活字와 冊』 서울: 汎友社, 1992.

千惠鳳, 『韓國典籍印刷史』 서울 : 汎友社, 1990.

千惠鳳, 『韓國書誌學』 서울 : 민음사, 1997.

편찬부, 『한국민족문화대백과사전』 서울 : 한국정신문화연구원, 1991.

국립중앙도서관편, 『선본해제』 서울 : 국립중앙도서관, 1970.

박종홍외, 『한국의 名著』 서울 : 현암사, 1993.

국회도서관편, 『韓國古書綜合圖書目錄』 서울 : 국회도서관, 1968.

서울大學校 奎章閣편, 『奎章閣韓國板本圖書解題』 서울 : 서울大學校 奎章閣, 1993.

高大民族文化研究所편, 『韓國圖書解題』 서울 : 高大民族文化研究所, 1971.

양태진, 『알기 쉬운 옛 책 풀이』 서울 : 법경출판사, 1990.

편찬위원회편, 『韓國學大百科辭典』 서울 : 乙酉文化社, 1972.

이홍직편, 『國史大辭典』上 下 서울 : 知文閣, 1963.

진단학회, 『韓國史年表』 서울 : 乙酉文化社, 1969.

한국정신문화연구원편, 『한국인물대사전』上 下 서울 : 중앙일보, 1999.

편찬실, 『韓國人名大事典』 서울 : 신구문화사, 1969.

김민수외, 『금성판 국어대사전』 서울 : 금성출판사, 1991.

이희승편, 『국어대사전』 서울 : 민중서림, 1997.

安秉禧, 「聖觀自在求修六字禪定 解題」 『韓國書誌學報』 제14호 pp. 127~131.

김진평, 「한글활자체 변천의 사적연구」 『출판학연구총서』 제7호 pp. 5~189.

저자 약력

윤형두尹炯斗

1935년 일본 고베神戶 출생.
동국대 법학과 졸업.
고려대 경영대학원 · 중앙대 신문방송대학원 수료.
국립순천대 명예출판학 박사학위 취득.
1972년 월간 《수필문학》에 수필 〈콩과 액운〉을 발표하면서 작품활동을 시작.
대한출판문화협회 부회장, 한국도서유통협의회 회장,
한국출판협동조합 이사장. 한국출판문화진흥재단 이사장.
국제펜클럽 한국본부 · 한국서지학회 · 한국언론학회 이사.
중앙대 신문방송대학원 객원 교수. 한국출판학회 회장.
경희대, 동국대, 서강대, 연세대 언론대학원 강사.

현재

종합출판 범우사 대표. 대한출판문화협회 회장.

〈주요저서〉

출판물 유통론, 넓고 넓은 바닷가에, 책의 길 나의 길
아버지의 산 어머니의 바다, 한국출판의 허와 실, 山사랑 책사랑 나라사랑
한 출판인의 중국나들이, 한 출판인의 일본나들이, 지나온 세월속의 편린들
한국출판미디어의 제문제, 한 출판인의 여정일기, 한 출판인의 자화상

옛책의 한글판본 ①

2003년 8월 15일 초판 1쇄 발행
2005년 4월 25일 초판 2쇄 발행
2012년 1월 10일 초판 3쇄 발행

저 자 / 발행인 윤형두
발행처 범우사

등 록 제406-2003-048호
1966년 8월 3일
주 소 (413-756) 경기도 파주시 문발동 출판단지 525-2
전 화 031)955-6900
팩 스 031)955-6905
(홈페이지) www.bumwoosa.co.kr
(E-mail) bumwoosa@chol.com

89-08-08110-0 04010
89-08-08100-3 (세트)

100 홍경래전 이명선
101 인간만사 새옹지마 리영희
102 청춘을 불사르고 김일엽
103 모범경작생(외) 박영준
104 방망이 깎던 노인 윤오영
105 찰스 램 수필선 C.램/양병석
106 구도자 고은
107 표해록 장한철/정병욱
108 월광곡 홍난파
109 무서록 이태준
110 나생문(외) 아쿠타가와 류노스케/진웅기
111 해변의 시 김동석
112 발자크와 스탕달의 예술논쟁 김진욱
113 파한집 이인로/이상보
114 역사소품 곽말약/김승일
115 체스 · 아내의 불안 S.츠바이크/오영옥
116 복덕방 이태준
117 실천론(외) 모택동/김승일
118 순오지 홍만종/전규태
119 직업으로서의 학문 · 정치 M.베버/김진욱(외)
120 요재지이 포송령/진기환
121 한설야 단편선 한설야
122 쇼펜하우어 수상록 쇼펜하우어/최혁순
123 유태인의 성공법 M.토케이어/진웅기
124 레디메이드 인생 채만식
125 인물 삼국지 모리야 히로시/김승일
126 한글 명심보감 장기근 옮김
127 조선문화사서설 모리스 쿠랑/김수경
128 역옹패설 이제현/이상보
129 문장강화 이태준
130 중용 · 대학 차주환
131 조선미술사연구 윤희순
132 옥중기 오스카 와일드/임헌영
133 유태인식 돈벌이 후지다 덴/지방훈
134 가난한 날의 행복 김소운
135 세계의 기적 박광순
136 이퇴계의 활인심방 정숙
137 카네기 처세술 데일 카네기/전민식
138 요로원야화기 김승일
139 푸슈킨 산문 소설집 푸슈킨/김영국
140 삼국지의 지혜 황의백
141 슬견설 이규보/장덕순
142 보리 한흑구
143 에머슨 수상록 에머슨/윤삼하
144 이사도라 덩컨의 무용에세이 I.덩컨/최혁순
145 북학의 박제가/김승일
146 두뇌혁명 T.R.블랙슬리/최현
147 베이컨 수상록 베이컨/최혁순
148 동백꽃 김유정
149 하루 24시간 어떻게 살 것인가 A.베넷/이은순
150 평민한문학사 허경진
151 정선아리랑 김병하·김연갑 공편
152 독서요법 황의백 엮음
153 나는 왜 기독교인이 아닌가 B.러셀/이재황
154 조선사 연구(草) 신채호
155 중국의 신화 장기근
156 무병장생 건강법 배기성 엮음
157 조선위인전 신채호
158 정감록비결 편집부 엮음
159 유태인 상술 후지다 덴/진웅기
160 동물농장 조지 오웰/김회진
161 신록 예찬 이양하
162 진도 아리랑 박병훈·김연갑
163 책이 좋아 책하고 사네 윤형두
164 속담에세이 박연구
165 중국의 신화(후편) 장기근
166 중국인의 에로스 장기근
167 귀여운 여인(외) A.체호프/박형규
168 아리스토파네스 희곡선 아리스토파네스/최현
169 세네카 희곡선 세네카/최 현
170 테렌티우스 희곡선 테렌티우스/최 현
171 외투 · 코 고골리/김영국
172 카르멘 메리메/김진욱
173 방법서설 데카르트/김진욱
174 페이터의 산문 페이터/이성호
175 이해사회학의 카테고리 막스 베버/김진욱
176 러셀의 수상록 러셀/이성규
177 속악유희 최영년/황순구
178 권리를 위한 투쟁 R. 예링/심윤종
179 돌과의 문답 이규보/장덕순
180 성황당(외) 정비석
181 양쯔강(외) 펄 벅/김병걸
182 봄의 수상(외) 조지 기싱/이창배
183 아미엘 일기 아미엘/민희식
184 예언자의 집에서 토마스 만/박환덕
185 모자철학 가드너/이창배
186 짝 잃은 거위를 곡하노라 오상순
187 무하선생 방랑기 김상용
188 어느 시인의 고백 릴케/송영택
189 한국의 멋 윤태림
190 자연과 인생 도쿠토미 로카/진웅기
191 태양의 계절 이시하라 신타로/고평국
192 애서광 이야기 구스타브 플로베르/이민정
193 명심보감의 명구 191 이응백
194 아큐정전 루쉰/허세욱
195 촛불 신석정
196 인간제대 추식
197 고향산수 마해송
198 아랑의 정조 박종화
199 지사총 조선작
200 홍동백서 이어령
201 유령의 집 최인호
202 목련초 오정희
203 친구 송영
204 쫓겨난 아담 유치환
205 카마수트라 바스야야나/송미영
206 한 가닥 공상 밀른/공덕룡
207 사랑의 샘가에서 우치무라 간조/최현
208 황무지 공원에서 유달영
209 산정무한 정비석
210 조선해학 어수록 장한종/박훤
211 조선해학 파수록 부묵자/박훤
212 용재총화 성현/정종진
213 한국의 가을 박대인
214 남원의 향기 최승범
215 다듬이 소리 채만식
216 부모 은중경 안춘근
217 거룩한 본능 김규련
218 연주회 다음 날 우치다 핫겐/문희정
219 갑사로 가는 길 이상보
220 공상에서 과학으로 엥겔스/박광순
221 인도기행 H. 헤세/박환덕
222 신화 이주홍
223 게르마니아 타키투스/박광순
224 김강사와 T교수 유진오
225 금강산 애화기 곽말약/김승일
226 십자가의 증언 강원룡
227 아네모네의 마담 주요섭
228 병풍에 그린 닭이 계용묵
229 조선책략 황준헌/김승일
230 시간의 빈터에서 김열규
231 밖에서 본 자화상 한완상
232 잃어버린 동화 박문하
233 붉은 고양이 루이제 린저/홍경호
234 봄은 어느 곳에 심훈(외)
235 청춘예찬 민태원
236 낙엽을 태우면서 이효석
237 알랭어록 알랭/정봉구
238 기다리는 마음 송규호
239 난중일기 이순신/이민수
240 동양의 달 차주환
241 경세종(외) 김필수(외)
242 독서와 인생 미키 기요시/최현
243 콜롱바 메리메/송태효
244 목축기 안수길
245 허허선생 남정현
246 비늘 윤흥길
247 미켈란젤로의 생애 로맹 롤랑/이정림
248 산딸기 노천명
249 상식론 토머스 페인/박광순
250 베토벤의 생애 로맹 롤랑/이정림
251 얼굴 조경희
252 장사의 꿈 황석영
253 임금 노동과 자본 카를 마르크스/박광순
254 붉은 산 김동인
255 낙동강 조명희
256 호반 · 대학시절 T.슈토름/홍경호
257 맥 김남천
258 지하촌 강경애
259 설국 가와바타 야스나리/김진욱
260 생명의 계단 김교신
261 법창으로 보는 세계명작 한승헌
262 톨스토이의 생애 로맹 롤랑/이정림
263 자본론 레닌/김승일

범우 아믹총서
(Animation · Movie · Illustration · Comics)

영화 역사가들은 애니메이션 기원을 서양에서만 찾고 있지만, 이 책은 400여 컷의 도판과 함께 국내외 주요 작가와 작품들을 소개, 우리 나라에서 그 기원을 찾는다. 이 책은 기원전 1만~5천 년경의 것으로 추정되는 동굴벽화에서부터 오늘에 이르기까지 애니메이션 역사를 각 나라별로 총망라하여 보여주고 있다.

애니메이션 영화사 - 기원 전에서부터 현대까지
황선길 지음 범우아믹총서 - ①/4×6배판/368면/15,000원

부천 애니페스티발 교수상 작품 (2000년)

남녀노소를 불문하고 향유할 수 있는 문화로 자리잡은 애니메이션은 이제 국내 창작물도 수적, 질적으로 증가하면서 과거 하청작업의 틀에서 벗어나고 있다. 이 책은 이러한 시점에서 국내 애니메이션의 기획 · 제작에 몸 담아온 저자가 그 동안의 경험을 살려서 애니메이션의 바탕이 되는 시나리오 작업에 대해서 소개하고 있다.

애니메이션 시나리오-발상에서 스토리보드까지
황선길 지음 범우아믹총서 - ②/4×6배판/224면/10,000원

영상(실사 · 애니메이션 · 다큐멘터리) 번역에 대한 체계화를 시도한 이 책은, 외국어를 우리말로 옮기는 의미 해석작업이 아니라 우리말로 옮겨 놓은 대사를 더빙 언어로 다듬는 작업방법을 다루고 있다. 이 책은 실사 영화, 애니메이션, 다큐멘터리 등에도 폭넓게 적용된다.

문법파괴 영상번역
황선길 지음 범우아믹총서 - ③/4×6배판/240면/10,000원

국내에 애니메이션과 만화가 대중문화로 각광받으며, 이와 관련한 책들도 쏟아져 나오고 있다. 그러나 출판만화이론 분야는 연구가 척박하다. 이 책은 만화분야에 종사하는 사람, 종사할 사람, 또 만화에 관심 있는 많은 일반인들에게 출판만화에 대한 안목을 깊게 해 줄 것이다.

서사만화 개론
김용락 · 김미림 지음 범우아믹총서 - ④/신국판/400면/13,000원

일본 최초의 출판인 전문 양성기관인 일본 에디터 스쿨 출판부가 이 책의 출판원(元)이다. 이 책에서는 언제부터 어떻게 그림책이라는 것이 만들어지게 되었으며, 모든 것이 수공업으로 이루어지던 활자 매체에 그림과 삽화가 도입된 기원에서부터 제작 공정, 발전 과정 등이 그 시대의 그림 · 삽화와 함께 서술되어 있다.

일러스트레이션의 전통과 문화
요시다 신이치 지음/이민정 옮김/윤재준 감수
범우아믹총서 - ⑤/4×6배판/256면/15,000원

범우사 서울시 마포구 구수동 21-1호 TEL 717-2121, FAX 717-0429
http://www.bumwoosa.co.kr (천리안 · 하이텔 ID) BUMWOOSA

범우 출판·인쇄 관련도서

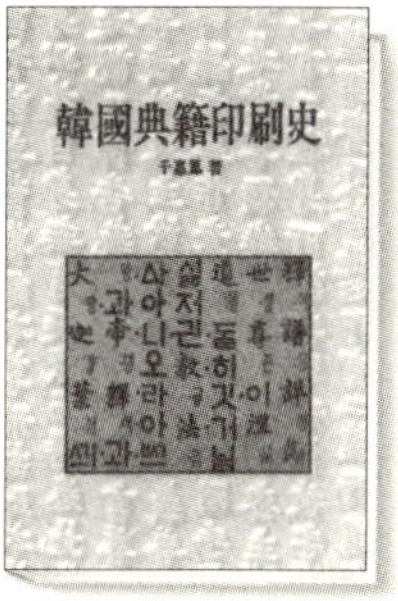

한국전적인쇄사
천혜봉

출판학 원론
범우편집부

눈으로 보는 책의 역사
윤형두(외)

세계의 문자
세계문자연구회/김승일

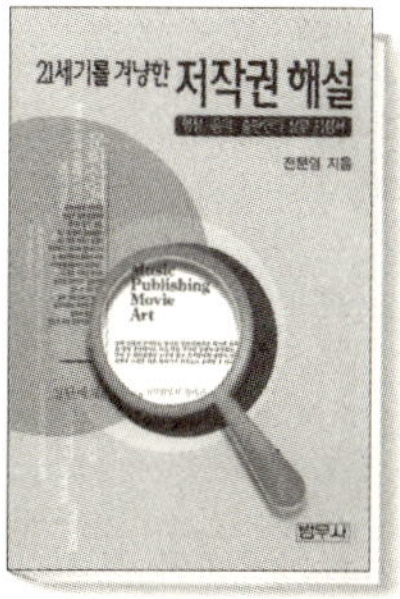

21세기를 겨냥한 저작권 해설
전문영

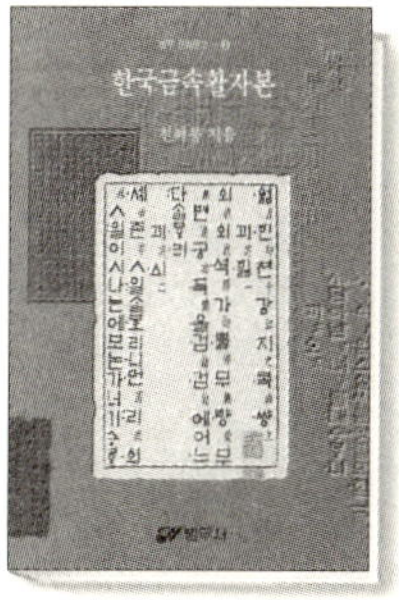

한국 금속활자본
천혜봉

- **독서와 출판문화론** | 이정춘 · 이종국
- **국제출판 개발론** | 미노와 시게오/안춘근
- **불조직지심체요절** | 백운선사/박문열
- **조선후기의 활자와 책** | 윤병태
- **출판물 유통론** | 윤형두
- **출판물 판매기술** | 윤형두
- **'83~'99 출판학 연구** | 한국출판학회
- **한국 서지학 원론** | 안춘근
- **한국서지의 전개과정** | 안춘근
- **인쇄 커뮤니케이션 입문** | 오경호
- **한국 목활자본** | 천혜봉
- **잡지 출판론** | 안춘근
- **독서의 기술** | 모티머 J · 애들러(외)/민병덕
- **한국 수필평론** | 이정림
- **문법파괴 영상번역** | 황선길
- **한국의 딱지본** | 김호근 · 민병삼(외)
- **일러스트레이션의 전통과 문화** | 요이다 싱이치/이민정 · 윤재준(감수)
- **한자 디자인** | 한편집센터

범우사 서울시 마포구 구수동 21-1호 TEL 717-2121, FAX 717-0429
http://www.bumwoosa.co.kr (천리안 · 하이텔 ID) BUMWOOSA